榕城年鉴

RONGCHENG NIANJIAN

2018

中共揭阳市榕城区委员会
揭阳市榕城区人民政府 主办
榕城年鉴编纂委员会 编

方志出版社
Publishing House of Local Records

图书在版编目（CIP）数据

榕城年鉴 ：2018 / 榕城年鉴编纂委员会编. -- 北京：方志出版社，2018.12
ISBN 978-7-5144-3528-3

Ⅰ. ①榕… Ⅱ. ①榕… Ⅲ. ①区（城市）—揭阳市—2018—年鉴 Ⅳ. ①Z526.53

中国版本图书馆CIP数据核字（2019）第013633号

榕城年鉴（2018）

编　　者：榕城年鉴编纂委员会
责任编辑：顾　洁
出 版 人：冀祥德
出 版 者：方志出版社
地址　北京市朝阳区潘家园东里9号（国家方志馆4层）
邮编　100021
网址　http://www.fzph.org
发　　行：方志出版社发行中心
电话（010）67110500
经　　销：各地新华书店
印　　刷：汕头市辉亿彩印有限公司
开　　本：889×1194　　1/16
印　　张：19.5印张
字　　数：446千字
版　　次：2018年12月第1版　　2018年12月第1次印刷
印　　数：0001～600册
ISBN　978-7-5144-3528-3　　定价：200.00元

榕城年鉴编纂委员会

榕城年鉴编辑部

编辑说明

一、《榕城年鉴（2018）》以马克思列宁主义、毛泽东思想、邓小平理论、“三个代表”重要思想、科学发展观、习近平新时代中国特色社会主义思想为指导，坚持辩证唯物主义和历史唯物主义立场、观点和方法。

二、《榕城年鉴（2018）》是由中共榕城区委、榕城区人民政府组织编纂的地方性综合年鉴。其宗旨是全面、系统、准确地记述2017年榕城区自然、政治、经济、文化、社会等方面的基本情况，为各级领导制订发展规划提供依据，为社会各界人士了解和研究榕城提供全面、可靠的信息，为编修地方志积累资料。

三、《榕城年鉴（2018）》所刊内容为2017年1月1日至2017年12月31日榕城区自然、政治、经济、文化、社会等方面的变化发展情况。全书采用分类编辑法。框架结构设篇目、类目、分目、条目4个层次，以条目为表现内容的基本形式。条目标题以黑体字加“【 】”表示。全书设特载、大事记、榕城概况、政治、法治、军事、经济、教育·科技、文化·卫生·体育、外事·侨务·港澳事务、社会生活、人物、街道建设、社会经济统计资料、附录等共15篇，共？条目，照片？张，？万字。

四、《榕城年鉴（2018）》刊用的资料、图片均由各组稿单位提供，经各单位主管领导审核后，填写审核登记表，由单位领导签字并加盖公章。所有稿件署名入鉴，实行文责自负。稿件经榕城年鉴编辑部编辑和初审后，呈榕城年鉴编纂委员会领导终审定稿。统计数据采用法定计量单位，由于统计口径不尽相同，个别数据可能与区统计局公布的不一致，使用时以区统计局公布的数据为准。

五、《榕城年鉴（2018）》配备双重检索系统：书前刊有目录，书后配有索引。索引采用主题分析法，款目按汉语拼音字母顺序排列。

六、《榕城年鉴（2018）》的编辑出版工作得到全区各级领导机关及各有关单位的通力合作，谨此致谢。由于编纂经验不足，疏漏之处在所难免，敬请广大读者批评指正。

2017 榕城数字

- 总面积：121平方千米
- 户籍人口：548369人
- 生产总值：3327504万元
- 其中：第一产业：15137万元

  第二产业：1779615万元

  第三产业：1532752万元
- 第一二三产业构成：0.45∶53.5∶46.05
- 年人均地区生产总值：58260元
- 城镇居民人均可支配收入：25748元
- 全区完成工业总产值：7399079万元
- 全区规模以上工业总产值：6130572万元
- 全区完成农业总产值：22975万元
- 固定资产投资总额：2260689万元
- 地方财政一般预算收入：77802万元
- 地方财政一般预算支出：176806万元
- 年末金融机构存款余额：2838981万元
- 年末金融机构贷款余额：1926299万元
- 外贸出口总额：144亿元
- 社会消费品零售总额：1576998万元
- 全区总用电量：189490万千瓦时

（区统计局供稿）

1月24日，区委书记江林生（右二），区委副书记、区长吴汉通（右一）带队慰问榕城区消防大队官兵
（陈炳鑫摄）

3月7日，市委书记、市人大常委会主任严植婵（前排左二）带队到榕城区调研中部片区棚户区改造、古城保护开发建设及文明城市创建工作
（郑楚藩摄）

● 5月4日，区委副书记、区长吴汉通（前排中）带队检查安全生产工作 （陈炳鑫摄）

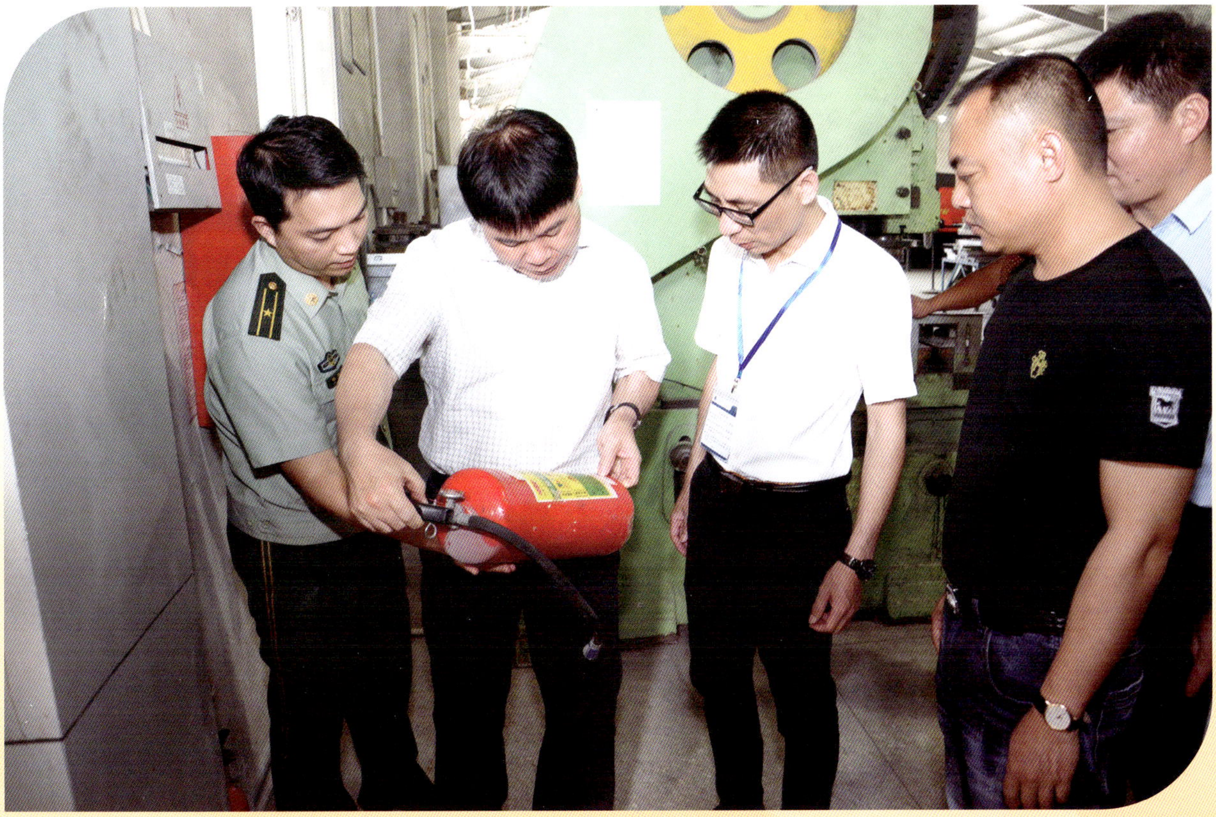

● 5月9日，区委书记江林生（左二）带队检查安全生产工作 （陈炳鑫摄）

● 6月12日，省妇联副主席孙小华（中）率省妇联城乡妇女发展部部长高穗生（右三）和市妇联主席庄少琼（右四）、副主席吴雪君（右一）一行到榕城区地税局东山分局为该局办税服务大厅举行“全国巾帼文明岗”授牌仪式 （榕城区地税局供稿）

● 7月5日，省文化厅厅长方健宏（第三排左五）到榕城区青狮文化保护中心调研 （陈炳鑫摄）

● 8月3日，市委副书记、市长陈东（前排中）带队到仙梅污水处理厂建设现场调研　　（陈炳鑫摄）

● 10月9日，区委书记江林生（右排中）带队到区信访局接访群众　　（陈炳鑫摄）

● 11月8日，区委书记江林生（中）带队到仙桥街道督导内溪河整治工作（陈炳鑫摄）

● 12月22日，市委副书记、市长叶牛平（右一）带队到榕城区调研重点项目建设情况（陈炳鑫摄）

● 2月9日，榕城区召开区委工作会议

（陈炳鑫摄）

● 2月10日，中共揭阳市榕城区第六届纪律检查委员会第二次全体会议召开

（区纪委供稿）

● 3月6日，榕城区召开全区农村人居环境综合整治、环境保护、创新发展暨文明创建“四级联创”推进会

（陈炳鑫摄）

● 3月26—28日，中国人民政治协商会议广东省揭阳市榕城区第六届委员会第二次会议召开 （区政协办供稿）

● 3月27—29日，揭阳市榕城区第六届人民代表大会第二次会议召开 （区人大办供稿）

● 3月31日，榕城区召开重点项目建设推进会 （陈炳鑫摄）

● 4月6日，榕城区召开社区“两委”换届选举工作会议　（陈炳鑫摄）

● 5月31日，榕城区召开全区传达贯彻省第十二次党代会精神大会　（陈炳鑫摄）

● 6月30日，榕城区召开“迎盛会百日百项大行动”动员大会　（陈炳鑫摄）

● 9月4日，榕城区召开水资源综合利用暨水污染防治工作推进会
（陈炳鑫摄）

● 10月27日，榕城区精准扶贫精准脱贫工作现场会在仙桥街道召开
（陈炳鑫摄）

● 10月27日，榕城区召开学习贯彻中共十九大精神大会 （陈炳鑫摄）

● 11月29日，榕城区召开传达贯彻省委十二届二次全会精神大会（陈炳鑫摄）

● 12月14日，榕城区召开"创文"工作总结暨"五城同创"动员大会（陈炳鑫摄）

● 12月29日，中国共产党揭阳市榕城区第六届委员会第三次全体会议召开（陈炳鑫摄）

● 2月6日，由榕城区委宣传部、榕城区创文办、团榕城区委联合主办的“潮韵贺新春·携手创文明”戏曲演唱晚会在市区青年文化广场举行
（区委宣传部供稿）

● 5月17日，区总工会在市区望江广场举行“创建文明城市职工志愿者行动”授旗仪式
（区委宣传部供稿）

● 5月17日，榕城区职工创文志愿服务队举行“创文”宣传骑行活动
（区委宣传部供稿）

● 7月1日，榕城区开展“创文为我　我为创文”第一个主题日活动　（区委宣传部供稿）

● 7月1日，区委书记江林生（右三）参加“创文为我　我为创文”第一个主题日活动
（陈炳鑫摄）

8月1日，区委副书记、区长吴汉通（右二）参加“创文为我　我为创文”第二个主题日活动　（陈炳鑫摄）

9月1日，副市长马儒生（左二）到榕城区督导创文主题日活动　（陈炳鑫摄）

9月28日晚上，由中共榕城区委宣传部、榕城区文明办、榕城区文化新闻出版局主办的“创建文明城市·打造首善之区”——榕城区“唱响中国梦·潮声潮韵进万家”文艺会演在市区望江广场举行　（区委宣传部供稿）

（涂英鹏摄）

（涂英鹏摄）

● 创文志愿者开展创文志愿服务活动

（林洁松摄）

● 文明城市创建后的社区环境
（区委宣传部供稿）

● 9月15日，临江北路西段拆迁现场，拉开“五路一河”项目拆迁序幕 （陈炳鑫摄）

● 9月27日，区委书记江林生(左排左三）带队到新兴街道调研“五路一河”项目 （许江锐摄）

● 10月9日，榕城区“五路一河”拆迁誓师大会在市区东风广场举办 （陈炳鑫摄）

● 东兴街道“五路一河”项目征收补偿协议签订现场 （区委宣传部供稿）

● 11月19日，市委常委、常务副市长陈定雄（右一）到榕城区督导"五路一河"项目

（区委宣传部供稿）

● 12月1日，区委书记江林生（前排中）现场指导"五路一河"拆迁工作　（陈炳鑫摄）

12月12日，市委书记、市人大常委会党组书记李水华（前排左四）到榕城区检查“五路一河”项目进展情况　（郑楚藩摄）

12月26日，天福东路拆迁现场
（区委宣传部供稿）

● 1月11—24日，揭阳市第二届电器展销会迎新年购物节在市区东风广场举办（陈炳鑫摄）

● 1月30日，榕城区召开2017年揭阳市榕城区外出乡贤座谈会（区委宣传部供稿）

● 2月7日，由中山街道南门社区、揭阳市孙淑强狮艺武术馆、南京中脉科技有限公司美体事业部联合举办的“魅力水乡　婉约江南”旗袍走秀摄影活动在中山街道南门社区梦里水乡景区举行

（林洁松摄）

● 8月24—26日，首届亚洲（潮汕）游戏动漫节在市区进贤门步行街举办　（杨碧鸿摄）

● 12月3日，2017揭阳国际半程马拉松赛在市区开幕，副市长姚丽璇（左四）参加开幕式　（郑楚藩摄）

● 12月3日，由中国田径协会、榕城区人民政府主办，区旅游局联合区体育局策划、承办的2017揭阳国际半程马拉松赛在市区举行，来自海内外2800多名长跑爱好者参加赛事

（郑楚藩摄）

“跳火墩”（郑楚藩摄）

赛龙舟（郑楚藩摄）

凤舟下水（郑楚藩摄）

舞狮（郑楚藩摄）

破门楼郑“安仔灯”盛会（郑楚藩摄）

猜灯谜（郑楚藩摄）

市区风貌

（郑楚藩摄）

榕城区仙桥街道篮兜社区入选“2017年改善农村人居环境整治示范村”

2017年9月，由住建部、中央农村工作领导小组办公室、财政部、环保部与农业部等部门联合发布《关于公布2017年改善农村人居环境示范村名单的通知》，榕城区仙桥街道篮兜社区入选“环境整治示范村”。

● 篮兜村村居环境　　（区委宣传部供稿）

● 篮兜村概貌（郑楚藩摄）

目　录

特　载

· 榕城区开展学习贯彻中共十九大精神系列活动……2
· 开启揭阳“首善之区”建设新征程……4
· 榕城区以重要基础设施建设为抓手着力构建揭阳“首善之区”格局……5
· 榕城区全力巩固提升“创文”工作成效以志在必得坚定信念冲刺迎检任务……7
· 榕城区科技创新在全市实现“四个首位”以创新驱动打造揭阳“首善之区”……8
· 榕城区全面推进“五路一河”项目拆迁工作……9
· 榕城区委巡察机构揭牌成立……11
· 榕城区获全国社会综合治理最高奖项“长安杯”……11
· 牢记使命　砥砺前行　在新时代奋力开创揭阳“首善之区”新局面
——在区委六届三次全会上的报告……12
· 以建设“首善之区”为目标　大力弘扬“五路一河”精神　奋力开创榕城工作新局面
——在区委六届四次全会上的讲话……20
· 政府工作报告
——2018年1月14日在揭阳市榕城区第六届人民代表大会第三次会议上……28

大事记

· 1月……36
· 2月……37
· 3月……38
· 4月……39
· 5月……40
· 6月……41
· 7月……42
· 8月……43
· 9月……44
· 10月……46
· 11月……47

· 12月 ……………………………………48

榕城概况

· 全区概况 ……………………………………52
· 建置沿革 ……………………………………52
· 地理位置、面积 ……………………………53
· 地形地貌 ……………………………………53
· 气候 …………………………………………53
· 自然资源 ……………………………………54
· 人口、语言 …………………………………55
· 侨乡侨情 ……………………………………55
· 2017年组织机构及负责人名单 ………55
· 中共揭阳市榕城区委员会 ……………55
· 榕城区人民代表大会常务委员会 ……………………………………………………55
· 揭阳市榕城区人民政府 ………………55
· 政协揭阳市榕城区委员会 ……………56
· 中共揭阳市榕城区纪律检查委员会 ……………………………………………………56
· 揭阳市榕城区人民法院 ………………56
· 揭阳市榕城区人民检察院 ……………56
· 揭阳市榕城区总工会 …………………56
· 共青团揭阳市榕城区委员会 …………56
· 揭阳市榕城区妇女联合会 ……………57
· 揭阳市榕城区文学艺术界联合会 …57
· 揭阳市榕城区归国华侨联合会 ……57
· 揭阳市榕城区工商业联合会 …………57
· 揭阳市榕城区残疾人联合会 …………57
· 揭阳市榕城区科学技术协会 …………57
· 经济建设 ……………………………………57
· 概况 …………………………………………57
· 经济运行稳中有增 ………………………57
· 工业持续转型升级 ………………………57
· 固定资产投资稳步增长 …………………57
· 外贸进出口降幅逐步收窄 ………………58
· 内贸和消费需求活跃 ……………………58
· 财税实现增收 ……………………………58
· 城乡居民生活质量稳步提高 ……………58
· 政治文明建设 ……………………………58
· 依法治区 ……………………………………58
· 依法行政 ……………………………………60
· 政务公开 ……………………………………63
· 精神文明建设 ……………………………63
· 概况 …………………………………………63
· 公民思想道德建设 ………………………63
· 志愿者服务 …………………………………64
· 其他活动 ……………………………………64
· 社会建设 ……………………………………65
· 概况 …………………………………………65
· 社会体制改革 ……………………………65
· 创新基层社会治理 ………………………65
· 强化民生保障 ……………………………65
· 大力推进基础设施建设 …………………65
· 生态文明建设 ……………………………65
· 概况 …………………………………………65
· 生态环境建设 ……………………………66
· 生态环境综合整治 ………………………66

政　治

· 中共榕城区委员会 ………………………68
◎综　述 ……………………………………68
· 区委六届二次全会 ………………………68

· 区委六届三次全会 ……………………68
· 区委决策和重要活动 …………………69
· 区委常委会议 …………………………69
◎组织工作 …………………………………70
· 概况 ……………………………………70
· 贯彻十九大精神 ………………………70
· “两学一做”学习教育常态化制度化 …………………………………………71
· 干部队伍建设 …………………………71
· 人才队伍建设 …………………………71
· 基层组织建设 …………………………71
· 自身建设 ………………………………72
· 老干部工作 ……………………………72
◎宣传工作 …………………………………73
· 概况 ……………………………………73
· 理论武装工作 …………………………73
· 宣传舆论工作 …………………………74
◎统战工作 …………………………………74
· 概况 ……………………………………74
· 非公有制经济领域统战工作 …………75
· 党外代表人士工作 ……………………75
· 宗教工作 ………………………………75
· 港澳台统战工作 ………………………76
· 第五届工商联换届工作 ………………76
◎机构编制 …………………………………76
· 概况 ……………………………………76
· “放管服”改革 ………………………76
· 相关机构的设置、优化工作 …………77
· 农林水综合执法体制改革 ……………77
· 机关、群团统一社会信用代码赋码工作 …………………………………77
· 事业单位法人登记工作 ………………77
· 配合经济责任异地审计工作 …………77
· 强化机构编制管理 ……………………77
◎信访工作 …………………………………78
· 概况 ……………………………………78
· 推动初信初访及时就地解决 …………78
· 推动重复信访切实有效解决 …………78
· 推动维护重点时期社会稳定 …………78
· 推动决策部署落实落地到位 …………78
· 推动诉访分离法定途径优先 …………79
· 推动建立健全信访工作责任 …………79
◎党校工作 …………………………………79
· 概况 ……………………………………79
· 理论学习 ………………………………79
· 组织干部培训 …………………………79
· 举办专题培训班 ………………………79
· 思想宣传工作 …………………………80
· 征文活动 ………………………………80
◎巡察工作 …………………………………80
· 概况 ……………………………………80
· 首轮常规巡察 …………………………80
· 榕城区人民代表大会 …………………80
· 概况 ……………………………………80
· 揭阳市榕城区第六届人民代表大会第二次会议 ……………………………81
· 履行人大职权 …………………………82
· 推进法治建设 …………………………82
· 代表工作 ………………………………82
· 自身建设 ………………………………83
· 榕城区人民政府 ………………………83
◎综　述 ……………………………………83
· 区政府常务会议 ………………………83
· 区政府工作会议 ………………………87
· 政务督查 ………………………………88
· 应急管理 ………………………………88

◎机关事务管理 ……90
· 概况 ……90
· 完善机关事务管理水平 ……90
· 落实公共机构节能要求 ……90
· 提升干部职工综合整体素质 ……91
· 政协榕城区委员会 ……91
· 概况 ……91
· 区政协六届二次会议 ……91
· 区政协常委（扩大）会议 ……92
· 民主监督 ……92
· 参政议政 ……92
· 关爱民生 ……93
· 自身建设 ……93
· 中共榕城区纪律检查委员会 ……94
· 概况 ……94
· 履行党内监督专责 ……94
· 作风效能建设 ……94
· 惩治“微腐败” ……95
· 巡察工作 ……95
· 自身建设 ……95
· 社会团体 ……95
◎总工会 ……95
· 概况 ……95
· 推进工会规范化建设 ……96
· 维权维稳工作 ……96
· 职工关爱帮扶工作 ……96
· 创文宣传教育工作 ……97
◎共青团委员会 ……97
· 概况 ……97
· 共青团建设 ……97
· 志愿服务工程 ……98
· 助力青少年成长成才 ……99
· 帮扶促进软弱涣散党组织转化 ……100
· 组织建设 ……100
◎妇女联合会 ……100
· 概况 ……100
· 举办节庆活动 ……101
· 家庭教育讲座进社区活动 ……101
· 文明城市创建活动 ……101
· 维权与宣传教育 ……101
· 两个“规划”监测评估工作 ……102
· 扶贫济困工作 ……102
· 关爱妇女儿童健康工作 ……102
· 精准扶贫工作 ……102
· 助贫圆梦工程 ……103
◎科学技术协会 ……103
· 概况 ……103
· 科普宣传活动 ……103
· 科研合作交流 ……103
◎文学艺术界联合会 ……104
· 概况 ……104
· 主题文艺活动 ……104
· 文化惠民活动 ……104
· 协会换届工作 ……105
◎归国华侨联合会 ……105
· 概况 ……105
· 履行联络接待职能 ……105
· 加强同香港同乡总会、联谊会联系 ……105
· 归侨侨眷帮扶 ……105
· 宣传工作 ……106
◎工商业联合会 ……106
· 概况 ……106
· 宣传工作 ……106
· 服务企业 ……106
◎残疾人联合会 ……106

· 概况 ……106
· 残疾人精准康复服务 ……106
· “社区康园中心项目”建设 ……107
· 残疾人基本服务状况和需求信息数据动态更新工作 ……107

法　治

· 综述 ……110
· 概况 ……110
· 严打整治工作 ……110
· “平安榕城”建设 ……110
· 维护社会稳定 ……111
· “法治榕城”建设 ……111
· 政法队伍建设 ……111
· 公　安 ……111
· 概况 ……111
· 专项行动 ……112
· 侦破大案要案 ……112
· 安保维稳工作 ……112
· 禁毒工作 ……113
· 禁赌工作 ……113
· 户政管理 ……113
· 出入境管理 ……113
· 消防管理 ……113
· 公安队伍建设 ……114
· 检　察 ……115
· 概况 ……115
· 批捕起诉 ……115
· 查办和预防职务犯罪 ……115
· 强化法律监督职能 ……115
· 司法为民 ……115
· 落实司法责任制改革 ……116
· 检察队伍建设 ……117
· 法　院 ……117
· 概况 ……117
· 刑事审判 ……117
· 民商事审判 ……118
· 行政审判 ……118
· 执行工作 ……118
· 司法公开 ……118
· 司法为民 ……118
· 司法改革 ……118
· 法官队伍建设 ……119
· 司法行政 ……119
· 概况 ……119
· 法制宣传 ……119
· 人民调解 ……119
· 社区矫正 ……120
· 安置帮教 ……120
· 公证服务 ……120
· 律师工作 ……120
· 法律援助 ……120
· 司法队伍建设 ……121

军　事

· 人民武装部 ……124
· 概况 ……124
· 思想政治建设 ……124
· 主业主责 ……124
· 安全稳定 ……124
· 双拥共建 ……125
· 党组织建设 ……125

· 人民防空 ……125
· 概况 ……125
· 人防宣传教育 ……125
· 防空警报网络维护、建设 ……125
· “结建”工作 ……125
· 配合、参与创文活动 ……125
· 人防队伍建设 ……126

经　济

· 综合经济管理 ……128
◎发展和改革工作 ……128
· 发展计划管理 ……128
· 项目建设 ……128
· 粮油管理 ……128
· 物价工作 ……129
· 国有资产监督管理 ……129
· 碳排放管理专项工作 ……129
· 其他牵头任务工作 ……129
◎统计工作 ……129
· 概况 ……129
· 统计业务工作 ……129
· 第三次全国农业普查后续工作及各项抽样调查工作 ……130
· “两学一做”学习教育常态化、制度化 ……130
· 统计法制建设 ……130
◎审计工作 ……130
· 概况 ……130
· 财政审计 ……131
· 经济责任审计 ……131
· 国家重大政策措施落实情况跟踪审计工作 ……131
· 审计管理 ……131
· 内部审计 ……131
◎国土资源管理 ……131
· 概况 ……131
· 土地利用与地籍管理 ……132
· 耕地保护 ……132
· 土地利用总体规划调整和全域永久基本农田划定工作 ……132
· 地质灾害防治 ……132
· 执法监督和信访 ……132
· 国土专项行动 ……132
· 精准扶贫工作 ……133
· 创文活动 ……133
◎工商行政管理 ……133
· 概况 ……133
· 商事制度改革 ……133
· 事中事后监管 ……133
· 市场秩序维护 ……134
· 企业发展帮扶 ……134
· 经济户口清理帮扶 ……134
· 专项整治行动 ……134
· 精准扶贫工作 ……135
· 创文工作 ……135
· 工商队伍建设 ……135
◎食品药品监督管理 ……135
· 概况 ……135
· 行政许可工作 ……135
· 履行监管职能 ……135
· 推进民生实事 ……136
· 依法行政工作 ……136
· 加强宣传培训 ……136
· 项目助推发展 ……137

·执法队伍建设 ……………………………137
◎安全生产监督管理 ……………………138
·概况 …………………………………138
·完善安全生产责任体系 ……………138
·安全生产检查 ………………………138
·安全生产专项整治 …………………138
·严查安全生产违法行为 ……………139
·城市风险防控 ………………………139
·企业安全管理 ………………………139
·安全生产月活动 ……………………139
·互联网+安全生产 …………………139
·专题宣传周活动 ……………………140
·教育培训 ……………………………140
◎金融服务 ………………………………140
·概况 …………………………………140
·惩治非法集资 ………………………140
·防范互联网金融风险 ………………141
·小额贷款公司监管 …………………141
·农村政策性住房保险 ………………141
·扶持企业发展上市 …………………141
·财政·税务 …………………………141
◎财　政 …………………………………141
·概况 …………………………………141
·征管节支 ……………………………141
·民生保障 ……………………………142
·企业扶持 ……………………………142
·优化财政体制 ………………………142
·强化监管职能 ………………………143
◎国家税务 ………………………………143
·概况 …………………………………143
·营业税改增值税 ……………………143
·征管改革 ……………………………143
·依法治税 ……………………………144
·反腐倡廉 ……………………………144
·基层党建 ……………………………144
◎地方税务 ………………………………144
·概况 …………………………………144
·税收收入 ……………………………145
·税费管理 ……………………………145
·税制改革 ……………………………145
·依法行政 ……………………………145
·地税队伍建设 ………………………146
·农　业 ………………………………146
◎农　业 …………………………………146
·概况 …………………………………146
·推广良种良法 ………………………146
◎林　业 …………………………………146
·概况 …………………………………146
·生态环境建设 ………………………146
◎畜牧业 …………………………………147
·概况 …………………………………147
·动物重大疫病防控 …………………147
·畜牧业生态与健康养殖 ……………147
·畜禽产品质量安全监管 ……………147
·禽高致病禽流感H7N9的防控 ……147
◎水产业 …………………………………147
·概况 …………………………………147
·水产养殖 ……………………………147
◎水利事业 ………………………………147
·概况 …………………………………147
·重点水利工程建设 …………………147
·小型农田水利工程建设 ……………148
·中小河流治理工程建设 ……………148
·“河长制”、河湖确权和小型水利工程管理体制改革工作 ……148
·“三防”工作 ………………………148

· 水资源管理 ……148
· 工　业 ……149
· 概况 ……149
· 支柱产业 ……149
· 工业园区建设 ……151
· 信息业 ……152
· 信息化建设 ……152
· 政府门户网站 ……152
· 城市建设 ……152
◎城市建设 ……152
· 概况 ……152
· 城市建设 ……152
· 棚户区改造 ……153
· 村街建设 ……153
· 建筑业 ……153
· 房地产业 ……153
◎农村人居环境整治 ……154
· 概况 ……154
· 农村人居环境整治工作 ……154
◎城市管理 ……154
· 概况 ……154
· 市容环境综合整治 ……154
· 加强违法建设查处 ……155
◎环境卫生 ……155
· 概况 ……155
· 环境卫生 ……155
· 城市园林建设 ……156
◎创文工作 ……156
· 概况 ……156
· 完善创文工作机制 ……156
· 制订指导性文件及开展相关业务培训 ……156
· 及时报送创建动态 ……157
· 督导推动各项整改任务落到实处 ……157
· 打造创文示范亮点 ……157
· 完善创文台账资料 ……157
· 开展各项宣传活动 ……157
· 启动创文迎检指挥和应急机制 ……157
· 建立城乡管理长效机制 ……157
· 城乡环境整治 ……158
· 志愿者服务 ……158
· 环境保护 ……158
· 概况 ……158
· 环境污染监测与治理 ……158
· 环境污染治理 ……159
· 生态环境保护 ……161
· 环境信访 ……162
· 环保督察工作 ……162
· 商贸流通服务业 ……162
· 概况 ……162
· 批发零售业 ……163
· 特色街区 ……163
· 电子商务 ……164
· 粮食购销管理 ……164
· 生猪定点屠宰 ……164
· 供销合作联社 ……164
· 概况 ……164
· 基层社建设 ……164
· 平价商店建设 ……164
· “创文”和精准扶贫工作深入开展 ……164
· 慰问帮扶 ……165
· 对外经济贸易 ……165
· 对外贸易 ……165
· 吸引外资 ……165
· 对外经贸活动 ……165

· 招商引资 ……166
· 概况 ……166
· 招商引资 ……166
· 旅游业 ……166
· 概况 ……166
· 编制发布旅游发展意见 ……167
· 古城文化游工作 ……167
· 旅游厕所建设管理 ……167
· 策划承办2017揭阳国际半程马拉松赛 ……167
· 旅游宣传推介 ……167
· 旅游行业管理 ……167
· 开展"文明旅游"倡导活动 ……167

教育 · 科技

· 教　育 ……170
· 概况 ……170
· 教育创先工作 ……170
· 学前教育 ……170
· 基础教育 ……171
· 高中与中等职业技术教育 ……171
· 民办教育 ……171
· 提升德育水平 ……171
· 加强素质教育 ……171
· 教育督导 ……172
· 教研教改 ……172
· 招生考试 ……172
· 创文工作 ……173
· 师资队伍建设 ……173
· 科学技术 ……174
· 概况 ……174
· 高新企业 ……174
· 科技创新 ……174
· 专利工作 ……175

文化 · 卫生 · 体育

· 文　化 ……178
· 概况 ……178
· 文化活动 ……178
· 文学艺术创作 ……179
· 文化市场 ……180
· 文化遗产保护 ……181
· 公共图书馆建设 ……182
· 区文化馆 ……182
· 档案工作 ……183
· 概况 ……183
· 新馆正式启用 ……183
· 规范提升档案工作 ……183
· 推进信息数字化建设 ……183
· 党史工作 ……183
· 概况 ……183
· 加强政治理论学习 ……184
· 党史资料征编及党史工作专题调研 ……184
· 党史专题研究 ……184
· 党史宣传教育 ……184
· 地方志工作 ……184
· 概况 ……184
· 综合年鉴编纂工作 ……184
· 地情网站建设 ……185
· 自然村落历史人文普查工作 ……185
· 人员培训学习及理论研讨 ……185

·卫　生……185
·概况……185
·公共卫生……185
·基层医疗卫生……187
·医疗改革……187
·其他工作……188
·体　育……188
·概况……188
·打造品牌体育赛事活动……189
·街道社区体育工作……189
·公共体育设施建设……189
·体育服务质量进一步提升……189
·青少年体育工作……189

外事·侨务·港澳事务

·侨务工作……192
·概况……192
·宣传联络……192
·侨政工作……193
·外事与港澳工作……193
·概况……193
·外事和港澳工作……193

社会生活

·人口·计划生育……196
·概况……196
·扎实推进全面两孩政策落实……196
·落实生育登记制度……196
·推进优生优育全程服务……196
·发放计生奖扶金……196
·做好计生协会相关工作……196
·完成2017年全国生育状况抽样调查……196
·人力资源·社会保障……197
·概况……197
·就业培训……197
·人事人才工作……198
·社保工作……199
·医保工作……199
·和谐劳动关系构建……199
·民政工作·社会事务……200
·概况……200
·城乡居村民最低生活保障制度……200
·五保供养……200
·双拥工作……200
·优待抚恤……200
·退役士兵安置……201
·换届选举……201
·社区建设……201
·行政区划、地名管理……201
·老龄工作……201
·民间组织管理……201
·婚姻登记……201
·殡葬管理……201
·社会福利彩票……202
·宗教事务……202
·概况……202
·宗教事务与服务管理……202
·加强宗教队伍建设……203
·政务服务……203
·概况……203
·业务运行情况……203

· 政务服务体系建设 ……………………204

人 物

· 全国五一劳动奖章获得者 ……………208
· 詹光辉 ……………………………………208

街道建设

· 仙桥街道 …………………………………210
· 概况 ………………………………………210
· 经济建设 …………………………………210
· 社会建设 …………………………………210
· 文化建设 …………………………………211
· 教育事业建设 ……………………………211
· 环境工作 …………………………………211
· 文明城市创建工作 ………………………211
· 基层组织建设 ……………………………212
· 2017年仙桥街道党政领导班子名单 ………………………………………………213
· 梅云街道 …………………………………213
· 概况 ………………………………………213
· 经济建设 …………………………………213
· 社会建设 …………………………………213
· 环保工作 …………………………………214
· 文明城市创建工作 ………………………215
· 基层组织建设 ……………………………215
· 2017年梅云街道党政领导班子名单 ………………………………………………216
· 榕华街道 …………………………………216
· 概况 ………………………………………216
· 经济建设 …………………………………216
· 重点项目建设 ……………………………217
· 天福东路拆迁 ……………………………217
· 辖区经济户口清理清查 …………………218
· 民生保障 …………………………………218
· 社会治安综合治理 ………………………218
· 环保工作 …………………………………219
· 文明城市创建工作 ………………………219
· 基础设施建设 ……………………………219
· 教育强街创建 ……………………………220
· 基层组织建设 ……………………………220
· 2017年榕华街道党政领导班子名单 ………………………………………………220
· 新兴街道 …………………………………221
· 概况 ………………………………………221
· 经济建设 …………………………………221
· 社会建设 …………………………………221
· 环保工作 …………………………………222
· 文明城市创建工作 ………………………222
· 基层组织建设 ……………………………222
· 2017年新兴街道党政领导班子名单…223
· 中山街道 …………………………………223
· 概况 ………………………………………223
· 经济建设 …………………………………223
· 社会建设 …………………………………223
· 文化建设 …………………………………224
· 基层组织建设 ……………………………226
· 2017年中山街道党政领导班子名单…226
· 西马街道 …………………………………226
· 概况 ………………………………………226
· 经济建设 …………………………………227
· 社会建设 …………………………………227
· 重点项目建设 ……………………………228

· 文化建设 ……………………………228
· 环保工作 ……………………………228
· 文明城市创建工作 …………………229
· 基层组织建设 ………………………229
· 2017年西马街道党政领导班子名单…229
· 榕东街道 ……………………………229
· 概况 …………………………………229
· 经济建设 ……………………………230
· 社会建设 ……………………………230
· 文明城市创建工作 …………………230
· 基层组织建设 ………………………231
· 2017年榕东街道党政领导班子名单…231
· 东升街道 ……………………………231
· 概况 …………………………………231
· 经济建设 ……………………………232
· 社会建设 ……………………………232
· 环保工作 ……………………………233
· 文明城市创建工作 …………………234
· 人民武装 ……………………………234
· 基层组织建设 ………………………234
· 2017年东升街道党政领导班子名单…234
· 东兴街道 ……………………………235
· 概况 …………………………………235
· 经济建设 ……………………………235
· 社会建设 ……………………………235
· 环保工作 ……………………………236
· 文明城市创建工作 …………………236
· 基层组织建设 ………………………236
· 2017年东兴街道党政领导班子名单…237
· 东阳街道 ……………………………237
· 概况 …………………………………237
· 经济建设 ……………………………237
· 社会建设 ……………………………237
· 文化建设 ……………………………238
· 文明城市创建工作 …………………238
· 基层组织建设 ………………………238
· 2017年东阳街道党政领导班子名单…239

社会经济统计资料

· 地区生产总值 ………………………242
· 2017年度行政区划基本情况 ………243
· 各街道人口 …………………………243
· 农村基层组织、乡镇劳动力情况 ……244
· 农林牧渔业总产值及增加值 …………244
· 农作物播种面积和产量 ………………245
· 林业生产情况 ………………………246
· 畜牧业生产情况 ……………………246
· 渔业生产情况 ………………………246
· 规模以上工业法人企业单位数 ………247
· 规模以上工业法人企业分行业产值 …248
· 市直、区直单位及各街道规模上产值 ……………………………………249
· 教育、文化、卫生事业情况 …………250
· 社会从业人员情况 …………………252

附　录

· 广东省地方志工作条例（2018年5月31日广东省第十三届人民代表大会常务委员会第三次会议通过） ……………………………………254

· 主题索引 ……………………………258

TEZAI

特　　载

特　载

榕城区开展学习贯彻中共十九大精神系列活动

2017年10月27日，榕城区召开学习贯彻中共十九大精神大会，提出要进一步解放思想、团结奋进、攻坚克难，努力开创榕城经济社会振兴发展新局面，全面建设首善之区。

该区提出，要以党的十九大精神为指引，按照市委统一部署，坚持“北拓、南改、中优”的发展思路，加快推动榕城振兴发展。突出城市建设，加快推进“五路一河”项目建设，全力推动“百日百项大行动”落实到位，促进城市更新，统筹推进古城保护建设，加快基础设施建设，在构建首善之区上奋力突破。突出实体经济，把创新驱动作为产业发展的战略支撑，优化产业平台，大力发展现代服务业，在加快推动转型升级上奋力突破；突出社会建设，发展完善公共服务，抓好精准扶贫、精准脱贫工作，加强并创新社会管理，在保障和改善民生上奋力突破；突出生态文明，同步推进水系整治恢复和水资源综合利用工作，补齐短板综合截污，坚持治理源头污染源，在加快建设美丽榕城上奋力突破。

（高浩钦　林一帆　陈炳鑫）

2017年10月27日起，榕城区各部门各街道分别召开会议学习贯彻党的十九大精神大会。提出要把学习宣传贯彻党的十九大精神作为当前和今后一个时期的首要政治任务，迅速掀起学习贯彻热潮，统一思想，凝聚力量，推动各项工作开展。

区委区政府办公室提出，要精心制订学习计划，以支部为单位组织学习，系统学习学深学透十九大精神；要创新学习载体和方式，有效组织广大党员干部开展学习研读，营造学习宣传党的十九大精神的浓厚氛围；要举办主题读书会，交流心得体会；要把学习贯彻十九大精神作为当前和今后一个时期的首要政治任务，坚持以十九大精神为引领，以习近平新时代中国特色社会主义思想为指导，紧紧围绕区委中心工作，服务全区发展大局，在新起点上开创区委区政府办公室“三服务”工作新局面。

区人大机关提出，要坚持把学习十九大精神作为一项首要政治任务来抓，武装头脑，指导实践，推进工作，在学深悟透、学以致用上下功夫；要结合人大工作实际，充分发挥人大作用，运用好人民群众的“代言人”角色，大力宣传十九大精神；要以十九大精神指导人大工作，以人民代表为重要抓手，深入贯彻落实十九大精神，全面贯彻落实党的基本理论、基本路线、基本方略，认真做好人大各项工作，更好推动榕城事业发展。

区政协机关提出，要立足政协职能优势，全

面增强本领，切实发挥政协作为协商民主的重要渠道和专门机构作用，推动协商民主广泛、多层次、制度化发展。要团结引导广大政协委员和各族各界人士，切实把思想和行动统一到十九大精神上来。要进一步增强“四个意识”，坚定“四个自信”，全力做好综合协调服务工作，为打造揭阳首善之区发挥积极作用。

区纪委提出，要在学习宣传上下功夫，迅速掀起学习热潮，多种形式开展宣传。要在贯彻落实上下功夫，加强纪律建设，加强作风建设，加大反腐力度，加大监督力度，加大预防力度，加快改革进程。要在队伍建设上下功夫，严格教育，严格管理，严格监督。

区委组织部提出，要进一步加强党的政治建设，进一步抓好党员干部教育培训，进一步选优配强领导班子和干部队伍，进一步加快人才优先发展工作步伐，进一步加强基层党建基层治理，进一步从严从实加强组织部门自身建设，切实用十九大精神统揽组织工作和党的建设。

区宣传系统提出，要精心组织理论学习中心组会议、研讨会、座谈会等形式多样的学习活动；要组织宣讲团进机关、进企业、进学校、进社区，掀起学习贯彻热潮；要通过电视、报纸、新媒体等平台宣传各级学习贯彻十九大精神的各种举措和成效；要举办多种形式的文化活动，宣传十九大精神。要围绕各项中心工作，自觉用十九大精神统一思想、凝聚力量，统揽全局，推动各项工作开展。

中山街道提出，要立即组织传达学习十九大精神，确保覆盖到每个党支部，推动十九大精神在基层落地生根；要继续抓好南北滘违规建筑物拆除和河道清理工作，为市民创造文明、整洁、优美的生活环境，提升古城形象；要继续开展好经济户口清理工作，确保按时完成经济户口清理任务；要加大医保、社保、党报党刊征订等中心任务推进力度。要以十九大精神为指导，围绕市、区工作安排，咬定目标、倒排时间、狠抓落实，确保完成全年经济社会发展各项任务。

梅云街道提出，要结合实际，以十九大精神为指导，加快推动梅云各项事业发展。要狠抓经济建设，进一步壮大经济总量；要狠抓平安建设，确保社会和谐稳定；要狠抓环保治污工作，确保辖区绿色健康发展；要狠抓社会建设，推动各项事业协调发展；要坚持全面从严治党，统筹推进党的各项建设。

（记者：林一帆　通讯员：汪高洁　李福明）

11月23—24日，榕城区举办全区科级主要领导干部学习贯彻中共十九大精神专题研讨班，通过发挥领导干部带头学习、自学学习、深入学习的表率作用，切实用习近平新时代中国特色社会主义思想武装头脑、指导实践、推动工作，为榕城打造揭阳首善之区提供坚强思想保证和组织保证。

该区表示，接下来将举办区管干部集中轮训，举办社区党组织书记、乡贤咨询委员会骨干、“两新”组织党组织书记、大学生村干部等专题培训班，通过多形式、分层次、全覆盖的学习培训，学懂、弄通、做实党的十九大精神。

12月6日，榕城区区管干部学习贯彻十九大精神专题培训班开班，通过集中学习研讨等形式，加强对该区区管干部学习培训。

该区提出，要组织和引导全区区管干部认真研读十九大报告和新党章，准确把握十九大精神的思想精髓、核心要义，原原本本、原汁原味学习好十九大精神。通过学习研讨，切实把思想和行动统一到十九大精神上来，使十九大精神成为推动榕城各项事业发展的强大思想武器，在用习近平新时代中国特色社会主义思想武装头脑、指导实践、推动工作上不断取得新成效，为推动榕城振兴发展，全面建成揭阳首善之区提供坚强的思想保证和组织保证。

（全媒体记者：高浩钦　林一帆　通讯员：高晓峰）

开启揭阳“首善之区”建设新征程

2017年，榕城区委在市委的正确领导下，团结带领广大干群，埋头苦干，真抓实干，取得突破性的新成果、新变化，开创了榕城加快发展的新局面，这种新成果、新变化、新局面，为开启揭阳首善之区建设的新征程，打下坚实的新基业。

关键词：党的建设

是年，榕城区把学习贯彻中共十九大精神和习近平新时代中国特色社会主义思想作为首要政治任务，在全区开展大学习大培训活动，坚持学懂、弄通、做实，用党的最新理论成果武装头脑、指导实践、推动工作。加强政治建设，扎实推进“两学一做”学习教育常态化、制度化，加强基层党建工作，坚持不懈推进清风榕城建设，推动全面从严治党向基层延伸。全面推进社区乡贤咨询委员会建设，“两新”组织党建工作实现100%覆盖，基层党组织战斗堡垒作用进一步强化。

关键词：转型升级

是年，榕城区深入推进供给侧结构性改革，下大力气淘汰落后产能、改造提升传统产能，完成工业技术改造投资额35.75亿元，引导72家规模以上工业企业实施技术改造，初步实现传统产业绿色化生产。三次产业结构进一步优化。区域创新中心地位更加巩固。新认定高新技术企业10家，高企总数比2016年翻一番。建立进贤门数字创意（动漫网游）产业孵化基地；朝启众创空间被认定为国家科技孵化器培育单位，获广东省“青年创新创业示范园区”资格。深入落实“百日百项大行动”，24个市级重点项目全面开工，完成投资40.9亿元，超额完成年度任务，发展后劲有效增强。

关键词：生态建设

是年，榕城区立足“创文”主战场定位，坚持“疏堵结合、建管并重、标本兼治”，举全区之力推进“创文”行动，累计投入资金1.6亿元，全力开展环境综合整治，清理拆除违章建筑56万多平方米；补齐城市配套设施短板，改造升级新河、蓝和、东洋、榕华、钟厝洋等农贸市场；创新完善环卫保洁等城市微观管理机制，促进城市管理更加精细。实施“五个起来”工程，推进农村人居环境整治，推进榕江流域水污染防治，推进东风河、揭阳楼后水渠黑臭水体综合整治工程，生态文明建设显著增强。

关键词：城市建设

是年，榕城区全面打响“五路一河”拆迁攻坚战，临江北路西段、西环城路、望江北路东段等道路全线拆通，拆除宗数1604宗，面积19.5万平方米，城市发展空间有效拓展。加快中部片区棚户区改造建设进度，扎实推进古城保护建设。完善道路基础设施，揭惠高速公路（榕城段）预计春节前通车，市区连接线和莲花大桥沿线道路征拆工作基本完成；南部片区城市化步伐加快，投入资金1.3亿元，完成市区市政道路大修工程，新河北路等5个市政项目完工并交付使用，仙彭路、沟口东路、惠民西路等一批市政道路工程扎实推进，城市发展的基础进一步完善。关键词：民生福祉

是年，榕城区始终坚持民生为先、民生为重、民生为本，努力使全民共享发展成果。办好人民满意教育，投入资金1.27亿元，新建、改建、续建仙桥中学等5所学校，促进教学资源均衡配置。加快提升医疗卫生水平，铺开城市公立医院综合改革，积极探索医联体建设，为群众提供优质医疗卫生服务。抓好精准扶贫、精准脱贫攻坚，完成1172名农村贫困人口动态稳定脱贫。完成梅云何厝公园、望江南景观工程、集星湾小广场等一批“五小”场所建设。成功举办2017揭阳国际半程马拉松赛，有效提升城市形象和影响力。连续三届荣获“全国平安建设先进区”称

号，一举拿下全国社会治安综合治理最高奖项——“长安杯”，成为全省唯一获此殊荣的县区。

报告提出，2018年要按照全面建成小康社会各项要求，紧扣社会主要矛盾变化，统筹推进“五位一体”总体布局，协调推进“四个全面”战略布局，深入落实新发展理念，实施“一二五”工作思路，走正道，出实绩，确保中共十九大精神在榕城落地生根、结出丰硕成果。

关键词：“一二五”工作思路

“一二五”工作思路是坚定一个目标、打赢二个攻坚战、加速五个起来。“坚定一个目标”是要始终坚持建设揭阳“首善之区”战略目标不动摇，树立起应有的美誉度和知名度。完善深化“北拓、中优、南改”发展思路，开展好“大学习、深调研、真落实”活动，深化“放管服”改革，构建“亲、清”新型政商关系，打造营商环境高地。

“打赢二个攻坚战”是要坚决打赢“五路一河”拆迁建设攻坚战，力争2018年年底建成，高起点谋划、高标准推进、高质量打造“首善之区”架构性工程；坚决打赢榕江流域水污染防治攻坚战，切实做好“河面、岸边、两岸”三篇文章。

“加速五个起来”是要提升产业发展格局，强化创新驱动战略支撑，加快产业结构调整优化，让产业筋骨“强起来”；继续深入开展“百日百项大行动”，突出抓好古城保护，盘活城市资源，让项目建设“快起来”；深入开展“五城同创”，着力加强城市秩序治理，抓好城市绿化，让城乡一体“美起来”；深入推进“众剑行动”，推进社会治理共建共治共享，让社会大局“安起来”；推进教育创先、卫生创强，打赢脱贫攻坚战，让民生福祉“厚起来”。

关键词：从严治党

报告提出，要全面落实新时代中共建设新要求，坚持党要管党、全面从严治党，突出政治建设，抓好基层党建，深化干部队伍建设，继续营造实干氛围，持之以恒正风肃纪反腐，确保党始终成为主心骨和坚强领导核心，为全面建设“首善之区”提供坚强的政治保证。

（录自《揭阳日报》2018年1月3日第六版）

榕城区以重要基础设施建设为抓手
着力构建揭阳“首善之区”格局

2017年，榕城区深入贯彻落实市委、市政府决策部署，突出首善之区定位，围绕“北拓、南改、中优”发展思路，牢固树立“敢打必胜”的决心，勇于担当，攻坚克难，以道路、城市改造更新、配套设施等重要基础设施建设为抓手，推动配套完善，带动城市更新，着力构建首善之区格局。

打好道路基础设施建设硬仗，构建“首善之区”架构

2017年来，该区贯彻落实市委、市政府决策部署，抢抓机遇，启动“五路一河”项目。区委书记江林生，区委副书记、区长吴汉通高度重视，下沉项目现场拍板解决有关问题，实行“一周一会商”制度，建立协调解决问题的有效机制。

该区通过召开动员大会、座谈会、千人誓师大会，全面入户走访，新闻媒体宣传等多形式多渠道宣传造势，将“建桥铺路，积德行善”“支持建路，福荫子孙”理念宣传到深入人心。创新工作机制，“扁平化”推进拆迁、补偿、安置、招商、建设等各环节工作，营造声势浩大的拆迁氛围，促进拆迁工作每日每周都取得实实在在进展。目前项目有序推进中，该区正将“五路一河”作为首善之区建设中一项架构性、基础性工作，以“五路一河”项目疏通城市经脉。临江北路西段、西环城路、望江北路东段等道路拆迁工作已完成，其他项目工作正有序推进中。

在抓好“五路一河”项目的同时，该区加快市政道路建设，科学谋划推进北部片区市政道路提升工程，畅通城区交通路网，营造良好的投资环境。目前，新河北路等道路已建成交付使用。

与此同时，市区连接高速公路项目和省道S234线仙桥段市政配套工程项目加快推进。该区共计投资1.9亿元，推进揭惠高速公路揭阳市区连接线项目，着力构建便捷通道，真正发挥高速公路对地方经济发展的带动作用，提升榕城的区位优势，盘活仙梅片区资源，拓展腾挪空间，打开市区“南大门”。

打好城市改造更新硬仗，提升“首善之区”气质

棚户区改造是榕城加快城市改造更新的重要项目。该区以中部片区棚户区改造项目为抓手，切实改善老城区居民的居住条件和生活环境，提升城市整体形象。中部片区棚户区目前已累计完成投资5.7亿元，回迁安置区建设进展顺利。同时，加强单元规划编制，抓紧做好该片区60多亩城市建设发展用地的招商引资工作，着力引进国内知名的大型商业企业落户，规划建设高档的住宅小区和集商业、休闲、文娱、旅游等于一体的地标式大型商业综合体。

古城保护建设是另一个重要项目。该区“坚持业态引导、点面结合打造”，制订古城旅游业态方案，完成南浦渔歌项目、古城水系整治和智能立体停车场等概念性规划方案。加快推进古城内河整治保护，组织打捞清理河道漂浮物、水生植物，有效推动河道周边环境持续改善；拆除河岸两侧违章搭建物；启动河道清淤工程，对南北滘溪、猛水河进行清淤工作。加快推进历史街区修缮工程，对中山路、城隍路等沿街立面实施“修旧如故”“穿衣戴帽”修缮和“三线落地”建设，重塑古城街景风貌。目前城隍前路、中山路石板路面及骑楼走廊路面全面完工，正推进古城危楼加固和街区立面修缮，启动水系整治项目等。

打好配套设施建设硬仗，完善“首善之区”功能

在配套设施建设方面，该区把加快污水处理设施及截污管网建设作为重点之一，加强督促检查，加快推进污水处理设施及截污管网建设，系统解决城市污水处理问题。目前已完成望江南路西段截污干管建设2.6公里，望江北路截污干管及有关泵站、仙梅污水处理设施等工程有序有效推进。同时，采取“截污、清淤、生态修复”工作思路，对东风河、揭阳楼后水渠2条黑臭水体进行河岸整治和生态修复工程，切实改善榕江流域水质。该清淤工程于2017年10月19日开工建设，工程正有序推进中。

与此同时，该区加快推进民生建设工程，启动教育“创先”投入资金1.27亿元，新建、改建、续建梅云华侨中学等5所学校，促进教学资源均衡配置；推进全民健身工程，完成仙桥西社公园、西洋体育公园及梅云何厝公园等一批“五小”场所建设。

榕城区提出，新一年要坚持发展项目化，继续抓好重点基础设施建设项目。突出抓好“五路一河”项目拆迁建设，突出重点项目带动，继续深入开展百日百项大行动，突出抓好古城保护，盘活城市资源，着力补短板、强基础、蓄后劲，继续以重要基础设施建设为抓手着力构建首善之区格局。

（录自《揭阳日报》2018年1月24日第六版）

榕城区全力巩固提升“创文”工作成效 以志在必得坚定信念冲刺迎检任务

榕城区按照市委、市政府决策部署，大力推进“创文”工作，城乡面貌得到改观，城市管理机制逐渐建立和完善。6月，榕城区启动“‘创文’验收迎检冲刺月”活动，对相关工作进行部署，查漏补缺，巩固提升“创文”成效，全力以赴做好迎检各项工作。8月，“创文”工作进入迎检攻坚阶段，榕城区委、区政府多次召开专题会议部署推进工作。推进会上，区委书记江林生强调，要树立信心，志在必得，要高标准，严要求，做好最后冲刺阶段的各项工作，巩固提升“创文”工作成果，确保顺利通过省文明城市的综合测评。区委副书记、区长吴汉通提出具体要求。阶段来，全区上下形成积极推进文明创建的良好氛围，受到乡贤和群众一致好评，千年古城在“创文”中焕发出新活力。

加强部署，以志在必得信念抓“冲刺”阶段工作

榕城区召开文明创建工作领导小组工作会议，传达贯彻市“创文”迎检工作会议精神，再动员再部署全区“创文”迎检工作。江林生要求，要树立信心，志在必得，高质量完成迎检工作；要以问题为导向，巩固提升，坚决落实好查漏补缺工作；要人员、资金、措施坚决落实到位，确保顺利完成冲刺迎检任务；要严肃纪律，强化督导，把最严的责任和压力传递下去。要高标准，严要求，做好最后冲刺阶段的各项工作。

他强调，全区各街道、区直各部门、各企业和全体市民要迅速行动起来，举全区之力，向省级文明城市发起最后的冲刺，以志在必得，势在必胜，勇夺省文明城市荣誉的坚定信念，再接再厉，顽强拼搏，巩固提升“创文”工作成果，对标落实各项工作，确保顺利通过省文明城市的综合测评，以优异成绩迎接党的十九大胜利召开！

集中整治，解决群众最关切问题

一直以来，榕城区委、区政府高度重视，下定决心，把“创文”工作作为当前全区重中之重的大事来抓，作为功在千秋的伟大事业来做，高规格成立榕城区全面开展文明创建工作领导小组；榕城区城乡环境和交通秩序整治行动、榕城区文明创建“四级联创”指挥部，制订20多个指导性文件，全区各部门、各街道、各社区签订文明创建责任书，立下“军令状”，全力推动文明创建向纵深发展。

该区集中各部门各单位力量、集合各类社会资源，向城乡“脏乱差”开战，彻底解决养猪场、马路市场等一批群众最关切、最不满意的老大难问题，重点加强对公共场所、商业街区、农贸市场、背街小巷、城乡结合部等部位和区域的清理整顿，并突出重点路段、重点时段，广泛开展各类交通违规违法行为专项整治。2016年9月份以来，全区累计出动人力36.12万人次，投入大型机械3.98万台次，拆除违章5万多宗面积56.7万平方米，清理“牛皮癣”100万多张，查处各类道路交通违章违法行为为3万多宗。同时，优化人居环境，全面铺开榕江江畔植树绿化工作，投入绿化建设资金150多万元，种植花树4000多株。

该区采取疏堵结合、建管并重、标本兼治，制订出台各项长效机制，推动城市管理制度化、常态化、长效化转变。通过盘活旧厂房、废池塘、闲置土地等方式，建成进贤门大道南三巷物流仓储园、西门临时肉菜市场等一批临时集贸市场和东湖路口等6个便民停车场。同时加大投入，2016年以来全区累计投入“创文”资金1.6亿元，大力完善环卫设施，通过网格化巡查管理、执法部门严管重罚推进“门前三包”责任制落实。

打造亮点，以点带面推动工作

改造临江南路、望江南路景观绿化带，升级打造“两河四岸”绿色长廊；制作北河桥下东侧墙绘、邱金元纪念中学东门斜对面墙体和东山社区站前大道西侧“我们的价值观”青少年墙绘；建设主题公园，完成“诚信法治”（东湖）、“文明和谐”（西湖）2个主题公园提升建设工程，打造配套“革命传统教育”（榕江）主题公园和绿化设施；自“创文”以来，各街道社区多方筹措资金，大刀阔斧地进行人居环境的改造，涌现出仙桥篮兜、新兴下义、中山南门、东阳砂松等一批村容村貌整洁、美丽宜居的社区，形成蓬勃发展的良好局面，提升群众的获得感……这是阶段来，该区打造的示范亮点，通过亮点以点带面推动全面创建工作向纵深开展。

为提升市民素质，让“创文”工作家喻户晓，该区充分利用主干道宣传牌、宣传栏、横幅等平台，通过流动宣传车、广播等穿街入巷、开展问卷调查和民意测评等方式，宣传展示社会主义核心价值观、市民公约、村规民约、文明创建、文明标语等，让文明创建家喻户晓。全区累计更换、更新公益广告面积约40575平方米，发出调查问卷26000多份，印发有关倡议书6万多份。

（录自2017年8月9日《揭阳日报》06版　记者：高浩钦　林一帆，通讯员：李福明）

榕城区科技创新在全市实现“四个首位”
以创新驱动打造揭阳“首善之区”

高新技术企业数量增速最快；获得全市唯一一个省级重大科技专项立项支持；获全市唯一一个省科技进步奖；专利申请总量全年连续保持全市首位。2017年以来，榕城区委、区政府认真贯彻落实市委、市政府决策部署，高度重视科技创新工作，大力实施创新驱动发展战略，科技创新方面在全市实现“四个首位”，以创新驱动助力打造揭阳“首善之区”。

“四个首位”为加快发展提供科技创新保障

榕城区委书记江林生，区委副书记、区长吴汉通高度重视科技创新工作，多次到有关企业调研、指导科技创新工作。榕城区还先后成立创新驱动发展战略领导小组和深化与中科院合作领导小组，切实加强对全区创新驱动发展工作的组织领导和统筹协调；出台有关文件，确保创新驱动工作有效推进。

2017年，该区科技创新方面在全市实现“四个首位”，为榕城打造揭阳“首善之区”提供科技创新保障。这“四个首位”分别是：一是高新技术企业数量增速最快，全区高新技术企业新认定10家，总数达到19家，高企总量翻一番以上。申报高企入库培育企业16家，申报认定数量和入库数量均创历年新高；二是广东榕泰的“注塑型粒状三聚氰胺——甲醛塑料的研究及产业化”获得全市唯一一个省级重大科技专项立项支持；三是宏光玻璃的“高效透光遮阳节能中空玻璃生产技术开发及应用”项目获全市唯一一个省科技进步奖；四是专利申请总量全年连续保持全市首位，申报总数达到1544件，发明专利达82件，均创历史新高。

全区高新技术企业总量翻一番以上

据悉，该区狠抓高企培育，推进高新技术企业发展。2016年，该区申报认定高新技术企业13家（其中新增10家，再次认定3家）。至目前全区高企数量累计达到19家；申报高企入库培育企业16家（其中已通过5家），至目前全区高企培育库企业累计7家。新增高企认定的企业中70%为电子信息产业，榕城信息产业中的高新技术企业2017年总收入达到2.4亿元，实现税收551万元，分别比增387 %和383%；运用高新技术改造榕城传统优势产业获得零的突破，四大传统产业中的鞋业和微电机产业均首次有企业认定为高新技术企业；新增入库企业中，另一传统优势产业五金业也实现零的突破，首次有企业进入培育库名单。

加强产学研合作，促进技术创新

这成绩的获得，有赖于榕城区大力加强产学研合作，促进技术创新；搭建创新平台，大力自主核心技术攻关；继续开展新一轮技术改造，助推产业创新；切实抓好人才工作，满足企业智力需求等举措。

在加强产学研合作方面，2016年以来，该区邀请中科院过程工程研究所专家莅榕，开展中科院——榕城“实施创新驱动，共建产业支撑”主题活动，中科院专家与企业共达成3项合作意向；区科技局组织深展、宏光等7家与中科院有合作意向的企业前往中科院工程过程研究所高明新材料研究中心参观考察，为深化中科院与榕城进一步合作奠定坚实的基础；组织40家次企业赴广州等地与华南理工大学、广东工业大学、汕头大学等高校开展产学研合作活动8场。

在搭建创新平台方面，该区2016年申报建立省级工程技术研究中心2个，实现至目前全区省级以上创新平台总数达到9家；认定市级工程技术研究中心6个，为发展全区高新技术企业储备技术能量。与此同时，该区还大力推进五亿以上工业企业建立研发机构，狠抓重大科技专项申报，这些举措为广东榕泰“注塑型粒状三聚氰胺——甲醛塑料的研究及产业化”获得全市唯一省科技厅立项支持项目、宏光玻璃“高效透光遮阳节能中空玻璃生产技术开发及应用”获省科技进步奖三等奖等打下良好基础。

在加强专利保护方面，区科技局与鞋业、电子商务、动漫网游等多个协会对接，举办榕城区知识产权保护及政策宣讲培训会，多方位向企业宣传专利保护意识。2017年全年专利申请量达到1544件，完成全年任务174%；其中发明专利申请82件，完成全年任务164%，PCT专利申请量1项，专利申请量名列全市首位。

在开展新一轮技术改造方面，该区上年推动工业投资额59.9亿元，工业技改投资额36.5亿元。在人才工作方面，该区通过“吸引、挖掘、转移、输入”四条渠道，着力帮助企业引进和培养一批科技创新人才。

多举措促进全区创新驱动发展

榕城区提出，新一年要继续深入实施知识产权战略，鼓励和引导企业做好知识产权的申报和保护工作，增强参与国内外市场竞争的能力。不断深化产学研合作，推动企业与中科院、高等院校等的合作，组织企业“走出去，引进来”，与相关高校和科研院所共建产业技术联盟，推动产业健康发展。培育壮大科技型企业，促进全区创新驱动发展水平的提升，以创新驱动助力打造揭阳“首善之区”。

（录自《揭阳日报》2018年1月31日第六版）

榕城区全面推进“五路一河”项目拆迁工作

2017年8月25日，市委主要领导到榕城调研，为榕城指明“北拓、南改、中优”的发展思路，强调要抓好“五路一河”项目，打通城市脉络。榕城区委、区政府高度重视“五路一河”项目工作，抢抓机遇，迅速行动，将“五路一河”拆迁列为2017年下半年首要工作任务，与“百日百项大行动”同步推进，以“五路一河”项目为抓手，搭建首善之区架构，赢得群众广泛支持。

统一思想，形成共识，全面推进

“五路一河”拆迁项目涉及6个街道20个社区，长约11.5公里，涉及拆迁宗数1665宗，拆迁面积19.5万平方米。

项目启动后，榕城区相继召开区委书记会、常委会、专题工作会等会议，在区党政领导层面统一思想，形成共识，鼓舞士气。同时成立由区委书记任总指挥，区长任常务副指挥的全区“五路一河”征地拆迁工作指挥部，涉及各街道相应成立工作指挥部和拆迁工作机构，加强街道层面的组织领导。

10月9日，榕城区召开区、街、村（社区）三级千人誓师动员大会，各责任街道和社区纷纷表态，要多措并举，全力以赴，确保按时、按质、按量完成目标任务。

该区制订有关拆迁方案全面推进工作，同时针对街道工作力量较薄弱的实际，在全区各地各部门抽调精干力量，成立跨部门组合的片区工作专班，强化各责任街道一线力量支撑，形成全区工作合力。

在制度方面，该区探索创新，形成高效协同推进各环节工作的机制。坚持“扁平化”工作原则。同步推进拆迁、补偿、安置、招投标、建设等各环节工作。以城市改造促进拆迁。将“五路一河”拆通工作与打造首善之区结合起来，抓住道路拆迁契机，推动沿途侨社片区和玉浦、港墘、巷畔、梅兜、厚宅等社区，围绕提升城市品质进行“三旧”改造，以片区改造促道路拆迁，以道路打通促城市更新。采取包干到户。按照既定的时间节点，倒排工期，挂图作战，实行“一周一计划、一日一通报”制度。该区班子成员、街道主要领导干部亲自上阵，通过做细群众工作来全面推动。实施“每周一会商”机制，定期剖析研究存在问题，统筹拍板解决措施，确保日日有进度、周周有突破、月月有成效。

大力宣传赢得群众理解支持

修路建桥是为民造福。该区将这一理念进行大力宣传造势，使之深入人心。

在媒体宣传方面，借助电视、报纸、网站、论坛和政务“双微”平台等新媒体，结合召开动员大会、宣传车广播、横幅、宣传册等各种形式，开展“五路一河”系列报道，将“建桥铺路，积德行善”“支持建路，福荫子孙”理念宣传到深入人心。

集众人智慧者成大事。榕城区还积极召开新闻界座谈会和文化界座谈会，邀请市新闻界和文化界专业人士，就榕城如何形成首善之区品质进行座谈，为“五路一河”项目建设奠定舆论基础。

拆迁工作的推进，最大的支持应该来自被拆迁户。为做好被拆迁户思想工作，该区实行街道主要领导包村制度，各街道成立包村工作组，全面深入走访，明确“五路一河”拆迁是基础设施建设，是公益事业，不是商业项目，端正群众思想。把握节日契机，加班加点，抓好项目拆迁涉及6个街道、20个村（社）的乡贤咨询委员会建设，充分发挥乡贤作用，做好正面引导，提高认同感和参与度，全面营造“人人关心、各界支持”的浓烈氛围。

各责任主体纷纷掀起拆迁工作热潮

2017年9月15日，临江北路西段有关建筑物在挖掘机的作业下应声而倒，东兴街道启动临江北路西段拆迁工作，打响“五路一河”项目拆迁第一炮。随后，榕华街道组织拆迁工作队伍，对包括位于进安街的港墘假山、农贸市场、老人室在内的港墘社区涉天福东路榕华段拆迁范围内的部分集体资产启动拆迁作业，拉开天福东路拆迁攻坚战的序幕。各街道、社区挂图作战，压实责任，做好“五路一河”入户确权、丈量、评估、签订征收补偿协议、拆除建筑物等工作。

至是年底，临江北路西段、西环城路等项目已全面完成拆迁工作；望江北路东段、天福东路、北环路榕城段等项目协议签订及建（构）筑物拆除工作接近尾声；东风河片区有关项目仅用3天时间完成协议签订75%.

（全媒体记者：高浩钦　林一帆　榕城区史志办整理）

榕城区委巡察机构揭牌成立

2017年6月29日，榕城区委巡察机构在全市率先揭牌成立，单独设置区委巡察办和2个区委巡察组。

▲6月29日，市纪委常委、市委巡察办主任高文捷（右二）、区委书记江林生（左二）、区委组织部部长林春生（右一）、纪委书记苏娴（左一）共同为区委巡察机构揭牌

（丘荣贵 摄）

榕城区获全国社会综合治理最高奖项“长安杯”

2017年9月19日，中央综治委对全国60个“社会治安综合治理优秀市（地、州、盟）”、160个“全国平安建设先进县（市、区、旗）”进行表彰。广东省3个地市、5县市区入选。其中榕城区获评“全国平安建设先进区”，这是该区连续三届（每4年一届）评此称号；获得全国社会综合治理最高奖项“长安杯”，是广东省唯一同时获得“全国平安建设先进区”“长安杯”的县区。

牢记使命 砥砺前行
在新时代奋力开创揭阳“首善之区”新局面

——在区委六届三次全会上的报告

（2017年12月29日）

江林生

同志们：

这次全会的主要任务是：深入学习贯彻党的十九大精神和习近平新时代中国特色社会主义思想，认真落实习近平总书记对广东工作重要批示、省委十二届二次全会和市委六届三次全会精神，总结2017年工作，部署安排2018年任务，动员全区各级党组织和广大干群在新时代下，牢记使命，砥砺前行，奋力开创揭阳“首善之区”新局面。

现在，我代表区委常委会向全会作报告。

一、迎难而上，破局开路，“首善之区”建设迈出坚实步伐

党的十九大宣示中国特色社会主义进入了新时代，放眼新时代，回望即将过去的2017年，我们更需认真总结盘点。这一年，是榕城发展进程中极不平凡的一年，是全区上下齐心协力、辛勤耕耘的一年，更是我们攻坚克难、成果丰硕的一年。这一年，围绕区第六次党代会确定的奋斗目标，以喜迎十九大、学习十九大、贯彻十九大为主线，区委在市委的正确领导下，团结带领广大干群，埋头苦干，真抓实干，取得了突破性的新成果、新变化，开创了榕城加快发展的新局面，这种新成果、新变化、新局面，为开启揭阳首善之区建设的新征程，打下了坚实的新基业。

一年来，我们聚焦党建主业，全面深化从严管党治党，党的建设取得新成效。提升思想建设水平，把学习贯彻党的十九大和习近平新时代中国特色社会主义思想作为首要政治任务，在全区开展大学习大培训活动，坚持学懂、弄通、做实，用党的最新理论成果武装头脑、指导实践、推动工作。加强政治建设，严格遵守党的政治纪律，确保中央、省委精神和市委的各项决策部署在榕城得到坚决有力的贯彻执行。扎实推进“两学一做”学习教育常态化制度化，开展“走正道、出实绩，建设首善之区”主题活动，办好“榕城论坛”，举办各类专题学习培训，推动在全区干部队伍中形成实干、担当的务实作风。加强基层党建工作，深化驻点直接联系群众工作，落实分级协调解决群众反映突出问题工作制度，严查基层微腐败；排查整顿11个软弱涣散社区党组织，全面推进社区乡贤咨询委员会建设，依法依规圆满完成社区“两委”换届选举，“两新”组织党建工作实现100%覆盖。基层党组织战斗堡垒作用进一步强化。贯彻落实市委“三不用三重视”选人用人要求，全面树立起“走正道、出实绩”的良好风尚，干部队伍的战斗力和执行力明显提升。坚持不懈推进清风榕城建设，持续保持惩治腐败高压态势，立案76件，给予党纪政纪处分75人。强化党内监督，充分发挥巡察“利剑”作用，推动全面从严治党向基层延伸。

一年来，我们聚焦提升发展质效，加快转型升级，富裕榕城注入新动力。预计全区实现地区生产总值350亿元，比增5.0%；规模以上工业增加值154亿元，比增1.4%；固定资产投资225亿元，比增10.0%；社会消费品零售总额159亿元，比增10.9%。经济总量连续五年居全市第二位。深入推进供给侧结构性改革，下大力气淘汰落后产能、改造提升传统产能，完成工业技术改造投资额35.75亿元，引导72家规模以上工业企业实施技术改造，初步实现传统产业绿色化生产。以鞋业协会为主导建设地区鞋业品牌；加快汽车服务产业园建设，汽车后市场、茶文化等特色街区进一步拓展区域品牌效应。三次产业结构优化调整为0.6∶54.7∶44.7，产业结构进一步优化。区域创新中心地位更加巩固。新认定高新技术企业10家，高企总数比去年翻一番；新增省、市级工程技术研究中心8个，申报省级重大科技专项3项；新增专利申请量1261件，列全市首位，其中发明专利69项，再创历史新高。建立进贤门数字创意（动漫网游）产业孵化基地；朝启众创空间被认定为国家科技孵化器培育单位，获广东省"青年创新创业示范园区"资格。深入落实"百日百项大行动"，北部片区市政路网提升工程、南部片区城市提质工程等一批打基础、利长远的项目建设加快推进；24个市级重点项目全面开工，完成投资40.9亿元，超额完成年度任务，发展后劲有效增强。

一年来，我们聚焦环境品质提升，大力推进生态建设，文明榕城迈上新台阶。立足"创文"主战场定位，坚持"疏堵结合、建管并重、标本兼治"，举全区之力推进"创文"行动，累计投入资金1.6亿元，全力开展环境综合整治，清理拆除违章建筑56万多平方米；补齐城市配套设施短板，改造升级新河、蓝和、榕华等农贸市场；创新完善环卫保洁等城市微观管理机制，促进城市管理更加精细，晋身省文明城市行列。实施"五个起来"工程，改造提升绿化景观，亮化美化跨河桥梁、主要道路和主要建筑物；基本完成主干道隔离栏设置和优化，文明城市形象进一步提升。推进农村人居环境整治，大力整治农村"脏乱差"问题，扎实推进雨污分流工程，农村生产生活条件明显改善。抓好环保督察工作落实，推进榕江流域水污染防治，严厉打击环境违法犯罪行为，倒逼企业走绿色发展道路；补齐环保基础设施短板，望江南路西段截污干管、小型应急污水处理设施等一批环保项目建设加快推进，仙梅片区污水处理系统建设工程前期工作进展顺利；东风河、揭阳楼后水渠黑臭水体综合整治工程开工建设；东湖断面达Ⅲ类水标准，龙石断面水质稳定提升，生态文明建设显著增强。

一年来，我们聚焦城市改造更新，加快推进城市建设，活力榕城得到新激发。把推进"五路一河"拆迁作为"首善之区"建设中一项架构性、基础性工作，全面打响"五路一河"拆迁攻坚战，临江北路西段、西环城路、望江北路东段等道路全线拆通，拆除宗数1604宗，面积19.5万平方米，城市发展空间有效拓展。加快城市更新步伐，稳步推进"三旧"改造，加快中部片区棚户区改造建设进度，扎实推进古城保护建设。完善道路基础设施，揭惠高速公路（榕城段）预计春节前通车，市区连接线和莲花大桥沿线道路征拆工作基本完成；南部片区城市化步伐加快，投入资金1.3亿元，完成市区市政道路大修工程，新河北路等5个市政项目完工并交付使用，仙彭路、沟口东路、惠民西路等一批市政道路工程扎实推进，城市发展的基础进一步完善。

一年来，我们聚焦民生福祉改善，加强创新社会治理，宜居榕城再上新水平。始终坚持民生为先、民生为重、民生为本，努力使全民共享发展成果。办好人民满意教育，投入资金1.27亿元，新建、改建、续建仙桥中学等5所学校，促进教学资源均衡配置。加快提升医疗卫生水平，铺开城市公立医院综合改革，全面取消药品加成；强化医疗服务覆盖，扎实推进榕城区妇幼保健计划生育服务中心、区中心医院等新改扩建工程建设，积极探索医联体建设，为群众提供优质医疗卫生服务。全面推进农村土地确权。抓好精准扶贫、精准脱贫攻坚，完成1172名农村贫困人口动态稳定脱贫。完成梅云何厝公园、望江南景观工程、集星湾小广场等一批"五小"场所建设，人民群众获得感、幸福感不断提升。成功举办2017揭阳国际半程马拉松赛，有效提升城市形象和影响力。坚持加强和创新社会治理，以"为党的十九大胜利召开营造安全稳定的社会环境"

为主线，制定出台27项措施加强基层治理，常态化制度化落实“一周一研判”工作机制，稳妥化解山东围等历史遗留问题。深化“中心+网格化+信息化”省级综治平安建设试点工作，开展维护国家政治安全“8+2”专项整治、“清源断流2017”专项行动，推进法治榕城建设。连续三届荣获“全国平安建设先进区”，一举拿下全国社会治安综合治理最高奖项——“长安杯”，是全省唯一获此殊荣的县区。

一年来，我们一心一意谋发展、聚精会神搞建设的精气神，得到了前所未有的凝聚和释放，形成了前所未有的干事创业新氛围。我们做到了齐心。我们坚定干的信念，明确干的思路，形成干的合力，干出声势、干出亮点、干出实效。我们赢得了民心，赢得了榕城加快发展的最大根基。我们各项工作启动快、推进快、落实快，始终任劳任怨。我们换来了顺心。“齐心、民心、顺心”，这“三心”让我们找回了榕城自信，是取之不尽、用之不竭的最大财富，必将成为全面建设“首善之区”的力量源泉！

同志们，事非经过不知难，攻坚克难谱新篇。我们深刻体会到：必须高举习近平新时代中国特色社会主义思想伟大旗帜，始终坚持以党建为引领，以“走正道、出实绩”为遵循，在区委的坚强领导下，打造特别能攻坚、特别能奉献的榕城铁军，才能打开工作局面，创造一流业绩。必须始终坚持把心思用在谋发展上，把本事用在干事业上，把功夫用在抓落实上，才能奋发有为、奋力赶超。必须始终坚持以人民为中心，既要紧紧团结和依靠广大群众，又要坚持为群众办实事，才能赢得群众拥护和支持，实现上下同心、干群合心。这些经验需要我们倍加珍惜，长期坚持好、发展好。

这些成绩的取得，离不开市委的正确领导，离不开全区党员干部特别是基层街道、村居和各条战线上一线同志的艰苦奋斗，离不开广大人民群众的共同努力，离不开社会各界的关心支持。在此，我谨代表中共揭阳市榕城区委，向全区广大党员干部群众和社会各界人士表示衷心的感谢！

在充分肯定成绩的同时，我们必须清醒地认识到，市委六届三次全会指出的“产业结构不优、发展环境不佳、社会事业滞后、个别地方和部门党的领导弱化”等四大问题在榕城不同程度存在；同时，经济增长乏力，主要经济指标增速不够快；核心区要素功能集聚不足，辐射能力需进一步提升；发展空间受限制，产业创新力度不够，加快供给侧结构性改革、转方式调结构的任务依然艰巨；财政基础薄弱，财税平稳运行压力巨大；社会不稳定因素仍然存在，生态文明建设任重道远，特别是榕江流域水污染防治仍需持续发力；一些干部思想解放不够、担当进取精神不强等问题亟须整改。对此，我们必须认真查找原因，深刻剖析根源，抓住关键，采取更加有效措施，切实把这些问题解决好。

二、深入学习宣传贯彻党的十九大精神，全面凝聚“首善之区”发展磅礴力量

党的十九大是在全面建成小康社会决胜阶段、中国特色社会主义进入新时代的关键时期召开的一次十分重要的大会，是一次在新的历史起点上开启党和国家事业新征程的大会，是一次不忘初心、牢记使命、高举旗帜、团结奋进的大会。

大会作出了中国特色社会主义进入新时代、我国社会主要矛盾已经转化为人民日益增长的美好生活需要和不平衡不充分的发展之间的矛盾等重大政治论断，深刻阐述了新时代中国共产党的历史使命，确立了习近平新时代中国特色社会主义思想的历史地位，提出了新时代坚持和发展中国特色社会主义的基本方略，确定了决胜全面建成小康社会、开启全面建设社会主义现代化国家新征程的目标，对新时代推进中国特色社会主义伟大事业和党的建设新的伟大工程作出了全面部署。

省委十二届二次全会提出要深入开展全省大调研、深调研，聚焦事关全局八个重大课题，进一步明确工作举措和努力方向，谋划新时代广东改革发展，更好推动习近平新时代中国特色社会主义思想在南粤大地落地生根、结出丰硕成果。省委李希书记莅揭调研，运用习近平新时代中国特色社会主义思想分析检查指导揭阳工作，对我们贯彻落实党的十九大精神提出了明确要求。

市委六届三次全会深入贯彻党的十九大精神，高举习近平新时代中国特色社会主义思想伟大旗帜，深入分析了当前面临的挑战和机遇，总结了经验和问题，提出了任务和举措。市委六届三次全会精神，是党的十九大精神在揭阳的具体化，是指导我们学懂弄通做实党的十九大精神和贯彻省委全会精神的具体要求。

我们要紧紧围绕持续深入学习宣传贯彻党的十九大精神这一主线，在前一段兴起热潮、良好开局的基础上，深化学懂弄通做实，与组织开展"不忘初心、牢记使命"主题教育活动结合起来，与省委十二届二次全会和李希同志莅揭调研讲话精神结合起来，与市委六届三次全会精神结合起来，与深入开展"大学习、深调研、真落实"活动结合起来，坚持边学边研边思边谋边干，把学习宣传贯彻党的十九大精神持续引向深入，推动习近平新时代中国特色社会主义思想在榕城落地生根、结出丰硕成果。

要坚持大学习、深调研、真落实，在学懂弄通做实上下功夫。要把学习党的十九大精神与学习《习近平谈治国理政》第一、二卷结合起来，把学习习近平新时代中国特色社会主义思想作为重中之重，丰富学习培训形式，按照全覆盖的要求开展深入持久的大学习大培训，切实把广大党员干部的思想和行动统一到党的十九大精神上来。要推动深调研，紧紧围绕党的十九大的重大部署，紧扣本地区本部门本领域的重大问题，围绕群众最盼、最急、最忧的切身利益，开展有针对性的专题调研，全面准确掌握第一线情况，进一步理清和完善发展思路举措。要抓好真落实，聚焦事关发展全局的重点工作和重点项目，具体化为每年的工作举措和重点任务，一项一项抓好落实，一年一年扎实推进，吃得了苦、耐得住烦，以钉钉子精神全面抓好落实。要通过学习宣传贯彻活动，以党的十九大精神武装头脑、指导实践、推动工作，形成干部群众的思想自觉和行动自觉，凝聚起新时代"首善之区"发展磅礴力量。

三、以党的十九大精神为指引，奋力开启"首善之区"建设的新征程

2018年，是全面学习宣传贯彻党的十九大精神的开局之年，是全面建成小康社会的关键一年，做好全年各项工作意义重大。市委六届三次全会准确把握新时代新变化，指出当前面临的四大挑战和九个"希望工程"带来的优势和机遇，分析了取得的四个经验，查找了存在的四大问题，提出了"一四四"发展思路，部署了补齐四大短板的任务和举措。做好明年工作，必须紧紧围绕持续深入学习宣传贯彻党的十九大精神这一主线，认真对照市委指出的问题和短板，发挥优势，抓住关键，采取更加有效的措施推动榕城取得新发展。

明年工作的主要任务是：高举习近平新时代中国特色社会主义思想伟大旗帜，深入学习贯彻党的十九大精神，按照全面建成小康社会各项要求，紧扣社会主要矛盾变化，统筹推进"五位一体"总体布局，协调推进"四个全面"战略布局，深入落实新发展理念，实施"一二五"工作思路，走正道，出实绩，确保党的十九大精神在榕城落地生根、结出丰硕成果。坚定一个目标，就是始终坚持建设揭阳"首善之区"战略目标不动摇，完善发展思路，优化发展环境，形成首善气质。打赢两个攻坚战，就是坚决打赢"五路一河"拆迁建设和榕江流域水污染防治两个攻坚战，构建起"首善之区"的基础框架。加速五个起来，就是让产业筋骨"强起来"，项目建设"快起来"，城乡一体"美起来"，社会大局"安起来"，民生福祉"厚起来"，全面建设有名有实的揭阳首善之区。

明年全区经济发展主要预期目标是：GDP增长7.8%以上，规模以上工业增加值增长7.5%以上，全社会固定资产投资增长10%以上，社会消费品零售总额增长12%以上，外贸进出口总额增长4.5%以上，地方公共财政预算收入增长8.5%以上。

（一）坚定一个目标

坚定"首善之区"这一战略目标不动摇，继续深入挖掘榕城悠久历史，体现水"利万物而不

争”和莲“出淤泥而不染”品质，形成“水上莲花”的新气象、新气质和新品质，树立起它应有的美誉度和知名度。加强榕城城市形象与城市品牌的塑造、宣传与展示，大张旗鼓地树起和唱响“首善之区”的城市品质，为揭阳建设粤东新的发展极贡献力量。

一是统筹推进“北拓、中优、南改”。北拓方面，围绕全市的行政中心、新城市、新业态，盘活优势资源，发展高端酒店、商业综合体等现代服务业。强化规划引领，摒弃“档口经济”发展理念，加快城市服务业集聚发展，构建现代化城市服务产业体系。启动东山社区“旧村”改造项目，谋划建设现代化大型综合城市会展中心，推动城市更新，建设北部城市高端商务区。中优方面，把中部片区棚户区改造打造成为城市更新的标杆、典范。统筹推进古城保护建设，突出行业元素，以业态引领，打造特色古城。突出进贤门楼地标，谋划周边片区连片改造，传承弘扬城市历史、水文化等内涵，推动天福东路建设，带动中部片区城市更新，标本兼治推进旧城改造。南改方面，把握好南部片区规划发展权限下放的历史性契机，完善发展规划，推动南部片区第二、三产业集聚发展。建设鞋产业生产力促进中心，推动产业技术创新，打造区域品牌，提升鞋产业高端化发展水平。推进高新材料产业集群，培育经济发展新的增长点。落实好“梧桐计划”，以南部片区为重点，在全区选择2至3个村或片区为试点，规划建设小型专业产业园区，推动企业向园区转移，在转移中转型升级。

二是积极谋划改革发展的举措。严格按照省、市部署，开展好“大学习、深调研、真落实”活动，紧密结合榕城实际，深入分析榕城在新时代实现新发展需要着力破解的重难点问题，认真研究谋划榕城改革发展的思路举措。着力研究如何建设有名有实的首善之区、解决发展不平衡不充分、营造良好发展环境、发展壮大实体经济、加强生态环境保护建设美丽榕城、加强基层党组织建设、实施乡村振兴战略、营造依法诚信营商环境等八方面问题，认真总结调研成果，找准牵一发而动全身的着力点和突破口，形成推进落实的具体行动计划和行动方案，打通关节、疏通堵点、激活全盘，切实把习近平新时代中国特色社会主义思想贯穿到全区经济社会发展各方面、全过程。

三是全力以赴优化加快发展的环境。参照市的做法，组建代建局，把财政投资的非经营性项目全部交由代建局集中实施，切实提高资金使用效益和项目建设效率，减少工程建设廉政风险，逐步推动财政投资项目管理规范化、制度化。深化“放管服”改革，加大力度推进简政放权、放管结合、优化服务，做好行政许可事项动态调整，切实规范行使权力。探索推进集中审批审核，抓好政务服务中心建设，深入实施“一门一网式”政务服务，依法依规简化行政审批和手续，营造依法诚信营商环境。要全力为高层次人才落户营造良好环境，吸引更多优秀人才来榕城创新创业、安居乐业。领导干部要带头营造、优化发展环境，深入企业了解诉求解决问题，构建“亲、清”新型政商关系，做到有交集、没交易，留下交情，激发广大揭籍企业家、人民群众建设家乡、干事创业的热情。开展优惠扶持政策宣传，最大限度落实好各项优惠政策，打造营商环境高地。

（二）打赢二个攻坚战

一是坚决打赢“五路一河”拆迁建设攻坚战。坚持通过“五路一河”疏通城市经脉，确保按时、按质、按量完成“五路一河”拆迁目标。高起点谋划、高标准推进、高质量打造，把“五路一河”项目建设成“首善之区”样板工程，力争到2018年底建成。配合好建设单位完成临江北路西段建设；做好与揭东区对接，结合铁路改线，抓好北环城路建设，提升疏通过境车辆和对接毗邻县区互联互通水平；春节后迅速启动天福东路建设，尽快建成贯穿中部片区东西走向中轴线，打造城市商业风情大道；西环城路建设要与西湖景观紧密结合起来，聚焦提升重要交通节点疏解连通能力；望江北路东段要与榕华桥立交、望江北路西段结合起来，建设仙梅片区与机场、高铁连通干道。以东风河项目建设为契机，将东风河拆迁与进贤门周边改造相结合，整体规划、分期实施，首期实施进贤门广场周边片区改造城市更新项目，切实改善周边居民的居住条件，进一步提升城市形象。

二是坚决打赢榕江流域水污染防治攻坚战。牢固树立“绿水青山就是金山银山”理念，坚持水岸同治，切实做好“河面、岸边、两岸”三篇文章，深入推进榕江南河、北河治理，确保在“五河毓秀”岸边绿化、灯光、景色竞赛中走在全市前列。要坚决落实市委“治水先治河，治河先治污，治污先治人，治人先治官，治官先治党政一把手”要求，压紧压实“党政同责、一岗双责”责任，全面落实好河长制。把水资源综合利用工作放在首要位置推进。出台雨污分流奖补政策，实施雨污分流工程，确保明年年底前全面完成雨污分流。加快补齐环保基础设施短板，启动实施仙梅片区污水处理系统建设工程，全力推进污水处理设施及截污管网建设。完成东风河、揭阳楼后水渠黑臭水体综合整治工程，优化榕江等水域生态环境。加强两岸管理，做好水利用地确权，坚决拆除侵占水利用地构建物和堤外违规搭建物，管好堤围外机动车道和防汛通道，打通岸边通道。坚持源头治理，铁腕整治工业涉水污染，清除农业面源污染，从严打击环境违法行为，强化企业倒逼机制，推进节能减排治污工作，淘汰落后产能，促使产业结构更合理、布局更集聚、生产更清洁，实现产业绿色化转型。

（三）加速五个起来

一是让产业筋骨“强起来”。榕城过去的优势在产业，现在的不足在产业，未来的希望在产业。榕城要发展，必须以供给侧结构性改革为主线，打一场产业优化升级的持久战。提升产业发展格局。拓展北部专业市场功能，完成水产市场建设，提升建材、果蔬批发等专业批发市场层次。继续深入推进特色街区的升级改造，发展金融、“众创空间”等现代服务业。进一步提升南部产业中心地位，依托揭惠高速公路湖心立交、榕江南河南岸码头、仙金公路等交通枢纽，拓宽“南大门”发展空间。强化创新驱动战略支撑。充分利用与中科院等研究院的良好合作机制，加快产学研结合，谋划新材料产学研合作孵化基地建设。引导鞋业协会制定行业标准，支持微电机产业拓展无人机、卫星导航等领域应用延伸，提升产业发展层次。推进产业共建，推动一批优质重点企业上市，培育“梁柱”企业。强化项目引导作用，大力实施一批技术改造、品牌提升、节能减排的示范项目，促进第二产业整体提升。加快产业结构调整优化。把发展现代服务业作为产业结构调整优化的重点，抓好汽车后市场、东阳装饰材料市场、茶文化等特色街区建设管理。加大力度推进数字创意（动漫网游）产业园建设，以此带动传统优势产业的高端化发展。

二是让项目建设“快起来”。坚持发展项目化，着力抓好列入省级、市级重点项目建设，尽快谋划区级重点项目，着力补短板、强基础、蓄后劲。突出重点项目带动。继续深入开展“百日百项大行动”，实施一批“希望工程”，加快揭惠高速市区连接线、仙金公路、望江南路西段改造提升等一批城市提质重点项目建设。谋划实施新一轮项目，力争每季度都有一批新项目动工。继续抓好古城保护。以古城地标进贤门为中心，做好周边及进贤门公园规划建设，统筹推进周边道路系统改造，完善配套设施。启动榕城博物馆（南浦渔歌）项目复工续建，推进玉滘溪、猛水河等古城水系截污纳管及水系治理工程。强化抓落实能力。落实领导挂钩和“一周一研判”制度，促进项目早落地、快建设。加强协调服务，着力落实项目用地问题。实施投资项目全流程“保姆式”服务，推行“现场会”“站谈会”等问题解决新模式，缩短项目落地时间。盘活城市资源。加快梳理一批要解决的规划、土地、建设、审批方面的项目，争取市的支持，加快完善提升城市功能。积极寻求资源配置在城市容量、秩序、结构、规模等方面的效益最大化和最优化，盘活城市公共资源和无形资产。充分发挥规划对城市资源的调控作用，做好与市国土、规划部门的规划对接。进一步解放思想，加大土地收储力度，增强融资能力。大力引进外部投资者，适当发展房地产业，有效推进城市更新、城市改造，为城市人民提供更美好的居住环境。

三是让城乡一体“美起来”。深入开展“五

城同创”。在成功创建省文明城市的基础上，围绕“巩固、提高、拓展”的要求，按照市的统一部署，以“九大行动”为重要抓手，抓好“路通起来、地洁起来、水清起来、天蓝起来、灯亮起来、城绿起来、民安起来”七个起来，着力打造晓翠路等一批全市示范路，建设美丽榕城。着力加强城市秩序治理。实施城市综合执法体制改革，全面落实大部制城市管理模式，进一步完善城市长效管理和网格化管理机制，推动城市秩序常态化管理与精细化管理。围绕农贸市场及周边整治、规范管理等群众关注热点问题，坚定不移严管重罚，落实“门前三包”，强力整治占街为市、占道经营等行为。巩固环境卫生成效。推进“创文”环境卫生整治向社区背街小巷延伸，彻底消灭卫生死角，提升环境卫生保洁水平。深入开展“厕所革命”，不断完善环境卫生基础设施。抓好城市绿化。启动创建国家森林城市，加强城乡绿化补植补种，每年春节都要开展全区性植树活动，力争通过一年一年的努力，植苗成树、连树成线、整片成林，形成多层次、多品种的道路绿化景观。

四是让社会大局“安起来”。以摘获全国社会综治最高奖项“长安杯”为契机，在新起点上建设更高水平的平安榕城，实现在社会善治上走在全市全省乃至全国的前列。深入推进“众剑行动”。严厉打击刑事犯罪活动，补齐平安建设短板，牢牢掌握社会治安管理主动权，切实提高人民群众的安全感和幸福感。深化矛盾纠纷排查化解，健全“一周一研判”工作机制，严格执行好镇街周末接访制度，及时解决苗头性、倾向性事件，继续有效化解建筑领域历史遗留问题。推进社会治理共建共治共享。全面铺开“中心+网格化+信息化”建设，积极引导社会组织参与平安榕城建设，以多元共治促进社会管理创新，打造一批安全文明小区，加快构建防范更严密、系统更完备、体系更健全的立体化社会治安防控体系。深化重点项目维稳保障。健全重大决策社会稳定风险评估机制，充分考虑不同利益群体的诉求和群众的心理承受能力。在土地房屋征收拆迁中，要切实维护群众合理合法利益，最大限度地赢得群众的理解和支持，坚决依法严厉打击损公肥私、损人利己、绑架群众意见阻挠项目建设的行为。

五是让民生福祉“厚起来”。坚持以人民为中心的思想，尽力而为，量力而行，办好民生实事，不断增强人民群众的幸福感、获得感。推进教育强区工作，促进城乡教育协调发展，力争明年底前在全市率先实现教育“创先”目标，保持教育全市领先地位。推进卫生创强，充分发挥市区医疗卫生资源集中的优势，抓好榕城区妇幼保健计划生育服务中心改扩建工程和仁济医院建设，提升卫生事业辐射能力。加强社区卫生服务中心标准化建设，提升基层医疗卫生服务能力。精准发力解决仙梅片区和东阳片区的水改问题。统筹推进“五小建设”。深化政务服务内涵，打造人民满意的政务服务体系。抓好精准扶贫，积极调动各方资源，谋划一批产业扶贫项目，努力解决贫困人口创业就业问题，打赢脱贫攻坚战，坚决做到脱真贫、真脱贫。

四、落实新时代党的建设新要求，为全面建设“首善之区”提供坚强的政治保证

全面落实新时代党的建设总要求，坚持和加强党的全面领导，坚持党要管党、全面从严治党，确保党始终成为主心骨和坚强领导核心，以党建实绩引领榕城经济社会全面发展。

（一）突出政治建设。坚持把党的政治建设摆在首位，坚持党委总揽全局的责任担当，坚持党建引领经济社会发展全局。要旗帜鲜明讲政治，牢固树立“四个意识”，坚决拥护习近平总书记的核心地位，坚决维护党中央权威和集中统一领导。要严明党的政治纪律和政治规矩，坚持以贯彻落实中央精神为前提，谋划推进榕城工作，认真贯彻落实市委的部署要求。大力弘扬忠诚老实、公道正派、清正廉洁等价值观，教育党员干部敬畏党纪国法、敬畏天地自然、敬畏人民群众，营造风清气正的政治生态。加强党对意识形态工作的领导，扎实推进意识形态工作责任制落到实处。加强党员干部教育培训，用习近平新时代中国特色社会主义思想武装头脑、指导实践、推动工作。区委带头建立健全工作规范，强化集体领导，不断提高科学执政、民主执政、依法执政水平，继续发挥好党委总揽全局、协调各方的领导核心作用。

（二）抓好基层党建。深入推进“两学一做”学习教育常态化制度化。推进强街建设，建强建优各级基层组织，充分发挥基层党组织的领导核心和战斗堡垒作用，推动基层治理各项任务落到实处。借助全面建立乡贤咨询委员会的契机，以群众为主体，以问题为导向，集智集策集资源，寻找致富路子，促进集约发展、可持续发展，不断提升群众幸福感和获得感，全面激发基层活力。在“篮兜”众筹模式、开展基层“勤廉双述”等经验做法基础上，加快创建榕城特色基层党建和基层治理品牌。

（三）深化干部队伍建设。坚持党管干部原则，抓好领导班子建设和基层组织建设，建设一支政治坚定、能打硬仗的执政骨干队伍。坚持正确的用人导向，坚持任人唯贤、以德为先，注重选拔在基层一线取得突出业绩的干部，充实各级领导班子。进一步强化街道建设激活力，真正发挥街道党工委书记在街道领导班子中的火车头作用，充分体现市委“三不用三重视”选人用人要求，建设高素质干部队伍，不断提高干部队伍履职能力。

（四）继续营造实干氛围。完善容错纠错减免责机制，贯彻“三个区分开来”原则，宽容干部在工作中特别是改革创新中的失误，为敢于担当的干部担当，为敢于负责的干部负责，为改革创新者撑腰，不让老实人吃亏。严格执行好《关于治理为官不为、激励担当有为的实施办法（试行）》，激励党员干部“走正道、出实绩”。大力弘扬务实精神，努力形成“凭能力用干部，以实绩论英雄”的良好氛围，推动各级领导干部形成有定力、善创新、敢担当、重落实、守规矩的良好作风，进一步激发广大干部的干事创业热情。

（五）持之以恒正风肃纪反腐。严格遵循党章，辩证施策、综合治理为官不为突出问题。深入贯彻落实中央八项规定精神，特别要严肃查处形式主义、官僚主义的新表现，持续整治“四风”问题，坚决防止反弹回潮。运用好监督执纪“四种形态”，保持惩治腐败高压态势。发挥巡察“利剑”作用，强化党组织自上而下的监督，加大整治群众身边“微腐败”问题力度，推动全面从严治党向基层延伸，把管党治党责任落到实处。认真贯彻落实监察体制改革统一部署，实现监察全覆盖，以优良的党风政风带动全社会风气根本好转，持续营造风清气正、奋发有为的良好政治生态。

同志们，不待扬鞭自奋蹄，撸起袖子加油干。让我们更加紧密地团结在以习近平同志为核心的党中央周围，坚持以习近平新时代中国特色社会主义思想为指引，在省委、市委的坚强领导下，不忘初心，牢记使命，砥砺前行，奋力开创新时代揭阳“首善之区”新局面！

以建设“首善之区”为目标　大力弘扬“五路一河”精神 奋力开创榕城工作新局面

——在区委六届四次全会上的讲话

（2018年7月27日）

江林生

同志们：

这次全会的主要任务是，深入学习贯彻习近平新时代中国特色社会主义思想和习近平总书记重要讲话精神，全面落实省委十二届四次全会和市委六届四次全会精神，深入分析我区面临的新形势新任务，研究部署当前和今后一个时期的工作，动员全区上下增强自信、把握机遇，奋发有为、攻坚克难，为全面建设揭阳“首善之区”而努力奋斗，以新担当新作为开创全区工作新局面。下面，我代表区委常委会，讲3点意见：

一、坚持以习近平总书记重要讲话精神统揽榕城工作全局，认真落实省委、市委全会精神，按照“首善”的标准和要求谋划推进榕城工作

（一）持续深化学习贯彻习近平总书记重要讲话精神。今年3月17日，习总书记在参加十三届全国人大一次会议广东代表团审议时发表了重要讲话，充分肯定党的十八大以来广东工作，明确提出广东改革发展的总体要求，深刻阐明了改革开放对于广东发展的重大意义，赋予广东“两个重要窗口”的战略定位，结合我省发展实际提出了要在构建推动经济高质量发展体制机制、建设现代化经济体系、形成全面开放新格局、营造共建共治共享社会治理格局上走在全国前列的“四个走在全国前列”总任务；明确提出了加强党的建设重大要求。总书记的重要讲话，蕴含着强烈的改革精神，展示出博大的开放胸怀，对新时代广东改革发展具有重大现实意义和深远历史意义，为广东开启新征程指明了前进方向，是广东新起点上的动员令。我们要深刻认识学习贯彻习近平总书记重要讲话精神的重大意义，时刻牢记总书记的殷殷嘱托，切实扛起沉甸甸的历史责任。深刻领会总书记对广东工作的总体要求，自觉把榕城放在全市、全省乃至全国发展大局中来思考和定位；深刻领会总书记提出的着力深化改革开放的重要要求，用好改革开放“关键一招”破解发展难题；深刻领会总书记提出的“四个走在全国前列”的重要要求，以“走在前列”的标准和要求谋划发展；深刻领会总书记关于全面推进党的建设的重要要求，坚定不移深入推进全面从严治党。

（二）认真学习贯彻省委十二届四次全会精神。省委十二届四次全会认真落实习近平总书记重要讲话精神，吹响了在新的历史起点上改革开放再出发、奋力开创广东工作新局面的前进号角。全会强调，全面深化习近平总书记重要讲话精神的学习贯彻，必须继续抓好大学习，在贯通思想体系，把握世界观方法论上下功夫；必须持续抓好深调研，在问题导向上下功夫；必须深入抓好真落实，以改革开放新担当新作为开创工作新局面。全会审议通过了《中共广东省关于深入学习贯彻习近平总书记重要讲话精神，奋力实现“四个走在全国前列”的决定》和《中共广东省委关于深入学习贯彻落实新时代党的建设总要求，努力把各级党组织锻造更加坚强有力的意见》，围绕落实“四个走在全国前列”要求，部署了9方面重点工作，特别在促进区域协调发展方面，提出要以构建“一核一带一区”区域发展新战略，形成由珠三角核心区、沿海经济带、北部生态发展区构成的发展新格局，并对新时代全省党的建设工作作出全面部署。省委全会明晰了今后一个时期全省工作的着力点和突破口，为我们拓展工作思路、创新工作方法、落实工作责任提供了行动方略，为我们扎实推进党的建设新的伟大工程、打造担当有为的干部队伍规划了路径、明确了方向。我们要深刻领会全会的丰富内涵和精神实质，准确把握省委谋划推进工作的战略眼光、创新思维和责任担当，切实增强贯彻落实省委全会精神的思想自觉、政治自觉和行动自觉。

（三）全面贯彻落实市委六届四次全会精神。市委六届四次全会坚持以习近平总书记重要讲话精神统揽揭阳工作全局，认真落实省委十二届四次全会精神，审议并通过了《揭阳市全面实施以功能区为引领的区域发展行动方案》等6个重要文件和相关行动方案，明确了全市贯彻落实省委全会精神的目标要求、措施体系和工作重点。全会强调，要坚持以习近平总书记重要讲话精神统领揭阳工作，深刻把握习总书记讲话蕴含的改革精神、展现的开放胸怀、提出的创新要求，全面深化学习贯彻习总书记重要讲话，深入学习贯彻省委十二届四次全会精神，按照“走在前列”的标准和要求谋划推进揭阳工作。要牢牢扭住坚定不移全面深化改革、坚定不移不断扩大开放、坚定不移推进科技创新“三个坚定不移”，以改革开放再出发的新担当新作为，掀起揭阳新一轮改革创新大潮。要坚持党建引领发展、创新引领效率、质量引领规模、法治引领善治“四个引领”，抓住关键重点、组织攻坚突破，奋力把揭阳建设成新发展极。市委全会是对全市贯彻落实习总书记重要讲话精神和省委十二届四次全会精神作出的铿锵有力的揭阳回答，是对揭阳高质量发展思路的深入思考和完善，描绘了我市改革创新工作的新蓝图，展示了市委、市政府在新的历史起点上改革开放再出发的信心和决心。我们要深刻领会市委全会精神的核心内涵，认真对照市委指出的问题和短板，发挥优势、抓住关键，采取更加有效的措施推动榕城实现高质量发展，为把揭阳建成新发展极贡献榕城力量。

（四）始终坚持以“首善”的标准和要求谋划推进榕城工作。区第六次党代会以来，区委全面贯彻落实省、市决策部署，强化责任担当、敢于动真碰硬，牢牢抓住事关全局的关键问题，积极破解阻碍发展的棘手难题，成功创建省文明城市、全面完成“五路一河”拆迁、夺得全国社会治安综合治理最高奖项“长安杯”，各项事业取得了长足进步。尤为可贵的是，我们在长期的发展实践中锻炼了一支不怕吃苦、能征善战、勤政奉献的干部队伍，形成了“上下同心，吃得了苦、耐得住烦，敢于胜利”的“五路一河”精神。去年，市委李水华书记莅榕调研指导，对榕城工作和领导干部队伍给予充分肯定和高度评价，认为榕城干部有活力、经济有起色、城市有温情、维稳有基础，并明确了我们建设揭阳“首善之区”的城市发展定位和“北拓、南改、中优”的城市发展战略。全面建设揭阳“首善之区”，是我们学习贯彻习近平总书记重要讲话精神，全面落实省委十二届四次全会和市委六届四次全会精神的首要抓手，是我们破解发展瓶颈、推动核心城区振兴发展的根本出路。

“首善之区”必须有成熟的城市产业体系、完善的基础设施、较高的公共服务水平和集聚辐射能力、良好的生态环境和市民素质、完善的城市管理机制以及和谐稳定的社会大局等作为支撑。这就要求我们，在发展模式上，必须立足区域要素禀赋和业态资源，科学布局北中南三个片区的产业优化、功能分区和基础配套，提升中心城区的承载功能、辐射功能和服务功能；在城市品质上，必须加快推进市区“九路一河一桥”项目建设，带动老旧城区连片改造更新，形成古城保护、旧城改造、新区开发齐头并进的建设格局；在经济体系上，必须以供给侧结构性改革为主线，强化科技创新，加强质量建设，推动传统产业结构优化，提升供给体系质量和效益；在生态环境上，必须围绕水污染防治，完善环保基础设施，抓好突出问题整改，加快实现“三河六岸”全线贯通，把“江”这个榕城最独特的要素禀赋展现出来。在社会治理上，必须转变社会治理理念，创新社会治理模式，通过多元化、深层次的共享、共治，促进人与社会更加健康和谐、同步发展。在党的建设上，必须推进党的建设新的伟大工程，提高党员干部的政治素养、能力水平、工作作风，着重优化干部队伍结构，提升基层干部素养，切实解决好基层党组织建设失之于软、失之于宽的问题。

各地各部门要强化全局意识，始终牢固树立榕城是揭阳“首善之区”的理念，更好地把握揭阳“首善之区”这个定位，始终坚持以首善的标准和要求谋划推进榕城各项工作，真正把改革发展稳定各项事业的重担扛起来，把上级赋予榕城的使命完成得更好、更优，推动党的建设、经济发展、社会民生等各项事业都走在全市前列。

一要始终坚持党建引领。把加强党的建设作为解决发展中遇到的一切问题战无不胜的法宝，落实新时代党的建设总要求，全面抓好党的政治建设、思想建设、组织建设、作风建设、纪律建设，把制度建设贯穿其中，深入推进反腐败斗争，不断提高党的建设质量，把全区各级党组织锻造成为各项事业的领导核心，以党建实绩引领榕城改革发展。

二要始终坚持“五路一河”精神。时刻保持同人民群众的血肉联系，践行以人民为中心的发展思想，大力弘扬“五路一河”精神，坚持“重点工作项目化，重点项目责任化”的工作理念，真抓实干，用结果说话。持之以恒转变作风，展现想为、敢为、善为的新作风，在发展中补齐民生短板，不断增强人民群众获得感、幸福感、安全感。

三要始终坚持改革创新。要把握改革开放40周年的契机，把推进各项工作与全面深化改革结合起来，用改革的方法解难题、用创新的举措促发展，激发市场活力和社会创造力。要贯彻新发展理念，始终坚持创新引领，通过对新技术开发、高层次人才引进、新理念的应用，带动工作方式、方法、能力的有效提升，推动重要工作尽快取得突破、发挥效应。

二、大力弘扬“五路一河”精神，敢于改革、善于改革，为加快“首善之区”发展注入新动能

习近平总书记强调，广东要带头贯彻党中央关于改革开放的重大部署，紧密联系广东实际勇于先行先试，大胆实践探索，继续深化改革、扩大开放，为全国提供新鲜经验。省委李希书记在省委十二届四次全会上指出，“四个走在全国前列”目标指向都是体制机制、格局体系，都要靠全面深化改革来解决。市委李水华书记指出，揭阳作为后发地区，要为全省实现“四个走在全国前列”作贡献，动力源在全面深化改革，揭阳自身资源薄弱，要为全省当好“两个重要窗口”作贡献，突破口在不断扩大开放。县区是全面深化改革的重要试验田，全国改革的重大突破，往往也都是在县区率先探索成功的，都源自于基层的实践和智慧。现在是发展的转型期，优势和劣势都是相对的，不管是经济发达还是相对薄弱，不管是珠三角的县区还是粤东西北的县区，只要在改革上下功夫，我们就有可能创造出自己的发展新机遇，实现发展的“弯道超车”。我们要推动顶层设计和基层探索良性互动、有机结合，以推进“五路一河”拆迁的胆魄和干劲，用好改革开放关键一招，把需要攻坚克难的硬骨头找出来，把需要闯的难关标出来，一鼓作气、势如破竹地把改革难点攻克下来，确保改革在重点领域和关键环节尽快取得决定性成果，持续激发“首善之区”发展活力动力。

一要着力推进党和国家机构改革。这是当前首要的改革任务，中央层面已经出台了关于深化党和国家机构改革的决定，并率先完成了机构改革。省委、市委也出台了系列方案，要按照上级的顶层设计，全力抓好落实。要强化对标意识，认真做好对标，扎实做好规定动作，精心谋划自选动作，把年度的改革作业完成得更加科学、更为精准、更有分量，努力为全区经济社会发展不断注入新动力。

二要着力探索基层党建创新发展路径。近年

来，我们始终坚持以基层党建引领经济社会民生事业发展，把基层党建作为一项系统工程来抓，围绕实现“首善之区”目标，积极开拓创新，有效促进社区和各领域党组织有机融合、互联互通、共建共享，不断构筑社区党组织建设服务新格局，推动了基层党建整体提升。但是，一些基层党组织领导核心作用发挥不够，党建工作还有不少盲区和空白点，大多数社区对辖区内各类优质资源的统筹整合力度不够，各领域党建工作“融合度”与城市发展要求不相适应。要改革创新体制机制，运用“统”的理念和方法、建好“合”的机制和平台，变“单兵突进”为“集团作战”，努力让人民群众在城市生活得更方便、更舒心、更美好，使人民群众更加自觉地热爱党、跟党走。

*三要着力打造营商环境高地。*环境就是吸引力，服务就是凝聚力。最好的营商环境，就是能把制度交易成本降到最低的发展环境，这是建设“首善之区”必须打下的硬仗。市委李水华书记指出，一些行政审批流程繁琐、效率低下，束缚了市场活力，限制了经济发展，改革的实际成效与打造服务效率最高、管理最规范、综合成本最低营商环境高地的目标相差甚远。这些问题在榕城不同程度上存在。处理好政府和市场的关系是改革的核心问题，要坚持“政府有为、市场有效”，把改善营商环境作为发挥政府作用的具体抓手，深化“放管服”改革，用政府权力的“减法”换取市场活力的“加法”。要加快实施行政流程再造，做好行政许可事项动态调整，深入实施“一门式一网式”政务服务，探索推进集中审批审核，努力打造行政审批事项最少、办结时限最短、收费最少的营商环境高地，为全市提供可复制可推广的经验。

*四要着力创新城市管理机制。*自成功创建省文明城市以来，全区城乡面貌、市民素质等取得明显改善提升，但是脏、乱、差问题还没有从根本上得到治理，环境卫生管理水平与适应“五城同创”，特别是适应创建“全国文明城市”的需要存在很大距离。要根据责任和权利相一致、事权和财权相匹配的原则，加快理顺市、区、街道三级城市管理机制，推动城市管理的职、权、物向基层下沉。构筑以街道为城市管理的主体平台，进一步明晰和理顺管理职责，解决街道和部门管理职能交叉和边缘性问题，提高城市管理精细化和规范化水平。要从根本上理顺环卫管理体制，实现从街道、村居各自为政向全区统管、分级组织转变。积极探索有偿服务机制，坚持“谁污染、谁付费，谁受益、谁负担”的原则，推动形成使用者付费等基层微观管理机制。

*五要着力整合盘活资源。*当前，榕城正处在新旧发展模式转变的关键时期，城市更新、棚户区改造、交通大改善以及上级简政放权这些机遇摆在我们面前，需要更大的智慧和勇气，来应对新的局面，必须主动求新求变才能打破资源约束，才能适应、把握和引领新常态，实现“首善之区”的高质量发展。要盘活资源，坚持集约发展，以尽量小的成本换取最优产出。要树立经营理念，把握城市发展规律，结合本地人文环境、生态条件、城市文明等因素，运用市场经济手段科学开发，最大限度地盘活土地等资源存量，对城市资产进行集聚、组织和营运，实现城市资源配置容量和效益的最大化、最优化。以完善产权制度和要素市场化配置为重点，激活主体、激活要素、激活市场，有效破解“农村的地自己用不上、用不好”的困局。

*六要着力加强和创新社会治理。*区委着力夯实基础、做实基层，不断深化平安榕城建设，打造粤东最平安城区。但是，面对当前更加多元化的意识形态和利益诉求，我们惯性运转的社会服务方式和社会治理方式必须进一步加强创新，在新起点上建设更高水平的平安榕城。要严格按照市委的决策部署，推进创建最安全稳定、最公平公正、法治环境最好的区街社区社会治理改革，以街道创建为抓手，向上延伸到区级、往下拓展到社区，探索建立三级创建标准体系，建立健全党委领导、政府负责、社会协同、公众参与、法治保障的社会治理体制。要更好地为完善城市治理体系、增强城市治理能力、提高人民群众生活质量服务，把来之不易的全国社会治安综合治理“长安杯”举得更高、擦得更亮。

三、牢牢扭住“四个引领”，以新担当、新作为开创“首善之区”新局面

*（一）以党的建设为引领，为新时代榕城改革发展提供坚强政治保证和组织保证。*加强党的建设是解决发展中遇到一切问题战无不胜的法宝，是根本保障。党的建设抓好了，一切问题都迎刃而解。要全面落实新时代党的建设总要求，以党建实绩引领榕城改革发展。

一要更加注重旗帜鲜明讲政治的根本要求。要持续深入学习习近平新时代中国特色社会主义思想和党的十九大精神，牢固树立“四个意识”，坚定“四个自信”，坚决维护习近平总书记的核心地位，坚决维护以习近平同志为核心的党中央权威和集中统一领导。要严守党的政治纪律和政治规矩，牢记“五个必须”，杜绝“七个有之”，落实“三个决不允许”，全面彻底肃清李嘉、万庆良流毒影响，严肃查处违反政治纪律和政治规矩问题，大力营造风清气正的政治生态。

二要更加注重加强思想建设。扎实开展“大学习、深调研、真落实”活动，推动广大党员干部自觉以习近平新时代中国特色社会主义思想和习总书记系列重要讲话精神武装头脑、指导实践。扎实推进“两学一做”学习教育常态化制度化，按照省、市统一部署安排，认真开展“不忘初心、牢记使命”主题教育。坚持党管意识形态原则，严格落实意识形态工作责任制，强化意识形态阵地建设和管理，筑牢意识形态安全“护城河”和“防火墙”。

三要更加注重打造勇担当善作为的干部队伍。全面落实《关于进一步激励广大干部新时代新担当新作为的意见》《关于适应新时代要求大力发现培养选拔优秀年轻干部的意见》，坚持正向激励，准确把握政策界限，建立健全容错纠错机制，切实为敢于担当的干部撑腰鼓劲。贯彻落实市委“三不用三重视”要求，选优配强各级领导班子，建设忠诚干净担当的高素质干部队伍。充分发挥干部考核评价的激励鞭策作用，以绩效考核体系改革为契机，逐步建立完善以实干实绩为核心评判的绩效考评体系。

四要更加注重加强基层组织建设。基础不牢，地动山摇。要持续强化抓基层强基础的正确导向，以提升组织力为重点，加强基层党建品牌打造，持续开展“基层党组织先进性建设年”活动，大力创建“首善之区”红旗党组织，树立生动具体的基层党组织先进性和规范化建设“标杆”。要以有效的形式和载体，提升广大党员干部党的意识、创业意识、科学意识、较真意识、担当意识“五种意识”，提高组织力、执行力、公信力、影响力、自控力“五力”。要选派村居党建指导员、第一书记、驻点直接联系群众团队“三支队伍”服务基层，扎实开展基层党组织“六个规范化”活动和达标创优活动，推动基层党组织全面进步、全面过硬。要精准整顿软弱涣散基层党组织，借鉴巡察做法，派出工作组进驻开展工作，梯次推动问题村转化提升。

五要更加注重正风反腐肃纪。坚持无禁区、全覆盖、零容忍，继续巩固发展反腐败斗争压倒性态势。要高悬巡视利剑，完善五年巡察规划，完善党内监督体系，严肃查处干部失职渎职行为，倒逼各项工作落实到位。要推进全面从严治党向基层延伸，结合扫黑除恶专项斗争，从严从重惩治基层“微腐败”行为，坚决打掉基层黑恶势力保护伞，加强基层党风廉政建设。要严格运用好监督执纪“四种形态”，持之以恒、驰而不息纠正“四风”，用纪律管住大多数，推动中央八项规定落地生根、成风化俗。

*（二）以协同发展为引领，加快构建高质量发展体制机制。*习总书记强调：“协调既是发展手段又是发展目标，同时还是评价发展的标准和尺度”。当前，榕城城乡差距突出，北、中、南片区区域发展不协调，仍然是基本区情。加快推动区域协调发展，促进城市提质提速，是释放榕城发展动力的关键。要牢固树立和认真践行绿色发展理念，统筹产业布局和基础设施建设，大力推进城乡统筹发展，实现高质量发展体制机制走在前列。

一要加快集聚高端要素。城市的本质，说到底是集聚。要素集聚的密度，决定发展的活力。市委全会提出在全市构建“一轴一带一区”区域发展新格局，为我们推动协调发展指明了新方向。要围绕全市区域发展总体框架，以揭阳大道发展轴为主线，全面实施“北拓、南改、中优”城市发展战略，构建“一轴三区”区域发展新格局。要坚持功能优先、系统优化，加快实施“城市中轴线战略”，近期重点按照景观轴的标准，全面推进揭阳大道沿线周边200米区域范围的管控和规划工作，加强土地收储，为中轴线开发建设创造条件。沿线各片区要精准定位，集聚城市优势资源和高端发展要素，把揭阳大道建成城市发展轴、景观大道、功能大道、发展大道，打造东西南北全线贯通的城市脊梁。北部片区要着力拓展城市功能，突出生产性、生活性服务业的主攻方向，围绕行政、新城、新业态，加快引进现代化大型城市综合体，规划会展、商务、金融等现代服务业布局，做好传统专业市场改造提升，加快打造北部高端服务业组团。南部片区要尽快制定完善发展规划，围绕主城区发展需要，“盘活存量，启动增量”土地资源，抓好小型专业产业园区规划建设，推动分散办厂向园区办企业发展，以产业集聚带动产业提升。中部片区要重点推动城市综合环境优化，坚持业态引领，尽快制定古城保护修缮活化方案，活化古城业态，传承弘扬榕城千年古城的历史文脉；统筹推进旧城更新和新区开发，做好中部片区棚户区改造，围绕天福东路等基础设施建设带动老旧城区的连片更新，加快榕东片区城市综合体落地，推动向东与榕江新城形成一体化、协同化发展新格局。

二要加快提升区域功能品质。交通是区域功能布局的先导，要把握“打通经脉、畅接高速、奠定城区路网格局”这个定位，扁平化推进“九路一河一桥”建设，确保相关项目在8月底前开工建设，明年1月底前望江北路东段、西环城路、北环城路等项目建成交付使用。基础设施是城市功能品质的载体，要扎实推进“走在前列·百日百项大行动”，合理布局医疗、教育、文化、商业、生态等方面的提质升级项目，加快完善城市公共服务资源配套，补齐基础设施短板，提升核心区集聚辐射能力。土地是提升城市建设水平的保障，要严厉打违、拆违、控违、管违，保障城乡规划有序实施，引领城市有序建设。要加强土地收储整合力度，针对中心城区储备、低效闲置、三旧地块问题，一地一策、逐宗盘活、连片规划，扩大土地储备规模，为城市提质留足空间，促进土地要素与城市发展的有机融合。

三要大力实施乡村振兴战略。省委李希书记指出，农村是我们共同的祖屋、共同的乡愁、共同的故乡，必须带着浓厚感情谋划乡村振兴。要聚焦着力点和突破口集中用力，推动产业、文化、人才、生态和组织振兴。要以产业兴旺为根本，稳步推进农村集体产权制度改革，完善产权制度和要素配置市场化，加大对村集体产业发展的投入支持力度，创新村集体经济发展模式和路径。要以生态宜居为基础，以农村生活垃圾、污水处理和村容村貌提升为主攻方向，全面铺开雨污分流工程建设、完善环卫基础设施、农村人居环境综合整治等重点工作。要以乡风文明为关键，充分发挥村规民约在引领乡村道德规范、培育文明乡风上的重要作用，打造一批富有潮汕特色的乡村文化品牌，传承和弘扬潮汕优秀文化，留住乡村文化的“根”和“魂”。要以治理有效为保障，着力提高治理的社会化、法治化、智能化、专业化水平。

四要坚决打好打胜污染防治攻坚战。生态环境问题是关系党的使命宗旨的重大政治问题，是关系民生的重大社会问题，是实现高质量发展必须跨过去的重大发展问题。要牢固树立习近平生态文明思想，把握住中央环保督察“回头看”契机，切实破除污染整治存在的领导不力、认识不足、作风不实、措施不严等“四不”问题，坚决打好污染防治攻坚战，形成人与自然和谐发展的现代化发展新格局。要紧紧扭住治水这个关键，聚焦最明显、最紧迫、最严重的短板，集中突破攻坚，推动水污染防治迅速取得关键性成效。要进一步开展“五水清漂”“五边清污”大行动，完善生活垃圾处理设施，推动实现垃圾日产日清。加快完善生活污水处理设施，抓紧推进仙梅污水处理系统建设工程及配套管网建设，全面实施村居“雨污分流”工程，建好截污“毛细血管”，提高污水处理效率。要加紧做好黑臭水体综合整治，加快消灭建成区内东风河、揭阳楼后渠水体黑臭现象。要集中有生力量，迅速摸清榕江南河、北河和仙桥河“三河六岸”的建筑情况，10月底前全面完成清拆，实现“三河六岸”全线贯通；要同步推进“五河毓秀”工程，开展全域“水岸同治”，把握好“划、立、治”三个环节，适当规划实行物理分隔，因地制宜建好水岸景观，确保榕江水系河畅、水清、岸绿，把临江的品质、价值充分打造起来，奠定“首善之区”的内部骨架和基底。

（三）以创新驱动为引领，加快构建现代化产业体系。创新是引领发展的第一动力。破解榕城发展不平衡不充分问题，最根本的是要转换发展动力，实现从要素驱动向创新驱动转变，以动力变革、效率变革加快实现高质量发展，带动发展速度提升。要聚焦产业发展，突出科技支撑，强化技术转化，持续提升供给侧的质量和效益，加快形成以创新为主要引领和支撑的现代化经济体系。

一要聚焦科技创新。科技创新能力不足是榕城创新发展的最大短板，必须下大力气补起来，强化创新源头供给。要积极推动开放创新，依托与中科院过程所的长期互动联系机制，坚定不移地走出去，持续深化产学研合作，瞄准关键共性技术、现代工程技术等开展攻关，提高企业的核心竞争力和产品附加值。要加快创新平台载体打造，推动新材料产学研合作孵化基地尽快实施建设，积极建设新型研发机构、科技企业孵化器等转化平台，促进科技与产业、市场、资本高效对接，形成转化应用的快速通道。要强化企业创新主体地位，对重点企业、重点产业、重点项目给予扶持，推动创新要素向优质企业集中，构建形成以骨干企业为主导的产业创新体系。要加大力度培育高新技术企业，坚持数量扩张与质量提升并举、壮大规模与提高创新能力并重，壮大高新技术企业数量，提升高新技术制造业增加值。以创新引领产业转型升级，推动科技创新、产品创新、管理创新，催生更多新产业、新业态，推动产业向中高端跃升。

二要聚焦人才资源。人才是第一资源。创新驱动实质上是人才驱动，必须牢牢抓住人才这个根本。要立足榕城产业基础，聚焦科技创新、环保新材料等新兴产业，紧抓省、市的相关人才优惠政策，建立健全柔性引才机制，全面落实人才引进培育规划，优化人才创新创业环境，大力实施“非对称性”措施招揽人才，打造与“产业链”相互支撑、高度融合的“人才链”。要把握全省建设“一核一带一区”区域发展新格局的历史契机，主动参与产业布局，结合乡贤回归工程，引进高层次人才，带动传统特色产业的转型升级。

三要聚焦质量效益。持续提升供给体系的质量和效益，是转向高质量发展的必然要求。行业标准是企业在市场竞争中赢得先机的重大依托。要积极引导榕城鞋企参与全国塑料鞋标准制订，抢占行业制高点，掌握行业话语权，做强区域品牌，让标准成为榕城鞋业进一步拓展市场、占领市场的“定海神针”。好的品质是管出来的。要围绕建设鞋产业生产力促进中心，加快省级塑料鞋质量检测站建设，加强产品质量管理，引导企业树立质量第一的强烈意识和目标追求。要推进产业质量提升，深度落实新一轮技术改造，动员企业推进设备升级和工艺革新，加快传统制造业绿色化改造。大力推进散乱污企业和工业集聚区污染整治，坚决淘汰落后产能。

（四）以安全稳定为引领，营造共建共治共享的社会治理格局。安全稳定的社会环境，是全民共享民生福祉的前提。作为“首善之区”，在高质量发展上走在前列的同时必须要在稳定上走在前列。要坚决贯彻落实省、市部署要求，以自治、德治、法治相融合，确保在营造共建共治共享的社会治理格局上继续走在前列。

一要提升基层自治水平。村（社区）是基层治理的基本单元，基层自治的本质和核心在于让人民群众当家作主。要引导基层组织、社会组织和公民个人有序参与社会事务，推动形成人人参与、人人尽责的良好局面。要以完善产权制度为重点，深化涉农领域改革，理顺农村自治基础关系。要搭建民主自治平台，推行党组织领导下的“一室两会”建设，提升乡贤咨询委员会功能，强化基层自我服务能力，以基层自治带动基层善治，为乡村振兴奠定基础。各街道要相应转变职能，把工作重心转到社会管理和公共服务上来，把资源下沉到社区、网格中去，形成上下贯通的社会治理体系。

二要提升社会德治水平。要进一步开展“贤德揭阳”建设，弘扬和传承潮汕优秀传统文化，凸显“水上莲花”的品质，引导形成敬贤敬德、向上向善的道德风貌。要全面推进“五城同创”，统筹推进“九大行动”，使路通起来、地洁起来、水清起来、天蓝起来、灯亮起来、城绿起来、民安起来，提高城市文明程度和人民群众综合素质。要持续提升精神文明建设水平，积极开展精神文明创建主题活动，引导全区人民培养积极向上、健康文明的生活方式，共建文明榕城。

三要提升法治建设水平。要继续以“扫黑除恶”专项斗争和“众剑行动”为抓手，强化社会治安综合治理，着力解决突出治安问题，切实做到除恶务尽，不断提升人民群众安全感和满意度。要加强社会治理现代化水平，推进“雪亮工程”，全面推进“中心+网格化+信息化”建设和规范管理，形成扁平化、信息化、精准化的社会治安防控体系。要依法推进问题楼盘清理，依法做好信访维稳工作，在法治轨道上统筹社会力量，平衡社会利益，调节社会关系，规范社会行为，为人民群众营造良好有序的生产生活环境。

同志们，惟改革者进，惟创新者强，惟改革创新者胜。让我们不忘初心、牢记使命，在全面建设“首善之区”的进程中展现更加精彩的新作为，创造更加扎实的新业绩，书写更加辉煌的新篇章，以优异成绩为改革开放40周年献礼，为“四个走在全国前列”做出新的更大贡献！

政府工作报告

——2018年1月14日在揭阳市榕城区第六届人民代表大会第三次会议上

揭阳市榕城区人民政府区长　吴汉通

各位代表：

我代表区人民政府向大会作政府工作报告，请予审议，并请政协各位委员和其他列席人员提出意见。

2017年工作回顾

2017年，区政府在市委、市政府和区委的坚强领导下，在区人大及其常委会、区政协的监督支持下，深入学习贯彻党的十九大精神和习近平新时代中国特色社会主义思想，全面落实市委、市政府和区委决策部署，坚持稳中求进工作总基调，埋头苦干，攻坚克难，经济社会发展稳中向好，"首善之区"建设实现良好开局。预计实现地区生产总值350亿元，增长5.0%，经济总量连续五年稳居全市第二位；规模以上工业总产值672.5亿元，增长2.3%；规模以上工业增加值154.4亿元，增长1.4%；固定资产投资225.7亿元，增长10.0%；社会消费品零售总额159亿元，增长10.9%；外贸进出口总额152亿元，下降11.94%；地方一般公共预算收入7.78亿元，增长6.68%。

——"创文"工作取得历史性突破。全区干群上下齐心，较真碰硬，敢啃"硬骨头"，为我市成功创建省文明城市发挥了主战场作用。千方百计筹集资金1.61亿元投入"创文"工作。全面开展"三大行动十项整治""创文为我，我为创文"活动。新建、改造升级东洋、榕华、钟厝洋等7个农贸市场。完成东湖公园、西湖公园等主题公园提升建设工程。增加环卫作业机械25辆（套）及其他设施一大批，全面修补破损路面，疏通了市区主要排污沟，城市内涝得到有效整治。压实责任，建立城市微观管理机制，落实"门前三包"，协调推进农村人居环境综合整治，城市管理乱象得到根本治理，城市环境干净、整洁、有序。通过"创文"，创出了我们干部精气神，增加了群众获得感，提高了城市美誉度。

——重点项目建设取得历史性突破。"迎盛会·百日百项大行动"硕果累累，举全区之力推进"五路一河"项目拆迁，得到市民和群众的极大支持，拆除建筑物1607宗，面积19.5万平方米。完成了临江北路西段、西环城路、望江北路东段等道路拆迁；天福东路（榕城段）、北环城路等2条道路及东风河拆迁工作正按目标推进，确保在春节前全线全面拆通，打通了阻塞市区十几、二十几年交通脉络。临江南路景观绿化带改造升级工程旧貌换新颜，新河北路建成通车，榕城汽车服务产业园建设顺利推进，揭阳古城保护建设等项目扎实推进。继续完善水利水系基础设施，完成堤长27.5公里榕江大围达标加固工程主体工程。24个市级重点项目开工率100%，完成投资40.9亿元，增长6.8%。

——生态环境保护取得显著成效。坚持标本兼治，铁腕整治污染，市区PM2.5、PM10达标率、优良率进一步提升，空气质量明显改善，达到省考核要求。开展水污染防治行动，推进水资源综合利用。完成望江南路西段截污干管建设2.6公里，东风河、揭阳楼后水渠黑臭水体综合整治、望江北路截污干管及两座泵站、仙梅污水处理设施等工程有序有效推进。推进内河池塘清淤整治，常态化打捞清运水面垃圾杂物、水浮莲。开展餐饮、洗车、洗衣等行业专项整治，重拳打击工业污染，依法查封、立案、关停、取缔违法企业355家，移送涉环境犯罪案件10宗，刑拘19人。划定禁养区、限养区，严格实施管理。落实"河长制"，完成区、街、村（社区）3级"河长制"制度建设。严格执纪，对在环保工作中失职失管的14名干部进行追责问责。目前，全区环保工作得到极大提升，龙石断面水质明显改善，东湖断面水质实现Ⅲ类水标准。

——供给侧结构性改革扎实推进。落实创新驱动发展战略，坚决淘汰落后产能、改造提升传统产能。完成工业投资额59.9亿元、工业技术改造投资额36.5亿元，引导72家规模以上企业实施技术改造，新增机器人应用7台。加快产业共建步伐，累计引进项目8个，推动传统产业整体提升。新增高新技术企业10家，高企总量翻番增长，累计达到19家。新增省、市级工程技术研究中心8个，总数达26家，申报省级重大科技专项3项；新增专利申请量1261件，列全市首位，其中发明专利69项，再创历史新高。加快发展服务产业，着力培育数字创意产业，创建进贤门数字创意产业孵化基地；朝启众创空间被认定为"国家级科技企业孵化器培育单位"，通过2017年"广东省小型微型企业创业创新示范基地"资格认定，获广东省"青年创新创业示范园区"资格。完成经济户口清理，全面摸清市场主体底数，加大力度帮扶企业发展。

——城市建设迎来新变化。完成基础设施建设投资1.5亿元，比增7.14%。揭惠高速公路及市区连接线和莲花大桥工程建设有效推进，仙彭路等一批市政道路工程扎实推进。中部片区棚户区累计完成投资5.7亿元，回迁安置区建设进展顺利，西湖豪苑等4个"三旧"改造项目加快推进，处置岭南明珠、金水岸等问题楼盘取得初步成效。首次引进房地产十强企业碧桂园开发高端地产项目。统筹推进古城保护建设，城隍前路、中山路石板路面及骑楼走廊路面全面完工，推进古城危楼加固和街区立面修缮，启动水系整治项目。

———社会民生事业取得新进步。全区民生支出14.26亿元，占地方一般公共预算支出89.9%。启动教育"创先"，投入资金1.27亿元，新建、改建、续建梅云华侨中学等5所学校，促进教学资源均衡配置。全面推进卫生创强，新兴社区卫生服务中心及村级卫生站建设有效推进；深化医疗卫生体制改革，全面取消药品加成。积极促进就业创业。累计培训电子商务人才4698人；发放创业担保贷款962万元，累计实现新增就业4150人。推进全民健身工程，完成仙桥西社公园、西洋体育公园及梅云何厝公园等一批"五小"场所建设。成功举办2017揭阳国际半程马拉松赛。坚决打好精准扶贫精准脱贫攻坚战，1172名农村贫困人口实现动态稳定脱贫。区档案馆改造扩建工程（一期）竣工并投入使用。深化省级综治平安建设试点工作，安全生产、消防安全、食品药品安全形势稳定，连续三届获评全国平安建设先进区，并被授予综治最高奖"长安杯"。此外，外事侨务、地方志、征兵、人民防空、老龄、残疾人、妇女儿童、民族宗教等工作也都取得了新进步。

——政府自身建设不断加强。完善区政府党组学习等各项制度，深入学习宣传贯彻党的十九大精神，增强"四个意识"。自觉接受区人大、政协监督，全年共办理人大代表建议27件、政协委员提案51件，进一步提高人大代表建议、政协委员提案办结率和满意率。扎实推进法治政府建设，建立健全政府决策议事规则，规范决策程序，不断提高依法行政和依法办事能力与水平。落实法律顾问制度，今年来区政府常年法律顾问共为重大决策事项出具法律意见24件，为政府常务会议上涉法议题出具法律意见56件。区政务服务中心、政务外网和网上办事大厅高效运作，便民服务平台不断完善。落实全面从严治党要求，紧密结合政府工作实际，贯彻落实中央八项规定精神，持续纠正"四风"，严格执行国务院"约法三章"。加强行政监察和审计监督，保持惩治腐败高压态势，聚焦重点领域，严肃查处群众身边的"微腐败"问题。强化督查问责，注重抓早抓小开展谈话提醒，反腐倡廉工作不断取得新的重要进展。

各位代表，过去一年，在挑战与困难中取得这些成绩，是市委、市政府和区委正确领导，人大、政协大力支持，海内外乡亲关心帮助，全区人民共同努力的结果。在此，让我代表区人民政府，向全区广大干部群众致以崇高的敬意！向关心支持榕城经济社会发展的社会各界朋友表示衷心的感谢！

肯定成绩的同时，我们也清醒地认识到，经济社会发展中还存在不少困难和问题：主要经济指标增长乏力，产业层次低，质量和效益不高，创新能力不强；民生事业短板多，欠账大；水污染防治还未实现根本性好转，完成国考任务压力大；土地资源匮乏，产业发展空间受限制；财政基础薄弱，运行压力巨大，收支缺口较大；社会面不稳定因素依然存在，社会管理的压力大。对此，我们将高度重视，采取有效措施，在加快"首善之区"建设的过程中切实加以解决。

2018年工作安排

2018年是贯彻落实党的十九大精神的开局之年和改革开放40周年，做好全年工作意义重大。我们要把握重要时间节点，敢于担当，勇于创新，凝聚力量，鼓足干劲，推动党的十九大精神在榕城落地生根，开花结果。

今年政府工作的总体要求是：深入学习贯彻落实党的十九大精神，以习近平新时代中国特色社会主义思想为指导，按照市委市政府和区委六届三次全会的部署，围绕"北拓、中优、南改"工作思路，落实新发展理念，按照"一二五"工作要求，抓重点、补短板、强弱项，努力把榕城打造成为揭阳"首善之区"。

2018年，我区经济社会发展主要目标是：地区生产总值增长7.8%以上，规上工业增加值增长7.5%以上，全社会固定资产投资增长10%以上，地方公共财政预算收入增长8.5%以上，完成上级下达的节能减排等指标任务。重点抓好以下工作：

一、下大力气推进供给侧结构性改革

培育壮大实体经济。落实省产业共建等支持实体经济发展的政策措施，在土地、税收、金融等方面支持实体经济发展壮大，降低实体经济建设成本。规划建设2—3个小型专业产业园区，推动企业集聚发展。完善仙桥、梅云产业发展规划，主动帮扶让利企业，综合采取环保、供水、供电等行政手段，推动二、三产业聚集发展，促进企业转型升级。强化项目引导作用，大力实施一批增资扩产、技术改造、品牌提升、节能减排项目，提升塑料工艺鞋、五金不锈钢、微电机等传统特色产业。推进实施"个转企、企升规、规转股、股上市"工程，帮助企业做大做强。建立"政府领导+职能部门"挂钩服务重点优质企业制度，区、街道分别优选出30家"梁柱"企业，实行1位区政府领导和1个职能部门共同结对帮扶1家企业，一企一策制订帮扶措施。继续为全区小微出口企业实行信用保险统保，资助我区小微出口企业，防范出口信用风险。加强质量品牌建设，大力弘扬工匠精神，打响榕城质量品牌。

增强经济创新动力。注重质量和效益，把创新驱动作为壮大实体经济的重要抓手。围绕产业链部署创新链，围绕创新链配置资源链，发挥企业主体作用。加快产学研结合，推动企业与中科院等科研院校合作，促进科技与经济深度融合，推动新旧动能接续转换和经济加快转型升级。建设鞋产业生产力促进中心和省级质检站，制定行业标准，致力打造鞋业品牌，提升鞋产业知名度和附加值。谋划新材料产学研合作孵化基地建设，增加科技投入，改造提升传统产业。要从钢铁业经济主体集聚区域改起，工厂就地改造，加强废旧回收业引导，推动产业转型升级。落实奖补政策，实施高新技术企业倍增计划，努力培育高新技术企业。

提升现代服务业发展水平。落实市政府"退二进三"要求，大力发展现代服务业。努力提升北部片区的接待、展示、贸易等功能，打造揭阳的"城市客厅"。加快推动汽车服务产业园一、二期建设，发展茶业等特色街区经济，进一步拓展区域品牌效应。加快建设宏兴隆水产专业市场，搬迁天福路水产市场。继续开展创建电子商

务示范街道工作，发挥示范创建的带动效应，举办电商运营高级讲座，做实做优科技孵化器、众创空间等“双创”平台，支持发展数字创意、电商快递等新业态，培育经济新动能。

强化招商引资工作。建立健全招商引资的工作机制。制订全区年度招商引资计划和奖惩制度，以“清单化”明确各街道引进企业数量和投资额，定期组织汇报检查，年终统一考核，落实奖惩，调动各街道招商引资积极性。突出抓好产业共建，以“乡贤回归”为重点，每个街道筛选一批重点引进对象，掌握在外特别是珠三角的企业家情况，加强联系，做好招商引资服务工作，确保年底一批乡贤企业回归。

二、下大力气加快城市建设

加快“五路一河”建设。围绕力争2018年底、确保2019年春节前建成投用的目标，倒排工期，加紧推进“五路一河”建设。加快完成拆迁扫尾工作，确保春节前全面完成拆迁任务。对接城市总体规划，优化规划设计方案，确保符合“首善之区”定位要求。加快工程建设进度，做到成熟一条，启动建设一条，尽早发挥市区交通经脉作用。

千方百计盘活土地资源。进一步解放思想，盘活存量土地资源，加大土地收储和整备力度。协同市规划、住建等部门加强问题楼盘处置。全面清理处置供而未用土地，激活城市资源。谋划有重大价值的地块，编制好出让计划，激发城市发展活力。严控仙桥街道位于榕池路与揭惠高速市区连接线之间的区域，加强规划设计，逐步建设高端居住小区。

加快城市改造更新。凸显榕城作为中心城区核心区定位，统筹资金，推进基础设施建设，完善城市功能配套。加快推进城市改造更新，切实改善群众居住条件。继续抓好棚户区改造和“三旧”改造项目，提高土地利用率。做好与空港经济区对接，促进中部榕东片区城市化进程。加快碧桂园房地产项目开发，带动片区开发建设，完善市政配套设施，打造宜居宜业宜游环境。

统筹推进古城保护。完善相关手续，续建南浦渔歌工程，打造古城旅游展示窗口。修缮丁氏光禄公祠，修复中山路骑楼，支持“非遗”传承保护基地建设。以古城地标进贤门为中心，做好周边片区规划建设，扩大进贤门区域范围，完善周边配套，进一步凸显古城地标，丰富文化内涵。做好玉滘溪、猛水河等河道清淤，加强截污纳管建设，还原水系连通的古城水脉。

完善市政公共设施。加快北部片区市政路网及仙金公路提升工程，建设市区顺畅交通网络。开展连接高速出入通道等门面综合整治，拆违、绿化、提标、搞卫生，同步规划建设道路两旁绿化带、标识、路灯等，提升城市形象。增加中心城区公共停车位，鼓励建设经营性停车场，缓解城市停车难题。实施乡村振兴战略，推动仙桥新宜小公园等一批村级公共基础设施建设，完善提升城市配套设施。

三、下大力气推进生态文明建设

开展“五城同创”行动。围绕“巩固、提高、拓展”的要求，继续开展“创文为我，我为创文”主题活动，保持创文力度，增加投入，努力巩固创文成果。抓紧实施环境卫生提质等“九大行动”，让榕城率先实现交通严起来、露土绿起来、绿化带拦起来、灯光亮起来、停车管起来，努力提升城市品位。

强化水污染防治。2018年是市环境保护决战决胜年，要按照中央环保督察、省环保督察的整改要求，建立健全责任清单和项目清单，加大力度解决水污染突出问题。深入开展“五河毓秀”，实施水岸同治，落实河长制和“3+1”工作。坚持源头治理，铁腕整治工业涉水污染，彻底清除农业面源污染，补齐环保基础设施短板，抓紧推进仙梅片区农村污水处理设施建设，推进北部片区污水管网配套，做好市区截污干管建设，完成东风河、揭阳楼后水渠黑臭水体综合整治工程，实施“雨污分流”工程。开展水利用地界定与确权，做好“水面、岸边、两岸”三篇文章，确保榕江东湖、龙石两个国考断面长期稳定达标。

实施绿满家园行动。按照市的统一部署，推进实施“绿满家园行动”，深入开展“五路绿化”，在道路两侧大规模开展沿路植树活动，打造多层次、多品种的道路绿化景观，结合水岸同治，推进"一河两岸"植树造景和水源涵养林建设。着力提升市政绿化管养水平，提升"首善之区"品味和形象。继续深入推进一批小公园、小绿地等"五小"场所建设，开展全民种树，提高城市森林覆盖率，创建国家森林城市。

严管严控"两违"建筑。加强巡查，严厉打违、拆违、控违、管违，坚决打击非法用地和违法建设行为，切实加强土地和城市规划管理。

四、下大力气提升各项社会事业水平

发展教育卫生事业。加快教育现代化先进区建设步伐，实施教育信息化建设工程，推进新兴学校、凤岐华侨学校、华美实验学校等学校建设，促进城乡教育协调发展。推进学前教育三年行动计划，提升公办幼儿园和普惠性幼儿园覆盖率。积极推进城市公立医院改革，在取消药品加成的基础上，进一步完善医疗服务价格体系。鼓励社会资本开办医疗机构，力争让非公立医疗机构床位数和诊疗服务量占总量30%左右。探索医联体建设工作，加快社区卫生服务中心等一批项目建设，补齐卫生创强短板，全面提升公共卫生服务水平。

繁荣文化事业。大力弘扬社会主义核心价值观，结合文明创建工作，营造崇尚文明氛围，着力提高市民素质，培育文明市民。大力弘扬古城民俗文化，宣传推介行彩桥、安仔灯等优秀民俗风情活动，保护提升特色文化品牌。加强文化遗产保护和开发利用，组织开展各级文物保护单位和非物质文化遗产保护项目、传承人申报。实施文化惠民工程，继续加大投入，实现"村村通广播"目标，推进社区公园、广场、文化室、图书室等公共文化设施建设。推动农村电影放映进社区活动，进一步丰富群众文化生活。

强化脱贫攻坚。统筹好各单位结对帮扶和乡贤资源，动员各方力量参与精准扶贫工作。完善农村保障体系，积极防控因贫辍学、因病返贫。尽锐出战，精准施策，做到脱真贫、真脱贫，按时按质完成脱贫攻坚任务。

进一步完善社会保障。加强城乡低保、大病救助、临时救助等各项政策衔接落实，进一步加大低收入群体帮扶力度。落实促进就业各项政策，加强职业技能培训，促进就业和再就业，提升创业带动就业工作。

协调发展其他社会事业。继续做好供销、体育、档案、国防动员、外事侨务、民族宗教、妇女儿童、地方志、残疾人事业和关心下一代发展等各项工作。

办好十件民生实事。一是实施仙梅片区供水管网提升工程，解决仙桥、梅云自来水供水问题。二是推进小公园、小绿地等一批"五小"场所建设，新建10个以上体育场地设施示范点。三是改造提升一批农贸市场。四是补齐环保短板，推进仙梅片区污水处理系统建设工程，完成东风河和揭阳楼后水渠2条黑臭水体整治，对内河内溪进行清淤治理，同步推进堤岸整治。五是开展南北滘、猛水河等古城水系整治。六是实施"五路绿化"工程，提升道路两旁绿化管养水平。七是建设规范化、标准化生猪集中屠宰场，统一屠宰，让群众吃上放心肉。八是规划新建榕城区特殊教育学校，推进新兴学校等校舍工程建设。九是规划新建榕城区博物馆，建成2个以上街道文体广场示范点、16个基层综合性文化服务中心示范点，健全公共文化服务体系。十是推动每个街道至少建设1个公园，每个行政村配套1个微型消防站。

五、下大力气优化发展环境

提升政务服务环境。深入推进"放管服"改革，健全政府部门权责清单制度，完善区级行政许可事项保留、调整目录，进一步精简行政许可事项。参照市的做法，成立代建局，建立政府投资项目代建制，探索推进集中审批审核，实行审批事项统一管理。全面推行"一门式一网式"政务服务模式改革，扩大24小时政务自助服务覆盖面，整合政务大数据，加强电子政务建设。加快"数字政府"建设，全面推行数据共享和并联审批，力争实现政务服务"无纸化"。推动区、街、社区政务"窗口"服务在线监控全覆盖，依法依规简化行政审批和手续。

营造优良市场环境。要以简政减税减费为重点进一步优化营商环境，大幅精简审批、压缩办理时间。加强市场监管，严厉打击假冒伪劣、偷税漏税、逃避债务等行为，维护企业合法权益，营造公平有序市场环境。严格依法平等保护各类产权，加大知识产权保护力度。引导企业诚信经营，维护正常经济秩序。引导“双违”企业转型升级，打击非法生产行为，规范企业依法生产经营。更加重视民营经济，巩固提高经济户口清理成果，把新登记企业服务好，营造公平税负环境。加强社会信用体系建设，防范金融风险，优化金融生态环境，激发市场活力和社会创造力。

维护稳定社会环境。深化“平安榕城”建设，全面推广“中心+网格化+信息化”社会治安综合治理模式，构建全覆盖的信息化网格治理体系。深入开展“众剑行动”，依法严厉打击各类违法犯罪活动，加强网络安全监控工作，净化社会环境，增强群众安全感。发挥村（社区）乡贤咨询委员会“智囊团、公道杯、宣传员、助推器”作用，创新社会治理模式。加强食品药品安全、消防安全和安全生产监管，坚决消除风险点和危险源，营造和谐稳定社会环境。

六、下大力气加强政府自身建设

持之以恒抓好作风建设。加强区政府党组建设，继续深入学习宣传贯彻党的十九大精神，在学懂弄通做实上下功夫，把党的十九大精神和省、市和区委的决策部署细化为各项行动举措，推动榕城各项工作落实。加快转变政府职能，深化简政放权，增强政府公信力和执行力。坚持说实话、谋实事、出实招、求实效，久久为功，增强狠抓落实本领，以钉钉子精神做实做细做好各项工作。

持之以恒抓好法治建设。要尊崇法治、敬畏法律。领导干部要带头学法、守法用法，切实提高运用法律思维和法治方式解决经济社会发展中的突出矛盾和问题的能力。坚持在法治之下想问题、作决策、办事情。进一步健全依法决策机制，增强政府的执行力和公信力，以奋发有为的精神状态，推动政府各项工作在法治轨道上运行。全面推进政务公开，自觉接受区人大及其常委会的法律监督和区政协的民主监督。

坚持不懈抓好廉政建设。认真落实全面从严治党要求，自觉履行党风廉政建设主体责任，把党风廉政建设和反腐败工作不断引向深入。坚持以上率下，巩固拓展落实中央八项规定精神成果，以钉钉子精神整治“四风”问题，特别要严肃查处形式主义、官僚主义的新表现，严厉整肃庸政懒政怠政行为。加强政府系统廉政教育和廉政文化建设，努力打造干净干事、担当有为的公务员队伍。

同志们，新时代要有新气象，更要有新作为。让我们紧密团结在以习近平总书记为核心的党中央周围，在市委、市政府和区委坚强领导下，求真务实，真抓实干，攻坚克难，为打造揭阳“首善之区”而努力奋斗！

DASHIJI

大事记

大事记

1月

1日，由市总工会主办、区总工会和市灯谜协会承办的市职工庆元旦暨文明创建灯谜会猜活动在市区青年文化广场举行。

3日，市文明创建“四级联创”督查组派出督查小组对梅云街道创文工作进行督查。

4日，区委副书记、区长吴汉通带队调研指导古城保护开发建设。

5日，榕城区部署防御禽流感工作。区委副书记、区长吴汉通主持会议并讲话。

8日，区委书记江林生带队到东升街道检查创文整治情况。

10日,省政府第二督查组到仙桥街道督查2016年突发事件风险隐患排查和整改情况，察看敬老院消防系统工程。

是日，市委副书记、市长陈东到朝启众创空间调研。

是日，榕城区召开综治平安法治建设工作会议，强调综治维稳、环保生态、文明创建、安全生产、消防安全等工作重点。区委副书记、区长吴汉通主持会议并讲话。

11-24日，揭阳市第二届电器展销会购物迎新年购物节在市区东风广场举办。

12日，区纪委召开六届六次常委会议，传达学习贯彻中央纪委十八届七次全会精神，研究春节有关事项及审议案件。

是日，副市长曾瑞如，市委常委、宣传部长方赛妹带队到榕城区开展春节前慰问活动。

13日，榕城区委、区政府组织10个慰问团，由各套班子领导带队，进村入户、上门走访慰问各类贫困对象。

13—20日，市文明创建“四级联创”督查组派出多个督查小组，对仙桥、东兴、榕华、东阳、新兴、榕东等街道进行回访督查。

16日，区委书记江林生带队调研指导古城保护开发建设。

是日，2017年揭阳市志愿者服务春运“暖冬行动”启动仪式在揭阳火车站举行。团市委副书记林惠生，市总工会生活女工部部长杨潮英及榕城团委的相关领导同志参加活动。

18日，榕城区开展街道书记述职活动。

19日，市公安局榕城分局在全区范围内组织开展集中统一清查惩治行动。

是日，榕城区召开2017年老干部迎春暨工作情况通报会。

20日，由榕城区体育局指导，榕城区（国家）青少年体育俱乐部主办的2017年迎新春“佳昕杯”揭阳市第五届羽毛球校园邀请赛在市区开赛，来自揭阳市14所学校40支代表队近300名选手参赛。

是日，榕城区召开全区新年经济工作座谈会。进一步统一思想，提出要全力抓好经济工作，为新一年的各项工作奠定基础。区委书记江林生出席会议并讲话。

22日，市委副书记、市政法委书记刘光明带队到梅云街道云光社区开展慰问活动。

23日，区委书记江林生，区委副书记、区长吴汉通带领检查组到区重点区域及有关企业检查安全生产工作。

是日，区地税局召开全区地方税务工作会议暨全区地税系统纳税服务工作会议。

24日，区纪委召开六届七次常委会议，专题审议《区纪委六届二次全会工作报告（征求意见稿）》。

是日，区委书记江林生，区委副书记、区长吴汉通带队慰问公安、消防、环卫、交警等一线工作人员。

25日，市文明创建“四级联创”督查组先后到西马、中山、榕华、新兴等街道进行暗访，检查创文工作情况。

是日，中国侨联副主席李卓彬带队莅揭开展调研慰问活动，先后到梅云、新兴街道看望慰问归侨、侨眷。市委常委、市统战部部长庄建儿参加活动。

26日，市委常委、市委宣传部部长、市创文办主任方赛妹带队到榕城区督导市区市场环境综合整治工作。副市长、市公安局局长马儒生陪同活动。

30日，榕城区召开外出乡贤座谈会。

31日，2017年揭阳市（榕城区）迎春群众趣味体育展示活动在市区举行。

是月，榕城区深入开展烟花爆竹“打非治违”专项行动。

是月，榕城青狮文化旅游景区揭牌仪式在中山街道南门社区举行。

2月

1日，由榕城区人民政府、共青团揭阳市委指导，榕城区经信和商务局、文化新闻出版局和共青团榕城区委主办，揭阳市动漫游戏行业协会、广东朝启创新创业孵化器有限公司、广东树海互动娱乐有限公司共同承办的动漫网游行业“英雄会”系列主题活动在榕城区朝启众创空间拉开序幕。

2日，2017年揭阳市迎春畅游榕江“母亲河”活动在市区望江广场前榕江南河举行。

4日，由榕城区委宣传部、榕城区创文办指导，榕东街道和团榕城区委联合主办，以“同心共筑中国梦 携手齐浇文明花”为主题的“创文”迎春文艺晚会在榕东街道梅兜社区举办。

6日，市迎春“武术进社区”展示活动在梅云街道石头社区体育公园举行。

是日，由榕城区委宣传部、榕城区创文办、团榕城区委联合主办的“潮韵贺新春·携手创文明”戏曲演唱晚会在市区青年文化广场举行。

7日，区纪委监察局召开全体机关干部大会。

是日，区纪委召开六届八次常委会议，审议通过《区纪委六届二次全会工作报告》。

是日，市文明创建“四级联创”督查组派出督查小组对梅云街道创文整改工作进行回访督查。

8日晚上，由市体育局、榕城区体育局主办的市迎春体育舞蹈展示活动在市区青年文化广场举行。

9日，榕城区召开区委工作会议。区委书记江林生出席会议并讲话。

9-10日，市文明创建“四级联创”督查组派出督查小组，对榕华、中山街道的创文整改工作进行回访督查。

10日，中共揭阳市榕城区第六届纪律检查委员会第二次全体会议在区机关大院召开。全会传达贯彻十八届中央纪委七次全会、省纪委十一届六次全会和市纪委六届二次全会精神，审议并通过《深入推进党风廉政建设和反腐败斗争推动全面从严治党向纵深发展》工作报告。区委书记江林生出席会议并作讲话。

13日，由市人社局主办、榕城区人社局协办的市2017年“南粤春暖”暨精准扶贫招聘会在市区东风广场举行。

是日，由市委宣传部主办的“文明揭阳 你我共建”——2017年揭阳市创建文明城市文艺巡回演出活动在梅云街道举行。

14日，副市长曾瑞如带队到榕城区督查环保和卫生工作。

16日，市重点项目综合协调办公室督查组到榕城区督查重点项目建设工作。

是日，省国税局副局长张津一行到榕城区国税局调研指导工作。市国税局局长张伟新、副局长黄克凌陪同活动。

17日，区第六届人大常委会第四次会议在区人大常委会会议厅举行。会议审议揭阳市公安局关于依法对林建文采取刑事拘留的有关事项的报告，决定许可揭阳市公安局依法对区人大代表林建文采取刑事拘留。区人大常委会主任陈悦波，副主任洪波、郑少鸾、李晓斌、江宏城、邱俊奎、邢潮城及委员共26人出席会议。区人大常委会机关副科级以上干部列席会议。

18日，市委副书记、市长陈东到榕城区调研数字创意工作。

是月，团榕城区委被团市委评为2016年度“揭阳共青团工作先进单位”。

3月

1日，市文明创建“四级联创”督查组对榕华街道创文工作进行明查暗访。

是日，市委常委、市委宣传部部长、市创文办主任方赛妹，市文明创建“四级联创”督查组组长吴平河一行到榕城区检查指导创文工作。

3日，榕城区召开全区政法、信访工作会议。区委书记江林生出席会议并讲话。

3-4日，团榕城区委组织开展一系列学雷锋助力“创文”志愿活动。

5日，由团揭阳市委主办、团榕城区委协办的“垃圾换水·绿色出行”环保活动在市区黄岐山森林公园举行。

6日，榕城区召开农村人居环境综合整治、环境保护、创新发展暨文明创建“四级联创”推进会。区委书记江林生出席会议并讲话。

是日，区委书记江林生，区委副书记、区长吴汉通带队调研西湖公园、临江北路西段、古城保护开发建设情况。

7日，市委书记、市人大常委会主任严植婵带队到榕城区调研中部片区棚户区改造、古城保护开发建设及文明城市创建工作。

8日，由榕城区妇联、榕城区总工会主办，榕城区国税局协办的榕城区“创文杯”十大巾帼歌手决赛在市区举行。

9日，榕城区行政执法与刑事司法衔接工作2017年第一次联席会议召开。

是日，副市长刘瑞雄到榕城区调研产业共建和科技创新工作。

是日，区委书记江林生，区委副书记、区长吴汉通带队调研医疗服务中心建设。

是日，榕城区召开小产权房涉税清理工作会议。区委书记江林生出席会议并讲话。

14日，区第六届人大常委会第五次会议在区人大常委会会议厅举行。会议审议通过区人大常委会工作报告（稿）、区六届人大二次会议主席团和秘书长以及各专设委员会组成人员建议名单；听取和审议区人民政府关于2016年国民经济和社会发展计划执行情况与2017年计划草案的报告、区人民政府关于2016年预算执行情况与2017年预算草案的报告、区人民法院2016年工作情况的报告、区人民检察院2016年工作情况的报告、区六届人大一次会议建议批评意见办理情况的报告、区第六届人大常委会代表资格审查委员会关于区六届人大二次会议代表资格审查和代表变动情况的报告；听取和审议揭阳市公安局空港分局提请《关于许可对谢义标执行逮捕的请示》，决定许可揭阳市公安局空港分局依法对区六届人大代表谢义标执行逮捕；讨论、决定区六届人大二次会议召开的时间、地点及建议议程；决定区六届人大二次会议列席、邀请列席人员范围。区人大常委会主任陈悦波，副主任洪波、郑少鸾、李晓斌、江宏城、邱俊奎、邢潮城及委员共26人出席会议。

17日，榕城区多部门联合出动，组织整治队伍300多人，对市交警支队办公大楼周边片区环境进行整治。

是日，区委书记江林生到东升街道督导拆违工作。

21日，榕城召开召开小产权房涉税清理工作会议。常务副区长陈郑生主持会议并讲话。

23日，榕城区总工会四届六次全委（扩大）

会议召开，替补四届委员会委员、常委，补选工会主席。李晓斌全票当选为新一任工会主席。区委副书记官俊程，区委常委、区委组织部部长林春生，区人大常委会副主任李晓斌，工会主席张雄华出席会议。

26日，区委书记江林生到新兴街道检查创文工作。

是日，榕城区四套领导班子成员联合督查全区创文整治情况。

是日，榕城区召开创文工作推进会。

26-28日，中国人民政治协商会议广东省揭阳市榕城区第六届委员会第二次会议召开。会议审议通过政协主席陈丽容代表常委会所作的工作报告；审议通过政协揭阳市榕城区第六届委员会常务委员会关于六届一次会议以来的提案工作情况报告（书面）；委员列席区人大六届二次会议，听取和讨论区政府工作报告及有关报告；审议通过政协揭阳市榕城区第六届委员会关于该次会议提案审查情况报告；审议通过政协揭阳市榕城区第六届委员会第二次会议决议。

27-29日，揭阳市榕城区第六届人民代表大会第二次会议召开，应到会代表300名，出席会议的代表285名。会议审议通过揭阳市榕城区人民政府工作报告；审查和批准揭阳市榕城区2016年国民经济和社会发展计划执行情况与2017年计划草案的报告、揭阳市榕城区2016年预算执行情况和2017年预算草案的报告；审议通过揭阳市榕城区人大常委会工作报告；审议通过揭阳市榕城区人民法院工作报告；审议通过揭阳市榕城区人民检察院工作报告。

29日，市文明创建"四级联创"督查小组对榕城区创文整治情况进行明查暗访。

31日，榕城区召开重点项目建设推进会，传达贯彻全市推进重点项目建设现场会精神。区委书记江林生出席会议并讲话。

是日，市委常委、市委宣传部部长、市创文办主任方赛妹到榕江公园检查创文工作。

是月，市文明创建"四级联创"督查组派出多个督查小组对榕城区各街道创文工作进行回访督查。

是月，榕城区多个街道通过市有关考核验收，被授予"揭阳市卫生镇"称号。

是月，团榕城区委被团广东省委、广东省少工委评为"广东省中小学团队工作先进单位"。

4月

1日，市农业局联合榕城区农业和水利局，在梅云街道石头社区开展以"放心农资进乡村，质量兴农保安全"为主题的"放心农资下乡进村宣传周"活动。

5日，区委书记江林生一行到仙梅污水处理厂开展调研活动。

是日，区委书记江林生，区委副书记、区长吴汉通带队调研环保基础设施建设。

6日,榕城区召开推进教育现代化动员大会。区委书记江林生出席会议并讲话。

是日，榕城区召开社区"两委"换届选举工作会议，对全区社区换届选举工作进行动员和部署。区委书记江林生出席会议并讲话。

7日，榕城区委召开2017年党风廉政建设和反腐败工作任务分工会。区委书记江林生出席会议并讲话。

11日，市委常委、常务副市长陈定雄到榕城区调研古城保护开发项目。

12日，区委书记江林生带队督导社区"两委"换届选举工作。

14日，榕城区召开文明创建志愿服务工作推进会。

是日，区委书记江林生，区委副书记、区长吴汉通带队到西湖公园、东湖公园、榕江公园检查创文整治情况。

是日，区司法局、区普法办、区依法治区办、区禁毒办在市区东风广场举办"4.15"全民国家安全教育日宣传活动。

19日，市委副书记、市政法委书记刘光明带队到梅云、仙桥街道检查新农村建设和人居环境综合整治工作。

是日，市委副书记、市政法委书记刘光明到榕城区指导学习贯彻习近平总书记对广东工作的重要批示精神。

是日，区委书记江林生，区委副书记、区长吴汉通到揭阳市行政执法局榕城分局指导学习贯彻习近平总书记对广东工作的重要批示精神。

20日，市委副书记、市长陈东到榕城区督导学习宣传贯彻习近平总书记重要批示精神。

21日，榕城区直及以上单位深入挂钩街道，结对开展志愿服务活动。

是日，区委副书记、区长吴汉通到榕城区环卫局指导学习贯彻习近平总书记对广东工作的重要批示精神。

24日，市委副书记、市长陈东到进贤门数字创意中心调研。

24-26日，由榕城区总工会与榕城区体育局联合举办的庆“五一”区直机关羽毛球友谊赛在市区举行。

25日，榕城区召开学习贯彻习近平总书记重要批示精神专题研讨班。区人大常委会主任陈悦波出席会议并讲话。

27日，榕城区召开庆“五一”劳模座谈会，该区全国、省、市劳模代表共30人参加座谈。

28日，榕城区开展榕江水流域污染整治行动。

28-29日晚，榕城区总工会在市区榕江公园大门前举办以“传承古城文明 共建宜居环境”为主题的灯谜会猜活动。

29日，榕城区召开榕江水流域污染整治专题工作会议。区委副书记、区长吴汉通出席会议并讲话。

30日，区委副书记、区长吴汉通带队到梅云街道检查水污染整治工作。

是月，市文明创建“四级联创”督查组派出多个督查小组对榕城区各街道创文工作进行回访督查。

是月，榕城区地税局东山税务分局办税服务厅被中华全国妇女联合会评为“全国巾帼文明岗”。

是月，榕城区开展“清洁家园 保障健康”专题现场活动。

5月

3日，广东省老促会会长陈开枝带队到榕城区调研。

是日，市人大常委会副主任、市总工会主席张继钦一行到榕城调研工会工作。

是日，市委副书记、市长陈东到东升街道望龙头社区指导社区“两委”换届选举工作。

4日，区委副书记、区长吴汉通带队先后到揭阳市榕江建筑工程总公司（利鑫·西湖豪苑项目工程施工现场）和广东比格莱科技有限公司检查安全生产工作。区常务副区长陈郑生、副区长张林华和区安监局局长林孟歆陪同检查。

5日，区委书记江林生带队指导东兴、东阳街道重难点社区“两委”换届选举工作。

是日，榕城区召开农业农村、扶贫开发、文明创建暨农村人居环境集中整治工作会议。区委副书记、区长吴汉通出席会议并讲话。

9日，榕城区环保局联合榕城区委宣传部、市环保工程行业协会邀请国务院发展研究中心资源与环境政策研究所副所长常纪文为该区各级领导干部作“落实党政同责 改善环境质量”专题辅导。

是日，区委书记江林生带队检查安全生产工作。

11日，榕城区召开全区数字创意（动漫网游）产业工作推进会。区委书记江林生出席会议并讲话。

12日，榕城区环保局联合榕城区经济信息化和商务局、榕城区科学技术局、榕城区农业和水利局及揭阳市环保工程行业协会举办“明确企业主体责任”专题讲座。

15日，区委书记江林生带队到区政务服务中心调研。

16日，榕城区开展中国科学院——揭阳市榕城区“实施创新驱动 共建科技支撑”主题活动。

16-17日，榕城区邀请中科院过程工程所5位专家到榕城区考察推介项目。

17日，榕城区职工创文志愿服务队在市区望江广场举行授旗仪式，确定每月第三个星期五为活动时间。

是日，市政协副主席陈奇春到榕城区青狮文化旅游景区考察。

是日，市政协组织各有关单位负责人和相关提案人到榕城区开展提案办理协商活动。

18日,市人大常委会副主任张继钦带领调研组对榕城区普法宣传教育工作情况进行调研。区人大常委会副主任邱俊奎、区人民政府副区长郑剑波及相关部门负责同志陪同活动。

是日，区纪委召开全区街道纪工委专职副书记座谈会并开展谈话提醒活动。区委常委、区纪委书记苏娴，区纪委副书记、区监察局局长魏智勇，区纪委副书记吴楚如参加活动。

19日，榕城区召开重点项目工作推进会议。区委书记江林生主持会议并讲话。

22日，区委副书记、区长吴汉通带队调研区中心妇幼保健院改扩建项目。

23日，揭东区委常委、纪委书记周武城带队到榕城区东湖公园、揭阳学宫等廉政教育基地参观学习。榕城区委常委、区纪委书记苏娴及班子成员陪同活动。

24日，榕城区文明办牵头榕城区宣传文化系统、榕城区环卫局等有关单位在市区榕江公园开展环境卫生志愿服务活动。

是日，全国妇联在北京举行2017年全国“最美家庭”揭晓会，榕城区郑映钦家庭入选全国“最美家庭”。

26日，广东省第二届百县（区）足球赛“体彩大乐透杯”揭阳市级比赛于26日收官，榕城区足球代表队获得冠军。

31日，区第六届人大常委会第六次会议在区人大常委会会议厅举行。会议听取和审议区人民政府关于医疗卫生工作情况的报告；听取区人民政府关于2016年依法行政工作情况的报告、关于精准扶贫精准脱贫工作情况的报告。区人大常委会主任陈悦波，副主任洪波、郑少鸾、李晓斌、江宏城、邱俊奎、邢潮城及委员共26人出席会议。区人民政府副区长郑剑波、区人民法院院长唐少三、区人民检察院检察长吴树华、区卫计局局长陈利新、区农业和水利局局长黄创周、区法制局局长李博，区人大常委会机关副科级以上干部列席会议。

是日，榕城区召开全区传达贯彻省第十二次党代会精神大会。区委书记江林生出席会议并讲话。

是月，市文明创建“四级联创”督查组派出多个督查小组对榕城区各街道创文工作进行回访督查。

是月，区省级“非遗”项目揭阳陶塑制作技艺传承人陈茂辉、榕城破门楼郑翁仔灯习俗传承人郑俊喜、揭阳风筝制作技艺传承人薛喜乐等3名传承人被确定为广东省第五批省级非物质文化遗产代表性项目传承人。

是月，榕城区总工会被揭阳市总工会考核确定为“2016年度揭阳市工会工作优秀单位”第一名。

是月，团榕城区委被团广东省委评为广东省“五四红旗团委”。

6月

2日，区委书记江林生带队到仙桥街道检查古溪市场及周边文明创建整治情况。

5日，区委书记江林生到邱金元纪念中学、揭阳华侨高级中学、东山中学等3个高考考点检查指导备考情况。

6-8日，市委书记、市人大常委会党组书记李水华到榕城区调研，强调要加强社区管理，抓好重点项目建设，扶持企业发展壮大，深挖城市资源，激发新的发展活力。市领导刘光明、熊松、曾瑞如、姚丽璇、刘端雄分别陪同相关活动。

9日，由市委宣传部主办，揭阳农村商业银行股份有限公司协办，榕城区委宣传部、榕城区文化新闻出版局、仙桥街道党工委等单位承办的“文明揭阳 你我共建”——2017年揭阳市创建文明城市文艺巡回演出活动拉开序幕。

12日，省妇联副主席孙小华率省妇联城乡妇女发展部部长高穗生和市妇联主席庄少琼、副主席吴雪君一行到榕城区地税局东山分局为该局办税服务大厅举行“全国巾帼文明岗”授牌仪式。

是日，区文明创建“四级联创”督查工作第十次会议召开。

13日，省纪委常委、省委巡视办主任黄力一行到榕城区调研指导巡察工作。区委书记江林生，区委常委、纪委书记苏娴分别就巡察工作作汇报。市委常委、纪委书记陈直河陪同调研。

16日，由榕城区安委会主办、揭阳市宏光镀膜玻璃有限公司协办，围绕“全面落实企业安全生产主体责任”为主题的2017年安全生产月咨询日活动在榕江公园举行。

20日，市人大常委会副主任柯群坚带领检查组对榕城区实施固体废物污染环境防治法工作情况进行检查。区人大常委会副主任郑少鸾、副区长郑剑波及相关部门负责同志陪同活动。

22日，广东省地方志办党组书记陈华康到榕城区调研地方志工作。

是日，区委书记江林生带队到广州召开榕城区推动数字创意（动漫网游）产业发展暨招商引资座谈会。

是日，榕城区召开企业税收工作会议。常务副区长陈郑生主持会议并讲话。

是日，广东省真空学会举办省真空产业技术创新联盟2017年第二次理事会议暨技术研讨会在榕城区召开。

26日，以“无毒榕城 健康生活”为主题的榕城区“6·26国际禁毒日”宣传活动在市区东风广场前举行。

27日，榕城区召开“创文为我 我为创文”主题日活动协调部署会议，传达贯彻市委书记、市人大常委会党组书记李水华在市文明创建“四级联创”工作推进会讲话精神，部署主题日活动有关具体工作。

是日，区委巡察领导小组第一次会议召开。区委巡察领导小组副组长林春生对5名新任巡察干部进行任前集体谈话。会议审议通过《榕城区委巡察工作基本流程》。

29日，揭阳市安委会和榕城区安委会联合在中石化广东揭阳分公司榕星南加油站举行揭阳市2017年危险化学品事故应急救援演练。

是日，榕城区在全市率先举行巡察机构揭牌仪式，区委书记江林生，市纪委常委、市委巡察办主任高文捷共同为“中共揭阳市区委巡察领导小组办公室”等机构揭牌。

是日，2017年榕城区基层干部培训班开班。区委书记江林生出席开班仪式并讲话。

30日，榕城区举行2017年广东扶贫济困日活动捐赠仪式。

是日，榕城区召开“迎盛会·百日百项大行动”动员大会。区委书记江林生出席会议并讲话。

是日，榕城区召开基层建设工作会议。区委书记江林生出席会议并讲话。

是月，市文明创建“四级联创”督查组派出多个督查小组对榕城区各街道创文工作进行回访督查。

是月，榕城区公布非物质文化遗产项目第四批区级代表性传承人名单。

是月，市委政法委组织开展的“平安法治文明共建”主题宣讲报告会首站在榕城区举行。

7月

1日，榕城区开展“创文为我　我为创文”第一个主题日活动。

5日，省文化厅厅长方健宏到仙桥街道古溪陈氏家庙和榕城青狮文化保护中心调研。

7日，区委书记江林生一行到仙桥街道南部污水处理厂拟选址用地开展调研活动。

8日，榕城区总工会、团榕城区委、榕城区妇联联合到西马街道开展卫生清扫和义医义诊志愿服务活动。

是日，区委书记江林生带队督导街道领导周末接访工作。

是日，区委副书记、区长吴汉通一行到仙桥街道督查污水整治工作。

是日，区文明创建“四级联创”督查工作第十一次会议召开。

是日，区“迎盛会·百日百项大行动”效能

督导组第一次会议召开。

11日，区委书记江林生，区委副书记、区长吴汉通带队到榕城区北部片区市政路网设施提升工程、中部片区棚户区改造城市更新试验、揭阳古城保护建设等9个项目的12个现场点进行检查指导。

14日，榕城区组织收看收听全省公共安全形势分析会议暨全省应急管理工作电视电话会议。

15日，区委书记江林生带队到仙桥街道检查安全生产工作。

18日，市人大常委会副主任唐莉带领调研组对榕城区上半年经济运行情况进行专题调研。常务副区长陈郑生、区人大常委会副主任邱俊奎及相关部门负责同志参加活动。

是日，区委书记江林生接待香港九龙揭阳同乡总会访问团。

24日，榕城区召开“创文为我 我为创文”工作推进会。区委书记江林生出席会议并讲话。

是日，榕城区召开2017年征兵工作会议。区委副书记、区长吴汉通出席会议并讲话。

25日，榕城区开展“创文为我 我为创文”志愿服务活动，全区1000多名干部职工参加活动。指导。

是日，市委常委、市纪委书记陈直河到榕城区开展“迎盛会·百日百项大行动”效能督导和纪检监察工作调研。

27日，榕城区委主要领导带领拥军慰问团先后走访慰问揭阳军分区、76168部队、榕城区人武部及机务连。揭阳军分区政委曹士阳陪同活动。

28日，区委副书记、区长吴汉通，区委常委、常务副区长陈郑生分别带队到梅云街道开展安全生产大检查活动。

是日，榕城区召开文明创建工作领导小组工作会议，传达贯彻市“创文”迎检工作会议精神，再动员再部署全区“创文”迎检工作。区委书记江林生出席会议并讲话。

31日，区第六届人大常委会第七次会议在区人大常委会会议厅举行。会议听取区人民政府关于2017年上半年经济运行情况的报告、关于社区居民委员会换届工作情况的报告；听取和审议区人民政府关于2016年预算执行和其他财政收支情况审计的报告；听取和审议区人民政府《关于提请审议榕城区2016年地方政府债务限额报告的议案》，决定批准该项议案。根据常务副区长陈郑生受区长吴汉通委托的提请，通过魏伟祥同志的职务任命；根据区人民法院院长唐少三的提请，通过陈素锋等4位同志的职务任免。区人大常委会主任陈悦波，副主任洪波、郑少鸾、李晓斌、江宏城、邱俊奎、邢潮城及委员共23人出席会议。区人民政府常务副区长陈郑生，区人民法院院长唐少三，区人民检察院检察长吴树华，区发改局局长黄孟湉、区财政局局长黄济勇、区民政局局长廖斌、区审计局局长魏伟祥，区人大常委会机关副科级以上干部列席会议。

8月

1日，榕城区举办“创文为我 我为创文”第二个主题日活动。

2日，省调研督导组到仙桥街道调研揭阳至惠来高速公路TJ01合同段湖心枢纽互通交建现场，听取揭惠高速项目汇报。

3日，市委副书记、市长陈东带队到仙梅污水处理厂建设现场开展调研活动。

4日，区第六届人大常委会第八次会议在区人大常委会会议厅举行。会议审议了揭阳市公安局揭东分局关于提请许可对涉嫌犯罪的人大代表采取限制人身自由强制措施的报告，决定许可揭阳市公安局揭东分局依法对榕城区六届人大代表李成龙采取限制人身自由强制措施。区人大常委会主任陈悦波，副主任洪波、郑少鸾、李晓斌、江宏城、邱俊奎、邢潮城及委员共26人出席会议。区人大常委会机关副科级以上干部列席会议。

6日，榕城区各街道联合环卫、执法、工商等职能部门组成联合整治队伍开展创文大整治行动，全区志愿者参加活动。

8日，榕城区召开“创文”迎检工作会议。区委书记江林生出席会议并讲话。

9日晚，榕城区开展创文专项联合整治突击检查，深入北中南片区对市容环境进行清理整治。

10日，区委副书记、区长吴汉通到仙桥街道美西村居委会开展扶贫工作调研活动。

11日，进贤门数字创意（动漫网游）产业孵化基地召开首届亚洲（潮汕）游戏动漫节新闻发布会。

是日，榕城区召开环保工作会议。区委副书记、区长吴汉通出席会议并讲话。

12日，区委副书记、区长吴汉通带队检查环保工作。

14日，区委书记江林生带队调研环保应急处理设施。

17日，榕城区召开环保专题工作会议。区委书记江林生出席会议并讲话。

22日，榕城区委召开第一轮巡察工作动员部署会议，贯彻市委有关会议精神，正式启动该区巡察工作。区委书记江林生出席会议并讲话。

是日，榕城区召开全区经济工作会议，贯彻全市经济工作会议精神。区委书记江林生出席会议并讲话。

23日，榕城区召开全区土地管理工作会议。区委副书记、区长吴汉通出席会议并讲话。

24日，潮州市党政代表团到榕城区考察学习。

24-26日，首届亚洲（潮汕）游戏动漫节在市区进贤门步行街举办。副市长曾瑞如，区委书记江林生，区委副书记、区长吴汉通出席开幕式。

25日，市委书记、市人大常委会党组书记李水华到榕城区调研，强调要找准定位，理清思路，突出重点，抓好“五路一河”项目，打造揭阳首善之区。市领导方赛妹、陈俊林、陈定雄、吴毅青参加活动。

27日，“迎盛会·2017揭阳榕城‘出花园’成人礼暨大潮汕民俗文化展”，在市区东湖公园举办。区委宣传部部长林瑛、副区长林少佳、团揭阳市委副书记林惠生参加活动。

28日，榕城区召开区委专题工作会议，传达学习贯彻落实25日市委书记、市人大常委会党组书李水华到榕城区调研重要讲话精神。区委书记江林生出席会议并讲话。

29日，榕城区召开临江北路西段拆迁工作推进会，全面拉开“五路一河”工程序幕。区委副书记、区长吴汉通出席会议并讲话。

是日，榕城区召开老干部通报会。区委书记江林生出席会议并讲话。

29-31日，市文明创建“四级联创”督查组派出督查小组对榕城区多个街道创文工作进行督查。

31日，市人大常委会副主任柯群坚带领调研组对榕城区水污染整治工作情况进行调研。常务副区长陈郑生、区人大常委会副主任江宏城及相关部门负责同志陪同活动。

是日，榕城区召开“全民禁毒工程”暨“众剑行动”部署工作会。区委副书记、区长吴汉通出席会议并讲话。

是月，榕城区总工会在全区范围内开展“金秋助学”活动。

是月，榕城区组织联合执法队伍加强巡查，查漏补缺，巩固市区主次干道及重点区域市容环境清理整治成果。

9月

1日，市文明创建“四级联创”督查组对东阳街道创文工作进行督查。

是日，榕城区开展“创文为我 我为创文”第三个主题日活动。

2日，市城市治理志愿者协会玉浦志愿者服务队举行成立仪式。

4日，榕城区召开全区水资源综合利用暨水污染防治工作推进会。副市长曾瑞如、区委书记江林生出席会议并讲话。

6日晚，“创文为我 我为创文”市创建文明城市文艺巡回演出在榕东街道钟厝洋社区举办。

7日，区纪委全体机关干部大会召开。传达市委书记、市人大常委会党组书记李水华到榕城区调研的讲话精神和学习贯彻《中共广东省纪律检查机关诫勉工作实施细则（试行）》，传达学习省委、市委第一轮巡视巡察工作动员部署会和相关文件精神，区纪委常委林烁忠专题讲解《中国共产党党内监督条例》辅导课、研究人事等。

7-8日，市文明创建“四级联创”督查组派出督查小组对仙桥、榕华街道创文工作进行督查。

8日，榕城区召开迎接省环保督察组督察工作会议。区委书记江林生出席会议并讲话。

是日，区委书记江林生带队开展教师节慰问活动。

9日，榕城区2017年“服务百姓健康行动”大型义诊活动在市区青年文化广场举办。

11日，区委书记江林生带队调研环保应急处理设施建设。

12日，榕城区召开树立和唱响榕城首善之区工作座谈会。

是日，区委书记江林生带队开展扶贫慰问活动。

13日，市委书记、市人大常委会党组书记李水华到榕城区督导“五路一河”项目。

14日，潮州市委常委、纪委书记王少勇一行到榕城区学习交流镇街一级纪律审查工作经验。

是日，榕城区召开“五路一河”项目征地拆迁指挥部全体成员会议。区委书记江林生出席会议并讲话。

15日，佛山市顺德区人大常委会办公室主任刘涛带领考察组一行22人到榕城区考察学习。区人大常委会副主任郑少鸾及相关同志陪同活动。

是日，榕城区召开机关工作会议，传达贯彻习近平总书记“7.26”重要讲话精神。区委书记江林生出席会议并讲话。

是日，区委书记江林生，区委副书记、区长吴汉通现场督导临江北路西段拆迁工作，拉开“五路一河”项目拆迁序幕。

是日，区委书记江林生，区委副书记、区长吴汉通带领检查组到环市北路检查餐饮业涉环保问题整改落实情况。

是日，市人大常委会分管领导巫奕琦带领调研组对榕城区职业教育发展情况进行调研。区人大常委会副主任郑少鸾、副区长卢少通及相关部门负责同志陪同活动。

是日，市委副书记、市长陈东带队到榕城区调研督导内河涌整治工作。

19日，榕城区获评“全国平安建设先进区”，这是该区连续三届（每4年一届）获此称号，并因此获得全国社会综合治理最高奖项“长安杯”。

是日，市委副书记、市长陈东带队调研榕江水流域污染整治情况。

是日，区委书记江林生带领调研组到榕华、榕东等街道，调研天福东路项目拆迁工作进展情况和主要存在问题，现场办公指导协调解决有关问题。

是日，榕城区人民政府与揭阳联通举行《推进“互联网+”合作框架协议》签署仪式。

20日，榕城区召开学习习近平总书记“7·26”重要讲话精神专题研讨会。

21日，深圳市坪山区人大常委会办公室、选联任工委主任陈建辉带领考察组一行7人到榕城区进行考察学习。区人大常委会副主任邢潮城及相关同志陪同活动。

是日，市委常委、常务副市长陈定雄带领调研组到榕城区就榕江流域水污染整治及“五路一河”项目进行调研。

是日，榕城区召开“挖掘榕城非凡历史 打造揭阳首善之区”——文化界专家学者座谈会。

22日，全区各街道、各社区开展创文整治行动。

是日，区委副书记、区长吴汉通带队调研经济户口清理工作。

26日，市委副书记、市长陈东带队到榕城区开展街区经济调研，强调要善于把握时代经济特征，以“互联网”推动街区经济“扩容提质”。

是日，市文明创建和人居环境督查问责组以随机抽查方式对榕城区深化和巩固创文工作进行督查。

是日，省妇联副主席孙小华一行到朝启众创空间参观考察。市团委副书记陈颖聪陪同活动。

是日，榕城区地税局在全市率先与榕城区环

境保护局签订《揭阳市榕城区地税局 揭阳市榕城区环境保护局环境保护税征管协作机制备忘录》。

27日，区委书记江林生带队到新兴街道调研“五路一河”项目。

28日，市委副书记、市长陈东带队到榕城区开展云端产业调研，强调要紧紧把握“互联网+”时代经济特征，全力培育打造云端主题产业。

是日，市委书记、市人大常委会党组书记李水华到榕城区督办“五路一河”项目。市领导熊松、陈定雄、吴毅青参加活动。

是日，榕城区召开全区信访维稳工作会议。区委书记江林生出席会议并讲话。

28日晚上，由中共榕城区委宣传部、榕城区文明办、榕城区文化新闻出版局主办的《创建文明城市·打造首善之区》——榕城区“唱响中国梦·潮声潮韵进万家”文艺汇演在望江广场举行。

29日，区委书记江林生，区委副书记、区长吴汉通带队开展节前消防安全、安全生产、食品安全检查。

是日，区第六届人大常委会第九次会议在区人大常委会会议厅举行。会议听取和审议区人民政府关于古城保护建设工作情况的报告、关于食品安全工作情况的报告；听取区人民政府关于制定“七五”普法规划工作情况的报告，决定批准区人民政府提出的在全区公民中开展法治宣传教育的第七个五年规划（2016-2020）；审议通过揭阳市榕城区人大代表建议、批评和意见重点处理办法。通过黄少文同志的职务任命；通过陈毓松同志的职务任命；会议接受区第六届人大代表何维煜向区人大常委会提出辞去榕城区第六届人大代表职务的请求。区人大常委会主任陈悦波，副主任洪波、郑少鸾、李晓斌、江宏城、邱俊奎、邢潮城及委员共26人出席会议。

是日，区委书记江林生，区委副书记、区长吴汉通带领检查组对重点街道、重点企业进行安全生产、消防安全检查，区安全生产监督管理局、区食品药品监督管理局、区消防大队及相关街道党政主要负责同志陪同参加检查。

是日，区委书记江林生，区委副书记、区长吴汉通带队开展节前食品安全检查。区食安委主任、常务副区长陈郑生，区食安委副主任、副区长卢少通及区食药监局、街道办事处主要负责同志陪同检查。

30日，区地税局试点上线运行揭阳市房地产交易智能办税系统，全市首笔存量房交易电子办税业务通过网上受理审核后成功征收开票。

是日，榕城区在榕江公园烈士陵园举行公祭烈士活动暨向烈士纪念碑敬献花篮仪式。

是日，榕城区开展“创文为我 我为创文”第四个主题日活动。

是月，榕城区仙桥街道篮兜社区入选全国“2017年改善农村人居环境示范村”。

是月，榕城区组织区、街道和村（居）干部参观广东揭阳反腐倡廉警示教育基地活动。

10月

9日，榕城区“五路一河”拆迁誓师大会在市区东风广场召开。

是日，区委书记江林生带队到区信访局接访群众。

是日，榕城区召开天福路水产品市场搬迁专题工作会议。

10日，榕城区召开“五路一河”拆迁指挥部全体成员会议。区委书记江林生出席会议并讲话。

11日，市人大常委会副主任杜小洋带领督查组对榕城区县乡人大工作和建设工作情况进行督查。区人大常委会主任陈悦波及相关部门负责同志参加活动。

12日，市人大常委会副主任张继钦带领调研组到揭阳市基层立法联系点榕城区文化新闻出版局开展调研活动。区人大常委会副主任邱俊奎及相关部门负责同志参加活动。

13日，由团市委、市教育局、市少工委主办，团榕城区委、榕城区教育局、榕城区少工委协办的揭阳市少先队纪念中国少年先锋队建队68周年系列活动在市区新兴学校举行。团市委书记孔博、榕城区副区长林少佳、团市委副书记林惠生参加活动。

16日，榕城区召开“五路一河”指挥部全体成员会议。区委书记江林生出席会议并讲话。

是日，仙桥街道美西社区举行工会联合会揭牌仪式。

17日，市委副书记、市政法委书记刘光明带队到榕城区调研。

18日，榕城区组织全区收看收听党的十九大开幕会。

19日，榕城区召开经济工作会议。区委书记江林生出席会议并讲话。

20日，榕城区召开环境保护暨水污染整治工作推进会。区委书记江林生出席会议并讲话。

21日，市委副书记、市政法委书记刘光明到梅云街道视察周末接访维稳工作。

23日，区委书记江林生，区委副书记、区长吴汉通慰问公安一线干警。

是日，市委副书记、市长陈东到榕城区督导经济户口清理工作。

25日，区委书记江林生带队调研“五路一河”拆迁工作、棚户区改造项目。

27日，榕城区召开学习贯彻党的十九大精神大会，传达学习贯彻党的十九大精神和全市学习贯彻党的十九大精神大会的精神。区委书记江林生出席会议并讲话。

是日，市委常委、常务副市长陈定雄带队参加榕城区榕江流域污染整治现场会。

是日，全区精准扶贫精准脱贫工作现场会在仙桥街道召开。

是日，由区文化新闻出版局、揭阳市读书协会朗诵专业委员会主办的“深情诵读·欢庆十九大——我的悦读”全民阅读推广活动在作家书城朗读廊举行。

28日，区委书记江林生，区委副书记、区长吴汉通带队调研古城保护及南北滘整治情况。

30日，区纪委召开全体机关干部大会，传达贯彻党的十九大精神，研究部署贯彻落实措施。机关、各派驻纪检组、区委巡察机构全体人员参加会议。

31日，恩平市人大常委会副主任冯国暖带领考察组一行8人到榕城区考察学习。区人大常委会副主任邢潮城及相关同志陪同活动。

31日，市文明创建和人居环境督查问责组以随机抽查方式对东升街道深化和巩固创文工作进行督查。

是日，区工商局在全区核发首张全程电子化营业执照。

11月

1日，榕城区开展“创文为我 我为创文”第五个主题日活动。

是日，区委书记江林生带队到梅云街道开展调研活动。

8日，区委书记江林生带队到仙桥街道督导内溪河整治工作。

是日，区委副书记、区长吴汉通带队到梅云街道调研水污染防治工作。

9日，深圳市揭阳商会在榕城区举行深圳市揭阳商会榕城联络处揭牌仪式。

是日，全区纪检监察系统大会召开。会议传达学习党的十九大精神，研究部署贯彻落实措施，布置安排下一阶段工作。

10日，区委副书记、区长吴汉通带队到仙桥街道调研内溪河整治情况。

14日，榕城区四套班子传达贯彻李希书记莅揭讲话精神。区委书记江林生主持会议并讲话。

15日，由榕城区委党校举办的2017年榕城区干部培训班开班，全区共有科级干部30人和中层干部82人参加培训。区委常委、组织部长、党校校长林春生作开班动员讲话。

16日，区政协组织政协外事侨专委部分委员到广东泰和保健食品有限公司开展“产业转型升级 非公党建情况”专题调研。区政协主席陈丽容，区政协党组成员、副主席李锐春参加活动。

是日，榕城区召开推进经济户口清理工作会。区委副书记、区长吴汉通出席会议并讲话。

17日，市文明创建和人居环境督查问责组以随机抽查方式对仙桥街道深化和巩固创文工作进行督查。

是日，揭阳市榕城区图书馆被中央文明委评为第五届“全国文明单位”。

19日，市委常委、常务副市长陈定雄到榕城区督导“五路一河”拆迁工作。

21日，市文明创建和人居环境督查问责组以随机抽查方式对榕城区部分主干道、粤东贸易广场、揭阳火车站等地的环境卫生和交通情况进行督查。

22-24日，揭阳市安全生产宣传教育中心、榕城区安全监管局、梅云街道办事处联合在梅云街道举办生产经营单位主要负责人、安全管理人员安全生产培训班。梅云街道辖区80多家生产经营单位主要负责人、安全生产管理人员等110余人参加培训学习。

23日，省高级法院副院长钟健平和省财政厅政法处处长邹善杰一行5人到榕城区法院砲台法庭调研指导工作。市中院院长肖文浩、副院长相礼炳和榕城法院院长唐少三陪同活动。

23日，在团揭阳市委的指导下，进贤门基地正式成立共青团进贤门数字创意(动漫网游)产业孵化基地委员会，并召开第一次团员代表大会。团揭阳市委、组织部长陈旭群，团榕城区委副书记詹容华出席会议。

是日，榕城区召开社会治安综合治理“众剑行动”工作部署会议。区委书记江林生出席会议并讲话。

23-24日，榕城区举办全区科级主要领导干部学习贯彻党的十九大精神专题研讨班。区委书记江林生出席会议并讲话。

29日，区第六届人大常委会第十次会议在区人大常委会会议厅举行。会议传达学习党的十九大精神；听取和审议区人民政府关于区六届人大二次会议代表议案、建议办理情况的报告；听取和审议区人民政府关于禁毒工作情况的报告、关于体育工作情况的报告；听取和审议区人民政府《关于提请审议调整2016年地方政府新增债券转贷资金项目的议案》，决定批准该项议案。区人大常委会主任陈悦波，副主任郑少鸾、李晓斌、江宏城、邱俊奎、邢潮城及委员共21人出席会议。常务副区长陈郑生，副区长、区禁毒委副主任、区公安分局局长张林华，区人民法院副院长刘强，区人民检察院副检察长陈毓松，区体育局局长陈洁伟，财政局局长黄济勇，法制局局长李博，区人大常委会机关副科级以上干部，部分区六届人大代表列席会议。

是日，榕城区召开传达贯彻省委十二届二次全会精神大会。区委书记江林生出席会议并讲话。

是月,广东揭阳榕城工业园区顺利完成2017年度全省省级开发区土地集约利用评价工作。

是月，省民政厅副巡视员刘平带队到仙桥街道检查基层党建、基层治理工作情况。

12月

1日，榕城区召开“五路一河”拆迁现场会。区委书记江林生现场指导拆迁工作。

是日，榕城区开展“创文为我 我为创文”第六个主题日活动。

3日，由中国田径协会、揭阳市榕城区人民政府主办，区旅游局联合区体育局策划、承办的2017揭阳国际半程马拉松赛在市区举行。

4日，榕城区第六届人大常委会第十一次会议在区人大常委会会议厅举行。会议依法选举黄克新同志为揭阳市第六届人民代表大会代表。区人大常委会主任陈悦波，副主任洪波、李晓斌、江宏城、邱俊奎、邢潮城及委员共25人出席会议。区人大常委会机关副科级以上干部列席会议。

是日，区司法局、区普法办联合区委宣传部、区委依法治区办有关部门在市区东风广场举办“学习贯彻党的十九大精神 维护宪法权威”法律咨询活动。

5日晚，中山街道在城隍庙前广场举办以“弘扬民俗文化 共创美好未来”为主题的文艺晚会，宣传中共十九大精神。

6日，由榕城区安全生产委员会主办、仙桥街道办事处安委办协办的榕城区第一个《安全生产法》宣传周咨询日活动在仙桥街道文化广场举办。

7日，区委召开区深化监察体制改革试点工作小组第一次会议。区委书记江林生主持会议并讲话。

是日，市“五城同创”督查问责组第一小组以随机抽查的方式对榕城区巩固前阶段“创文”成果情况进行督查。

8日，国家统计局揭阳调查队联合榕城区统计局、仙桥街道在仙桥中学举办主题为“普法宣传新气象 统计法治新作为”的户外宣传暨业务咨询活动。

是日，区委书记江林生到梅云街道检查榕江南河水污染防治工作。

是日，区委副书记、区长吴汉通到带队到北部片区督导水污染防治工作。

12日，市委书记、市人大常委会党组书记李水华一行到仙桥街道调研揭惠高速建设情况。

是日，市委书记、市人大常委会党组书记李水华到榕城区检查“五路一河”项目进展情况。

是日，市委常委、常务副市长陈定雄主持召开“五路一河”指挥部会议。

13日，区第六届人大常委会第十二次会议在区人大常委会会议厅举行。会议依法选举叶牛平同志为揭阳市第六届人民代表大会代表。区人大常委会主任陈悦波，副主任洪波、郑少鸾、李晓斌、江宏城、邱俊奎、邢潮城及委员共25人出席会议。区人大常委会机关副科级以上干部列席会议。

是日，榕城区召开全区今冬明春火灾防控推进会。区委副书记、区长吴汉通出席会议并讲话。

14日，榕城区召开全区“创文”工作总结暨“五城同创”动员大会，总结去年以来“创文”工作情况，对推进“五城同创”作具体部署。市委常委、市宣传部部长、市“五城同创”领导小组副组长方赛妹出席会议。

19日，榕城区召开进贤门周边城市更新东风河片房屋征收工作动员会。区委书记江林生出席会议并讲话。

19-21日,市“众剑行动”指挥部在全市范围内开展第一次集中统一清查整治行动，榕城区各相关部门按照各自职能，迅速行动，开展打击清查整治统一行动。

20日，市“五城同创”督查问责组以随机抽查方式对榕城区开展“五城同创”工作情况进行督查。

22日，市委副书记、市长叶牛平带队到榕城区调研。

24日，市委常委、常务副市长陈定雄到榕城区督导“五路一河”拆迁工作。

24-26日，区人大常委会组织88位工作和生活在榕城的市和部分区人大代表对榕城区城市基础设施建设、美丽乡村建设、环保工作、水利建设等群众关心的热点问题进行实地视察，向区人民政府提出建议意见11件。

25日，榕城区深化监察体制改革试点工作小组办公室第二次会议召开，专题听取有关部门对编制划转、人员核编，档案审核、人员考察，涉改人员征求意见等情况汇报。会议初步确定10名转隶和6名不转隶人员名单。区纪委副书记吴楚如参加会议。

是日，市政协主席陈澄明到榕城区督导贯彻学习十九大精神情况。

26日，市委常委、市宣传部部长、市创文办主任方赛妹带队到榕城区督导天福路水产市场整体搬迁工作。

28日，区第六届人大常委会第十三次会议在区人大常委会会议厅举行。会议听取和审议区人民政府关于环境状况和环境保护目标完成情况的报告；听取和审议区人民政府《关于调整榕城区2017年财政预算计划（草案）的报告》，决定批准这个报告；会议审议通过《关于分配榕城区六届人大代表出缺名额及有关选举问题的决定》。通过黄钦志等10位同志的职务任命；通过陈素锋同志的职务任命。区人大常委会主任陈悦波，副主任洪波、郑少鸾、李晓斌、江宏城、邱俊奎及委员共24人出席会议。区人民政府常务副区长陈郑生，区人民法院院长唐少三，区人民检察院检察长吴树华，区财政局局长黄济勇、区环保局局长孙佳新，区人大常委会机关副科级以上干部，部分区六届人大代表列席会议。

是日，榕城区开展“创文为我 我为创文”第七个主题日活动。

是日，市委书记、市人大常委会主任、党组书记李水华根据抽签结果到仙桥街道督导创文工作。

29日，中国共产党揭阳市榕城区第六届委员会第三次全体会议召开。会议学习贯彻党的十九大精神和习近平新时代中国特色社会主义思想，认真落实习近平总书记对广东工作重要批示、省委十二届二次和市委六届三次全会精神，总结2017年工作，部署安排2018年工作。区委书记江林生出席会议并讲话。

是日，区委副书记、区长吴汉通到仙桥街道调研崇文路改造工程。

30日，由榕城区文化新闻出版局、梅云街道主办的欢庆十九大·喜迎新禧年——“唱响中国梦·潮声潮韵进万家”文艺演出活动在梅云街道何厝社区举行。

31日，区委书记江林生带队督导仙金公路改造工程。

是月，由区司法局、区普法办、区依法治区办联合打造的东湖法治文化主题公园顺利建成。

（榕城区史志办）

RONGCHENG
GAIKUANG

榕城概况

榕城概况

全区概况

【建置沿革】 南宋绍兴十年（1140年），揭阳县卜玉滘村辟建为揭阳县城，以多榕树而得名榕城。自其时起，榕城一直为揭阳县治所在地，相沿八百余年而不辍，是省级历史文化名城。1991年12月7日，国务院发出《关于广东省调整汕头、潮州市行政区划的批复》，同意设立揭阳市（地级），辖榕城区（县级）、揭东县、普宁县、惠来县、揭西县。榕城区辖新兴、榕华、中山、西马、东山5个街道及渔湖、磐东、仙桥、梅云4个镇，总面积181.09平方公里。榕城区委、区政府于1992年5月1日挂牌办公，办公地点设于新兴路17号。1992年8月，经广东省人民政府批准，从渔湖镇划出19平方公里设立揭阳经济开发试验区。1993年7月，榕城区从渔湖镇东部划陆联、燎原两个行政村建榕东街道。1994年5月9日，中共揭阳市委、揭阳市人民政府调整榕城区行政管理区域，决定将原榕城区划分为榕城区、东山管理区和揭阳经济开发试验区。磐东镇和原东山街道的区域设为东山管理区；渔湖镇并入揭阳经济开发试验区；渔湖镇的彭南村并入榕城区榕东街道。调整后的榕城区辖新兴、榕华、中山、西马、榕东5个街道及仙桥、梅云两个镇。1996年3月，区委、区政府迁榕江大桥东北侧新建的区委区政府办公大楼。2003年，仙桥镇、梅云镇撤镇改为街道，全区共辖7个街道。2013年3月，揭阳市东山区撤销，原属东山区的东升、东兴、东阳街道划归榕城区管辖。

2017年，榕城区辖10个街道、111个村（居）委会。

榕城区行政区划一览表

表1　　单位：个

街道名称	辖社区居民委员会		辖村民委员会	
	名称	个数	名称	个数
仙桥	永安	1	淇美、顶六、美东、美西、下六、槎桥、篮兜、高湖、西岐、永东、录宜、湖南、山前、桂南、屯埔	15
梅云	梅云	1	群光、竹林、群英、石头、厚洋、云光、梅畔、大围、新乡、双梧、汤前、内畔、夏桥、伯劳、潮东、奎地、潮下、何厝、大西	19
榕东		0	凤林、梅兜、厚宅、东乡、祠堂、炉头、西陈、西林、彭林、双彭、东南、南厝、旧寨、钟厝洋、后畔乡	15
榕华	西头、港墘、埔上、巷畔、北门、进贤、进安、天福、进东、丹凤	10	凤港	1

续表1

街道名称	辖社区居民委员会		辖村民委员会	
	名称	个数	名称	个数
新兴	上义、下义、东郊、新兴南、河南路、兴东、义和路北、义和路南	8		
中山	店马、南门、东门、永革	4		
西马	仙滘、西郊、西门、西关、新风、滘墘、北市	7		
东升	华诚	1	沙港、新河、东洋、沟口、望龙头、龙石	6
东兴	马牙	1	玉浦、卢前、人家头、埔上、仁港、义河、淡浦、凤潮、沟尾	9
东阳	东阳	1	东山、山东围、蓝和、玉城、营前、新林、新苏、岐宁、砂松、尖石、新阳、岐山	12
累计		34		77

（区民政局提供）

【地理位置、面积】 榕城区位于广东省揭阳市东北部，北纬23°27′—23°33′，东经116°17′—116°23′，东与揭阳经济开发试验区和汕头市潮阳区接壤，西与揭阳产业磐东街道相连，南邻普宁市、汕头市潮阳区，北与揭东县相接。全区东西长约16公里，南北宽约15公里，总面积121平方公里。

【地形地貌】 榕城区地貌北宽南狭，地势西南高，东北低。中心地面为珠江基面标高2.356米。西南部的紫峰山石峰，海拔329.2米，为区境最高峰。地貌分丘陵、平原二大类型。境内有榕江干流南河与支流北河、仙桥河。榕江南河流经区境全长15.74公里，5000吨级货轮可直达港口码头。下游河段被国家列为1级航道，上游河段被列为4级航道。榕江北河流经区境全长6.07公里，被国家列为4级航道。

【气候】 榕城区位于广东省东南部，濒临南海，河网纵横，水域广阔，受海洋暖湿气流的调节及较均一的下垫面温湿属性作用，全年气候温和湿润，光照强，热量足，雨量充沛，属南亚热带湿润性季风气候。和邻近地区比较，区境天气极端变化小，旱、涝、冷等自然灾害较少。

气温　北回归线在区境南部通过，区中心位于北纬23°34′，东经116°23′，太阳高度角高，辐射强，光热充足，冬暖夏长，四季不明，年平均气温21.6℃，极端最高气温38.6℃（1990年8月17日），极端最低气温-2.7℃（1995年1月10日），终年无雪少霜，平均初霜日为1月1日，终霜日为1月27日，全年无霜日338天，日平均气温稳定通过10℃（喜温作物生长界限温度）的日数为328天，积温7652.9℃，热资源充足。四季气温特点：春季气温回暖早，多变化。月平均气温变化在14.0℃—21.2℃之间，冷空气影响弱，频次多；夏季漫长，最热月7月，平均气温28.5℃，常可出现日最高气温≥35℃的高温天气；秋季气温下降缓慢，月平均气温变化在28.2℃—23.2℃之间，易出现炎热的“秋老虎”天气，晚秋冷空气影响渐趋明显；冬季温暖，最冷月1月，平均气温13.5℃，北方冷空气可长驱直达影响区境，有时可出现寒潮和低温霜冻。

雨量　区境处欧亚大陆的东南端，太平洋的西岸，季风显著，雨量充沛，降雨季节性强，雨热同季。年平均雨量1732.2毫米，历史最大值2658.1毫米（1961年），最小值1232.5毫米（1962年）。10月至次年3月为干季，总降水量323.2毫米，占全年19%，6—9月汛期，总雨量1409.2毫米，占全年81%。按降雨的性质分，4—6月为前汛期，7—9月为后汛期，雨量分别为

705.6毫米和703.9毫米，各占全年40%。干季受大陆冷气团控制，空气干冷，雨量显著减少，常在秋冬出现。进入初春，北方冷空气势力减弱，南方暖湿气流加强，静止锋易维持于华南上空，天气逐渐转为阴雨。前汛期（4—6月），南方暖湿气流势力明显加强，西南季风环流控制区境，水汽热量源源不断输送，雨势增大，当遇西风带切变线低槽锋面移入区境，可出现暴雨或连续暴雨，有时还伴有强对流天气出现（龙卷风、冰雹等）。从5月下旬到6月中旬降雨集中，为前汛期雨峰。从4月入汛雨量逐渐增加，到6月达到高峰，多年平均为309.0毫米，以后又逐渐趋于减少，全年雨量呈单峰型曲线。后汛期（7—9月），随着副热带高压的加强和北抬，转为东南季风环流控制，前汛期以锋面低槽产生降水结束，转为以台风辐合带、东风波等作用的降水。这时降水的特点是变化大，台风来时，狂风暴雨，山洪暴发。当无台风时，天气则连续晴热。区境雨量丰而水患少，暴雨的次数及强度也偏小。

风　区境风场的变化季节性明显，夏季季风著于冬季季风。全年除短时间吹西北风外，大部分时间吹偏南风，尤以东南风强盛。全年平均风速不大。盛夏受台风和热带风暴影响，出现极大风速。各月频率较大的风向：从2—10月为东到东南风；11月至次年1月为西北风。全年各风向频率：东到西南西风占44%，其中东到南风最大占38%，而南到西南西风最小只占6%。西到东北东风占30%，其中西到西北西北风占14%，北到东北东风占11%。可见冬半年盛行西北风，夏半年盛行东南风，而东南风远盛于西北风。全年各风向最大风速出现在偏东风，东北东风28米／秒，东北风20米／秒，东南风18米／秒。这主要是台风和热带风暴造成的。年平均风速1.8米／秒，4—9月平均风速变化在1.8—2.3米／秒之间，其中7、8月风速为全年最大，分别为2.3／秒和2.1米／秒。定时最大风速是东北东风23.7米／秒（1980年7月27日），全年≥8级大风日数平均2.8天，7、8两个月平均0.5—0.9天。

日照　区境地处低纬度，日照时间长，但由于低云和降水影响，全年平均实际日照时数只占可照时数47%，而上半年1—5月更少，日照百分率为28%—45%，下半年6—12月偏多，日照百分率为54%—60%。全年平均日照时数2066.9小时，极端最多年份2332.3小时（1963年），极端最小年份1732.8小时（1961年）。一年中1—5月日照较少，各月日照在104.2—151.4小时之间，其中2、3月最少，分别为105.8和104.2小时。从6月到12月是一年中多照时间，各月日照在165.8—247.6小时之间，其中7、8月日照最多，分别为247.6和232.4小时。

【自然资源】

土地资源　全区耕地面积657.37公顷，林地面积0.25万公顷。

水资源　区境水资源丰富，主要河流有榕江干流南河和主要支流北河及仙桥河。榕江干流南河最大流量每秒4830立方米，最小每秒5立方米，加上支流北河、南滘、北滘钓鳌河以及仙桥河互相沟通，形成纵横水网，可资航运、灌溉、饮用、水产养殖等多方利用。区域雨量丰富，因而仙桥、梅云的紫峰山、紫陌山、南面山山泉丰沛，屯埔大湖水库，山前石水缸的山泉是建自来水厂的理想水源。区境还有多处矿泉水资源，较有名气的为南面山、娘岭山矿泉水。

矿产资源　矿藏主要分布于仙桥和梅云的丘陵地带，仙桥紫峰山花岗岩储藏较为丰富；梅云石马山还有锡矿。建筑用砂主要来自榕江南北两河，具有粒粗、质硬、杂质少的特点。

生物资源　区境山河交错，雨量充沛，气候温暖湿润，地形复杂，野生植物资源丰富。全区野生林木主要有松、杉、桉等；古老植物主要有苏铁、蕨等20多种；中药资源则有藻菌类、蕨类、裸子类、双子叶类、单子叶类数十种可资采集和利用。区境陆产动物资源主要分布于丘陵地区，兽类主要有刺猬、穿山甲、山狗、粉猪、猫头鹰、果子狸、田鼠、水獭、蝙蝠、龟、青蛙、蛤蟆、壁虎等。禽类主要有鹌鹑、鹁鸪、粉鹰、山鸡、山雀、画眉、麻雀、禾雀、燕子、乌鸦、翡翠、白头翁、黄莺等。蛇类中毒蛇主要有过山乌、银环、金环、百步锦、黄尾芦、青竹刮、青竹标、眼镜蛇、白花蛇、天蛇、龟蛇等；无毒蛇主要有草花蛇、南蛇、黄头娘、涂蛇、水蛇等。昆虫类主要有蝉、蜂、蛾、蝶、蜻蜓、螳螂、蚱蜢、蟋蟀、蝇、蚊、蚤、虱、蚂蚁、蜘蛛、蚯蚓、蜈蚣、水蛭等。水产动物资源大多为淡水产品类，鱼类主要有鲩鱼、鲢鱼、鳙鱼、鲮鱼、鳗鲡鱼、乌鱼、鲇鱼、鳅鱼、鲚鱼、比目鱼、鳝鱼、塘虱鱼、鳊鱼、鲈鱼、鲫鱼等；其他还有鳖、虾、蚌、螺等。

【人口、语言】 2017年年末，全区总人口548369人，人口出生率20.8‰，人口死亡率7.0‰，人口自然增长率13.86‰。其中，男278588人，女269781人。区境属潮汕方言区，居民日常语言以潮汕方言为主，普通话也日渐流行。

【侨乡侨情】 榕城人移居国外已有一百多年的历史。祖籍榕城的华侨、外籍华人主要分布在东南亚一带，其中以泰国、印尼、新加坡、马来西亚4国居多，约占总数的90%以上；新一代移民主要分布在美国、加拿大、澳大利亚等。2016年，全区旅居海外华侨、华人23万人，分布世界20多个国家和地区。区内有归侨、侨眷21万人。榕城的华侨，在旅居地大都从事小本经营，部分在旅居地有一定政治地位和经济实力，如旅泰华侨李瑞典、吴玉音、周俊荣，旅新华侨陈林贤等。

（区史志办整理）

2017年组织机构及负责人名单

【中共揭阳市榕城区委员会】

书　记：江林生
副书记：吴汉通
　　　　官俊程
常　委：江林生
　　　　吴汉通
　　　　官俊程
　　　　方楚伟
　　　　林春生
　　　　唐　超
　　　　苏　娴
　　　　陈郑生
　　　　林　瑛
　　　　郑晓锋
办公室主任：郑晓锋
　信访局局长：林少锐
组织部部长：林春生
宣传部部长：林　瑛
统战部部长：唐　超
政法委员会书记：方楚伟
社会工作委员会主任：官俊程（任至9月）
　　　　　　　　　　方楚伟（9月任职）
直属机关工作委员会书记：林　鹏
机构编制委员会办公室主任：黄选明
老干部局局长：林树杰
台湾工作办公室主任：林欣建
区委党校校长：林春生
区委巡察办主任：吴文龙（6月任职）

【榕城区人民代表大会常务委员会】

主　任：陈悦波
副主任：洪　波
　　　　郑少鸾
　　　　李晓斌
　　　　江宏城
　　　　邱俊奎
　　　　邢潮城
办公室主任：林赵洲
选举联络任免室主任：许少聪
法制工作室主任：陈湧辉
法制工作委员会主任：
财政经济工作委员会主任：
农村城建环境工作委员会主任：
教育科学文化卫生华侨工作委员会主任：

【揭阳市榕城区人民政府】

区　长：吴汉通

常务副区长：陈郑生
副区长：陈郑生
　　林少佳
　　卢少通
　　张林华
　　马志彤
　　郑剑波
办公室主任：郑晓锋
　保密局局长：林雄伟
　法制局局长：黄宇钊（任至2月）
　　　　　　李　博（12月任职）
　档案局局长：罗文珊（任至3月）
　　　　　　刘乐能（3月任职）
发展和改革局局长：黄孟湉
经济信息化和商务局局长：陈佳城
教育局局长：孙浩平
科学技术局局长：张禄源
民族宗教事务局局长：林欣建
监察局局长：魏智勇
民政局局长：廖　斌
司法局局长：侯奕谋（任至3月）
　　　　　江　波（3月任职）
财政局局长：黄济勇
人力资源和社会保障局局长：林锐彬
环境保护局：孙佳新
建设局局长：李镇溪（任至3月）
　　　　　黄楷然（3月任职）
文化新闻出版局局长：林永生
卫生和计划生育局局长：陈利新
审计局局长：魏伟祥（7月任职）
外事侨务局局长：黄楚鹏
统计局局长：林楷涌（任至3月）
　　　　　李镇溪（3月任职）
安全生产监督管理局局长：林孟歆
食品药品监督管理局局长：苏章理
综合政务服务管理办公室主任：黄巧荣
体育局局长：陈洁伟
农业和水利局局长：黄创周（任至9月）
机关事务管理局局长：林钦海
旅游局局长：陈耀双
供销合作社主任：蔡利雄
市容环境卫生管理局局长：黄凯鹏
人民政府招商办公室主任：黄瑞波
房屋征收管理办公室主任：魏少伟

【政协揭阳市榕城区委员会】

主　席：陈丽容
副主席：许光汉
　　魏奕标
　　章少忠
　　杨颖秋
　　李锐春
　　吴丽芬
办公室主任：彭伟斌
组织联络科科长：叶文芝
综合资料科科长：林俊彪

【中共揭阳市榕城区纪律检查委员会】

书　记：苏　娴
副书记：魏智勇（任至12月）
　　吴楚如
　　黄孟湉（12月任职）
常　委：黄雪丽
　　林烁忠
　　吴文龙
　　林晓敏

【揭阳市榕城区人民法院】

院　长：唐少三

【揭阳市榕城区人民检察院】

检察长：吴树华

【揭阳市榕城区总工会】

主　席：张雄华（任至3月）
　　李晓斌（3月任职）
常务副主席：黄新华

【共青团揭阳市榕城区委员会】

书　记：杨陈铠

【揭阳市榕城区妇女联合会】
主　席：黄巧燕

【揭阳市榕城区文学艺术界联合会】
主　席：黄少辉

【揭阳市榕城区归国华侨联合会】
主　席：林桂娟

【揭阳市榕城区工商业联合会】
会　长：林卓生（任至12月）
主　席：魏佳坤（12月任职）

【揭阳市榕城区残疾人联合会】
理事长：姚庆生

【揭阳市榕城区科学技术协会】
主　席：郑万欢

（陈少填）

经济建设

【概况】 2017年，榕城区生产总值350.0亿元，比增4.6%，增速比计划低2.9个百分点；规模以上工业增加值150亿元，比增1.2%，增速比计划低5.3个百分点；固定资产投资226.0亿元，比增10.2%，完成年计划95.8%；社会消费品零售总额157.7亿元，比增9.9%，完成年计划97.5%；外贸进出口总额152.0亿元，比降11.9%，完成年计划83.1%；地方公共财政预算收入7.78亿元，比增6.68%；城镇登记失业率2.37%，实现计划目标。

工业领域存量载体得到进一步优化，工业领域投资占同期全区固定资产投资24.9%，比上年提高9.7个百分点，对接政策利好和市场需求的能力不断提高。生产性服务业和消费性服务业加快发展的基础不断夯实，第三产业成为全区经济增长的第一动力，为同期全区经济增长贡献79%。各项社会事业发展上新水平，城乡居民生活质量稳步提高。但经济发展的外部环境、市场需求等影响经济发展的不确定因素依然存在，深化供给侧结构性改革任务繁重，财政刚性支出压力大，增加公共服务供给受到公共财力的制约明显，保护和改善生态环境、节约和集约利用资源任务艰巨。对存在的困难和问题，进一步采取积极有为的态度和高效务实的措施认真加以解决。

【经济运行稳中有增】 2017年，完成地区生产总值350亿元，同比增长4.6%，其中，第一产业基本保持稳定，完成增加值2.0亿元，同比下降0.5%；第二产业完成增加值192.8亿元，同比增长1.4%，其中完成工业增加值179.6亿元，同比增长1.3%，建筑业完成增加值13.3亿元，同比增长2.9%；第三产业完成增加值154.5亿元，同比增长8.7%。三次产业结构由上年同期的0.7∶56.1∶43.2演变为0.6∶55.2∶44.2，产业结构进一步优化。

【工业持续转型升级】 2017年，榕城区完成规模以上工业总产值655.1亿元，比增1.4%。工业企业不断调整适应环保、安全生产要求，能耗继续下降，单位生产总值能耗下降3.66%，工业经济继续转型升级。上规模企业继续增加，全年新增规上企业35家，累计达到269家；技改工作强力推进，完成工业投资额59.9亿元，比增91.7%；工业技改投资额36.5亿元，比增560.0%。其中，实施技改的规模以上工业企业72家，有效地推动传统产业转型升级；新增机器人应用7台；有效实施“创新驱动”发展战略，新认定高新技术企业10家，新增省级工程技术研究中心2个，市级工程技术研究中心6个；专利申请总量列全市首位，发明专利达69件，创历史新高；积极培植朝启创新创业孵化器，获省科技发展专项资金立项支持，助推传统产业转型升级。

【固定资产投资稳步增长】 2017年，榕城区完成固定资产投资226亿元，比增10.2%，完成年计划95.8%，投资实现稳步增长的主要表现。列入市级重点项目年度计划24项，投资40.7亿元，项目全面开工建设，实际完成投资44.5亿元，完成全年投资计划109.33%。区级重点项目年度计划150个、投资113.3亿元，分别比上年增加34个、21亿元，实际开工122个，开工率81.3%，完成投资84亿元，完成年度计划投资74.1%。补短板公共项目扎实推进，年度实际完成投资3.45亿元，其中，交通运输项目完成投资1.47亿元，绿色发展项目完成投资0.36亿元，社会事业项目完成投资1.34亿元，有效促进全社会投资活跃跟进。深入落实“百日百项大行动”，北部片区市政路网建设项目、南部片区城市提质工程等一批打基础、利长远的项目建设加快推进。

【外贸进出口降幅逐步收窄】 2017年，实现进出口总额152亿元，比降11.94%。其中，进口8亿元，比增35.59%；出口144亿元，比降13.62%。实际利用外资117万美元，比降36.76%。外贸进出口降幅逐季收窄，从第一季度比降30%、上半年比降15.85%回稳到全年比降11.94%。

【内贸和消费需求活跃】 贸易企业经营活跃，特色街区得到打造提升，服务业营商环境逐步改善，电子商务等新兴业态快速发展。完成批零住餐业商品销售额650.7亿元，比增8.6%；社会消费品零售总额157.7亿元，比增9.9%。汽车后市场特色街区、岭南茶文化特色产业街区、省级食品安全示范街、中山骑楼文化古街等特色街区持续打造。电子商务等新兴业态快速发展，数字创意、动漫、网游等朝阳产业得到发展。全面实施“互联网+”计划，2017年全区实现快递业务量约1.76亿件，同比增长46.7%。物价温和运行，全年居民消费品价格总指数保持在2个百分点以内。

【财税实现增收】 受轧钢、不锈钢、鞋类等支柱税源产业深度变化、政策性税收减收、非税收入枯竭等因素严重影响，榕城区始终把财税工作放在重要位置常抓紧抓，全力堵漏挖潜促收。全区完成一般公共预算收入77802万元，比增6.68%。其中税收收入50875元，比增1.72%。

【城乡居民生活质量稳步提高】 城乡居民人均可支配收入稳步提高。民生事业支出有力，全年全区民生支出14.26亿元，占全区地方一般公共预算支出89.91%，比上年提高5.12个百分点。城镇新增就业4150人；城镇登记失业率2.37%；居民养老、基本医疗等社会保障体系指标完成市下达任务。扎实推进生态文明建设，持续开展环保专项行动，空气质量达到省考核要求，推进榕江流域水污染防治，城乡文明程度取得长足发展。深入开展众剑行动，推动共建共治共享，打造平安榕城，荣获全国社会治安综合治理最高奖项“长安杯”，群众安全感和满意度进一步提升。

（榕城区发展和改革局供稿）

政治文明建设

【依法治区】 2017年，榕城区全面学习贯彻习近平总书记关于法治建设重要精神，贯彻落实党政主要负责人履行推进法治建设第一责任人职责，推进全面依法治区工作上台阶。深入开展法治宣传教育，全面实施一村（社区）一法律顾问工作，深入开展法律进基层活动，进一步增强全民法治观念。以“三个一百”建设为抓手，推动法治建设“四级同创”全面铺开，顺利完成法治创建示范区创建工作，仙桥、榕东、东升3个街道，钟厝洋村等57个社区通过省级法治创建评估验收工作，依法行政、依法办事、法治惠民水平不断提升。积极开展法学研究、法学服务，多次组织法学会会员参与重要环保案件研究等法治实践活动。全力推进法治创建，为榕城区尽快全面建成小康社会提供有力的法治保障。

精密部署，加大法治建设力度 制定工作总体方案。根据《揭阳市2017年法治建设“四级同创”活动实施方案》《法治榕城建设第二个五年规划（2016—2020年）》和《榕城区2017年全面依法治区工作要点》，全面贯彻省委政法委、揭阳市委政法委关于法治建设“四级同创”工作部署，全力推进榕城区法治创建工作。制定印发

《榕城区2017年法治建设“三级同创”活动实施方案》，方案明确“三级同创”的指导思想，制定创建的目标，并就创建的工作步骤和任务安排进行细化，特别强调以打造法治主题项目作为年度创建工作的重要抓手，落实市委全面依法治市工作领导小组成员单位的主体责任，并提出具体工作要求。

加强组织领导。根据揭阳市委政法委的工作部署，区委成立榕城区2017法治建设“三级同创”专项工作小组。该小组由区委政法委统筹协调，政法委和司法局负责具体工作落实。各地各单位成立相应工作机构，把创建工作作为推进法治建设的重要内容和有效载体，确保创建活动落到实处。各街道、区直各部门主要负责人按照《广东省党政主要负责人履行推进法治建设第一责任人职责实施细则》要求，亲自部署、亲自协调、亲自督办法治建设“三级同创”活动，定期听取创建工作情况汇报，研究解决创建过程中的重大问题，把创建活动抓实、抓细、抓出成效。

确定参加评估验收的街道和村（社区）名单。根据揭阳市委政法委《转发〈关于开展法治建设“四级同创”活动〉的通知》文件精神，结合榕城区实际，选定榕东街道、榕东街道钟厝洋社区作为市级法治创建示范点；东升街道、东升街道沙港社区为区级法治创建示范点。并拟定3个街道作为2017年年底参加省法治创建评估验收对象。对示范点的创建工作跟踪落实，实时跟踪督导，及时掌握发工作进展中存在的问题，探究解决方法，对创建的整盘工作做到层次分明，脉络清楚。10月23日，榕城区申报的市级“民主法治村（社区）”的57个村（社区）全部达到创建标准，顺利通过市检查组的验收考核。

高度重视，强有力推进工作 根据法治创建工作方案，向各街道连续发出法治创建相关配套工作文件，细化工作任务、指明工作重点、压实工作责任，“三级同创”专项工作有计划、有步骤地逐项扎实推进。举办“平安法治文明共建主题报告会”，进一步提高基层干部对法治创建工作的思想认识。6月5日，榕城区根据市委政法委的统一部署，举办了由区、街道和区委全面依法治区工作领导小组成员单位负责同志以及村（社区）党（总）支部书记、村（居）委会主任近150人参加的“平安法治文明共建主题报告会”，进一步提升区、街、村三级干部队伍对区委把平安创建、法治创建、文明创建与“抓基层、强基础”工作相结合的认识，加深对法治建设“三级同创”活动的理解，取得较好效果。

打造亮点，以点带面 以揭阳市打造“三个一百”（一百个法治文化主题公园、一百所法治校园、一百个法治宣传示范点）工作部署为契机，全面创新法治宣传思维和宣传方式，建设法治宣传高地，构建新时代法治文化宣传新格局。

打造法治宣传示范点。利用报社、电视台、工作简报、微信公众号、公益广告栏等对法治创建活动进行宣传报道，吸引更多的群众自觉投入到活动中来，努力扩大创建的群众基础，营造良好的舆论氛围。极大拓展宣传范围和空间，实现将法治教育、法治宣传、法治文化与传统文化、行业文化、社区文化进行高度整合，促进法治建设有效服务人民群众，让各项法治建设成果惠及千家万户。通过法治宣传促进法治建设有效服务人民群众，让各项法治建设成果惠及千家万户。

打造法治文化主题公园，构筑宣传立体工程。为弘扬法治精神，搭建法治宣传中心枢纽，榕城区把东湖公园拟定为区级法治主题文化公园。2017年以来，榕城区围绕“法治”“文化”主题，结合东湖公园的实际情况，依托自然景观，通过雕塑、长廊、展板等载体，宣传社会主义核心价值观，展现诚信法治人文典故，赋予公园法治文化内涵，让广大群众在休闲娱乐中接受诚信文化和法治观念的熏陶。结合公园的休闲性、主题性、自然性等特点，将公园作为诚信法治文化宣传阵地，以群众喜闻乐见、易于接受的宣传方式在潜移默化中向群众宣传法治思想、诚信文化，有力提升群众诚信法治文化建设水平，增强全社会尊法学法守法用法意识，引导社会共建诚信和谐风气。按照“一街道一法治文化主题公园”的原则，全面铺开全区10个街道各打造镇级法治文化主题公园和法治宣传示范点建设，确保覆盖全市，引导市民遵法、学法、守法、用法，营造了浓烈的法治氛围。

推进法治校园创建活动。揭阳邱金元纪念中学已申报广东省第三批法治文化建设示范点。该学校先后荣获“广东省先进基层党组织”“广东省安全文明校园”“广东省依法治校示范校”“广东省五四红旗团委”“广东省巾帼文明岗”“揭阳市书香校园”“揭阳市德育示范学校”“揭阳市先进基层党组织”“揭阳市交通安全示范学校”“揭阳市‘朝阳读书’活动先进集体”“揭阳市师德建设先进集体”等一系列称号。至2017年年底，榕城区有3所学校通过广东省“依法治校示范校”称号，有2所学校正在申报省级“依法治校示范校”。

（区依法治区办）

【依法行政】 2017年，区政府在市委、市政府和区委的坚强领导下，深入贯彻落实中共十八大、十八届历次全会精神，认真学习贯彻党的十九大精神，以习近平新时代中国特色社会主义思想为指导，按照省、市《法治政府建设实施纲要》的总体部署和要求，紧扣建设揭阳首善之区的工作中心，围绕全面推进依法行政，建设法治政府的工作目标，结合实际，采取措施，狠抓落实，法治政府建设的各项工作得到扎实推进，取得一定成效，再次获得“全国平安建设先进区”称号，被授予综治最高奖“长安杯”殊荣，为建设新时代法治化营商环境夯实良好基础。

精心组织部署，各项工作扎实推进　围绕基本建成法治政府目标，结合实际，精心组织，切实抓好各项任务的落实，推动政府工作全面迈入法治轨道。抓好两个结合，持续发力，深入推进。将学习贯彻落实中央、省关于《法治政府建设实施纲要》《市法治政府建设工作方案》与省、市法治政府建设工作电视电话会议精神结合起来，把学习贯彻中共十九大精神与坚持法治思维，强化依法行政本领紧紧结合起来。4月和12月，区政府专门召开依法行政工作会议暨行政执法人员培训班，传达贯彻上级精神，并针对依法行政考评存在的短板和问题，全面加强法治政府建设的部署，强化法治思维，提高能力本领，以学促用，推动法治政府建设各项工作全面深入开展。抓好规划部署。依据中央、省、市的文件精神和要求，结合榕城区实际，制订出台《揭阳市榕城区法治政府建设工作方案（2017—2020年）》，对如何推进建成法治政府的指导思想、工作目标、基本原则、实施步骤及具体措施作了具体的部署。认真制订《榕城区2017年依法行政工作要点》，对全区进一步加强法治政府建设作出全年规划及部署，并要求各街道、区政府直属各部门要立足于法治政府建设工作的现实基础，切实负起责任，认真学习对照省法治政府建设指标体系的具体要求和内容以及《广东省依法行政考评办法》，加紧完善相应工作，紧紧围绕建立法治政府的目标，加大力度推进法治政府建设工作。

深入贯彻落实决策机制　区政府把推进法治政府建设摆在突出位置，以落实和完善制度建设为重点，严格执行《揭阳市行政决策程序规定》《揭阳市榕城区人民政府工作规则》《关于全面推进和深化我区重大决策社会稳定风险评估工作的实施细则》，把公众参与（依法公开征求公众意见）、专家论证、风险评估、合法性审查和集体讨论决定作为重大决策的法定程序，大力营造法治化营商环境，以制度来规范和约束政府和政府各部门的自身行为。制订《关于进一步规范区政府常务会议决策规则和程序工作的通知》，通过进一步强化科学民主法治决策程序规则及会议议题审核工作，规范议题文件资料报审工作，进一步规范区人民政府决策行为，提高行政决策科学化、民主化、法治化水平。通过落实和完善制度建设，有力促进了各项工作的开展，中部片区棚户区改造、回迁区建设及“五路一河”工程顺利推进，岭南明珠三期等一批建筑领域遗留问题相继得到解决，揭惠高速公路全线通车，临江南路、岐阳路等36条市政道路得到较好修缮和建设，榕江大围达标加固工程主体工程完工，城市发展的基础进一步完善，城乡面貌和人居环境质量明显改善。

拓展形式，全面推进政务公开　严格按照《中华人民共和国政府信息公开条例》的规定和省、市统一部署，结合榕城区实际，制订《揭阳市榕城区贯彻落实市政府办公室2017年政务公开工作要点分工方案》，组织专项督查，扎实推进区政府信息公开工作，注重发挥“榕城区政务网”的政府信息公开主渠道作用，盘活机制，拓展公开形式。2017年，区政府门户网站全区各级各单位新发布信息共2649条，其中政府信息公开专栏发布1220条，重点领域专栏发布信息618条。

全面深化改革，加快职能转变　区政府积极深化行政管理体制改革，创新社会管理，优化发展环境，建设服务型政府。全力构建适应揭阳城市核心区发展多元服务格局。着力打造服务特色和擦亮服务品牌，全力推动区政务服务中心实体办事大厅、网上办事大厅、政府信息公开、“12345”市民服务热线分发处理中心、农村集体资产资源交易中心、基层公共服务平台、信息中心等七大板块业务协调有序高效进行；着重做好区政务服务中心窗口服务工作，截至2017年11月30日，共办理各类事项181697件。积极推动“一门式一网式”政府服务模式改革；着力建设全区基层公共服务综合平台。转变政府职能，推进一门式一网式政府服务模式改革。继续推进行政审批制度改革工作，编制2017年区级行政许可事项保留目录和调整目录。公布清理规范区政府部门行政审批中介服务事项第一批、第二批目录。结合省网上办事大厅事项目录管理系统建设情况，按要求将行政许可事项标准录入“行政事项标准录入模块”。区监察局认真加强对电子监测系统行政审批项目的监管，确保省行政效能投诉系统、区行政审批电子监察系统和“廉洁一线”信息公开平台运转正常，全区共受理行政审批业务18253件，办结17502件，提前办结17502件，提前办结率100%。

排查化解矛盾，维护社会稳定　坚持“积极履职、主动揽责”的工作理念，高度重视初信初访。严格落实属地街道和属事单位首办责任制，推动初信初访及时就地解决，推动群众树立有事到基层信访、依法逐级走访的观念。

深入开展排查，认真全面调解　积极发挥人民调解的优势，巩固和规范街道、村（居）委会、企事业单位和行业性、专业性人民调解委员会，健全覆盖城乡的调解组织网络及回访、信息反馈、突发事件应急处置等制度。截至2017年11月底，各级调解组织共受理各类纠纷409件，调结408件，调解率100%，调解成功率99.8%。调解组织网络覆盖率100%，防激化率100%。

妥善处理争议，维护促进劳动关系和谐发展　截至2017年11月底，全区共调解处理各类劳资纠纷案件295宗，涉及人数753人，追讨工资1176万元。工伤补偿（不含工亡）149宗，涉及人数149人，付补偿金598万元。死亡补偿5宗，涉及人数5人，付补偿金340万元。共受理人事争议仲裁案件102宗，涉及劳动者102人。当期共审结案件99宗，涉案总金额864万元，法定期限内结案率100%。

积极推进公共法律服务，依法社会治理，促进社会和谐　继续完善一村（社区）一法律顾问的工作及考核规程，多次召开全区各司法所长会议研究布置一村（社区）一法律顾问工作，不定期召开有律师参加的业务工作会议、座谈会议，致力提高工作成效。按市统一安排，挂钩村（社区）的32位律师重新调整到位，律师工作日志、台账全面建立完善，全区一村（社区）一法律顾问工作全面进入常态化。截至2017年11月底，共接受群众咨询3925人次，开展法制课451场，审查村（社区）合同32份，出具法律文书33份，代书15份，参与调解纠纷71件。积极发挥职能部门的作用，2017年，区法律援助处共受理法律援助103件，实现案件100%办结及零投诉；区公证处严格履行一次性告知制度，共办理各类公证证件510件；各司法所积极开展社矫对象教育帮扶工作，最大限度预防和减少社区服刑人员重新犯罪，累计接收社区服刑人员65人，解除矫正56人，现在册社区服刑人员113人，无出现社矫对象重新犯罪情况。

完善制度建设，规范执法行为　建立健全行政执法责任制。2017年，区政府在原有制定的行政执法责任制和行政执法过错责任追究的基础上，要求新成立和新组建的行政机关要迅速建立、完善行政执法责任制及其配套制度。要求行政部门制定行政处罚自由裁量权适应规则和处罚裁量标准。加强执法人员的管理。积极配合市对全区有关执法单位的执法证管理系统进行升级，对全区25个有关行政执法单位的系统管理人员进行网上申办证等业务进行培训，使各单位在申办证过程更加规范。严格实行执法人员持证上岗和岗前培训制度，共为全区4个行政执法单位共22名执法人员申领换发《广东省人民政府行政执法证》，并组织区11各执法单位共46名新行政执法人员参加省的专题综合法律知识培训，其中28名执法人员通过考试并取得《行政执法人员培训合格证》；对不具备执法资格的8名人员执法证进行注销。为规范行政执法，加快政府法制信息化建设夯实基础。

强化行政监督，提高监督质量 抓好规范性文件的统一审查，强化抽象行政行为的监督。区政府深入贯彻落实广东省人民政府法制办公室《关于规范性文件认定的指导意见（试行）》等管理制度及《揭阳市行政机关规范性文件监督管理规定》，强化政府规范性文件制定工作的管理，加大政府规范性文件审查力度，提高政府法制工作水平。2017年，办理政府规范性文件《榕城区区级储备粮管理办法》的审核工作。对报送未按要求听取公众意见或者征求部门意见，未提供制订依据及说明材料等的情况一律不通过审查，予以退回起草单位。对个别部门涉及法律政策问题给予指导，提出建议意见，确保政府规范性文件的合法性和可操作性，充分发挥规范性文件指导、促进和保障经济社会发展的作用。2017年，全区共审查各类公告、通告共20件。深入贯彻落实《揭阳市重大行政处罚决定备案规定》，规范执法行为。对区环保局、安监局、食药监局、农水局等部门上报备案的94宗重大行政处罚案件进行审查，对审查存在的问题，提出审查意见，及时纠正和有效地规范行政执法行为，从源头上预防和减少行政争议。认真履行行政复议和行政应诉职责。把行政复议作为一项监督依法行政，弘扬社会正义的重要方面来抓，坚持“以人为本、复议为民”的原则，在人员少，工作量大，案件呈复杂化的情况下，针对行政复议案件从多因不服行政机关对举报事项作出的答复、告知引起到多因不服行政机关作出的具体行政行为引起的新特点，认真组织办案人员学习有关法律法规和业务知识，对于法律疑难问题积极请教上级，并调查研究，依法作出行政复议决定。对于区政府作为被申请人的行政复议案件，依法按时做好行政复议答复及举证工作。落实《广东省行政应诉工作规定》，深入推进行政机关负责人出庭应诉工作，加大对行政应诉工作监督力度。与案件的代理律师共同讨论研究涉及的法律问题及政策背景，收集提供案件有关证据材料，做好答辩应诉工作及案件的沟通协调工作。2017年，全区共受理行政复议案件6件。新发生行政诉讼案件4件，其中街道作为被告的1件，部门作为被告的3件。另，区政府作为被告的二审行政应诉案件1件。做好依法行政自评和迎检工作，按时完成好区政府法治政府建设年度报告。认真做好2017年度的依法行政考评工作，认真收集准备迎检资料和汇报资料，做到分类有序，整理成档，针对上一年度存在问题，要求各相关单位认真对照检查，落实措施整改。根据国务院、省的文件精神及市政府办公室《印发揭阳市依法行政报告制度的通知》的要求，认真履行职责，印发《关于报送2017年度依法行政报告的通知》，要求各行政机关按时报送依法行政报告，为起草全区的法治政府建设工作情况报告掌握好第一手材料，为迎接省、市依法行政考评做好准备工作。

加强队伍建设，提升能力水平 行政机关领导及其工作人员学习制度已在全区形成。区理论学习中心组定期组织区党政班子领导学习法律法规知识。区政府认真制订《2017年榕城区政府常务会议专题学法计划》，组织学习《揭阳市扬尘污染防治条例》《行政强制法》等法律法规，聘请有关法律专家、学者举办《全面推进依法治国法治理念》《政府信息公开》等专题法律讲座。组织区直行政机关工作人员进行法律培训和考试，并将考试成绩填入《干部学法登记表》，存入干部档案，作为干部评议、考核、提拔任用的重要依据。通过各种学习培训，进一步强化行政

机关及其工作人员学法制度，提高依法行政观念和能力，为法治政府建设打好基础。发挥参谋助手作用，推进政府法律顾问制度和公职律师制度建设。区法制局积极发挥参谋助手作用，做好领导交办的政策决策事项以及政府常务会议上涉法议题的合法性审查工作，通过自身的研究和组织法律顾问共同探讨，依法提出审查意见，把好法律关，从源头上扎实推进法治政府建设。2017年，为“五路一河”等重大决策事项出具法律意见24件，为政府常务会议上涉法议题的出具法律意见59件，为政府发布公告、通告出具法律意见20件，参与代拟或审核政府重要合同3件。建立以区法制局为主体的法律顾问队伍，外聘2名律师顾问担任区委、区政府常年法律顾问，建立法律顾问室，所有村（社区）全部设立法律顾问。榕城区创新提出法制专员工作制度，在各部门（街道）设立法制联络员负责日常依法行政业务对接衔接，确保法制工作日常运转，推进全面建设法治政府。

（卢小盼）

【政务公开】 2017年，榕城区政府信息公开工作遵循“公正、公平、便民”的原则，认真贯彻落实《中华人民共和国政府信息公开条例》，进一步加强领导，健全制度，强化督查，积极稳步推进政府信息公开工作，保障政府信息公开工作依法、及时、准确、有序开展。2017年，在区政府门户网站上发布组织机构文件24条，其他文件49条，政务动态910条，政府工作报告1条，政府信息公开工作年度报告47条，主动公开信息1259条，政府公告80条，领导活动、榕城要闻910条，《揭阳日报》榕城专版40条。

根据上级文件精神，印发《榕城区政府办公室转发关于全面推进政务公开工作的意见实施细则的通知》《揭阳市榕城区贯彻落实市政府办公室2017年政务公开工作要点分工方案的通知》。区政府六届12次常务会议专题学习《以信息公开促进政府治理能力提升》，要求全区各地各部门加强对《中华人民共和国政府信息公开条例》学习，进一步完善榕城区政务公开工作，明确各街道、区直各单位主体责任。通过网上督查、实地督查等形式，对各有关单位、部门政府信息公开运行情况进行督查，促使全区政府信息公开工作顺利开展。

进一步完善网站建设。坚持把政府网站作为政府信息公开第一平台的功能，规范重点领域信息公开专栏的设置和建设，增设“政务五公开”和“政策解读”等栏目，进一步拓宽公开渠道，丰富公开内容。在突出网站公开第一平台的基础上，结合各部门、各行业工作特点，引导各部门采取印制宣传手册、利用社区宣传橱窗和电子滚动屏等方式不断拓展公开形式。要求各部门及时公开本单位信息，将部门工作亮点宣传出来，使公众了解部门工作方向、工作重点、工作进度，树立政府良好形象，拉近公众和政府距离。

（卢一沔）

精神文明建设

【概况】 2017年，榕城区以文明创建“四级联创”工作为抓手，以培育和践行社会主义核心价值观为主线，广泛发动宣传，积极开展公民思想道德建设和精神文明创建活动，致力构建积极向上、文明发展的人文环境。深入挖掘各地各单位的好人好事和先进典型事迹，发挥模范示范带领作用，大力弘扬中华传统美德。积极开展文明单位、文明村镇、文明校园创建活动；做好省文明家庭和“南粤好乡贤”推荐评选活动、揭阳市玉德人物评选推荐活动等，倡导主流价值观，提升精神文明创建水平。

【公民思想道德建设】

选树先进典型 广泛发动宣传，深入挖掘各地各单位的好人好事和先进典型事迹，开展文明单位、文明村镇、文明校园创建活动，榕城区图书馆获评第五届全国文明单位；开展省文明家庭和“南粤好乡贤”推荐评选活动，推荐郑映钦家庭为省文明家庭、黄少钦为“南粤好乡贤”候选

人；开展揭阳市玉德人物评选推荐活动，黄鸿宏获得第三届揭阳市玉德人物称号。走访“全国文明家庭”张舜芳家庭、“广东好人”黄烈楷和黄克明等道德模范，加大对王少忠、陈秀强、谢育钦等文明创建先进典型人物的宣传力度，发挥模范的示范带领作用。

开展“移风易俗、告别陋习、走向文明”活动 树立丧事简办、红事新办的典型，加强规范约束。梅云街道群光社区将移风易俗写进村规民约并上墙公示，印发《文明殡葬倡议书》和《移风易俗树新风倡议书》，制作不锈钢宣传栏5个、喷画12幅、宣传标语40条，成立“红白理事会”，建立健全相关制度，使移风易俗深入人心。

突出立德树人，深化未成年人思想道德建设 加强未成年人思想道德建设工作，制订《榕城区2017年未成年人思想道德建设工作实施方案》，开展“我的中国梦”、培育和践行社会主义核心价值观实践活动，开展“扣好人生第一粒扣子”、学雷锋等活动。配合市开展寻找“最美少年”主题活动，推进未成年人活动阵地建设，完善未成年人心理健康辅导站，开展关心关爱留守流动儿童、帮扶困难家庭儿童活动，营造有利于未成年人健康成长的社会文化环境。推进乡村学校少年宫项目建设，建立、健全西郊、篮兜、伯劳乡村学校少年宫在全国乡村学校少年宫管理系统档案资料，规范做好建设管理以及平台应用工作，壮大未成年人工作队伍，改善农村未成年人思想道德建设的基础条件，丰富农村未成年人精神文化生活。

开展“我们的节日”活动 利用重大节日，结合榕城节庆民俗特色，突出主题，在春节、元宵、清明、端午等传统节日期间开展形式多样的群众性活动，丰富群众的精神文化生活，弘扬节日文明风尚。一年来，全区累计开展群众性文化活动147场次。

【志愿者服务】

推动志愿服务制度化建设 组织动员全区注册志愿者6.2万多人，举办培训讲座，规范志愿服务活动，实现志愿服务的提升飞跃，促进志愿服务常态化、制度化。开展环境卫生、文明交通、文明窗口、义医义诊、关爱扶助、文明礼仪等八大主题志愿活动，2017年累计开展志愿服务活动1500多场次，参与达15万人次，为打造首善之区注入新的内涵。

开展环境卫生志愿服务活动 组织全区各单位各街道干部职工成立志愿者队伍，从4月开始每月定期开展环境卫生志愿服务活动，全年共计80多场次，通过环境卫生整治、文明宣传服务等，示范、引导广大群众告别陋习，培养绿色、文明的生活习惯和文明行为，营造人人参与文明创建的浓厚社会氛围。

打造学雷锋志愿服务活动品牌 组织开展学雷锋志愿服务活动，大力弘扬奉献友爱互助进步的志愿精神，推动学雷锋志愿服务的制度化、常态化，涌现最美志愿服务社区——西马街道西关社区、最佳志愿服务项目——“我为榕城添新绿”、最美志愿者——郑方权等一批省级先进典型。

加强窗口服务行业志愿服务活动 指导窗口行业组建志愿服务队、设立志愿服务工作台、打造志愿服务标识文化，在全区窗口单位开展“微笑服务”活动。通过开展“微笑服务”、文明礼仪宣传教育、争创志愿服务标兵等活动，打造志愿服务品牌，规范服务程序，优化服务环境，提升全区窗口行业文明程度。

开展邻里守望志愿服务活动 通过开展社区广场文艺演出、体育竞赛、专家讲座、慈善活动等团结邻里；创新服务载体，增进睦邻友好，利用智能平台建立老年人信息数据库、定位服务、提供主动关怀服务等，建立志愿者服务队，上门服务老年人，建设温暖社区。

【其他活动】

开展命名活动 开展2015—2016年度榕城区精神文明建设先进单位评选命名活动，命名区委区政府办等文明单位20个，新兴街道等文明街道2个、美西社区等文明社区20个、东升社区社工综合服务中心等文明窗口3个，以先进典型为引领，提升精神文明创建水平。

开展倡导绿色生活，反对铺张浪费主题活

动 将倡导绿色生活、反对铺张浪费作为群众性精神文明创建活动的重要内容，贯穿于各类文明创建活动中，开展反对餐饮浪费，推进“光盘行动”，倡导绿色出行等活动。

开展文明乡风建设，推进乡村“两个文明”发展 以垃圾日清和雨污分流两项基本工作为重点整治人居环境，敦化乡风民风，培育优良家风，培育特色乡村文化品牌，建设文化新风，有效促进农村“两个文明”建设全面发展。

（杨奕丰）

社会建设

【概况】 2017年，榕城区继续深化社会体制改革，坚持加强和创新社会治理，强化民生保障工作，大力推进基础设施建设，发展教育、文化、卫生、社会保障、精准扶贫等社会事业，人民群众获得感、幸福感不断提升。

【社会体制改革】 2017年，榕城区积极推动“一门式一网式”政府服务模式改革；着力建设全区基层公共服务综合平台。继续深化“放管服”改革，优化办事流程，提高办事效率。推进行政审批制度改革工作，编制2017年区级行政许可事项保留目录和调整目录。公布清理规范区政府部门行政审批中介服务事项第一批、第二批目录。抓好农林水综合执法体制改革，整合农业、林业、水利、渔业、畜牧等执法职能。

【创新基层社会治理】 坚持加强和创新社会治理，以“为党的十九大胜利召开营造安全稳定的社会环境”为主线，制定出台27项措施加强基层治理，常态化制度化落实“一周一研判”工作机制，稳妥化解山东围等历史遗留问题。深化“中心+网格化+信息化”省级综治平安建设试点工作，开展维护国家政治安全“8+2”专项整治、“清源断流2017”专项行动，推进法治榕城建设。连续三届荣获“全国平安建设先进区”，获得全国社会治安综合治理最高奖项——“长安杯”，是全省唯一同时获得“全国平安建设先进区”“长安杯”的县区。

【强化民生保障】 2017年，榕城区强化民生保障工作，坚持民生为先、民生为重、民生为本，努力使全民共享发展成果。办好人民满意教育，投入资金1.27亿元，新建、改建、续建仙桥中学等5所学校，促进教学资源均衡配置。加快提升医疗卫生水平，铺开城市公立医院综合改革，全面取消药品加成；强化医疗服务覆盖，扎实推进榕城区妇幼保健计划生育服务中心、区中心医院等新改扩建工程建设，积极探索医联体建设，为群众提供优质医疗卫生服务。全面推进农村土地确权。抓好精准扶贫、精准脱贫攻坚，完成1172名农村贫困人口动态稳定脱贫。完成梅云何厝公园、望江南景观工程、集星湾小广场等一批“五小”场所建设。成功举办2017揭阳国际半程马拉松赛，有效提升城市形象和影响力。

【大力推进基础设施建设】 2017年，榕城区完成基础设施建设投资1.5亿元，比增7.14%。揭惠高速公路及市区连接线和莲花大桥工程建设有效推进，仙彭路等一批市政道路工程扎实推进。中部片区棚户区累计完成投资5.7亿元，回迁安置区建设进展顺利，西湖豪苑等4个“三旧”改造项目加快推进，处置岭南明珠、金水岸等问题楼盘取得初步成效。首次引进房地产十强企业碧桂园开发高端地产项目。统筹推进古城保护建设，城隍前路、中山路石板路面及骑楼走廊路面全面完工，推进古城危楼加固和街区立面修缮，启动水系整治项目。

（区史志办整理）

生态文明建设

【概况】 2017年，榕城区生态文明建设以民生环保为抓手，扎实推进生态文明建设，持续开展环保专项行动，着力解决重点环境问题，推进重点区域环境污染整治。继续推进新一轮绿化榕城大行动，推进“六小”（小公园、小广场、小绿地、小池塘、小景观带、小古民居聚集区）的绿化美化建设，开展植树造林，强化森林资源管护，为打造宜居榕城提供了环境支撑。2017年，全区投入森林进城围城及六小绿化建设资金2035万元，完成2017年省级森林碳汇抚育工程建设238.6公顷，乡村美化绿化示范点11个，其中省级示范点2个；完成绿色单元25个；三河六岸景观带15公里，村镇道路绿化16.5公里，城区道路绿化3公里。全民义务植树活动完成义务植树16万人次，种植各种树木60万株。

【生态环境建设】 2017年，榕城区立足“创文”主战场定位，坚持“疏堵结合、建管并重、标本兼治”，举全区之力推进“创文”行动，累计投入资金1.6亿元，全力开展环境综合整治，清理拆除违章建筑56万多平方米；补齐城市配套设施短板，改造升级新河、蓝和、榕华等农贸市场；创新完善环卫保洁等城市微观管理机制，促进城市管理更加精细，晋身省文明城市行列。实施“五个起来”工程，改造提升绿化景观，亮化美化跨河桥梁、主要道路和主要建筑物；基本完成主干道隔离栏设置和优化，文明城市形象进一步提升。推进农村人居环境整治，大力整治农村“脏乱差”问题，扎实推进雨污分流工程，农村生产生活条件明显改善。抓好环保督察工作落实，推进榕江流域水污染防治，严厉惩治环境违法犯罪行为，倒逼企业走绿色发展道路；补齐环保基础设施短板，望江南路西段截污干管、小型应急污水处理设施等一批环保项目建设加快推进，仙梅片区污水处理系统建设工程前期工作进展顺利；东风河、揭阳楼后水渠黑臭水体综合整治工程开工建设；东湖断面达Ⅲ类水标准，龙石断面水质稳定提升，生态文明建设显著增强。

【生态环境综合整治】 2017年，榕城区坚持标本兼治，铁腕整治污染，市区PM2.5、PM10达标率、优良率进一步提升，空气质量明显改善，达到省考核要求。开展水污染防治行动，推进水资源综合利用。完成望江南路西段截污干管建设2.6公里，东风河、揭阳楼后水渠黑臭水体综合整治、望江北路截污干管及两座泵站、仙梅污水处理设施等工程有序有效推进。推进内河池塘清淤整治，常态化打捞清运水面垃圾杂物、水浮莲。开展餐饮、洗车、洗衣等行业专项整治，重拳惩治工业污染，依法查封、立案、关停、取缔违法企业355家，移送涉环境犯罪案件10宗，刑拘19人。划定禁养区、限养区，严格实施管理。落实“河长制”，完成区、街、村（社区）3级“河长制”制度建设。严格执纪，对在环保工作中失职失管的14名干部进行追责问责。全区环保工作得到极大提升，龙石断面水质明显改善，东湖断面水质实现Ⅲ类水标准。

（区史志办整理）

ZHENGZHI

政 治

政 治

中共榕城区委员会

综 述

【区委六届二次全会】 2017年1月3日召开。遴选确定广东省出席中共十九大代表候选人推荐人选及揭阳市出席省第十二次党代表大会代表候选人推荐人选。

【区委六届三次全会】 2017年12月29日召开。会议主题是深入学习贯彻党的十九大精神和习近平新时代中国特色社会主义思想，认真落实习近平总书记对广东工作重要批示、省委十二届二次全会和市委六届三次全会精神，总结2017年工作，部署安排2018年任务，动员全区各级党组织和广大干群在新时代下，牢记使命，砥砺前行，奋力开创揭阳“首善之区”新局面。

大会从五个方面回顾和总结全区2017年发展新成果。榕城区委在市委的正确领导下，团结带领广大干群，埋头苦干，真抓实干，取得突破性的新成果、新变化，开创榕城加快发展的新局面，为开启揭阳首善之区建设的新征程，打下坚实的新基业。全面深化从严管党治党，党的建设取得新成效；提升发展质效，加快转型升级，富裕榕城注入新动力；环境品质提升，大力推进生态建设，文明榕城迈上新台阶；城市改造更新，加快推进城市建设，活力榕城得到新激发；民生福祉改善，加强创新社会治理，宜居榕城再上新水平。

大会提出，要深入学习宣传贯彻党的十九大精神，全面凝聚“首善之区”发展磅礴力量；以党的十九大精神为指引，奋力开启“首善之区”建设的新征程；落实新时代党的建设新要求，为全面建设“首善之区”提供坚强的政治保证。

大会强调，2018年要按照全面建成小康社会各项要求，紧扣社会主要矛盾变化，统筹推进“五位一体”总体布局，协调推进“四个全面”战略布局，深入落实新发展理念，实施“一二五”（坚定一个目标、打赢二个攻坚战、加速五个起来）工作思路，走正道，出实绩，确保党的十九大精神在榕城落地生根、结出丰硕成果。“坚定一个目标”是要始终坚持建设揭阳“首善之区”战略目标不动摇，树立起应有的美誉度和知名度。统筹推进“北拓、中优、南改”；积极谋划改革发展的举措；全力以赴优化加快发展的环境。“打赢二个攻坚战”是要坚决打赢“五路一河”拆迁建设攻坚战；坚决打赢榕江流域水污染防治攻坚战。“加速五个起来”是要提升产业发展格局，强化创新驱动战略支撑，加快产业结构调整优化，让产业筋骨“强起来”；继续深入开展“百日百项大行动”，突出抓好古城保护，盘活城市资源，让项目建设“快起来”；深入开展“五城同创”，着力加强城市秩序治理，抓好城市绿化，让城乡一体“美起来”；深入推进“众剑行动”，推进社会治理共建共治共享，让社会大局“安起来”；推进教育创先、卫生创强，打赢脱贫攻坚战，让民生福祉“厚起来”。

报告提出，要全面落实新时代党的建设新要求，坚持党要管党、全面从严治党，突出政治建设，抓好基层党建，深化干部队伍建设，继续营造实干氛围，持之以恒正风肃纪反腐，确保党始终成为主心骨和坚强领导核心，为全面建设“首善之区”提供坚强的政治保证。

（区史志办整理）

【区委决策和重要活动】 制定《区委巡察工作实施办法》 3月14日，中共揭阳市榕城区委印发《榕城区委巡察工作实施办法》，明确该实施办法的总体要求；成立区委巡察工作领导小组、区委巡察工作领导小组办公室（简称区委巡察办），设立区委巡察组；配备相应工作人员；明确巡察对象、巡察任务及巡察安排；规定巡察的方式和权限；明确巡察工作程序、纪律与责任。

制订《榕城区贯彻“迎盛会·百日百项大行动”工作方案》 6月30日，中共揭阳市榕城区委印发《榕城区贯彻“迎盛会·百日百项大行动”工作方案》，明确总体要求和主要任务，提出要建立层级明晰的责任制度；建立高效优化的项目审批制度；建立有力有为的督查推进制度；建立运作顺畅的联合执法制度；建立行之有效的问责和激励制度。做到切实加强领导，强化责任落实，统筹抓好工作，上下联动推进，严格材料报送。加快推进全区重要工作、重点项目，形成经济社会发展新亮点。

实施质量强区战略 12月20日，区委、区政府印发《关于贯彻落实〈中共广东省委、广东省人民政府关于实施质量强省战略的决定〉实施方案》，明确加快质量强区建设的总体要求、任务分工及组织保障。提出要实施质量提升工程，提升标准化建设水平，加强质量技术基础建设，加强质量品牌建设，加大简政放权力度，加强质量监管，实行社会共治，加强质量合作等。

深入推进依法行政 12月26日，区委、区政府印发《揭阳市榕城区法治政府建设工作方案（2017—2020年）》，明确总体要求，提出要依法全面履行政府职能；完善依法行政制度体系；推进行政决策科学化、民主化、法治化；坚持严格规范公正文明执法；强化对行政权力的制约和监督；依法有效化解社会矛盾纠纷；全面提高政府工作人员法治思维和依法行政能力。

（区史志办整理）

【区委常委会议】

2月15日，召开区委六届12次常委会议，传达贯彻市纪委全会、市宣传文化工作会议精神、省、市“扫黄打非”工作会议精神，审议《中国共产党揭阳市榕城区委员会工作规则（送审稿）》《榕城区驻点联系工作区级层面解决问题办理工作规程（送审稿）》等，审议同意由区委组织部提交的揭阳市出席省第十二次党代表大会代表候选人初步推荐人选建议名单。

3月13日，召开区委六届14次常委会议，传达贯彻全市宗教工作会议、市统战部长会议精神，审议《区委巡察工作实施办法（送审稿）》《成立区委巡察工作领导小组（送审稿）》《区政府工作报告（送审稿）》、《区人大常委会工作报告（送审稿）》《区政协工作报告（送审稿）》《榕城区人民法院工作报告（送审稿）》《区人民检察院工作报告（送审稿）》《榕城区2016年国民经济和社会发展计划执行情况与2017年计划草案报告（送审稿）》《榕城区2016年预算执行情况和2017年预算草案的报告（送审稿）》。审议《关于在全区公民中开展法治宣传教育七五规划（送审稿）》《关于完善安全生产责任体系的通知（送审稿）》。会议听取关于榕城区2017年重点建设项目铺排情况的汇报、拨付关于数字创意（动漫网游）产业发展扶持资金问题的汇报。

4月17日，召开区委六届16次常委（扩大）会议，传达学习习近平总书记对广东工作重要批示和中央第四环境保护督察组督察广东省情况反馈会议精神，研究部署榕城区贯彻落实意见。

5月15日，召开区委六届17次常委会议，讨论广东省出席十九大代表候选人初步人选名单，传达贯彻揭阳市取缔“地条钢”专题工作会议精神。

5月31日，召开区委六届18次常委会议，传达贯彻省第十二次党代会及全市传达贯彻大会、市委常委扩大会议精神，听取关于设立区委巡察机构的情况汇报，讨论决定有关事项。

6月9日，召开区委六届19次常委（扩大）会议，传达学习市委李水华书记到榕城调研的重要指示精神，研究部署榕城区贯彻落实意见和“迎盛会·百日百项大行动”工作安排。

6月28日，召开区委六届20次常委会议，传达贯彻全市基层建设工作会议、全市“迎盛会·百日百项大行动”动员大会精神，审议《榕城区贯彻“迎盛会·百日百项大行动”工作方案（送审稿）》及各工作组工作实施方案（送审稿）、《关于全面加强平安法治文明共建推动和谐文明城市的实施方案（送审稿）》、《榕城区环境保护和生态建设“十三五”规划（送审稿）》。听取意识形态工作的情况汇报、上半年农业农村、扶贫开发、土地确权、农村人居环境集中整治工作的情况汇报。讨论研究干部人事工作。

9月30日，召开区委六届25次常委会议，审议《关于治理为官不为、激励担当有为的实施办法（送审稿）》《关于加强区、街道人大工作和建设的工作方案（送审稿）》，听取关于《深入开展“走正道、出实绩，建设首善之区”主题活动的通知（送审稿）》的情况汇报，关于组建榕城区新兴社区卫生服务中心医联体的情况汇报。

11月14日，召开区委六届29次常委会议，传达贯彻省委李希书记莅揭调研重要讲话及市委常委会议精神、全市社会治安综合治理“众剑行动”电视电话会议精神、全市城市基层党建工作座谈会精神、听取关于区工商联（商会）换届工作的情况汇报。

12月22日，召开区委六届33次常委会议，传达学习《中共中央办公厅国务院办公厅关于印发〈领导干部报告个人有关事项规定〉和〈领导干部个人有关事项报告查核结果处理办法〉的通知》《中共广东省委办公厅印发〈关于防止干部“带病提拔”的实施意见〉的通知》精神，传达贯彻习近平总书记、省委李希书记关于清理农民工欠薪的批示精神。审议《法治政府建设工作方案（2017—2020年）（送审稿）》《仙梅片区污水处理系统建设工程PPP项目实施方案》，听取党组党建工作汇报，听取关于法律顾问制度和公职律师制度落实情况汇报、关于溶溪、猛水河治理工程清淤问题的情况汇报、关于采购2台小型污水处理设备问题的情况汇报。

12月28日，召开区委六届34次常委会议，传达学习贯彻市委六届三次全会精神，研究确定召开区委六届三次全会有关事宜，审议区委六届三次全会工作报告（送审稿），审议《榕城区2017年干部选拔任用工作情况报告（送审稿）》《榕城区关于补交党费的使用管理方案（送审稿）》《区纪委、区监察委机关机构编制方案（送审稿）》，听取关于深化国家监察体制改革试点工作区检察院涉改人员名单的情况汇报。

（区史志办整理）

组织工作

【概况】 2017年，榕城区各级组织部门围绕各级组织工作会议制订目标和要求，服务中心大局，积极作为，为推动榕城经济社会发展和建设首善之区提供坚强组织保证。截至年底，全区共有基层党组织884个，其中分党委8个、党总支115个、党支部761个、党员21286名。

【贯彻十九大精神】 全区各级党组织把全面深入学习宣传贯彻党的十九大精神作为首要的政治任务抓紧抓实抓好，坚持学懂、弄通、做实，确保党的十九大精神在榕城落地生根。区委印发有关学习贯彻的文件，在全区开展大学习大培训活动，提出领导带头示范、举办系列培训班研讨班等15项举措，利用3个月时间，面向全体党员干部开展多形式、分层次、全覆盖的学习培训，重点抓好区科级主要领导干部专题研讨班和区管干部、村（社区）党组织书记、村（社区）乡贤委员会骨干等专题培训班，共培训区管干部234名、乡贤咨询委员会骨干168名；成立区委宣讲团奔赴各地各单位开展宣讲14场次。各级党组织也组织系列活动学习宣传贯彻十九大精神，全区累计开展学习活动500多场次，参与的干部和党员达2万多人次。

【“两学一做”学习教育常态化制度化】 紧扣“百日百项大行动”等中心工作，组织全区区直部门开展“一系统一主题”创建；针对不同领域不同行业，在全区打造43个市、区、街三级的“两学一做”学习教育常态化制度化示范点；召开示范点创建交流观摩会，总结推广示范点创建工作经验，以点带面推进全区工作。着力加强基层党支部建设，深化支部主题党日活动，将其与创文每月主题日活动、单位挂钩联系社区、党建扶贫脱贫等工作结合起来，推动“两学一做”学习教育常态化、制度化。

【干部队伍建设】 积极创设榕城区特色“自选动作”，在全区开展“走正道、出实绩，建设首善之区”主题活动，时间从2017年9月开始至2018年3月底结束，活动从实施“对标看齐”行动、“马上就办”行动、“大抓基层”行动等三大行动入手，扎实推进干部思想建设、作风建设和能力建设，推动形成干事创业的新一轮高潮，有力促进了“五路一河”项目拆迁、“五个起来”、“迎盛会·百日百项大行动”等中心工作任务的深入开展。坚持正确选人用人导向，突出政治标准，坚持事业为上，旗帜鲜明落实市委“三不用三重视”用人要求，注重把考察识别干部的功夫下在平时，突出在创建文明城市、环保督察任务整改、“百日百项大行动”等中心任务和重大工作中考察识别干部，做到知事识人、依事择人，全年共提拔科级干部37名。制订街道科学发展考评意见，发挥街道在基层治理中的中坚作用。通过健全跨部门信息沟通机制，不断强化干部监督工作合力。

【人才队伍建设】 建立健全人才工作机制，形成党管人才的良好格局。积极开展人才队伍建设调研活动，摸清全区人才队伍建设情况，科学定位人才工作目标，明确新时代人才工作思路，拟定了《榕城区人才工作领导小组成员单位工作责任制》和《榕城区关于加快人才优先发展推动创新驱动的实施方案》，适时有效调整区人才发展布局，促进人才重点工作扎实推进。省“扬帆计划”有效落实，“榕城区数字创意（动漫游戏）人才引育工程”项目顺利通过省考核组考核验收。创新驱动发展战略2017年重点工作任务顺利完成，加快培育发展新动能，成功引进博士和硕士共4人，引进高级职称专业技术人才18人，公开招考招聘事业单位工作人员154名，各类人才不断得到充实。市管、区管优秀专家和拔尖人才管理服务工作进一步提升，新选拔第九期榕城区优秀专家和拔尖人才18名，推荐列入市管优秀专家和拔尖人才管理6名。

【基层组织建设】 坚持把基层党建基层治理工作与各项中心任务深度结合，着力加强各级党组织班子建设和队伍建设，强化各级党组织特别是街道和社区的主体职能和领导核心作用、战斗堡垒作用，努力把基层党组织打造成强有力的战斗堡垒，大力培养造就一支“四铁”基层干部队伍，为市区创文和“五路一河”项目拆迁等中心工作各项任务的推进落实提供坚实的组织保障。特别是在“五路一河”项目征迁工作中，举全区之力，各街道各社区和各级基层党组织创造出“上下同心，吃得了苦、耐得住烦，敢于胜利”的“五路一河”精神，综合施策，合力推进，实现项目拆迁进展顺利，全面和谐签约。坚持把党的领导贯穿村级换届全过程，通过强化组织领导、抓早谋划部署、实施“挂图作战”和开展换届风气专项巡查等，2017年，圆满完成全区111个社区“两委”换届选举任务和梅云社区非户籍委员选举试点工作，换届环境风清气正，班子结构得到进一步优化。统筹推进基层党建和基层治理，以优先使用优秀基层干部、强化街道生活条件保障、考核评价有为街道、优化完善街道工作机制为“四大抓手”，着力加强街道建设，切实发挥街道在基层治理中的中坚作用。整顿11个软弱涣散村社区党组织，全部转化提升。认真落实街道领导干部驻点普遍直接联系群众制度，强化街道抓社区直接责任。抓实基层党建书记项目，

2016年度区委书记项目“开展基层勤廉双述，深化加强基层党建和基层治理工作”，在2017年4月受到省委组织部的通报表扬。通过每年对各社区干部开展勤廉双述活动，进一步加强对社区干部的教育、管理和监督，推动社区干部谋事创业、奋发有为。2017年度书记项目“积极探索基层善治新模式，打造基层党建基层治理新亮点”，选择新兴街道为试点单位，积极探索欠发达地区“中心+网格化+信息化”基层善治新模式，为全区打造基层善治示范城区积累经验。积极创新工作举措，实行机关企事业单位党组织每三年进行集中换届，有效破解基层党组织未能及时换届的问题。积极探索基层治理新路子，涌现出“篮兜经验”“众筹”模式等基层治理工作亮点。党建引领“网格化”工作在维护基层稳定上发挥了重要作用，9月，榕城区连续三届获评“全国平安建设先进区”，因此成为全省唯一获得全国社会综合治理最高奖项“长安杯”的县区。全区111个社区全部建成乡贤咨询委员会，汇聚乡贤资源和力量，提升基层治理能力，共收到乡贤捐资1814万元。深化“两新”组织党建工作，6月，在全省非公有制经济组织党建工作座谈会上，榕城区的广东深展实业有限公司党支部被授予广东省非公有制经济组织“先进基层党组织”荣誉称号，广东顺达不锈钢器皿实业有限公司党支部1名党员被授予广东省非公经济组织“党员标兵”荣誉称号。注重上下联动、共建共享，进一步构筑好城市基层党建新格局，该区的城市基层党建工作经验在2017年全市组织部长会议、全市城市基层党建工作现场会上做经验交流。

【自身建设】 全区组工干部坚持以“思想政治过硬、职业操守过硬、能力素质过硬、作风形象过硬”为目标，着力建设讲政治、重公道、业务精、作风好的模范队伍。开展部机关“两学一做”学习教育常态化制度化和“走正道、出实绩，建设首善之区”主题活动，举办组工课堂，加强机关干部的理论武装和业务培训。积极参与创文工作，开展党支部主题党日活动，深入挂钩的东阳街道岐山社区开展“创文为我 我为创文”主题日党员志愿服务，“七一”期间，到岐山社区、尖石社区开展“庆七一 关怀暖民心”主题党日，与村干部、党员、扶贫户互动交流和慰问社区老党员干部、困难党员和扶贫户，增强部机关党员干部服务基层、服务党员群众的能力。积极推进组织系统信息化建设，进一步扩大组织工作的宣传覆盖面。

（朱苗川）

【老干部工作】 2017年，榕城区老干局认真贯彻落实党的老干部政策，认真贯彻市委书记李水华到榕城调研重要讲话精神，竭尽全力做好慰问老干部和维护老干部队伍稳定，进一步加强和改进老干部工作，贯彻落实好全市老干部工作会议精神，真抓实干，为创建文明城市和坚定建设揭阳“首善之区”而积极做好各项工作。

学习贯彻党的十九大精神 组织离退休干部代表收看党的十九大开幕仪式。召开离退休老同志代表会议，学习贯彻党的十九大精神及省市区学习贯彻十九大精神会议精神及有关要求。召开局支部及员工学习贯彻党的十九大精神。分期张贴“习近平同志十九大报告摘登”资料。“五老”进校园、进社区宣讲党的十九大精神，特别是习近平新时代中国特色社会主义思想。对于党的十九大精神的学习宣传贯彻工作将会继续开展下去，让党的十九大精神深入群众头脑，让在揭阳开花结果。

学习贯彻中办发粤办发文件精神 加强思想政治引导。选派老干部代表参加区委区政府重要决策会议；通报区政府工作情况。召开曾任四套班子的副处级以上退休干部参加区政府工作情况通报会，传达贯彻市委书记李水华到榕城调研重要讲话精神和区政府是年以来主要工作情况和文明创建活动工作及经济社会发展情况。组织离退休干部代表到“创文”活动先进单位考察参观。感受“创文”工作成果，全力支持“创文”工作持续深入开展。适时组织学习和参加各类重大活动，对中央、省市区重要会议或文件精神及时传达；参加革命烈士公祭、纪念抗日战争胜利70周年、纪念中国共产党成立95周年、纪念红军长征

胜利80周年、收看党的十九大开幕式等重大活动。积极开展各种书画活动和书画作品捐赠慈善活动。开展喜迎党的十九大胜利召开和“喜迎盛会百日百项大行动”书画作品展活动；纪念中国共产党成立96周年书画作品展活动；鼓励上层次的书画研究会成员积极参与省级以上书画作品征集展览活动。发挥“五老”独特作用。组织“五老”宣讲团进社区、进校园开展爱国主义教育宣讲活动，使青少年接受良好风尚教育，引导青少年追求真善美，帮助青少年树立正确的人生观、世界观、价值观，促进青少年健康成长。深入基层乡村开展爱党爱国爱社会主义教育调研活动，做好完善基层关工组织建设以及校外教育辅导站工作；组织“五老”积极参加主题征文活动。严格落实好揭市老干相关文件精神，在全区离退休干部中开展“五讲好五畅谈五展望”征文活动。潘深松撰写的《五个驱动促进村风建设旧貌换新颜》获征文活动二等奖；组织“五老”宣讲党的十九大精神。“五老”进校园、进社区宣讲党的十九大精神和习近平新时代中国特色社会主义思想；积极做好青少年失学、辍学、返校学习及助学扶贫、留守儿童心理健康教育工作。

组织开展主题活动　结合实际，全面推进，全区各有关单位因地制宜纷纷召开“建言十九大”老干部代表座谈会，开展“畅谈十八大以来变化，展望十九大胜利召开”主题活动。围绕从严治党、腐败问题、“一带一路”、中国梦等主题，组织全区老干部展开大畅谈。

关爱老同志　协调有关职能部门为二轻工业总公司离休干部杨量，租合意的政府廉租房。协调老干部原工作单位、财政等有关单位、部门，落实好提高陈天等12位离休干部提高护理费标准工作（从原来600元提高到2600元）。协调公费医疗办切实解决好离休干部医药报销环节中的矛盾纠纷。联系区人社部门分管公费医疗的领导，当面听取老同志的意见，公布各大医院公费医疗办的联系电话，方便老同志求医问诊。适时追踪符合相关文件规定条件给予照顾的对象的落实情况。

（王陈连）

宣传工作

【概况】　2017年，区委宣传部在区委的正确领导和市委宣传部的指导下，深入学习宣传贯彻党的十九大精神，认真贯彻落实省委书记李希莅揭重要讲话精神和市委书记李水华莅榕调研重要指示精神，围绕创建省文明城市和区委“五路一河”“百日百项大行动”“五个起来”等中心工作，创新载体，狠抓落实，真抓实干，稳步推进宣传思想文化工作，为奋力开创榕城建设成文明、富裕、活力、宜居的揭阳首善之区提供强大的思想保证、舆论支持和文化条件。

【理论武装工作】

开展党的十九大精神宣讲活动　深入学习贯彻党的十九大精神，引导全区广大党员干部群众把思想统一到十九大精神上来，把力量凝聚到实现十九大确定的各项任务上，推动兴起学习宣传贯彻十九大精神的热潮，邀请市委宣讲团专家莅榕开展宣讲活动，成立区委学习贯彻十九大精神宣讲团，深入各街道（社区）、区直部门开展面对面宣讲，推动十九大精神入心入脑。开展“学习贯彻党的十九大精神”理论征文活动，把学习宣传党的十九大精神引向深入。

理论武装持续强化　突出丰富学习载体、拓宽路径、制度创新，着力建立学习工作一体化的制度平台，真正把学习成果转化为切合本地区、本部门的工作思路和方法。深入贯彻落实党委（党组）理论中心组学习规则，为各级领导干部提供《党的十九大报告辅导读本》《中国共产党章程》《习近平谈治国理政》第二卷等理论书籍及辅导材料，及时收集整理相关报刊资料，推荐一些有价值的理论文章、社评等，印发《榕城宣传》29期，供领导干部交流学习。是年共组织中心组学习会16场次，有力地带动全区党员干部的理论学习，举办“榕城论坛”5期，参加人员近1500人次。成为领导干部高层次、多视角、宽领域接受知识、启迪思想、创新理念的平台。

严守思想阵地　分别于3月、5月、9月和12

月召开区意识形态工作联席会议，研究制订《关于印发〈揭阳市榕城区2017年度维护意识形态安全专项工作方案〉的通知》，健全意识形态分析研判机制，落实有效措施，扎实推进榕城区维护意识形态安全专项工作。坚决守好网络这个意识形态主阵地，提高网上意识形态工作水平，形成正面舆论强势，切实做好“扫黄打非”工作，大力净化网络环境，营造健康良好的文化氛围。

【宣传舆论工作】

推进文明创建“四级联创”宣传报道　协调联系市级媒体，利用新媒体传播平台，宣传榕城区在文明创建“四级联创”的工作重点、成效、措施和干部职工的精神面貌，营造浓烈社会氛围。全年共组织策划有关榕城“创文”新闻报道1025篇，其中城乡环境整治新闻368条，落实“门前三包”类新闻202条，交通秩序整治新闻255条，志愿服务活动类新闻214条，文艺类和文化活动新闻共108条。

精心组织经济社会建设成就的宣传报道　积极深化拓展习近平新时代中国特色社会主义重大主题宣传，宣传榕城区经济社会建设中加强“五路一河”建设、古城保护开发建设、榕城中部片区棚户区改造工程、仙梅污水处理厂工程等重点项目建设，加强该区实施创新驱动发展战略和典型人物及企业的宣传，宣传“精准扶贫、精准脱贫”的工作部署、扶贫事业取得的成就。2017年，组织协调媒体报道榕城区经济社会建设成就的新闻报道近198条。

全面铺开“五路一河”项目拆迁宣传工作　在《揭阳新闻》《民生热线》，《揭阳日报》时政版和“榕城新闻”开辟专栏，对“五路一河”项目拆迁的进展情况、亮点新闻进行有组织有策划的宣传报道累计达70条，形成有利的舆论氛围，助推拆迁工作顺利开展。

广泛开展党的十九大精神公益广告宣传　结合实际，迅速动员，扎实部署，广泛深入开展形式丰富的宣传活动，及时向广大群众宣传党的十九大精神，在重点区域和重要位置布置十九大精神宣传广告牌223.4平方米、各类工地围挡1675.25平方米，在北部中部主干道更新路灯宣传牌4200平方米、宣传栏21.6平方米，累计更新面积6150.25平方米。指导各街道及区直单位掀起学习宣传热潮，共悬挂横幅484条，更新宣传栏及围挡4561平方米，利用机关电子显示屏，滚动播放多条标语，营造浓烈宣传氛围。

持续深入文明创建公益广告宣传　在市区交通主干道、重要出入口、重要位置、重点区域、人群密集公共场所等节点区域和位置，更换更新创文迎检公益广告宣传画面与标语，营造热烈浓厚的文明创建氛围。全区更换更新广告招牌、工地围挡、宣传栏等公益广告累计面积约35290平方米。

做好舆情监控，加强舆论引导　加强网络监控，建立健全网上舆情预警通报机制，提高应急防范处置工作水平。2017年，上报《互联网热点专报》22期，《网络舆情专报》6期，联系协调相关单位和部门处置网络舆情热点180次；在本地网络发表正面宣传和舆论引导帖文1720条，巩固和壮大有利于榕城和谐发展的网络舆论。

开展专项活动，维护网络安全　开展网络安全宣传周活动，普及网络安全知识，提高公众网络安全意识和防范意识，加强网络意识形态专项工作；切实加强全区党政机关网站安全管理，健全网站安全应急处置机制，做好榕城区关键信息基础设施安全保障专项工作。加强网站安全清理整治活动，开展排查工作，共排查网站1694个，涉赌网站91个，涉色情低俗网站8个。

（杨奕丰）

统战工作

【概况】　2017年，榕城区委统战部认真学习贯彻党的十九大报告精神、习近平总书记系列重要讲话精神、省第十二次党代会、市第六次党代会和全国、全省、全市统战部长会议精神，贯彻落实市委、市政府决策部署和市委李水华书记莅榕调研重要指示精神，围绕区第六次党代会、区六届人大二次会议工作安排，以《中国共产党统一战线工作条例（试行）》为根本遵循，坚持稳中求进工作总基调，走正道、出实绩，积极引导全区统一战线主动适应新常态，力求新突破，最大限度调动一切积极因素，凝心聚力，开拓创新，为建成揭阳首善之区做出积极贡献。

【非公有制经济领域统战工作】

积极开展非公有制经济领域统战工作，服务榕城经济发展。加强宣传，密切联系，努力促进非公企业健康发展。适应新形势，主动新作为，在全区非公经济人士中积极开展社会主义核心价值观教育实践活动。通过各种形式，大力宣传党的政策，引导广大非公经济人士不断增强发展自信，坚持深化改革，增强发展活力，主动融入国家发展新战略，引导他们“爱国、敬业、诚信、守法”，拥护中国共产党的领导，拥护社会主义。

有针对性地做好非公有制经济代表人士培养工作　坚持政治培训为主，不断增强非公有制经济代表人士走中国特色社会主义道路的政治共识。积极推荐新涌现的优秀人士到省市社会组织任职。2017年，区委统战部把政治坚定、业绩突出、群众认同的优秀非公有制经济代表人士推荐到省、市工商业联合会（总商会），让他们在新平台学习接受新理念，开拓新视野，更好为榕城区经济社会发展建言献策，更有效履行社会责任，更大范围起到示范带动效应。

引导非公人士践行忠诚奉献　宣传贯彻省、市有关民营经济工作会议精神，切实加强非公有制经济人士思想政治工作，引导非公有制经济人士主动履行社会责任，参与回报社会行动，投身光彩事业，为榕城大发展建功立业，积极参与特色文化、特色城市和社会主义新农村建设，参加扶贫济困等光彩事业和社会福利事业。2017年全区非公企业家积极投身到精准扶贫中，共筹措资金约60万元，用于对口帮扶的扶贫对象；通过区慈善机构捐赠大米、粮油、棉被等物资一批，用于慰问贫困家庭和孤寡老人。

【党外代表人士工作】

注重党外代表人士整体素质培养　榕城区委统战部根据要求，年中推荐五名党外科级干部到揭阳市社会主义学院参加由市委统战部、市委组织部联合举办的2017年党外科级干部培训班。培训内容主要包括中央和省委有关会议精神；习近平总书记系列重要讲话精神；统战工作理论与实践；市场经济理论、领导科学；革命传统教育等。通过培训，进一步增强党外干部严守纪律、勤奋学习的意识，不断提高自身综合素质和履职能力，以良好的精神状态和扎实的工作作风积极投身揭阳市经济社会建设。

积极履行联系党外人士参与社会建设的职能　引导政协委员、人大代表中的党外代表人士在政协、人大两会期间，围绕区委区政府中心任务，积极建言献策，为榕城经济社会发展共商良策，提出很多切实可行的议案、提案。2017年，党外人士提出意见建议6条，得到领导或有关部门采纳6条，为区委区政府在经济社会发展方面提供决策参考。

【宗教工作】　2017年，榕城区宗教工作稳步推进，坚持习近平总书记在党的十九大报告中指出的“全面贯彻党的宗教工作基本方针，坚持我国宗教的中国化方向，坚决维护国家的政治安全和宗教领域稳定，积极引导宗教与社会主义社会相适应的要求。”，以依法管理为原则，以平安与法治为主题，以服务和谐社会为目标，积极开展“平安宗教活动场所”创建活动；扎实做好专项工作，联合相关部门，坚决抵制境外宗教渗透；为党的十九大召开营造良好的社会政治环境。

依法加强民族宗教事务管理　针对榕城区部分佛、道教活动场所财务制度不健全、管理意识薄弱、专业化低等亟待解决的问题，5月31日，在揭阳市双峰寺举办榕城区佛、道教活动场所财务培训班。参加培训的有宗教活动场所负责人及财务人员等共80多人。此次培训结合宗教活动场所存在的问题，进一步明确财务工作的重要性，提高财会人员业务能力。

全力做好宗教活动场所安全生产工作　按照“管行业必须管安全生产”原则，与各个宗教活动场所签订《安全生产责任书》，压实安全生产主体责任，严格落实各项安全防范责任和措施，坚决遏制安全生产事故发生。成立检查组，开展对宗教活动场所消防安全大检查。对检查出现的问题，现场提出整改措施，并举一反三，建立健全安全制度，杜绝安全隐患，实现宗教活动场所消防安全无事故。

依法防范惩治境外宗教渗透 区民族宗教事务局联合有关部门深入基层场所作细致排查，摸清风险隐患底数，成立专项行动领导小组，逐一制定防范工作方案和措施；严格落实备勤值班制度，特别是省委第十二次党代会、党的十九大召开期间，密切掌握动态，做好信息收集和报送，确保重要时间节点的平安稳定。

弘扬宗教优秀文化，推进“古城文化游” 10月8日，由市美术家协会、榕城区民族宗教局主办、揭阳市双峰寺承办的“彩笔抒豪情 喜迎十九大”书画笔会在双峯寺隆重举行。出席书画笔会的嘉宾、书画界朋友，现场挥毫作画，祈愿国泰民安，喜迎党的十九大召开。历经建设，将揭阳市双峰寺精心打造成为“传承榕城历史文脉、突出岭南水城特色”的新景点，在推进“古城文化游”，弘扬宗教优秀文化建设中起到积极推动作用。

【港澳台统战工作】 开展联谊，敦睦乡情。通过开展和参与各种活动，加强与港澳台同胞的联系，不断拓宽对外联系面和联谊渠道，努力推动揭阳与港澳台等的联系，共创祖国繁荣富强。

积极开展港澳统战工作 充分利用香港揭阳榕城商会平台，积极开展港澳统战工作。为联络旅港榕城乡贤、共谋家乡发展起到重要的桥梁纽带作用。2017年年初，香港九龙揭阳同乡总会第十二届会董就职典礼暨联欢晚会在尖沙咀龙堡国际宾馆举行。榕城区由区委书记江林生带队，区委常委、区委统战部部长唐超等一行十余人赴会祝贺，并希望香港九龙揭阳同乡总会继往开来，一如既往的关心和支持家乡发展，为家乡的对外开放和现代化建设贡献力量。

积极开展海峡两岸联谊工作 3月，区委统战部主要领导随省、市参访团，分别拜访台北市潮州同乡会、台中市潮州同乡会和高雄市潮汕同乡会，并期望旅台乡亲常回家看看，听听乡音，了解乡情，增进乡谊，加强合作。以三山国王文化为载体，增进两岸基层民众交流。热情接待来自宝岛的客人。5月24日，台湾中国巾明独三山国王联谊会暨云林县大埤乡大和街三山国王庙一行由联谊会总会长刘瑞德带队到榕城区仁港村三山国王庙等进行参访交流活动，受到市委统战部、市台办、区台办、区宗教局的热情接待，并就三山国王文化“庙对庙”“村对村”两岸开展交流活动进行探讨，以此加深两岸一家亲的情感，推动揭台两地民众的深入交流和了解。

【第五届工商联换届工作】 全力推进揭阳市榕城区工商联（商会）第五届换届工作。区委统战部会同有关部门，按照上级要求，遵循人选先进性、广泛性和代表性原则，高标准、严要求做好主席、副主席、副会长及常委人选把关，特别是把爱国敬业、守法经营、创业创新、回报社会、在本行业有较强的代表性和影响力、具有良好的道德品行和社会形象的非公有制经济代表人士充实到工商联组织中来，于12月完成榕城区工商联（商会）换届各项工作。

（柯翔凡）

机构编制

【概况】 2017年，榕城区编制委员会办公室认真落实国务院和省、市政府行政审批制度改革有关要求，深入推进“放管服”改革。做好相关机构的设置、优化工作；推进农林水综合执法体制改革；做好机关、群团统一社会信用代码赋码工作及事业单位法人登记工作；配合经济责任异地审计工作；做好机构编制管理等工作。是年，基本完成机关、群团单位统一社会信用代码赋码换证工作，全面完成年度全区登记在册需要报送年度报告的202家事业单位的审核工作。

【“放管服”改革】 按照上级关于清理规范区政府部门行政审批中介服务工作的有关精神，对区政府部门行政审批涉及的中介服务事项进行全面清理，除法律法规、规章及地方性法规、省政府规章按照行政许可法有关行政许可条件要求规定的中介服务事项外，审批部门不得以任何形式要求申请人委托中介服务机构开展服务，也不得要求申请人提供相关中介服务材料。分别于2017年6月20日、11月6日清理规范两批次区政府部门行政审批中介服务事项目录，并以政府正式文件向社会公布，共涉及行政审批中介服务事项13项，取消1项，规范保留事项12项。认真落实国务院和省、市政府行政审批制度改革有关要求，按照“法定职责必须为，法无授权不可为”原则，对保留的行政许可事项实行动态化管理，编制2017年区级行政许可事项保留目录和调整目录，并以正式文件公布。同时，按照省级行政审批事项标准模板，组织各行政审批部门对各自保留的行政许可事项进行标准化录入工作。积极开展“减证便民”行动，解决烦扰群众的各种奇葩证明、循环证明、重复证明等问题，清理规范涉及群众创业办事各类证明，坚决砍掉各类无谓的证明和烦琐的手续，最大限度方便群众办事创业，努力为群众提供便捷高效、公平可及的公共服务。

【相关机构的设置、优化工作】 调整区人大机关办事机构、工作机构设置，设置区人大常委会街道工作委员会，明确主要职责，并重新印发区人大机关“三定规定”，进一步强化人大机关机构设置。设立中共揭阳市榕城区巡察工作领导小组办公室（加挂中共揭阳市榕城区委巡视巡察工作联络小组办公室牌子）和两个巡察组。调整区委统战部、区工商联的领导配备；优化区金融工作办公室等机构领导配备。

【农林水综合执法体制改革】 结合榕城区农业和水利局的机构设置，整合农业、林业、水利、渔业、畜牧等执法职能，设立揭阳市榕城区农业和水利局综合执法股（加挂区农林水综合执法队牌子），为农业和水利局内设机构，承担农、林、水等的综合执法任务。

【机关、群团统一社会信用代码赋码工作】 继续开展机关、群团统一社会信用代码赋码发证工作，至2017年年底，基本完成机关、群团单位统一社会信用代码赋码换证工作，并对有变更的单位进行换发证书。

【事业单位法人登记工作】 2017年，共办理事业单位变更登记20家，注销1家，证书补领2家，遗失声明4家。完成年度全区登记在册需要报送年度报告的202家事业单位的审核工作，完成率达到100%。

【配合经济责任异地审计工作】 全力以赴配合省审计组经济责任异地审计工作，严格按照审计组的要求，及时、真实、完整的提供资料；发现问题立行立改，对审计中发现的问题、差距和薄弱环节，正确对待，积极沟通，落实整改；以审促建推动工作。认真查找差距，规范相关工作，健全完善长效机制，提升机构编制管理水平。

【强化机构编制管理】 进一步完善机构编制实名制管理制度，完善实名制系统数据，严格要求各单位有人员增减、信息变动，要及时到区编办进行信息更新；填写完善各单位“职数明细”数据；进一步加强与人社、财政等部门的联合约束机制及信息共享机制，利用财政决算、机关事业单位养老登记等契机，进一步完善实名制系统的数据，增强机构编制实名制系统数据的权威性、准确性。开展机构编制自查工作，建立问题整改台账，组织全区各单位开展机构编制自查自纠工作，逐个逐项开展排查，摸清问题底数，列明问题类型、原因、整改措施、计划完成时间、整改责任人等内容，建立问题整改台账，研究相应措施，切实推动问题整改。在此基础上，继续深入推进机构编制管理违规违纪预防工作，规范机构和人员编制管理，依靠机构编制实名制系统，严格进行用编审核，坚决杜绝超编进人、混编混岗现象发生。

（陈晓林）

信访工作

【概况】 2017年，榕城区信访局切实推进阳光信访、责任信访、法治信访，着力推动责任落实、抓好初信初访办理、推进信访矛盾排查化解和信访积案控增减存、抓好重点时期的信访维稳、深化信访工作制度改革、补齐信访基础业务受理办理短板、加强信访风险分析研判，圆满完成十九大特防期安保维稳工作任务，实现十九大决胜期零到省进京上访。2017年，全区信访总量432批次（件次）、817人次（件次），同比（410批次（件次）、1169人次（件次））上升5.37%、人次（件次）下降30.11%，其中到区上访51批、240人次，同比（33批、198人次）上升54.55%和21.21%，到区集体访14批、173人次，同比（14批、154人次）批次持平、人次上升12.34%；到市上访94批276人次，同比（80批、609人次）批次上升17.5%、人次下降54.68%，到市集体访31批、170人次，同比（32批、522人次）下降3.13%和67.43%；到省上访14批、23人次，同比（27批、91人次）下降48.15%和74.73%，无到省集体访，同比（7批、36人次）下降100%；进京上访10批15人次，同比（13批、14人次）批次下降23.08%、人次上升7.14%，进京非访1批、1人次，同比持平；群众信件84件次，同比（126件次）下降33.33%；群众网上信访179件次，同比（131件次）上升36.64%。

【推动初信初访及时就地解决】 坚持“积极履职、主动揽责”工作理念，高度重视初信初访。牵头协调属地街道和属事单位严格落实首办责任制，推动初信初访及时就地解决，推动群众树立有事到基层信访、依法逐级走访的观念，推动全区信访工作呈现出“三降一升、持续好转”的良好态势，即信访总量（人次·件次）下降、到市到省进京访总量（人次）下降、信件量下降、网上信访量上升，信访秩序持续好转。

【推动重复信访切实有效解决】 坚持“控增减存、清仓见底”工作目标，推动开展化解信访积案集中攻坚。区委书记江林生、区长吴汉通带头包案，牵头相关区领导及有关责任单位、责任人认真研究化解信访积案。区委副书记官俊程多次深入一线指挥，就做好重点人员稳控、信访积案化解等工作提出明确要求，并组织统筹各承办单位对历史积案集中力量进行化解，力促积案难案“案结事了”，信访人“息诉罢访”。2017年，成功化解一批连续上访信访积案。

【推动维护重点时期社会稳定】 坚持“抓早抓小，严防死守”工作措施，牵头推动各地各部门紧紧围绕中共十九大特防期“确保两个不发生”任务目标，提前布置，精心组织各重点敏感时期信访维稳工作。

梳理交办信访案件，区党政领导带着信访案件到各自挂钩联系街道下访，协调解决信访积案和重大疑难信访问题，约见走访群众，解决群众实际困难，密切党群干群关系。安排区党政领导轮流到区信访局公开接访群众，根据接访情况，召集相关职能部门参与，联合接访，及时就地解决好群众合理诉求，教育疏导好群众困惑疑虑，帮扶救助好群众紧急危难，切实维护好群众合法权益，2017年，全区有3282名领导干部参与公开接访活动，共接待群众206批、887人次。中共十九大信访维稳决战决胜期间，通过采取接访下访约访等措施，全区实现群众零到省进京上访，为党的十九大胜利召开营造平安和谐的社会环境。实行一周一分析研判制度，认真梳理每周信访工作动态，编发65期信访工作简报，报送区委区政府主要领导、分管领导和市信访局，供领导及时了解情况掌握形势并作出决策部署。

【推动决策部署落实落地到位】 坚持“强化督办、推动落实”的工作要求，结合实际，建立健全职责明确、协调统一、规范有序、务实高效的信访督查工作机制。督导落实街道领导周末接访制度，每周六上午，区委主要领导和分管信访维稳领导分组督导各街道领导周末接访工作，全面安排区党政领导班子其他成员轮流到街道督查，推动全区党政领导共同参与抓信访维稳工作，形成全区动员、上下联动、齐抓共管信访维稳工作格局。推动各地各部门认真贯彻落实上级和区委区政府决策部署特别是关于信访工作的要求，推动信访事项处理意见执行落实到位，确保信访问题妥善化解。认真开展信访事项复查工作，严格把关信访事项复查申请和审核原办理单位信访事项处理意见书，对2份不符合信访条例规定办理要求的处理意见书，依法依规予以撤销，并要求原办理单位重新办理和答复信访人，对1份符合办理要求的处理意见书，依法依规维持原处理意见。

【推动诉访分离法定途径优先】 坚持“诉访分离、分类处理”工作原则，积极配合司法机关依法做好诉访分离工作，充分尊重司法机关依法作出的法律结论，尊重诉讼、仲裁、行政复议等法定途径和行政执法程序在化解矛盾纷争中的优先地位，对应当和已经进入法律程序的案件，明确告知当事人依法通过法定途径解决，引导群众更多采用法律手段定纷止争。推动24个区有关单位出台通过法定途径分类处理信访投诉请求清单，按照清单规定分类处理群众诉求事项，保障合法诉求依照法律规定和程序就能得到合理合法的结果。

【推动建立健全信访工作责任】 坚持“有责必追、问责必严”工作责任，对信访事项化解和重点人员疏导稳控不力的相关责任人，按照市、区有关要求严格追究责任。2017年，区委对27名稳控疏导化解不力的相关责任人进行追责问责。推动各地各部门压实信访工作责任，常态化、制度化推动对突出信访问题集中进行大排查，分门别类，登记建册，逐案交办，将任务、责任分解落实到各地各单位和具体工作人员进行稳控化解。

（郭　钊）

党校工作

【概况】 2017年，榕城区委党校在区委的正确领导和市委党校的指导下，高举中国特色社会主义伟大旗帜，以马克思列宁主义、邓小平理论、“三个代表”重要思想、科学发展观和习近平新时代中国特色社会主义思想为指导，深入学习贯彻党的十九大精神，紧紧围绕区委的总体思路和工作部署开展工作，坚持以教学为中心，进一步深化改革，圆满完成各项工作任务。

【理论学习】 坚持理论学习与工作实践相结合，形势教育与信念教育相结合，提高认识与改进作风相结合，把学习、宣传、贯彻党的十九大精神和习近平新时代中国特色社会主义思想，作为党校工作的主线，用中国特色社会主义理论体系作为党校教学的首要任务，把上级重大理论热点、战略思想、工作部署作为党校教学的重要内容，充分发挥党校在理论武装工作中重要阵地作用。

【组织干部培训】 6月29日—7月5日，举办“2017年榕城区基层干部培训班”，参训人员有各街道党工委组织委员、各街道社区党支部书记、居委会主任，榕华、新兴、中山、西马4个街道的社区其他“两委”干部共300多人。11月15日至12月14日，举办为期30日的“2017年榕城区干部培训班”，参加这次培训班有科级干部30人，中层干部82人。通过培训，教育引导广大党员、干部进一步坚定科学发展的信心，提高推动改革的能力，激发攻坚克难的斗志，保持昂扬向上的状态，凝聚改革发展的新动力，加快创新驱动，推进生态文明建设，建设美丽榕城，打造首善之区。

【举办专题培训班】 11月23—24日，举办“榕城区科级主要领导干部学习贯彻党的十九大精神专题研讨班”，参训对象为榕城区各单位主要领导干部，共77人；12月6—10日，举办“榕城区区管干部学习贯彻党的十九大精神专题培训班”，参加这次培训班的有榕城区区干部234人；2017年12月27—31日，举办榕城区基层骨干学习贯彻党的十九大精神专题培训班（该次培训班将社区党组织书记专题培训班、社区乡贤咨询委员会骨干专题培训班、“两新”组织党组织书记专题培训班和大学生村干部专题培训班等合并举办），参加这次培训班有基层骨干344人。通过培训，发挥该区各级领导干部带头学习、自学学习、深入学习的表率作用，切实用习近平新时代中国特色社会主义思想武装头脑、指导实践、推动工作，为榕城打造揭阳首善之区提供坚强思想保证和组织保证。

【思想宣传工作】 从《中共中央党校学报》《求是》《学习时报》等这些具有鲜明思想性和知识性并深切关注当代社会大变革中的重大理论与现实问题的报刊中，选取比较具有代表性的文章，制作成《理论参考》，每月一期分发到区党政领导班子成员和全区各个科级单位，为广大党员、干部学习党的理论、路线、方针、政策提供参考。

【征文活动】 11月该校与区委组织部联合开展学习贯彻党的十九大精神征文活动，在榕城区兴起一股学习贯彻党的十九大精神的热潮。

（高晓峰）

巡察工作

【概况】 2017年6月29日，榕城区委巡察机构在全市率先揭牌成立，单独设置区委巡察办和2个区委巡察组。8月，开展首轮常规巡察，共发现问题27个，形成问题线索19个，立案2件，为建设“首善之区”提供坚强政治保障。

8月22日，榕城区委巡查机构召开六届榕城区委第一轮巡察工作动员部署会 （丘荣贵 摄）

【首轮常规巡察】 8月22日，召开区委第一轮巡察工作动员部署会，启动对区农业和水利局党组和东阳街道党工委、办事处领导班子及其成员的巡察工作。8月24日至9月21日，区委第一巡察组和第二巡察组分别进驻区农业和水利局、东阳街道展开全面巡察，共发现党的领导、党的建设、全面从严治党方面问题27个，移交问题线索19条，根据问题线索，区纪委迅速查清2名村干部分别利用职务便利骗取国家危房改造资金违纪事实，并予以严肃处理，通报曝光。

（陈锋泽）

榕城区人民代表大会

【概况】 揭阳市榕城区人民代表大会常务委员会（简称“区人大常委会”）设法制工作委员会（简称“法制工委”）、财政经济工作委员会（简称“财经工委”）、选举联络人事任免工作委员会（简称“选任工委”）、农村农业工作委员会（简称“农工委”）、城乡建设环境与资源保护工作委员会（简称“城建环资工委”）、教育科学文化卫生华侨工作委员会（简称“教科文卫侨工委”）6个工作机构、办公室1个综合办事机构以及仙桥街道工作委员会（简称“仙桥街道工委”）、梅云街道工作委员会（简称“梅云街道工委”）、榕华街道工作委员会（简称“榕华街道工委”）、新兴街道工作委员会（简称“新兴街道工委”）、中山街道工作委员会（简称“中山街道工委”）、西马街道工作委员会（简称“西马街道工委”）、榕东街道工作委员会（简称“榕东街道工委”）、东升街道工作委员会（简称“东升街道工委”）、东兴街道工作委员会（简称“东兴街道工委”）、东阳街道工作委员会（简称“东阳街道工委”）等10个工作机构，区人大常委会办公室设人秘信访股、资料宣传股、行政股等3个职能股。

2017年，揭阳市榕城区区、镇共有人民代表大会5个，其中镇人民代表大会4个。区级人大代表302名，生活和工作在榕城区的市人大代表61名，乡镇人大代表376名。区六届人大常委会组成人员26人，其中主任1人，副主任6人，委员19人。

【揭阳市榕城区第六届人民代表大会第二次会议】 3月27—29日，揭阳市榕城区第六届人民代表大会第二次会议在榕城召开，应到会代表300名，出席会议的代表285名。本区域内的揭阳市六届人大代表、区各套班子领导、区政协委员和参加“两会”的有关人员列席会议。

会议审议通过吴汉通区长所作的揭阳市榕城区人民政府工作报告；审查和批准揭阳市榕城区2016年国民经济和社会发展计划执行情况与2017年计划草案的报告、揭阳市榕城区2016年预算执行情况和2017年预算草案的报告；审议通过陈悦波主任所作的揭阳市榕城区人大常委会工作报告；审议通过唐少三院长所作的揭阳市榕城区人民法院工作报告；审议通过吴树华检察长所作的揭阳市榕城区人民检察院工作报告。

区六届人大二次会议审议确定代表建议（含议案转建议）15件。

榕城区六届人大二次会议议案和建议表

表2

编号	提议案人（提建议人）	内容	分类	备注
1	郑传才等	关于加快建设天福东路埔上段的议案（列议案转建议1号）	市政建设	
2	黄少波等	关于东兴街道增加设置二个居民委员会、细化城市管理的议案（列议案转建议2号）	民政	
3	王列波等	关于莲花大道北段（东洋路段）中间设置分流路口的建议（列建议1号）	市政建设	
4	黄奕生等	关于环市北路（一号路）排洪沟清淤疏通的建议（列建议2号）	市政建设	
5	林晓明等	关于东阳片区新城大道、蓝田大道加快路网建设的建议（列建议3号)	市政建设	
6	刘特浩等	关于加强学校周边“寄餐辅导园”管理的建议（列建议4号）	工商管理	
7	许燕标等	关于要求区对梅云街道吉荣路中间街道绿化带进行升级的建议（列建议5号）	市政建设	
8	陈晓生等	关于要求梅云街道辖区内主干道纳入市政道路建设管理的建议（列建议6号）	市政建设	
9	蔡育平等	关于加快贯通美阳路西段道路的建议（列建议7号）	市政建设	
10	陈少广等	关于加快启动建设南浦渔歌防洪生态工程的建议（列建议8号）	市政建设	
11	黄晓新等	关于加快推进引榕干渠（仙桥段）整治工程的事项建议由区水利部门向市有关部门反映的建议（列建议9号）	水利	
12	杨继波等	关于对仙桥辖区内环市南路和望江南路西段进行升级改造的建议（列建议10号）	市政建设	
13	陈郑城等	关于要求加大力度推进仙桥街道古溪河综合整治的建议（列建议11号）	水利	
14	魏丽纯等	关于重视支持设立榕东街道梅东居民委员会、莲花居民委员会的建议（列建议12号）	民政	
15	魏壮辉等	关于榕东街道榕东路道路建设的建议（列建议13号）	市政建设	

【履行人大职权】

依法行使重大事项讨论决定权 听取和审议区人民政府关于调整2016年地方政府新增债券转贷资金项目的议案、关于调整榕城区2017年财政预算计划草案的报告，依法作出决定予以批准，要求区人民政府要加强和规范各项资金管理和使用，提升资金使用效益，培育新的经济增长点，加快经济发展。

依法行使监督权 着力推动经济目标实现开展监督，听取和审议计划、预算、审计和上半年经济运行情况等报告，针对发展过程中存在的突出问题，提出16条建议意见，督促区人民政府壮大支柱产业，夯实经济发展基础，补上经济发展短板，加大审计监督力度，优化财政收支管理，推动经济稳定发展。加强对税收征管工作的监督，对税收征收管理法实施情况开展执法检查，针对国地两税在征管工作中存在的薄弱环节，提出强化征管、拓宽税基等5条建议意见，努力推动税收实现应收尽收。着力推动重点项目落实开展监督。听取和审议区人民政府关于古城保护建设工作情况的报告，针对古城保护建设在资金使用进度、基础设施建设和管理等方面存在的突出问题，提出4条建议意见，督促区人民政府突出保护重点，加快建设进程，做足“水”字文章，更好焕发古城风采。听取和审议区人民政府关于精准扶贫工作情况的报告，围绕政策兜底扶贫、智慧扶贫、就业扶贫、产业扶贫等工作进展情况存在的问题，提出4条建议意见，要求区人民政府及各职能部门要提高认识，压实责任，突破瓶颈，按时保质完成精准扶贫任务。派出一位副主任和机关三位同志参与文明城市创建、水污染治理和“五城同创”工作，全力支持服务我区中心工作。着力推动惠民工作实施开展监督。听取和审议区人民政府关于医疗卫生、食品安全、社区换届、体育等工作情况的报告，针对涉及民生事业中存在的薄弱环节和突出问题，提出15条建议意见，督促区人民政府及各职能部门要始终坚持走民生引领之路，促进社会各项事业协调发展。突出对环保工作的监督力度，通过听取和审议区人民政府关于环境状况和环境保护目标完成情况的报告、组织代表视察、专项检查、配合省和市人大到我区调研环境保护工作等多种方式，上下联动开展有效监督，推进全区环保工作扎实有效开展。做好群众来信来访督办工作，共受理群众来信来访9件次，维护人民群众合法权益。

依法行使人事任免权和选举权 坚持党管干部与人大依法任免相统一的原则，学习贯彻《关于在干部选拔任用中落实“三不用三重视”要求的意见》，严格执行常委会人事任免办法和宪法宣誓仪式制度。全年，常委会共对17名拟任人员进行任前法律知识培训和考试，任命和决定任命区国家机关工作人员24名，免去和决定免去区国家机关工作人员7名。依法选举市六届人大代表2名、区六届人大代表1名，接受区六届人大代表辞去代表职务8名，许可公安机关对区六届人大代表采取强制措施3名。

【推进法治建设】 深入学习贯彻《党政主要负责人履行推进法治建设第一责任人职责规定》和上级依法治理有关精神，对文物保护法、未成年人保护法等法律法规实施情况进行执法检查，提出13条建议意见，送区人民政府及相关职能部门办理。听取区人民政府关于依法行政、制定“七五”普法规划工作情况的报告，提出6条建议意见，并批准“七五”普法规划，推动榕城区依法行政水平不断提升、法治宣传不断深入。听取和审议区人民法院、人民检察院2016年工作情况的报告，支持“两院”依法履行审判职能和法律监督职能，促进司法改革和司法公正。听取区公安分局关于禁毒工作情况的报告，推动平安榕城建设。配合市人大常委会到榕城区开展普法宣传教育工作调研和开展固体废物污染环境防治法等执法检查。

【代表工作】

完善代表工作机制 出台《关于揭阳市榕城区人大常委会主任会议组成人员联系区人大代表和区人大代表联系人民群众的意见》，促进“常委会主任会议组成人员—代表—选民”间的有效联动和沟通。出台《揭阳市榕城区人大常委会关于建设代表联络室的实施意见》，规范各镇、街道代表联络室建设，建成区、镇（街）代表联络室18个。出台《揭阳市榕城区人大代表建议、批评和意见重点处理办法》，为提高建议办理质量提供制度保障。

丰富代表活动内容　服务工作和生活在榕城区的市人大代表出席市六届人大一次会议、市六届人大二次会议。组织市和部分区人大代表88人，围绕榕城区城市基础设施、文明城市创建、美丽乡村、环保、水利建设等工作，对天福东路拆迁、梅溪河整治等5个项目进行视察；空港经济区辖区市、区人大代表33人，围绕重点项目建设、新农村、水岸同治等工作，对空港大道等11个项目进行视察，服务经济和社会发展。组织部分市、区人大代表参与精准扶贫、古城保护建设、体育、食品安全等工作的调研、座谈会等活动，积极为榕城区各项事业发展建言献策。组织代表远程参加省人大常委会组织的代表学习培训班，提高代表履职能力水平。邀请部分区人大代表列席常委会会议，听取代表对有关报告的建议意见，发挥人大代表参政议政的积极作用。

严格督办代表建议　区六届人大二次会议期间，代表共提出建议批评意见15件，常委会及时交由区人民政府办理，听取和审议区人民政府有关办理情况的报告，组织召开部分领衔代表与主办单位、协办单位负责人见面会，督促政府及各办理单位认真研究，及早解决，确保办出成效。代表提出的15件建议批评意见已答复代表，办理质量有所提升。

【自身建设】

常委会主动适应新形势新任务新要求，把学习领会十九大精神作为第一要务，抓好思想政治建设，坚定正确政治方向。积极开展“两学一做”等教育活动，深化党风廉政建设，严守“八项”规定，自觉摒弃“四风”，树立人大机关良好形象。开展人大工作理论学习，组织学习宪法、监督法等法律法规和区人大常委会议事规则等工作制度，参加全省县乡人大负责同志专题学习会、立法工作培训班、人大预算联网监督培训班、履职培训班，提高常委会组成人员依法履职能力。把握中央、省、市关于加强人大工作和建设重要契机，全面落实《关于大力推进县乡人大工作和建设的若干意见》《市委常委会议决定事项通知》等文件精神，牵头区委组织部、编办、人社、财政等单位，完成人大机关三定方案修订，增加编制职位，优化各工作委员会设置，设立代表接待室，建成电子表决系统，全力打造保障有力的人大机关。加强指导督促，推进镇人大和街道人大工作委员会建设，设立10个街道人大工作委员会，基层人大工作取得新突破。服务和关心离退休同志，发挥老同志余热。

（王洁生　谢宝锋）

榕城区人民政府

综　述

【区政府常务会议】　2017年，区政府共召开14次常务会议。

六届三次常务会议　2016年12月29日召开。会议听取并原则同意关于2016年来区安全生产、消防安全、国土管理工作的汇报。听取关于全民健身实施计划（2016—2020年）问题的汇报，原则同意该实施计划。听取关于2016年度科技进步奖获奖项目评审工作的汇报，原则同意区科技进步奖评审委员会评定的8个项目为获奖项目。审议《榕城区城市周边永久基本农田划定核实举证成果》《揭阳市榕城区全域永久基本农田划定方案》《各街道调整后的基本农田保护任务指标》。听取关于建设垃圾压缩站和购置环卫车辆问题的汇报。听取关于棚户区改造项目增加投资规模问题的汇报，原则同意区建设局提出的榕城区中部片区棚户区改造项目（一期）增建回迁安置楼房的意见。听取关于西湖公园取消门票问题的汇报，原则同意从2017年1月1日取消西湖公园门票收费，由区财政从当月起按每年42.5万元分月给予过渡性补助。听取并原则同意关于揭惠高速公路市区连接线电力线路迁改问题的汇报。听取并原则同意关于市政道路大修工程问题的汇报。听取关于提前偿还望江南路景观工程进度款问题的汇报，原则同意区财政局、建设局提出的提前偿还望江南路景观配套工程进度款的意见。听取关于调整2016年公共财政预算收支计划（草案）的汇报，原则同意《关于调整榕城区2016年财政预算计划（草案）的报告》。听取关于党政机关和事业单位差旅费标准调整和管理问题的汇报，原则同意《关于调整榕城区党政机关和事业单位差旅住宿费标准有关问题的通知（送审稿）》《关于榕城区党政机关和事业单位差旅费管理问题的补充通知（送审稿）》。听取关于区本级财政预算追加资金款项和上级补助资金使用安排的汇报，原则同意区财政局提出的资金安排计划。听取关于省财政教育转移支付结余资金使用安排的汇报，原则同意区教育局提出的榕城区省财政教育转移支付结余专项资金使用安排的意见。听取关于教育费附加使用安排的汇报，原则同意区教育局提出的2016年城市教育费附加使用安排的意见。听取关于部分校舍建设问题的汇报，原则同意区教育局提出的东兴中学等三所学校校舍改扩建的意见。会议还对近期创文工作、落实好残疾人就业保障金征收工作进行部署。

六届四次常务会议　1月20日召开，会议听取关于榕城区粮食动态储备有关问题的汇报，原则同意区发展改革局提出的意见。听取并原则同意关于区本级财政预算资金款项和困难企业退休人员医保缴费有关问题的汇报。会议还要求要求政府系统要持之以恒抓好党风廉政建设。

六届五次常务会议　2月20日召开。会议听取关于联旺公司企业改革处置方案的汇报，原则同意《揭阳市联旺饮服有限公司房屋被征收后企业改革处置方案》。听取关于榕江影剧院有限公司提前解散有关问题的汇报，原则同意榕江影剧院有限公司提前解散及解决职工安置等遗留问题的方案。听取关于土地利用总体规划调整完善问题的汇报，原则同意《揭阳市榕城区土地利用总体规划（2010—2020年）调整完善方案》，由区国土分局按规定组织实施。

六届六次常务会议　3月10日召开。会议听取关于起草区政府工作报告的汇报，原则同意《政府工作报告（送审稿）》。听取关于《揭阳市榕城区2016年国民经济和社会发展计划执行情况与2017年计划草案报告（送审稿）》的汇报，原则同意该报告。听取关于《揭阳市榕城区2016年预算执行情况和2017年预算草案的报告（送审稿）》的汇报，原则同意该报告。听取关于制订《区委宣传部、区司法局关于在全区公民中开展法治宣传教育的第七个五年规划（2016—2020年）（送审稿）》的汇报，原则同意该规划。听取关于制订《关于完善安全生产责任体系的通知（送审稿）》的汇报，原则同意《关于完善安全生产责任体系的通知（送审稿）》。听取关于中部片区棚户区改造项目（一期）涉及文物点“谢厝公厅”处置意见的汇报，原则同意对“谢厝公厅”文物点进行拆迁异地保护。听取关于财政资金拨付问题的汇报。会议决定成立棚户区改造项目（一期）增加投资规模有关情况调查处理工作领导小组。

六届七次常务会议　4月13日召开。会议听取关于2016年度市依法行政考评反馈情况的汇报。听取关于编制榕城区环境保护和生态建设“十三五”规划的汇报，原则同意《揭阳市榕城区环境保护和生态建设“十三五”规划（送审稿）》。听取关于开展统筹整合财政涉农资金支持脱贫攻坚问题的汇报，原则同意《榕城区开展统筹整合财政涉农资金支持脱贫攻坚的实施方案》。听取关于省级工业与信息化发展专项资金（企业技术改造方向股权投资专题）有关问题的汇报。听取关于区本级财政预算追加资金款项问题的汇报，原则同意区财政局提出的资金安排计划。

六届八次常务会议　5月17日召开。会议专题学习了《揭阳市扬尘污染防治条例》。听取关于制订《榕城区实施创新驱动发展战略2017年重点工作任务（送审稿）》的汇报，原则同意《榕城区实施创新驱动发展战略2017年重点工作任务（送审稿）》。听取关于榕城区2017年教师增配问题的汇报。听取关于部分“三旧”改造项目问题的汇报。听取关于榕城区非参公事业单位及国有企业公车改革问题的汇报，议原则同意区车改办提出的榕城区非参公事业单位及国有企业公车改革意见。听取关于区级储备粮（油）储备费用补贴问题的汇报，原则同意区发展改革局、财政局提出的区级储备粮（油）储备费用补贴意见。听取关于制订《揭阳市榕城区开展“小产权房”涉税清理工作方案（送审稿）》的汇报，原则同意《揭阳市榕城区开展“小产权房”涉税清理工作方案（送审稿）》。听取关于公开出让原再生资源城存量国有土地问题的汇报，会议原则同意区财政局提出的公开出让原再生资源城存量国有土地的意见。听取关于财政资金拨付问题的汇报，原则同意区财政局提出的拨付本级预算追加资金和上级补助资金的意见。会议还对近期环保、钢铁行业去产能、安全生产、农村土地确权登记、国土管理、扶贫等工作进行部署。

六届九次常务会议　6月16日召开。会议听取关于2017年上半年消防工作情况的汇报。听取关于清理规范区政府部门行政审批中介服务事项的汇报，原则同意《揭阳市榕城区第一批清理规范区政府部门行政审批中介服务事项目录》。听取关于奖励2016年高考成绩优秀区直学校问题的汇报，原则同意对2016年高考取得优秀成绩学校给予奖励。听取关于榕城区2016年地方政府债务限额情况的汇报，原则同意《榕城区2016年地方政府债务限额报告》。听取关于调整住房公积金缴存比例问题的汇报。听取并原则同意关于要求审批本级财政预算追加资金的汇报和拨付上级补助资金、工程款的通报。

六届十次常务会议　8月7日召开。会议听取关于安全生产工作的情况汇报。听取关于全区企业职工养老保险扩面征缴工作的情况汇报。听取关于“迎盛会·百日百项大行动”榕江污染综合整治工作的情况汇报。听取关于启动东风河、揭阳楼后水渠黑臭水体综合整治工程有关问题的汇报。听取关于启动仙梅片区污水处理系统建设工程有关问题的汇报。听取关于推进市区部分道路项目建设的汇报，原则同意区建设局提出的真理路维修工程的意见。听取关于2016年保障性安居工程跟踪审计发现问题整改落实情况的汇报，原则同意区建设局提出的2016年保障性安居工程跟踪审计发现问题整改落实的意见。听取并同意关于提请区政府对棚户区改造项目范围内2宗被征收房屋作出补偿决定的汇报。听取并同意关于榕城区青狮文化保护中心继续租用现有场所问题的汇报。听取关于提请审议《榕城区卫计事业发展“十三五”规划》《榕城区区域卫生规划（2016—2020年）》《榕城区医疗机构设置规划（2016—2020年）》的汇报，原则同意《榕城区卫计事业发展“十三五”规划》《榕城区区域卫生规划（2016—2020年）》《榕城区医疗机构设置规划（2016—2020年）》。听取并原则同意关于订单定向培养农村卫生人才问题的汇报。听取关于划定畜禽养殖禁养区、限养区问题的汇报，原则同意《榕城区畜禽养殖禁养区、限养区划定方案》。听取并原则同意关于改造提升东风体育广场场地设施建设塑胶跑道的汇报。听取关于与中国联通揭阳分公司推进“互联网+”合作问题的汇报，原则同意《区政府与中国联通揭阳分公司推进“互联网+”合作框架协议》。听取关于2017年省工业和信息化发展专项资金（促进小微企业上规模）项目资金分配问题的汇报，原则同意区经济信息化和商务局、财政局提出的关于2017年省工业和信息化发展专项资金（促进小微企业上规模）项目资金分配的意见。听取关于核拨企业职工基本养老保险扩面征缴工作经费问题的汇报，原则同意关于核拨企业职工基本养老保险扩面征缴工作经费的意见。听取关于区地税系统2017年及以后年度税收征收经费核定问题的汇报，原则同意区财政局提出的区地税系统2017年及以后年度税收征收经费核定的意见。听取关于全区地方政府及其部门融资担保行为清理整改情况的汇报，原则同意区财政局提出的全区地方政府及其部门融资担保行为清理整改的意见。听取关于要求审批本级财政预算追加资金、拨付省道S234线改建工程建设资金的汇报和拨付上级补助资金、棚改项目资金的通报。会议还就推进扶贫攻坚、规范工程建设管理等工作做了部署。

六届十一次常务会议　9月7日召开。会议邀请市委党校法学教授李国波作《运用法治思维和法治方式化解基层矛盾》专题讲座。传达贯彻全市水资源综合利用工作会议和全区水资源综合利用暨水污染防治工作推进会议精神。就做好省第二环境保护督察组督察迎检工作进行部署。会议听取关于“一门式、一网式”政府服务模式改革配套建设问题的汇报，原则同意《榕城区政务服务中心实体大厅信息化系统改造升级实施方案》和《榕城区“一门式、一网式”统一申办受理及投资项目在线审批子平台实施方案》。听取关于临江北路及临江北路西市政道路项目房屋征收问题的汇报，原则同意《临江北路及临江北路西房屋征收补偿方案》。听取关于揭惠高速连接线电力管线迁改问题的汇报，原则同意经专家评审会论证通过的揭惠高速市区连接线项目电力管线迁改工程采取电缆架空混合方案。听取关于揭阳楼后渠黑臭水体近期截污工程建设问题的汇报，原则同意揭阳楼后渠黑臭水体近期截污工程建设方案。听取关于编制棚户区改造项目单元规划的汇报，原则同意《揭阳市榕城区中部片区棚户区改造项目（一期）单元规划》。听取关于启动部分道路项目建设的汇报，原则同意启动天福东路中段项目建设、龙港中路项目建设、望江南路西段大修改造工程。听取关于并原则同意采购一批污水处理设备用于仙梅片区污水处理系统建设工程梅云西部分散式污水处理的汇报。听取关于制订《榕城区全面推行河长制工作方案（送审稿）》的汇报，原则同意《榕城区全面推行河长制工作方案（送审稿）》。听取关于调整2016年地方政府新增债券转贷资金项目问题的汇报，原则同意区财政局提出的调整2016年地方政府新增债券转贷资金项目的意见。听取关于要求审批本级财政预算追加资金的汇报和拨付上级补助资金、新增债券转贷资金的通报。会议还就对全区各单位开展一次财务专项检查、牵头梳理区人大常委会对区政府意见建议的落实情况、工程项目的招投标、采购公告及有关合同条款制订情况做了部署。

六届十二次常务会议　9月29日召开。会议专题学习了《以信息公开促进政府治理能力提升》法律讲座。部署国庆前后有关工作。传达市经济户口清理、产业共建、技术改造汇报会、全市财税联席会议、市榕江流域河长工作会议精神。听取关于阶段来精准扶贫、农村土地确权工作的情况通报。关于加强政务公开工作的情况汇报。听取关于仙梅片区污水处理设施建设进展情况的汇报。听取并原则同意关于组建新兴社区卫生服务中心医联体问题的汇报。听取并原则同意关于解决司法辅助人员配备问题的汇报、关于揭阳华侨中学增配教师问题的汇报。听取关于编制《榕城区2017年区级公共服务事项目录》的汇报，原则同意《榕城区2017年区级公共服务事项目录》。听取关于制订《深化小型水利工程管理体制改革实施方案》的汇报，原则同意《深化小型水利工程管理体制改革实施方案》。听取关于要求审批本级财政预算追加资金的汇报和拨付上级补助资金、新增债券转贷资金的通报。会议还就做好“三旧”改造监管、加快村卫生站公建规范化建设等方面工作做了部署。

六届十三次常务会议　10月20日召开。会议听取关于天福东路榕城段、望江北路榕城东段、临江北路及临江北路西道路建设工程房屋征收补偿方案问题的汇报，原则同意《天福东路榕城段道路建设工程房屋征收补偿方案》《望江北路榕城东段道路建设工程房屋征收补偿方案》和修改后的《临江北路及临江北路西道路建设工程房屋征收补偿方案》。听取并原则同意关于终止创建卫生强区所需资金以政府购买服务方式向省国开行融资问题的汇报。

六届十四次常务会议　11月1日召开。会议听取并原则同意关于提请区政府对棚户区改造项目范围内11宗被征收房屋作出补偿决定的汇报。听取关于北环路榕城段、西环城路道路建设工程房屋征收补偿方案问题的汇报，原则同意《北环路榕城段道路建设工程房屋征收补偿方案》《西环城路道路建设工程房屋征收补偿方案》。听取关于第二批清理规范区政府部门行政审批中介服务事项的汇报，原则同意《揭阳市榕城区第二批清理规范区政府部门行政审批中介服务事项目录》。听取关于制订《榕城区区级储备粮管理办法》的汇报，原则同意《榕城区区级储备粮管理办法》。听取关于榕城区事业单位和国有企业公务用车制度改革的情况汇报。听取关于调整2016年地方政府新增债券转贷资金项目问题的汇报，原则同意区财政局提出的调整2016年地方政府新增债券转贷资金项目的意见。听取并原则同意关于要求审批本级财政预算追加资金、拨付“五路一河”征收拆迁补偿资金的汇报。

六届十五次常务会议　11月28日召开。会议专题学习《中华人民共和国行政强制法》。听取关于榕城区禁毒工作的情况汇报。听取关于编制2017年区级行政许可事项保留、调整目录的汇报，原则同意《揭阳市榕城区2017年区级行政许可事项保留目录》《揭阳市榕城区2017年区级行政许可事项调整目录》。听取关于贯彻落实省委、省政府实施质量强省战略决定的汇报，原则同意《贯彻落实〈中共广东省委、广东省人民政府关于实施质量强省战略的决定〉实施方案》。关于制订《揭阳市榕城区全民科学素质行动计划纲要实施方案（2016—2020年）》的汇报，原则同意《揭阳市榕城区全民科学素质行动计划纲要实施方案（2016—2020年）》。听取关于2018年区卫计系统招聘工作人员问题的汇报，原则同意招聘128名急需短缺的卫生专业人才。。会议还就经济户口清理、审计等方面的工作做了部署。

六届十六次常务会议　12月21日召开。会议传达了12月20日市“安全大过天，幸福过大年”专项行动动员部署会议精神。听取关于安全生产工作、消防安全工作的汇报，研究部署全区开展“安全大过天，幸福过大年”专项行动。听取关于市、区人大建议、政协提案办理情况的汇报。听取关于制订《法治政府建设工作方案（2017—2020年）》的汇报，原则同意《揭阳市榕城区法治政府建设工作方案（2017—2020年）》。听取关于编制榕城区食品药品安全“十三五”规划的汇报，原则同意《榕城区食品药品安全“十三五”规划》。听取关于编制榕城区文化发展“十三五”规划的汇报，原则同意《揭阳市榕城区“十三五”文化发展规划》。听取关于玉滘溪、猛水河治理工程清淤问题的汇报，原则同意启动玉滘溪、猛水河治理工程清淤工作。听取关于制订《仙梅片区污水处理系统建设工程PPP项目实施方案》的汇报，原则同意《仙梅片区污水处理系统建设工程PPP项目实施方案》。听取关于《黑臭水体整治实施方案》的汇报，原则同意《黑臭水体整治实施方案》。听取关于吉荣路安全防护工程问题的汇报，原则同意启动吉荣路安全防护工程建设。听取关于国道206市区段户外广告位置使用权拍卖问题的汇报，原则同意由区建设局按规定做好国道206市区段户外广告位置使用权拍卖工作。听取关于采购污水处理设备问题的汇报，原则同意区建设局关于采购2台小型污水处理设备的意见。听取关于行政机关积案清理问题的汇报，原则同意由区财政垫付3宗积案债务。听取关于制订《榕城区推进供给侧结构性改革2017年度工作方案》的汇报，原则同意《榕城区推进供给侧结构性改革2017年度工作方案》。听取关于制订《区建立完善守信联合激励和失信联合惩戒制度的实施方案》的汇报，原则同意《区建立完善守信联合激励和失信联合惩戒制度的实施方案》。听取并原则同意关于粮食动态储备问题的汇报。听取关于调整2017年公共财政预算收支计划（草案）的汇报，原则同意《关于调整榕城区2017年财政预算计划（草案）的报告》。听取关于要求审批本级财政预算追加资金的汇报及通报拨付上级补助资金、“五路一河”征收拆迁补偿资金和中部片区棚户区改造项目（一期）专项贷款提款和各类资金支付的情况。会议还要求区财政部门要按照相关规定抓早编制好2018年预算草案，严控“三公”经费支出。

【区政府工作会议】　2017年，区政府共召开30次工作会议。主要讨论研究以下问题：进一步推进中央环保督察组交办的“神港公园”案件查办工作；传达市领导有关榕江水环境整治重要指示和榕江水环境整治紧急工作会议精神，听取各街道、区直相关部门关于区水环境整治情况以及区联合行动督查组督查情况汇报；通报市有关部门在梅云街道查处环保涉水违法企业的有关情况，研究部署有关工作；相关街道阶段来开展土地卫片执法检查和违法违规用地整改工作；区妇幼保健院改扩建项目工作；全区农贸市场整治暨联合执法机制运行工作；揭阳港务码头装卸煤炭有关问题；传达市政府关于广河高速重大交通事故紧急工作会议精神，研究部署榕城区开展营运车辆安全隐患大排查行动相关工作；传达市榕江流域污染整治工作座谈会精神，研究部署关于全年来区榕江流域污染整治的工作；迎接创建省文明城市检查验收有关工作；落实“梧桐计划”土地征收工作；关于农村土地承包经营权确权登记颁证工作；传达贯彻省委书记胡春华关于揭阳市普宁大道南山路段较大事故批示精神，市委书记李水华、市长陈东批示指示精神和普宁“7・11”事故现场会议精神，研究部署相关工作；传达贯彻市委市政府关于安全生产工作的会议精神，研究部署关于安全生产大排查阶段工作；传达全市水污染防治工作推进会议和市环保委员会《关于对水污染防治重点区域实行挂牌督办的通知》精神，研究部署水污染防治工作；仙桥街道办事处中心沟水污染整治工作；下阶段水污染防治和创文工作；传达9月8日上午市召开的省第二环境保护督察组督察揭阳市工作动员大会和《揭阳市环境保护局关于清拆饮用水源一级保护区内违章建筑的函》文件精神，研究部署清拆饮用水源一级保护区内违章建筑物工作；传达贯彻全市财税联席会议精神，研究部署财税征管、经济户口清理、“小产权房”清查及社保扩面征缴有关工作；部队停止有偿服务工作；汽车服务产业园建设有关问题；听取区教育局关于《揭阳华侨中学2017年公开引进高层次教师实施方案》和《揭阳华侨中学2017年公开招聘教师实施方案》的情况汇报，研究部署相关工作；传达贯彻全市农业农村工作推进会精神，研究部署加快区农业农村工作；全区农村土地确权工作；全区脱贫攻坚推进及精准扶贫工作；通报市委书记李水华近期深入榕城基层社区走访巡查环境卫生情况，以及检查中发现创文、环保工作的存在问题。研究部署有关工作；全区精准扶贫工作；仙桥桂南小学新址建设、全面推进教育现代化先进区信息化建设、2017年城市教育费附加等使用安排工作；区中心医院、区妇幼保健计划生育服务中心医院改扩建等项目工作。

（区史志办整理）

【政务督查】 2017年，榕城区委、区政府办公室围绕中心、服务大局，发挥督查工作“助推器”作用，加强对上级重要决策、区主要领导交办和批示事项、全区经济社会各项目标任务和重点项目落实情况督查督办，推动中心工作和重大决策部署落实，助力首善之区建设发展。区、街道中心工作督查组对有关工作开展督查，把监督干部、考察干部、查处违规违纪干部关口前移，强化督查工作。把市第六次党代会的决策部署和市政府主要任务分工作为区委、区政府督查工作重要内容，实行“一月一督查”制度，不定期开展实地督查和暗访，促进主要经济指标序时、基础设施项目加快实施，确保全区经济社会平稳发展。坚持“批则必查、查则必清、清则必办、办则必果”原则，对区委、区政府主要领导在文件、材料上的批示事项和在各种会议、调研、检查等活动中的重要指示、交办事项，以专项督办的形式向相关单位下发专项督办通知书，全年下发督查督办通知书32份。加大与区委中心工作督查组、重点项目督查领导小组对接力度，对全区重点项目进展、水污染防治、落实民生实事进展等进行专项督查，确保有关工作顺利开展。全年共编发情况通报13期。

（冯群璋）

【应急管理】 2017年，榕城区应急办在区政府的正确领导下，注重实际，强化应急意识，加强应急管理，严格履行日常值守职责，重视抓好信息预警工作，有效开展应急宣教培训，构建较为完善工作机制，有效推动全区应急工作持续有序协调发展。

反应迅速，及时处置事故 区应急办把做好突发事件应急处置作为工作的重中之重。积极参与，协调指挥，及时处置一系列事故灾难和社会安全突发事件。在“2・15”榕城区发生三起山

火事件、“2·21”仙桥街道西岐社区民宅火灾事故、“4·16”新兴街道东湖公园附近“老火哥”火锅店（使用炭炉作为火锅设备）发生一起就餐2名顾客死亡事件、“5·9”东升街道江滨花园西侧深井新福烧鹅店疑似因煤气泄漏发生爆炸事故、“5·10”揭阳市中医院一患者就医后发生死亡，死者家属到医院讨要说法事件、“7·21”揭阳市慈云医院医患纠纷事件、“8·15”仙桥街道篮兜村仙桥亭内发现一男尸事件、“8·17”仙桥街道美西村发生一起意外坠落致死事件、“8·26”榕东街道梅兜村门口围发生一起村民邻里纠纷引发斗殴造成死伤事件、“8·31”仙桥街道湖南社区湖心联社一村民坠楼后死亡、“10·5”仙桥街道原广东中润钢铁公司厂址发生一起意外触电致1人死亡事故、“10·16”东兴街道淡浦社区发生一起2名女孩溺亡事件、“10·17”仙桥街道津榕码头发生一起疑似酒后猝死事件、“12·14”东兴街道淡浦路揭阳郊区供电局门口出现工人聚集讨薪事件的处置过程中，区应急办快速响应，快速掌握现场情况，把信息渠道向现场延伸，并与当地办事处沟通处置进展情况，及时协调区有关部门进行处置，对区委区政府主要领导的批示，加大督办力度，督促有关方面做好事故救援、伤员救治、善后处理和社会稳定工作。按照突发事件信息报送规定，将有关情况及时上报市委、市政府值班室。

健全机制，强化信息报送管理　认真梳理值班应急管理各项工作，对照各级指标及时查漏补缺，完善工作规范，切实加强值班网络体系建设，提高应急处置能力。严格执行全天24小时值班制度。按照“两办”值班表安排，由办公室领导带班，全员参与值班，2人同时在岗，非特殊情况不得擅自离开值班室，时刻保持联络畅通，确保临时发生的重要事情能够及时联系和处理。严格落实信息报送责任制。注重报送时效，明确报送范围，凡发生涉及自然灾害、安全生产、公共卫生、社会安全等方面的突发事件、群体事件、敏感事件或苗头性事件，要求各街道各单位必须在20分钟内电话告知区应急办，40分钟内书面报告区应急办。严格执行突发紧急信息工作责任追究制度。不定期对全区各街道各部门值班情况开展检查，对值班人员漏岗、脱岗以及迟报、漏报和瞒报突发事件信息等情况给予通报。通过加强对突发事件信息报告情况的考核通报，切实杜绝迟报、轻报、漏报、谎报、瞒报突发事件信息的现象，增强值班工作整体效能。

注重实战，全面开展应急演练　坚持以应急演练为突破点，紧紧围绕相关应急预案，立足实际、突出重点、贴近实战，探索开展针对性、多形式、全方位应急演练活动。组织重点行业领域企业定期开展应急演练。结合各职能部门的实际，针对性的组织开展消防安全应急演练和以应对自然灾害为特点的应急疏散演练，有效地提高辖属各有关单位应对突发事件的能力。结合“安全生产月”应急演练周活动，以“全面落实企业安全生产主体责任”为主题，针对重点行业领域和重点时段，开展形式多样的应急演练。应急演练周期间全区共开展应急演练活动11场，投入人员近2000多人。已先后开展了岐山石油有限公司榕城区东山油站生产安全事故应急救援互救演练；中石化广东揭阳分公司榕星南加油站2017年危险化学品事故应急救援演练；揭阳捷和职业技术学校2017年处置一般食品安全事故（Ⅳ级）应急演练等多个应急演练活动，积累了实战经验，有效提高全区应对突发事件的水平和应急救援能力，为打造平安榕城提供了有力的安全保障。

联动互动，营造良好环境氛围　持续开展宣讲培训工作。采取群众喜闻乐见、寓教于乐方式，利用广播、宣传栏、展览厅等多种载体，积极开展应急管理宣传教育工作，动员社会各界参与努力，扩大应急管理工作的社会认知度，积极普及公众安全防灾减灾应急知识，着力提高广大干部群众的防灾减灾应急意识。利用会议宣传，把应急管理工作纳入经常性工作机制。各级干部进村入户，宣讲应急管理常识，使应急管理知识家喻户晓。利用学校教育宣传，全区各中小学结合实际开展应急知识宣传活动。

（张春野）

机关事务管理

【概况】 2017年，榕城区机关事务管理局围绕机关后勤“管理、服务、保障”工作重点，不断完善各项规章制度，认真贯彻中央八项规定和《厉行节约反对浪费条例》，积极推进全区公共机构节能工作的开展，进一步完善和规范后勤管理职能，不断提高服务保障能力，各项工作取得显著成效。

【完善机关事务管理水平】

突出管理职能转变 努力转变工作方式，狠抓各项工作落实，大力推进机关事务管理职能转变，严格按照省、市和区有关文件精神，加强系统指导，专题研究讨论办公用房清理工作中存在的问题，按照时间节点和方案步骤对区机关大院内的办公用房清理整改方案，认真登记和统计区机关办公用房有关情况，使办公用房管理工作逐步走上规范化、正常化。

落实安全保卫工作 该局始终把安全工作放在首位，把其列入重要议事日程，局长亲自抓，负总责，分管领导具体抓，专职人员主要抓，明确工作职责，责任落实到位。建立一套严密的治安防控体系，采取人防、物防、技防相结合，加强保安巡逻，实行24小时值班制度。全力做好信访人员的疏导和劝解工作，严禁信访人员及闲杂人员进入办公大楼，做好防火、防盗等工作。加强车辆进出、停放管理，严禁乱停乱放，有力地确保了车辆出入安全行驶。

坚持环境卫生及绿化高水平管理 结合“创文”活动，该局坚持带头先行，做好机关大院的卫生保洁工作，确保干净整洁；绿化组的同志负责政府内外绿化工作，及时剪枝、除草、杀虫、补种树苗，清除无头树，确保机关大院及周边环境一年四季花红树青。

深化服务保障工作 做好区机关大院日常管理工作，加强对物业公司的督促检查。经常性对水电基建保养工作，与电力部门联系沟通确保人大、政协等会议召开的用电正常。加强对区委区政府办公大楼公共场地、卫生间、通道、门窗的维护及公共场地的灯具更换。按照市、区的有关文件精神对政府大楼的节日灯、政府门口的路灯进行全面的更换。

延伸拓展服务保障职能 区机关服务中心人员多，分布单位近30个，整体素质参差不齐。该局一方面通过建立信息平台，及时传递机关服务中心有关工作；另一方面认真做好区机关服务中心人员的年度考核和日常各项工作，及时为中心人员办理生病、产假、调动、退休等各有关手续和证件，做好机关服务中心人员各项管理。

【落实公共机构节能要求】

落实节能宣传教育力度 积极开展全区公共节能工作和宣传等活动，对开展2017年度节能宣传周进行认真部署，联合市节能监察管理部门强化对区各单位进行节能工作监察，在全区公共机构中，积极宣传节能理念，倡导低碳出行，通过发放有关文件和宣传标语等形式，为全区公共机构节能营造良好氛围。

完善制定节能工作计划 认真贯彻落实《公

12月1日，区机关事务局到东洋社区莲花市场开展创文活动（林妙君 摄）

共机构节能条例》，充分发挥公共机构节能的引导和带动作用，把节能工作引向深入，做到节能工作家喻户晓，全区大部分单位能够按照计划成立节能工作机构，落实工作经费，指定专人负责，制定节水、节电、节油等节能措施，使节能工作按正常化、规范化的程序进行。

督促公共机构节能工作　积极在区直机关开展节约用水，节约用电，节约用油，节约办公用品等活动，开展节能降耗的创建工作。将机关大院楼内走廊及会议室照明灯更换为节能灯，在节能宣传活动周活动中，制作节能宣传展板和横幅，发放节能宣传手册，提高全体机关干部职工节能意识，有力促进节约型机关建设。积极开展节能监督检查，发现浪费能源事件，及时批评教育，使广大机关干部职工养成节约能源习惯。

【提升干部职工综合整体素质】

以学习十九大精神为指导，突出思想学习强化党性修养　十九大召开以来，先后组织全体党员系统学习十九大精神4次，组织参加考学测试2次，强化党员责任意识，明确责任分工，确保工作落实到位。更好提高干部职工的政治思想觉悟和整体素质。

树立以本职为中心，提升服务保障水平　坚持厉行节约，切实降低机关各项的成本，做到少花钱、多办事；丰富服务内容，有效拓展机关后勤服务覆盖面，按时完成各种会议的布置和会务后勤保障工作；严格执行局制定的《榕城区机关事务管理局岗位责任制》等规章制度，有效促进规范化、科学化、人性化，按制度办事。

按要求做好“扶贫”“创文”等工作　及时成立强有力的扶贫驻村工作组，进驻东畔村和望龙头村两个扶贫定点村进行调查摸底和开展工作，掌握定点村的基本情况，促使工作组的帮扶工作有的放矢，促进定点村经济发展和村民增收。加强工作组成员自身建设，建立和健全各项制度，工作组成员按要求进村开展帮扶工作，做到“人员到位、精力到位、经费到位、时间到位”，通过这些措施使驻村干部帮扶工作取得一定成效。是年，共救济18户、20人，慰问孤寡老人2户，资金共计6000余元。

在创建省文明城市的工作中，该局成立专门的领导机构，组织全局干部职工对集贸市场、道路交通、商铺店面、牛皮癣广告进行集中整治，组织全局人员及卫生管理人员对区委、区政府大院内外卫生、污水沟及卫生死角进行全面清理保洁，营造良好的办公环境。全年共出动1000余人次参加创文活动。

夯实基础强化效率，健全长效机制　建立健全相关制度，完善对应的管理措施和文件规定；切实提高制度执行力，进一步提高机关办事效率，提升机关服务效能；健全工作责任督查机制，重点抓好局年度工作计划和有关会议布置任务的责任分工及督查落实。

（林妙君）

政协榕城区委员会

【概况】　2017年，中国人民政治协商会议榕城区委员会认真履行政治协商、民主监督、参政议政职能，做好关爱民生及自身建设等工作。是年，召开政协委员全体会议1次，共收到委员提案20件，其中立案2件；转市3件；因提案重复或其他原因不宜立案的有3件；作为建议意见送交有关部门参与或处理的有12件。召开政协常委（扩大）会议5次。履行好参政议政职能，形成调研报告2篇，调研意见3篇。打造“榕城政协网站”和“委员之家”平台，推送榕城政协工作成效及委员参政议政、履职实践活动信息累计30多条。

【区政协六届二次会议】　2017年3月26—28日，政协揭阳市榕城区第六届委员会第二次会议在区政府办公大楼6号楼三楼召开。会议审议通过了陈丽容主席代表常委会所作的工作报告；审议通过了政协揭阳市榕城区第六届委员会常务委员会关于六届一次会议以来的提案工作情况报告（书面）；委员列席区人大六届二次会议，听取和讨论区政府工作报告及有关报告；审议通过政协揭阳市榕城区第六届委员会关于本次会议提案审查情况报告；审议通过政协揭阳市榕城区第六届委员会第二次会议决议。市政协副主席秦雯，区委书记江林生，区委副书记、区长吴汉通等领导出席参加会议。六届二次会议共收到委员提案20件，立案2件；转市3件，因提案重复或其他原因不宜立案的有3件；作为建议意见送交有关部门参与或处理的有12件。

【区政协常委（扩大）会议】 3月16日，组织召开区政协六届三次常委（扩大）会议，讨论通过区政协六届二次会议有关事项，讨论通过有关人事任免。7月26日，组织召开区政协六届四次常委（扩大）会议，学习贯彻广东省第十二次党代会精神，听取榕城区2017年上半年经济社会发展情况通报，组织政协委员围绕榕城经济社会发展情况和发展思路建言献策。10月3日，组织召开区政协六届五次常委（扩大）会议，传达市委李水华书记到榕城调研的重要指示精神，通报“五路一河”项目工作基本情况及进展情况，鼓励动员政协委员当好发展的协调员、参谋员、排头兵，以实际行动投身“五路一河”项目工作。11月3日，组织召开区政协六届六次常委（扩大）会议，听取榕城区政府“五路一河”项目建设进展情况通报，组织政协委员围绕助推“五路一河”项目建设提出意见建议；

学习传达贯彻中国共产党第十九次全国代表大会精神。12月25日，组织召开区政协六届七次常委（扩大）会议，听取空港区2017年经济和社会各项事业发展情况通报，组织政协委员对助推空港经济跨越发展提出具有针对性、实效性和可操作性的建议意见。

【民主监督】

抓好提案办理质效　严格执行《揭阳市榕城区人民政府办理人大代表建议和政协提案办法》和政协“一办法一规程”工作制度，实行区党政主要领导牵头督办、政协主席领衔督办、专委会视察催办的提案工作机制。会同区委、区政府办公室明确落实提案办理单位、时限，对年初审定的2件重点提案逐个做好催办跟踪、反馈落实工作，促进提案成果转化。

增强派驻监督实效　进一步拓宽委员知情明政渠道，坚持选派政治素质好、社会责任心强、参政议政水平高的委员，担任区直相关部门特约监督员，参与有关部门的政策研讨、党风廉政、行政执法、效能建设等活动，支持鼓励委员敢于讲真话建净言，勇于提意见作批评，助力营造风清气正、奋发有为的良好政治生态。

【参政议政】

献策文明宜居环境创建　组织三个调研组分别深入榕城各个街道的公园、学校、市场、社区、示范路段等调研视察，听取区政府和区环保、环卫、执法等部门“创文”工作情况汇报。委员们围绕提高群众参与度、建立健全长效管理机制、巩固“创文”成效等提出意见建议40多条，形成《榕城区政协“创文”专题调研视察委员建议意见汇总》《榕城区政协关于榕城区创建广东省文明城市工作调研报告》，为榕城区“创文”工作提供有力支撑。

助力创新驱动发展战略　认真贯彻落实“百日百项大行动”决策部署，组织委员实地调研进贤门数字创意（动漫网游）产业孵化基地，聚焦该区动漫产业现状及发展前景，形成《关于推动动漫网游产业发展的意见综合》，为推动动漫产业发展建言献策。围绕产业转型升级，组织委员深入有关钢铁、塑料等传统产业，通过实地考察和访谈等形式，就优化产业发展、解决融资问题等撰写了《榕城区政协关于推动产业转型升级的调研报告》，为创新驱动发展出谋献策。建言非公企业党建工作。组织部分委员深入到企业开展非公党建工作专题调研，调研组紧紧围绕建立健全非公企业党组织发挥作用的体制机制、党的活动与企业生产经营管理、改革发展、维护职工合法权益、文化建设等方面提出了针对性、实质性的意见建议，为该区非公有制企业党建工作，引领企业发展发挥应有作用。

支招空港科学发展良策　充分发挥政协“人

才库，智囊团”优势，组织好空港区政协委员开展寓知情、议政、建言于一体的视察调研活动，深入揭阳潮汕肿瘤医院、潮汕妇女儿童医院、恒大绿洲项目、空港一中、发展大道南段和吉祥路西段建设工程等一批该区重点民生项目调研视察。委员们立足空港区位优势和工作思路，围绕如何加快空港经济发展，保障和改善民生等问题，形成了《榕城区政协支招空港区经济社会发展情况建议意见汇总》，为加快空港经济社会科学发展献智出谋。

【关爱民生】

优化环境，助力创建文明城市　深入各地、各部门开展文明创建“四级联创”督查工作，有效推动榕城城乡环境、交通秩序整治和文明创建“四级联创”扎实开展。积极发动政协参与单位、公益机构和政协委员慷慨解囊，累计捐赠资金280多万元及一批环卫设施，支持榕城创建广东省文明城市。成立榕城区政协机关“创文”志愿者服务队，定期组织开展志愿服务活动，为驻点社区解决实质性问题，积极营造和维护整洁有序社区环境。

热衷公益，突出办好民生实事　广泛发动政协委员慷慨解囊，捐资捐款，关心慰问困难户、贫困户，送去大米、食用油、生活用品等物资及慰问金，捎去党政的温暖关怀和政协的关爱祝福，不断提升老百姓获得感和幸福感。组织医卫专委的委员专家深入挂钩社区开展“送医送药送温暖”精准扶贫活动，帮助群众解决看病就医和贫困问题。积极搭建就业援助平台，组织动员政协工商界委员和企业参加各类招聘活动，有效缓解群众就业和企业用工“两难”问题。坚持定期走访挂钩社区贫困户，加强与贫困户之间的联系，积极宣传发动热心委员、企业家为贫困户提供力所能及的帮助关爱，为打赢脱贫攻坚战发挥应有作用。

凝聚共识，携手共建平安榕城　把反映群众呼声、维护群众利益作为政协工作的切入点，积极协助参与化解社会矛盾和信访积案工作，鼓励和动员委员主动为党政多做协调关系、化解矛盾、理顺情绪工作，努力引导人民群众参与平安榕城建设。加强与各民主党派、工商联和无党派人士合作共事，支持他们参与全区重大决策、重大事项的协商议政、调研视察等活动。召开榕城区港澳委员和驻外委员座谈会，畅叙乡情乡谊，围绕做好招商引资、社会治理、家乡建设等方面共商发展大计，为构建共建共治共享的平安榕城凝聚智慧和力量。

【自身建设】

党的建设不断夯实　坚决贯彻执行区委党建工作部署，充分发挥政协党组作用，坚定把党建工作有机融入政协各项工作之中，形成了党组书记带头抓、党组成员分工抓、全体党员共同抓的党建工作格局。坚持以严的标准、要求和措施，全面推进“两学一做”学习教育常态化，主动教育和引导党员干部把党的政治纪律和政治规矩挺在前面，树立政协组织风清气正的良好形象。

队伍建设不断强化　强化委员学习培训，邀请有关专家学者以党和国家大政方针、时事政策、全区中心工作等为主要内容，作专题学习辅导培训，辅助委员拓宽知识视野，推动委员履职走上规范化、制度化、程序化轨道。深入开展“走正道，出实绩”主题活动，加大机关干部培养、使用，努力锻造一支政治强、业务精、作风正、素质高的政协干部队伍。严格贯彻执行中央八项规定，进一步完善机关工作制度，不断提升服务效能，使政协工作更加规范、科学有序。

联络工作不断拓宽　着力推进团结联谊工作，加强与清远连州市、深圳市龙岗区、湖南省湘阴县、肇庆市德庆县政协的联络沟通，分别就榕城区“特色小镇”“教育文化”“城市综合管理”“旅游产业”等领域的工作进行交流推介，有效加深各地兄弟政协的联系和情谊，不断提高榕城美誉度和知名度。走访联系部分区委推荐的市政协委员、区政协部分常委、驻外委员，加深联络沟通，形成共举共识，主动建功立业，为推动榕城发展、构建和谐社会做出应有贡献。

文史宣传不断推进　发挥政协文史“存史、资政、团结、育人”作用，围绕规划建设历史文化街区、盘活古城村落资产等开展特色课题调研，协助榕城区形成《关于加强揭阳古城文化业态规划引导管理实施意见》。围绕纪念中国共产党成立96周年，深入广东大兴钢铁实业有限公司等企业开展文化采风活动，进一步弘扬爱国主义精神、提高艺术工作者创作积极性、促进群众文化活动广泛开展。打造“榕城政协网站”和“委员之家”平台，大力宣传榕城政协工作成效及委员参政议政、履职实践活动信息累计30多条，更好聚合发展正能量，不断扩大政协影响力。

（李馥佳　陈咏梅）

中共榕城区纪律检查委员会

【概况】 2017年，全区各级纪检监察机关牢固树立“四个意识”，坚定“四个自信”，忠诚履职，勇于担当，勤奋工作，开拓进取，推动全面从严治党向纵深发展，纪检监察工作取得新的明显成效。

【履行党内监督专责】

强化监督执纪问责　围绕区委中心工作，开展“百日百项大行动”、“五路一河”拆迁、“创文”工作效能督导，对工作不到位或履职不力的单位和责任人进行通报和问责。积极探索构建防错容错纠错机制，在全区推动实施《关于治理为官不为、激励担当有为的实施办法（试行）》，用纪律约束不作为，用政策鼓励敢作为，确保区委决策部署落实到位。全年共开展专项督查216次，发现重要问题线索11类84条，追究党员干部责任123名；共为21名受到错告、诬告的党员、干部澄清问题，整个干部队伍战斗力和执行力明显提升。

严格落实党风廉政建设责任制　建立完善反腐倡廉定期分析研判工作机制，坚决压实主体责任。对8个区直单位和10个街道落实2016年党风廉政建设责任制情况进行量化打分考核。将2017年工作分解细化为31项任务，明确13个牵头单位和35个配合单位；督促70名区直单位和各街道党工委、办事处主要负责人向区委书面述廉；组织4名党工委（党组）书记向纪委全会作“三述”报告，接受评议，有效推动责任制的落实。抓早抓小、咬耳扯袖、红脸出汗常态化，全区各级领导干部开展谈话提醒734人次。严格把好政治关、廉洁关、形象关，办理回复党员干部党风廉政意见185人次，防止“带病提拔”“带病上岗”。

【作风效能建设】 认真落实中央八项规定精神，按照“抓常抓细抓长”的要求，发挥钉钉子精神，持续整治“四风”。日常加强对区直、街道、社区服务窗口的明察暗访；在重大节日期间对公车私用和公款吃喝现象开展暗访，对区直单位和街道办事处值班情况开展电话督查，对15个社区“三务”公开“回头看”。强化社区“两委”换届风气监督，确保换届风清气正。共组织

7月25日，市委常委、纪委书记陈直河（前排右二）到榕城区开展调研活动

（区纪委供稿）

明察暗访735次，巡查单位和场所321个，发现问题16个，问责52人。坚持改作风与树新风并举，组织全区党员干部参观广东揭阳反腐倡廉警示教育展厅，开展“读廉洁书·做规矩人”等廉洁读书月活动，举办“好家风”巡讲活动，开设党纪党规学习课程，利用廉政教育基地等载体开展廉洁宣传，营造崇尚廉洁社会氛围。加强新闻宣传和舆论引导，45篇榕城纪委工作信息被《广东党风》等上级各新闻媒体及网站刊发、采用。坚持惩前毖后、治病救人方针，切实践行监督执纪“四种形态”。全区运用“四种形态”共234人次，其中第一种形态156人次，占66.6%；第二种形态53人次，占22.6%，第三种形态12人次，占5.1%；第四种形态3人次，占5.5%。

【惩治“微腐败”】 坚持惩治腐败力度决不减弱、零容忍态度决不改变。全区纪检监察机关共受理信访举报199件（其中重复件129件），初步核实58件，谈话函询6件，直接了结6件；立案76件，同比上升20.6%；结案74件，同比上升17.4%；给予党纪政纪处分75人，同比上升19.0%，其中科级干部7人，移送司法机关1人，挽回经济损失54.6万元。街道自办案件39件，全面实现街道自办案件100%目标。依纪依法审理案件，实现案件“零申诉”“零变更”。严格执行监督执纪工作规则，严守执纪安全底线，实现办案安全“零事故”。重拳整治“微腐败”，紧盯基层，聚焦扶贫领域等八个方面组织全面清查，走访对象550人，梳理问题线索7条；落实领导包案，压实责任链条，严肃查处“蝇贪”“蚁贪”。从严查处了梅云街道伯劳社区周某丰、东阳街道岐宁社区罗某光和东兴街道玉浦社区黄某粒等干部违纪问题，形成强大震慑，真正让人民群众感受到反腐败工作带来的获得感。

【巡察工作】 落实中央、省委关于市县党委建立巡查制度的部署，成立区委巡察工作领导小组，设置“一办二组”，配置巡察人员5名，印发实施《榕城区委巡察工作实施办法》；组建巡察工作人才库。突出政治巡察，坚持问题导向，围绕坚持党的领导、加强党的建设、全面从严治党，着力发现违反“六项纪律”和与群众利益密切相关的重点问题。首轮巡察工作开局良好，共发现问题27个，个别谈话82人次；走访街道及相关单位21个，发现了一批管党不力、治党不严的突出问题，呈报问题线索19条，涉及21人，立案查处2件、2人。巡察工作的反腐利剑、监督利器震慑作用彰显。

【自身建设】 把持续深入学习和贯彻落实党的十九大精神作为首要政治任务，围绕“六个聚焦”，坚持原原本本、融会贯通学，引导纪检监察干部把思想行动统一到党的十九大精神上来。扎实推进“两学一做”学习教育常态化制度化，建立机关党支部定期集中学习制度。坚持内外兼修，内修忠诚干净担当，外修监督执纪问责，学思践悟、知行合一。注重抓班子、带队伍。落实班子成员包案制度，推动落实信访积案排查化解等工作。建立完善教育培训、挂职锻炼、轮岗交流、抽调办案等机制，选送14名业务骨干参加上级学习培训，选调第10批纪检干部到市纪委挂职锻炼，着力提升纪检监察干部综合素质。强化自我约束监督，带头落实办公用房规范整改等“三项要求”，坚决落实揭阳市纪检监察干部“五条禁令”。加强街道纪工委规范化建设，配齐配强街道纪工委班子成员。树立正确选人用人导向，区委提拔重用纪检监察科级干部12人，公开选调5名公务员进入纪检监察系统，进一步优化干部队伍结构。

（赖锡军　黄梓奇）

社会团体

总工会

【概况】 2017年，榕城区总工会工作根据工会职能，认真履行职责，以党的十九大和习近平新时代中国特色社会主义思想为指导，以全面开展文明创建活动为契机，以工会工作社会化的工作思路为抓手，团结动员全区广大职工在实现“中国梦”历史进程中充分发挥主力军作用，为全面建设文明、富裕、活力、宜居的揭阳城市核心区而努力奋斗。

【推进工会规范化建设】 坚持以“党建带工建、工建服务党建”和“工建带社建”机制为抓手，全面落实“两个普遍”（依法推动企业普遍建立工会组织、依法推动企业普遍开展工资集体协商）。全区组建工会18家，发展会员6541人，超额完成市总下达的任务。把创建“职工之家”、工会规范化建设、开展“双亮”活动作为重要载体，全面增强基层工会活力，提升基层工会文化品位。重视基层工会规范化建设，在资金上给予支持，在业务上给予指导，加强对街道、社区工会工作的投入，依法建立工会组织，创新工会工作，使工会组织成为真正的职工之家。成功召开榕城区总工会四届六次全委（扩大）会议，替补四届委员会委员、常委，补选工会主席，确保领导班子战斗力和凝聚力，更好地服务职工，服务党政，推动全区工会工作进一步发展。推进工会规范化建设，巩固扩大党的群众基础，强化工会作为党联系职工群众的桥梁和纽带作用。广东深展实业有限公司技术中心副主任詹光辉荣获全国“五一劳动奖章”。

【维权维稳工作】 坚持以职工为本，以发展和谐劳动关系为主线，把维权维稳工作贯穿于工会工作各项活动之中。与区人社局、区工商联联合印发《榕城区协调劳动关系三方贯彻落实〈关于构建和谐劳动关系的意见〉工作方案》，着力加强健全完善劳动合同制度，督促用人单位规范用工管理。与区安监局等部门联合举办“职业病防治”“安全生产万里行”宣传活动，现场分发《中华人民共和国工会法》《中华人民共和国劳动合同法》等资料。开展保护女职工权益学习活动，积极引导女职工参加《女职工劳动保护特别规定》知识竞赛活动，推荐东山中学、广东天诚密封件有限公司2家基层工会申报“爱心妈妈”示范点。深入开展“安康杯”竞赛活动，全区参加全国“安康杯”竞赛活动的企业有100家，参赛职工7706人，参赛班组467个，有效提高广大职工的安全生产保护意识，规范安全从业行为。选派人员到大西社区指导开展创文等工作，帮助职工群众解决实际问题，选派人员担任基层总工会副主席，切实开展各项工会业务工作。服务区委稳定大局，继续做好仙桥新宜、老宜、湖心、下六各联社后续各项相关工作，特别是土地管理核心问题，帮助仙桥街道完成社区二委换届，为维稳尽责尽力。根据省、市总工会工作部署，选择仙桥美西社区作为榕城区“源头治理劳资纠纷试验田”示范点，顺利通过省总审核验收并总结推广经验做法。

【职工关爱帮扶工作】 坚持以服务职工为中心，以帮扶为载体，努力为职工做好事、办实事、解难事，在全区范围内开展“送温暖、送文化、送技术”系列活动。元旦、春节期间慰问困难职工425人次，慰问金（含物资）总计27.5万元。劳模工作做得有声有色。召开全区劳模代表座谈会，弘扬劳模精神、工匠精神并慰问劳模；组织困难劳模申请生活补助；组织劳模到巽寮湾和哈尔滨进行疗休养；完善劳模信息，实行动态

10月13日，仙桥街道美西社区工会联合会举行揭牌仪式 （区总工会供稿）

管理。慰问环卫局中部车队环卫工人20名，送上慰问金8000元。“七一”前夕，慰问竹林社区和大西社区困难党员干部。做好精准扶贫对口帮扶工作，组织慰问梅云大西社区贫困家庭15户，送上慰问金0.9万元。在全区范围内开展助学活动，对全区104名困难学子进行助学补助（其中：大学生80人，高中生24人），每人1000元，帮扶金共10.4万元；对7名患重大疾病职工进行救助，帮扶资金共2.1万元。

【创文宣传教育工作】

广泛宣传发动，营造良好创建氛围　融入工会日常活动当中，通过开展灯谜会猜、羽毛球赛、篮球赛等文体活动，将“创文”的意义、内容和目标向广大职工群众大力宣传，调动职工群众的积极性与参与度。借助《光明日报》《经济日报》《揭阳日报》以及揭阳电视台等新闻媒体宣传榕城区创文工作中工人阶级当好主力军的人和事，扩大活动影响力，营造“企业讲创建，人人助创建”良好社会氛围。

创新载体，提升创文内涵　搭建创文平台，以文化人，以文育人。下基层举办文艺会演、潮乐演唱等文艺比赛，开展免费送春联进企业活动，指导举办庆重阳“创文杯”黄岐山登高比赛，联合举办“创文杯”十大巾帼歌手大赛、庆“五一”区直机关羽毛球友谊赛，丰富干部职工的文化生活。广泛宣传发动榕城区属和域外属区总工会管理的天诚和顺达等企业，组建17支职工创文志愿者服务队，志愿者305人，配套队旗、志愿服、志愿帽，组织卫生清扫、关爱孤寡老人、共享单车骑行等多种形式的志愿服务活动，倡导文明风尚。

落实督导责任，多渠道支持基层社区创文　帮助梅云大西社区分二期完成该社区涉及200多户累积20多年违章占道、乱搭乱建的拆除任务，美化了环境。与区体育局联系，为大西社区公园争取到一批篮球架、乒乓球桌等体育健身器材，丰富群众体育文化活动内容。主要领导根据区委委派任仙桥综合指导组组长期间，与仙桥党工委办事处一道研究，解决了录宜、新宜联社土地核心等问题，动员乡贤捐资500多万元整治村容村貌。牵头工青妇协同作战，到梅云大西社区、榕华埔上社区、西马西郊社区开展卫生综合整治、义医义诊和文艺演出，组织职工义务献血。确保创文工作在基层社区得到落实并取得实效。

（陈烁鹏）

共青团委员会

【概况】　2017年，团榕城区委围绕市、区“创建省文明城市”、建设“粤东新发展极”、揭阳“首善之区”和“五城同创”等中心任务，以深化共青团改革为主线，全面推进从严治团，全力构建共青团多维工作格局。在共青团改革、志愿服务工程、服务青少年成长成才、组织建设等工作上求真务实、开拓进取，圆满完成各项工作任务，荣获“广东省五四红旗团委”“广东省中小学团队工作先进单位”等荣誉称号。

【共青团建设】

聚焦主业，强化团的政治性　2017年，团区委把思想政治引领贯穿团的各项工作和活动，全面开展“学习总书记讲话做合格共青团员”主题教育实践活动，掀起全区团员青年深入开展党的十九大精神大学习大培训大宣传大调研的热潮。各级团组织围绕“学习总书记讲话做合格共青团员”主题开展“万名团干讲党团课”、“我的青春我的梦”主题征文、“红领巾心向党”、“优秀传统文化在我身边”等各类主题团、队日活动200多场次，有效引导青少年树立正确的世界观、人生观和价值观。

从严治团，做好团员发展和管理工作　严格按照2017年全市发展团员调控计划要求发展团员，做到一团员一编码；加强团前教育和推优入团工作，严把关口，严格入团程序，在全区26所中学开展入团仪式示范活动；下发文件规范团费的收缴、管理和使用等。

建设示范性团校，提高团员意识　组织全区学校认真学习共青团、少先队改革方案，推动团队工作长足发展。在揭阳华侨高级中学、揭阳捷和职业技术学校等6所中学建立示范性团校，进一步加强学校共青团的组织建设、制度建设、队伍建设，更好地服务于教育教学中心工作，有效引导青少年坚定政治信仰，使学校团组织成为巩固党在青年群众中执政基础的中坚力量。

加强基层服务阵地建设 2017年新建市级“青年之家”青少年社区综合服务平台1家，在西马街道政府公共服务平台开设心理辅导、困难救助、就业服务等专门的青年服务项目；在进贤门动漫数字基地建设区属综合性青少年活动阵地，丰富榕城区青少年的精神文化生活、提高青少年综合素质。

强化网上共青团工作 构建“共青团+互联网”工作体系，“青年之声”各级基层团干绑定率达到100%，“青年之友”系统专职团干平均分达到95分以上，落实各级团组织建设“智慧团建”系统，“榕城共青团”公众号WCI平均指数保持在600以上，影响力长期居全市政务公众号前列。“榕城共青团”公众号也荣获全市文明公众号创建先进单位。

推动《榕城共青团改革实施方案》尽快出台 《榕城共青团改革实施方案（征求意见稿）》严格按照《揭阳共青团改革实施方案》制定，各项工作有序推进。

【志愿服务工程】

开展创文志愿服务，弘扬城市文明风尚 团区委以“核心区创文先锋”的标准团结带领广大团员青年围绕“文明交通”“环保卫生”“文明窗口”“义医义诊”“关爱扶助”“文明礼仪”“温暖回家路春运志愿服务”“出花园成人礼暨大潮汕民俗文化展”“文艺汇演”等主题开展文明创建志愿服务活动，在提升群众的文明素质和城市文明程度上发挥重要作用。2017年，团区委也获得“榕城区创文工作先进集体”荣誉称号。

大力推动团员成为注册志愿者 团区委在创文期间积极组织发动各级团组织团员登陆“i志愿”平台注册成为志愿者，截至2017年年底，全区累计注册志愿者60000多人。结合业务需求，在全区组织开展志愿者注册培训会6场次，为全区各单位、学校和企业志愿者注册工作提供业务指导。

积极组织志愿者保障 2017揭阳国际半程马拉松的顺利举办 为迎接和保障2017揭阳国际半程马拉松的顺利举办，团区委联合揭阳卫生学校、揭阳华侨高级中学、揭阳市星火义工协会、市志远义工协会和崇善义工服务队等组织一支500人的赛事志愿者服务队，为整场赛事的顺利举行提供良好的志愿服务保障，在国内外选手面前展示榕城青年良好的精神风貌。

开展“水岸同治”志愿服务活动 深入贯彻市、区“水岸同治”工作部署，团区委组建一支100人的志愿者队伍，定期在引榕干渠周边开展巡河护河、水资源治理、水资源保护宣传教育三

3月，团榕城区委被共青团广东省委员会、少先队广东省工作委员会评为“2016年度广东省中小学团队工作”先进单位 （团榕城区委供稿）

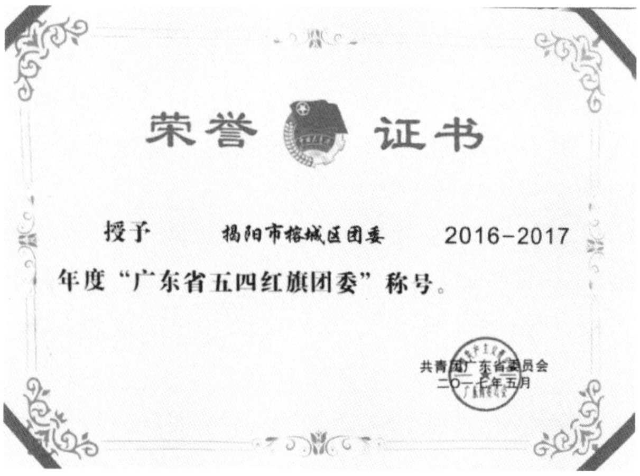

5月，团榕城区委被共青团广东省委员会授予2016-2017年度“广东省五四红旗团委”称号

（团榕城区委供稿）

大志愿服务活动，为榕城区生态文明建设贡献青春力量。

开展医疗、卫生、科技、文化、安全生产、平安建设、禁毒等科普知识下乡志愿服务活动 2017年，团区委联合榕城区人民医院等医疗机构、协会在梅云、西马、中山等区辖属各街道开展义诊20多场次，服务群众20000多人次，送出免费药品1000多份，深受群众好评；联合教育局、禁毒办等部门，组织青年志愿者开展各类科普知识下乡宣传活动10多场次，服务群众10000多人次。

完善机制，强化志愿服务保障 团区委注重强化后勤保障，投入工作经费用于各类志愿服务活动，为志愿者购买保险和提供交通、餐饮补贴等，强化装备保障，新增加一批志愿服务所需的卫生清洁工具。依托“广东志愿者”平台，探索“互联网+志愿服务”运行模式，通过志愿活动报名、上下岗考勤和服务时间统计等在线功能，实现志愿活动全过程一体化、流程化的在线管理，为广大市民、志愿者参与文明创建志愿活动提供全方位的便捷使用体验。

【助力青少年成长成才】

强化青少年思想引领 组织动员青少年学习习总书记重要讲话精神宣讲交流活动23场次，参与团员青年1.5万人次；开展“不忘初心跟党走”主题团日活动25场次，覆盖全区1.3万团员青年；开展“团干讲团课”活动13场次，参与人数达到7000人次；征集“我的青春我的梦——学习总书记讲话 做合格共青团员”主题文章60篇；举办以“‘一学一做’争先锋 志愿宣讲在行动”为主题专场教育讲座15场次，涉及安全、心理健康、环保、法治、禁毒等内容。

开展各类宣讲，维护青少年合法权益 在全区中小学举办涉及安全、心理、环保、法治、禁毒内容的专场教育宣讲50多场次。重点在全区中小学开展毒品预防讲座、观看禁毒图片巡展、征集禁毒作品；开展以《中华人民共和国未成年人保护法》《中华人民共和国预防未成年人犯罪法》为重点的集中宣传活动，引导青少年学法、懂法、守法、识毒、防毒、拒毒，护航青少年的健康成长。

开展关爱贫困青少年工作 在中小学开展“全城行动·一块助学”公益募捐活动，为揭阳市大学生发展基金会募集资金48928.7元，为有需要学生申请揭阳市大学生发展基金会助学金，审核通过14名学生，大学期间每月资助200元直至其大学毕业；举办“喜迎十九大 大手牵小手”结对关爱农村少年儿童活动，为小朋友们发放“幸福包”，帮助小朋友们更好地学习；选派4名服务山区计划志愿者到西马街道仙滘学校、西郊学校开展基础教育工作，有效缓解农村学校教师短缺问题，深化教育精准扶贫；指导揭籍返乡大学生们在揭阳举办第五届爱心义卖活动和公益义诊等实践活动；开展第八届希望工程南粤会亲活动，为五名贫困小学生每人申请到1000元助学金。

立优秀模范，树学习典型 通过表彰一批优秀集体和个人，在各领域团员青年中全面营造创先争优的良好氛围，引导广大团员青年爱岗敬业、乐于奉献、争当先进，努力为榕城的发展事业做出新成绩。“五四”期间，评选先进基层团组织17个、优秀团干部22名、优秀共青团员49名、优秀活动工作者4名；评选区级“共青团员先锋岗（队）”3个；推荐14名省级“最美南粤少年”，30名市级“最美南粤少年”；创建市级青年文明号2家；评选15个优秀少先队集体、10名十佳少先队辅导员和十佳少先队员、9名优秀少先队辅导员和50名优秀少先队员。

服务青少年的创新创业 组织100多名返乡创业大学生到朝启众创空间参加创新创业交流讲座；组织青少年参加动漫网游行业“英雄会”；到进贤门动漫游戏基地参观学习，提供免费培训等机会，引导青少年结合自身兴趣，找到就业、创业途径，为揭阳市发展动漫游戏产业贡献力量；暑假期间在“展翅计划”官网提供实习见习岗位100多个，组织指导30多名大学生到各岗位参与实习见习工作；继续推进新生代产业工人圆梦计划，帮助贫困地区青年工人实现大学梦想。

精准扶贫 团区委多次组织全体党员干部到

挂钩村（西马街道西郊村、仙滘村）开展对口帮扶工作，对17户贫困户进行分类造册，在元旦、春节、中秋期间走访慰问，结合创文活动，组织开展“创文惠民生 小家添新颜”送家具活动、义医义诊服务、环境卫生整治等各类活动30多场次，送去慰问金、家庭生活用品物资等共计3万多元，深受人民群众的欢迎；派遣7名山区计划教师支援农村教育。

【帮扶促进软弱涣散党组织转化】 团区委驻西关社区工作组自驻点西关社区以来，指导帮扶西关社区党总支健全完善党组织工作制度、学习制度，提升组织的凝聚力和战斗力，提升干部服务群众的能力，有效促进西关社区党总支的转化升级。充分发挥共青团组织优势，办一批好事实事。走访群众200余户次，协调解决群众反映强烈的问题21个；开展创文志愿服务活动100多次，参与志愿者1000多人次；联系社会热心群体长期结对帮扶四位贫困学生，每月送去助学金300—500元不等，直至他们完成学业；规范建设党员活动室，开展党员学习教育；筹集资金，对社区办公地点破损墙面进行修复及全面粉刷，更新办公桌椅等一批设施，为社区工作人员日常办公提供优质硬件环境等。

【组织建设】

抓好学习教育，增强党员意识 认真落实“三会一课”制度，坚持每周一召开例会，每月召开两次党支部会议，每年一次专题民主生活会；深入开展“两学一做”学习教育活动，以学习党章党规和习近平总书记系列讲话为重点，抓严抓实党员干部学习教育，提高党员干部的政治意识、大局意识、核心意识和看齐意识；召开机关全体干部学习会，及时传达学习党的十九大精神，切实把机关干部的思想和行动统一到党的十九大精神上。

加强团干培训，提高业务能力 认真选派有关人员参加团省委举办的中职团干培训班、少先队辅导员培训班、示范团校培训班、少先队手拉手训练营，组织基层团干部培训班等活动，进一步提高团队工作的业务水平和工作能力。

开展调研交流，加强团队建设 9.14日到榕城区仙桥高美崇文学校观摩“喜迎十九大——我向习爷爷说句心里话”主题队会；到邱金元纪念小学和揭阳真理中学参观少先队部室设施、禁毒展览室和校史馆，与学校的校长、团委书记和少先队辅导员进行座谈交流。9月21日，到揭阳进贤门数字创意产业基地、榕城青少年宫、青狮文化旅游景区等地进行调研。

推进非公团建，夯实组织基础 团区委围绕中心工作，发挥自身优势，推进非公团建工作。在辖区内社工中心、青年创业孵化基地、基层一线企业建立团组织12家，在政府服务、电商培训、银行贷款、劳动就业等方面对其提供引导和信息支持。

（江　浩）

妇女联合会

【概况】 榕城区妇联内设办公室、妇女儿童工作部（妇女儿童工作部加挂区妇女儿童工作委员会办公室和区儿童福利会办公室两块牌子），下辖10个街道妇女联合会，111个社区妇委会，17个直属机关妇委会。区、街道两级共有（兼）职妇联干部34人。

2017年，榕城区妇联积极履行组织妇女、引导妇女、服务妇女、维护妇女儿童合法权益的工作职责，扎实推进“两学一做”学习教育常态化制度化，开拓进取、务实求真、勤政廉政，进一步提升服务妇女儿童工作的能力；以“三八”节、母亲节等节日为契机，举办趣味体育活动、巾帼歌手大赛、少年儿童毛笔书法比赛等系列节庆活动；开展寻找“最美家庭”活动；开展精准扶贫工作；举办家庭教育讲座进社区活动；开展“创文为我 我为创文”志愿服务活动；履行职责，扎实做好组织妇女、引导妇女、服务妇女和维护妇女儿童合法权益等工作，团结带领全区妇女为建设首善之区贡献巾帼力量。

2017年，榕城区郑映钦家庭荣获“全国最美家庭”称号；榕城区国家税务局荣获“广东省三八红旗集体”称号；东阳街道砂松社区荣获“广东省‘平安家庭’创建活动示范村（社区）”称号；陈洁璇荣获“广东省实施妇女儿童发展规划先进个人”；梅云社区卫生服务中心公共卫生服务办公室、仙桥街道办事处妇联荣获“揭阳市三八红旗集体”称号；杨楚生等五个家庭荣获“揭阳市最美家庭”称号，其中杨楚生家庭荣获“揭阳市十大最美家庭”称号；林素玲等四位同志荣获“揭阳市三八红旗手”称号。

10月18日上午，榕城区妇联副主席郑碧华（左二）为被评为全国“最美家庭”的郑映钦家庭颁发证书和奖牌（区妇联供稿）

【举办节庆活动】

举办“三八”节庆祝活动 3月7日上午，举办“大手牵小手，共建文明城”庆“三八”和谐家庭趣味体育活动，来自揭阳中心幼儿园的64对亲子家庭代表参加了活动。

举办巾帼歌手大赛 3月8日下午，榕城区“创文杯”十大巾帼歌手大赛在市总工会职工维权服务中心举行决赛，15名入围决赛的选手展开了激烈竞逐。

举办“六一”庆祝活动 5月31日上午，榕城区庆“六一”少年儿童现场毛笔书法比赛在榕城区青少年宫举行决赛。副区长林少佳出席了活动。

【家庭教育讲座进社区活动】 2017年，共举办了5场家庭教育讲座，共有1500余名学生家长参加活动。有效地促进了家庭教育知识的普及传播，帮助广大家长更新家庭教育理念和教育方法，引导家长时时处处为孩子树立榜样，帮助孩子养成好思想、好品格、好习惯。

【文明城市创建活动】

弘扬美德，立足家庭 在全区上下广泛宣传发动，开展寻找“最美家庭”活动。经过各级推荐，榕城区挑选了5户具有代表性的“最美家庭”上报市妇联。经市委宣传部、市文明办、市妇联评委会评审和网上投票，最终评出了揭阳市“十大最美家庭”，榕城区的杨楚生家庭荣获揭阳市“十大最美家庭”称号。

开展“创文为我 我为创文”志愿服务活动 该会党支部开展了系列创文志愿服务活动，引导广大妇女树立创文主体意识，形成“创文为我 我为创文”共识，共同营造干净、整洁、有序的市容环境。

开展创文主题日活动 组织全体干部职工带领巾帼志愿者到挂钩社区榕华街道埔上社区参与创文主题日统一行动环境卫生整治活动，到主次干道、背街小巷、公共场所开展环境整治，清理牛皮癣、小广告，劝导经营摊点规范经营，宣传落实铺户门前三包。

开展环境整治志愿服务 组织巾帼志愿者分别在西马街道西关社区、西郊社区，梅云街道大西社区，榕华街道埔上社区开展义医义诊和环境卫生整治志愿服务活动，为社区群众义医义诊，向周边居民分发创文宣传资料，并清理社区的卫生死角。

开展文明交通志愿服务 按照区创文办的工作部署，组织巾帼志愿者分别到各个主次干道开展文明交通志愿服务。志愿者用规范的指挥手势、贴心的劝导语言，协助交警指挥交通，引导广大群众树立文明出行的交通意识。

【维权与宣传教育】 2017年，区妇联共发放《中华人民共和国反家庭暴法》《涉婚房屋法律问题研讨案例选编》《夫妻财产纠纷案例评析》和《拒绝毒品》等各种宣传资料3200多份，分发宣传品1600多份。通过广泛宣传，在全社会倡导尊重妇女、保护妇女的社会风气，引导广大妇女学法、懂法、守法、用法，增强自我保护意识，以实际行动带动身边的妇女自尊、自爱、自立、自强，为促进和谐社会“大家庭”传递正能量。

认真处理信访工作 信访接待是妇联工作的“窗口”，该会本着认真负责的精神，耐心了解来访妇女群众的需求，做好调解和疏导，为她们解疑释惑，使各类矛盾能得到及时、有效的解决。据统计，2017年共接待妇女群众来信来访来电6件，结案率达100%。

举办“三八”维权宣传活动 配合市有关单位，在市区举办一场以“化解矛盾纠纷，创建平安家庭”为主题的“三八”维权周大型户外宣传活动，现场为基层妇女群众提供法律宣传咨询服务，吸引近1500名女性群众前来咨询。

开展《反家庭暴力法》宣传教育讲座 5月18日，在揭阳岐山幼儿园举办了《中华人民共和国反家庭暴力法》宣传教育讲座。通过此次讲座让大家深刻地认识到家庭暴力对家庭和社会的危害性，进一步增强学法、守法、用法的意识和能力，学会用法律武器维护自己的合法权益，提高自身素质，促进家庭和谐。

开展“和谐家庭零暴力”户外宣传活动 6月15日，由榕城区妇联和揭阳市妇女维权服务站组织巾帼志愿者联合举办的“和谐家庭零暴力”户外宣传活动暨创文志愿活动在市区临江南路卜蜂莲花榕城店门前开展。通过举办本次活动，让更多妇女群众学习、掌握、运用《反家庭暴力法》，切实维护自身的合法权益，保障家庭和谐，共建和谐文明城市。

召开妇女民生座谈会 在梅云街道双梧社区召开妇女民生座谈会。座谈会邀请了梅云街道女人大代表、基层女干部、女企业家、退休女教师、社区妇女群众等代表参加。揭阳市妇联权益部长孙彩珍、省妇女维权与信息服务站（揭阳站）工作人员出席了座谈会。

【两个“规划”监测评估工作】 2017年，区妇儿工委继续推进妇女儿童发展两个规划的实施。区妇儿工委办认真履行组织、协调、指导、督促的职能，推动各成员单位各尽其责、协同配合，顺利完成全区2016年两个“规划”监测数据采集和年度统计监测报告工作，为区委、区政府决策提供依据。

【扶贫济困工作】 充分发挥儿童福利会扶贫帮困的作用，广泛发动和组织热心儿童福利事业的各界人士，对榕城辖区的贫困妇女、儿童家庭开展帮扶慰问活动。

2017年春节前夕，组织发动区儿童福利会和社会热心人士走访慰问了全区10个街道办事处的250多户特困妇女、儿童家庭，分别为他们送上了慰问金、大米、食用油和棉被等物品，并带给他们党和政府、社会各界热心人士的温暖和关怀。“六一”节前夕，区妇联、区儿童福利会在仙桥街道办事处举行“同在一片蓝天，共享一份关爱”帮扶慰问活动，以实际行动关爱单亲特困母亲和困境儿童。

【关爱妇女儿童健康工作】

继续开展救心行动，援助患病贫困儿童 一如既往地做好贫困儿童先天性心脏病摸查工作。在多方摸底调查后，已向省妇女儿童基金会申报了1名患病贫困儿童的援助申请。

继续开展两癌救治行动，援助患病贫困妇女 积极配合省妇联做好各区域患“两癌”贫困妇女的调查摸底和申报患病援助工作，在全面摸底调查后，是年，向省妇女儿童基金会申报了14名患病贫困妇女的援助申请。

【精准扶贫工作】

全面发动，加大宣传 加大宣传力度，对贫困户宣传中央、省委、市委、区委扶贫开发的有关会议精神，宣传脱贫攻坚各项惠民政策，使他们正确理解党和政府扶贫开发的决策部署和政策措施，坚定脱贫志向。

开展志愿服务和帮扶活动 深入了解贫困户贫困现状，详细分析其致贫原因。坚持从贫困户的实际出发，开展帮扶慰问活动和送医送药活动。2017年，区妇联结对扶贫的11户贫困户中已有9户脱贫。

【助贫圆梦工程】 2017年秋季入学前，开展了爱心人士资助家庭贫困大、中学生活动。通过在“榕城发布”微信公众号发布助学消息以及下发助学文件到各街道各社区的方式，接受家庭经济暂时有困难的学生的助学申请。经过上门核实情况，共有24名学生符合资助条件，并由爱心人士以一对一、一对多的结对帮扶形式，以每学年转账的方式帮助家庭暂时困难的学生解决一部分学费和生活费，直至学生毕业。

（陈洁璇）

科学技术协会

【概况】 2017年，榕城区科学技术协会以党的十九大精神为指导，结合榕城区实际，针对社会公众生产生活的实际需求，面向广大人民群众开展科技服务，普及科学知识，促进全社会树立科学发展观、弘扬科学精神和提高公众科学素质。

【科普宣传活动】

开展“创文整治环境卫生”活动 2017年，区科协定期到驻点社区淡浦村开展环境卫生整治工作，清理垃圾、牛皮癣，清理河塘，征求群众意见，督促村干部全力搞好创文工作。为村民传播科普知识，倡导文明生活方式，全面做好具体创文科普工作。通过经常性活动，满足人们的文化生活需要和科技知识需求，在全区科普工作中起到示范引导作用。

组织开展全国“防震减灾日”宣传活动 5月12日，区科技局、科协联合市地震局、市政府应急办、市气象局、市科协，在榕东中学联合举办防震减灾科普知识宣传活动。设置100多块宣传展板，图文并茂地展示地震、应急、气象等相关知识，工作人员为学生讲解宣传展板的内容，回答学生询问，发放《地震科普常识》《家庭防震减灾常识》《市民防震要点》《防雷减灾36计》等宣传资料，大力宣传应急避险科普常识，进一步增强民众社会灾害风险防范意识，掌握防震避险、自救互救技能。

积极开展大型科普活动 积极做好6月15日在榕城区岐山小学和中学开展2017年广东“科普大篷车”进校园暨助力创建文明城市系列活动准备工作。区科协联合市科协、广东科学馆、市科技馆在岐山中学开展科普大篷车进校园活动。活动中，中、小学师生分批有序地参观科普大篷车展品、机器人表演，还参与科普益智互动展品活动。激发广大青少年崇尚科学、热爱科学的浓厚兴趣，引导青少年提高科学素养，使科学思维和科学理念转化为创新能力。积极做好“中国流动科技馆巡展”大型科普活动相关工作。

积极开展全国科普日活动 9月16日全国科普日，榕城区科协与榕城区新兴街道联合举行科普宣传活动，围绕医疗健康、食品安全、防灾减灾等主题，让科学文化知识进机关、进社区、进家庭、进校园，为公众解疑释惑，让群众树立科学理念，掌握科学知识，增强科学意识和鉴别能力，破除愚昧思想和落后习俗，提高科技文化素质，建立科学文明的生活方式。利用辖区老年人较多的实际，邀请医护专家在街道居家养老服务中心举办老年人健康知识讲座。邀请派出所宣教员为新兴小学学生上禁毒课，工作人员向社区居民、学生发放科普宣传、法律法规、防震减灾、卫生保健等资料2000多份，有效地将科普知识带进社区、校园，为社区居民提供科普咨询，有效提高社区居民、学生科普素质。通过一系列活动，进一步向广大人民群众开展科技服务，让科技成果惠及民众，弘扬科学精神，培养创新文化，广泛宣传榕城区科技事业发展成就，营造有利于创新的社会氛围，加快建设新型榕城。

【科研合作交流】 加强榕城区及企业与中科院产学研合作，推进科技创新，着重提升榕城区民营企业创新水平和研发能力，加快产业转型升级。区科协做好准备工作，陪同省科协领导考察比格莱科技企业，研究申报中科院院士工作站建站工作。作为榕城企业与中科院的交流合作平台，不断促进榕城区与中科院在产学研合作和科技成果转化上有更多的建树，把院校的科技、人才、创新等优势，转化成促进榕城区企业不断壮大的生产要素，进一步汇集推动榕城区经济社会发展的正能量。榕城区中山街道永革社区被广东省评为科普中国落地应用e站建设先进社区。广东深展实业有限公司被揭阳市评为揭阳市科普教育基地，揭阳捷和职业技术学校被揭阳市评为揭阳市“科普示范基地”。

（吴素香）

文学艺术界联合会

【概况】 2017年，榕城区文联坚持稳中求进工作总基调，围绕区第六次党代会、区六届人大二次会议工作安排，狠抓落实，真抓实干，充分发挥文联工作职能，精心组织主题文艺活动，拓宽服务渠道，扎实推进各项工作，进一步推动榕城区文艺事业繁荣发展。

【主题文艺活动】 2017年，区文联围绕区委、区政府的中心工作，结合文联实际，发挥自身优势，精心组织策划，开展了一系列主题文艺活动。

春节元宵期间组织丰富多彩文艺活动，充实人民群众节假日文化需求　组织多项丰富多彩文艺活动，有古玩收藏展、书画笔会、民俗文化欣赏、灯谜会猜、潮乐潮曲等活动，丰富春节城乡群众文化生活，展示榕城区各行各业的精神风貌和欢乐喜庆的节日氛围。

弘扬《讲话》精神，开展纪念“5·23”系列文艺活动　为纪念毛泽东《在延安文艺座谈会上的讲话》发表75周年，榕城区文联精心组织多项文艺活动。5月20日，在榕城区文联驻岭南茶文化市场工作站举办现场书画笔会。书画家现场挥毫泼墨，创作书画作品十多副，作品风格各具特色，笔墨精练。5月23日晚上，区文联组织榕城区文艺志愿者服务队在区财政局楼下举办音乐晚会，通过传唱革命老歌的形式来纪念毛泽东“5·23”讲话精神，吸引了众多群众前来欣赏。此次活动，为榕城区文艺界坚持文艺“两为”方向、“双百”方针和“三贴近”原则提供良好的平台，对推进榕城区文艺创作繁荣，推动文艺工作者自身艺术修养、技能水平提高，起到较好的促进作用。

开展庆国庆灯谜会猜活动及书画活动，助力创文工作　10月7日晚，在榕城区财政局楼下举办庆国庆灯谜会猜活动，吸引不少灯谜爱好者前往竞猜。灯谜的内容主要是以迎盛会为主相关知识为主，以灯谜会猜的形式宣传盛会情况，现场气氛热烈。

【文化惠民活动】

开展送文化下乡、义务写春联活动　在新春佳节到来之际，榕城区文联组织区文艺工作者到东阳街道揭阳岭南茶文化街为群众义务写春联、送文化，活动吸引大批群众前来，文艺工作者们热情为群众书写春联，满足群众求知的需要、丰富群众精神文化需求。

开展书画笔会，以书画形式庆祝节日　5月1日组织多名知名书画家在岭南茶文化街举办庆“五一”书画笔会，书画家们现场挥毫泼墨，创作多幅画作庆祝国际劳动节。

10月7日，由榕城区文联主办，区灯谜协会协办的“迎盛会 打造首善之区”主题灯谜活动在市区财政局楼下举办 （区文联供稿）

【协会换届工作】 2017年，文联积极组织各协会做好换届工作和会员发展工作，使各协会在自己的领域发挥作用，为协会注入新鲜的血液，进一步繁荣榕城区文学艺术事业。有多个协会做好换届工作，其他协会的换届工作也在紧密进行中。

（林玉玉）

归国华侨联合会

【概况】 2017年，榕城区归国华侨联合会（简称“区侨联”）以习近平新时代社会主义思想为引领，认真贯彻落实区委、区政府决策部署和市委李水华书记莅榕调研重要指示精神，大力打造特色侨界之家，发挥为侨服务、与侨联络桥梁纽带作用，进一步攻坚克难，开创侨联工作新局面，助力榕城区构建首善之区。

【履行联络接待职能】 区侨联采取各种方式联络维系与侨感情，为侨服务。在春节前夕，通过寄送贺卡的方式，送去对海内外侨胞、港澳台同胞和侨团的新春祝福。利用市、区召开“两会”的契机，组织拜访前来参加会议的港澳政协委员，为他们参政议政、建言献策做好服务。年初，配合有关部门接待香港黄大仙区潮籍乡亲组成的进香团一行440人，陪同访问团到榕城区慈云禅寺和受德慈善会参观，巩固和增强文化、习俗交流。7月，配合有关部门接待香港九龙揭阳同乡总会访问团一行40多人，陪同访问团参观黄岐山八贤会馆，了解榕城区市政建设和古城开发保护情况；举行座谈会，共叙乡情。2017年，全区各级侨联共接待侨团19个，海外侨胞、港澳台同胞捐资助学、兴办公益累计人民币近300万元。

7月18日，区委书记江林生（左一）接待香港九龙揭阳同乡总会访问团 （区侨联供稿）

【加强同香港同乡总会、联谊会联系】 2月底，主席林桂娟随榕城区代表团出席香港九龙揭阳同乡总会第十二届会董就职典礼；11月初，主席林桂娟随团出席庆祝香港回归祖国20周年暨香港揭阳侨联联谊会第四届会董就职典礼。在港期间，林桂娟主席拜访了香港九龙揭阳同乡总会主席、区侨联荣誉主席孙振光，名誉主席黄少华、萧雪芳以及香港九龙榕城商会会长郭锐忠等在港的政协委员。通过拜访，团结在港各界乡贤，增进与海外侨胞、侨团的友谊，加强与海内外榕城企业家的联系，引导他们支持家乡发展。

【归侨侨眷帮扶】 进一步加强党员干部与基层社区、群众的联系，努力打造服务型党组织。1月25日，中国侨联副主席李卓彬率中国侨联慰问组一行5人到榕城区慰问调研，慰问特困侨眷赖六妹和侨联离休干部刘青山，为他们送上慰问金和慰问品和侨联的关爱。是年，区侨联共走访慰

1月25日，中国侨联副主席李卓彬（左二）到揭阳市榕城区慰问调研 （区侨联供稿）

问贫困户60多户次，发放慰问金和慰问品约6.5万元；接受旅澳侨胞魏基成捐赠老花镜3000副、助听器300个，棉衣3000件，折合人民币约65万元。

【宣传工作】 依托宣传平台，积极发挥宣传媒介作用。充分利用侨联网、党务公开网等平台，及时报道全区侨界动态，使海内和海外更加关注侨乡榕城，同时也为各地的归侨侨眷、侨胞搭建一个互动平台，营造一个网上“侨胞之家”。上半年分别报送省、市侨联网信息15条，均被录用。

（杨斯培）

工商业联合会

【概况】 2017年，榕城区工商联认真贯彻落实科学发展观，紧紧围绕区党政中心任务，积极拓展会务，真抓实干，在全区民营企业中广泛开展"团结、教育、引导、服务"工作，为开创全区民营经济发展新局面当好桥梁、纽带和助手。2017年，区工商联会员为全区公益事业捐款捐物共计589万元。

【宣传工作】 印发宣传资料1866份、召开座谈会5场次，对中央、省、市、区有关会议、文件及政策精神，特别是区委、区政府鼓励和支持民营经济发展的有关政策进行宣传，增强会员发展企业信心；教育会员“爱国、敬业、诚信、守法”，拥护共产党的领导，拥护社会主义；引导会员积极投身光彩事业，报效社会。

【服务企业】 2017年，区工商联共深入企业了解生产经营情况73人次，帮助企业解决实际困难9宗，其中企业融问题7宗，企业纠纷2宗。

为企业解决融资问题。全年为全区民营企业融资2520万元，解决部分民营企业的融资问题。为企业维权。做好“榕城区民营企业收费监测点和收费登记制度”工作。发放、回收《收费登记表》15份，对收费情况进行综合整理，向区委、区政府有关领导和部门汇报；推荐“汕头亿迪防伪技术有限公司”为22家民营企业提供数码防伪、物流防窜货、防伪竞标及产品的研发推广等方面提供防伪服务。为会员提供信息服务。发行工商联内部刊物《信息交流》6期1500份、《万通商联信息》4期、800份，与“阿里巴巴（中国）网络有限公司汕头分公司”联合，将会员企业及产品在网上进行推介。推荐11名会员企业的员工到“中国计算机函授学院粤东分院”的“半工半读”大专班就读。组织15位会员到省总商会参观考察、组织18位会员参加春秋两季广交会、组织8位会员参加广州国际照明展览会。

（杨拱辰）

残疾人联合会

【概况】 榕城区残疾人联合会成立于1991年1月，是中国残疾人联合会的地方组织，是将残疾人自身代表组织、社会福利团体和事业管理机构融为一体的残疾人事业团体，具有“代表、服务、管理”职能：代表残疾人共同利益、维护残疾人合法权益。区残联内设3个股（室）：设办公室、康复股和教育就业股。2017年榕城区有2.85万残疾人，占全区总人口的5.18%。

【残疾人精准康复服务】 围绕残疾人“人人享有康复服务”目标，区残联联合教育局、民政局、人社局、财政局、卫计局、扶贫办共同制定《揭阳市榕城区残疾人精准康复服务行动方案（2016—2020）》，实施精准康复服务，不断提高残疾人康复服务种类。截至11月8日，共在训聋哑儿童57名，孤独症儿童99名，贫困智力儿童35名，落实残疾儿童抢救性康复资金224.4万元。社区康复工作方面：全区重度肢体残疾人接受居家无障碍改造15户；精神防治康复工作方面：接受医疗救助的贫困精神病患者150多人；假肢装配及辅具适配方面：全区共免费为残疾人装配假肢9例，为2名残疾儿童装配矫正鞋，免费发放助听器12件，儿童轮椅4只，儿童助行器4只，儿童坐姿椅3只，儿童站立架2只，其他各类辅助器具190多件。免费白内障手术50人。2017年度，榕城区残疾人康复中心修缮工程已验收竣工。

【“社区康园中心项目”建设】 社区康园中心项目列入2017年省十件民生实事，榕城区大力推进十件民生实事的落实，现已建成榕城区康园中心、新兴街道社区康园中心和东兴街道社区康园中心3个康园中心。其中榕城区康园中心和新兴街道社区康园中心已正常运作，东兴街道社区康园中心也投入使用。10月31日，省残联副理长柯沐夫带领督查组到榕城区督查新建社区康园中心工作。

【残疾人基本服务状况和需求信息数据动态更新工作】 为进一步加强残疾人事业基础管理，实现全国残疾人基本服务状况和需求信息数据及时更新与有效反馈，区残联于6月举办3期共6天工作动员会暨培训班，共培训240余人，至8月底，全区共采集3761名残疾人服务状况和需求的信息数据。

（吴贤华）

4月1日，榕城区残疾人联合会联合揭阳市星辰自闭症康复中心在揭阳市青年文化广场举办“点点笔墨，书画爱心”——第十届世界自闭症日揭阳市公益慈善活动（区残联供稿）

FAZHI

法 治

法 治

综 述

【概况】 2017年，全区政法各部门认真贯彻落实习近平总书记对政法工作的重要指示精神，围绕为中共十九大胜利召开营造安全稳定的社会环境这一主线，全力维护全区政治安全和社会稳定。2017年，全区实现省委提出的“四个不发生”工作目标。9月，荣获“2013—2016年全国平安建设先进区”荣誉称号，并一举荣获全国社会治安综合治理最高奖项“长安杯”，成为全省唯一获得此项殊荣的县（区）。

【严打整治工作】 以开展“众剑行动”为契机，深入开展维护国家政治安全“8+2”专项整治、“十大专项”整治行动和反邪教斗争，全区没有发生涉政治安全活动事件。全面推进“8+2”专项行动，成功惩治“法轮功”邪教组织1个，清查删除涉政治类有害信息14条，集中整治一批意识形态领域有害信息；查处非法雇佣外国人企业18家，抓获“三非”外国人162人；多次组织开展反宣品清查整治行动，为市区营造风清气正的环境。

公安机关　坚持惩治主业，共立刑事案件1746宗，抓获各类违法犯罪嫌疑人员2135人，刑事拘留798名，查处治安案件1009起、1452人，破案率达44.56%，同比增长48%。

检察机关　围绕群众平安需求，重点惩治各类严重刑事犯罪，共批准逮捕各类刑事犯罪案件510件、690人，所审查案件均在法定期限内做出决定；提起公诉471件、603人，所起诉案件均作有罪判决。

审判机关　充分发挥刑事审判惩治犯罪、保障人权的职能，共受理各类案件4047件，办结3533件，解决诉讼标的金额15.5亿元。

司法机关　坚持教育为主、预防为主、管控为主的原则，累计接收社区服刑人员65人，解除矫正56人；接收监所刑满释放人员93人，解除社区矫正转为刑满释放人员56人；共受理各类纠纷409件，调结408件，调解率100%，调解成功率99.8%。

【“平安榕城”建设】 坚持预防在先、源头治理、综合治理，做细做实社会治安防控体系，不断夯实平安榕城基础。深入开展创建全国综治（平安建设）优秀市工作和“众剑行动”，广泛发动社会力量参与平安建设，组织开展8次地毯式滚动清查打击整治行动和集中巡查活动。以新兴街道省级试点街道为示范标杆，有序推进全区各街道“中心+网格化+信息化”建设，全面完成综治“视联网”建设，提升综治和平安建设信息化水平。深入推进平安街道、平安社区、平安家庭、平安校园、安全文明示范小区等“平安细胞”创建活动，打造全市唯一一个省级“平安家庭”创建活动示范村，不断提升平安创建水平和成效。持续抓好严重精神障碍患者排查、评估、监护、收治救治、社会面管控等工作，2017年，全区未发生严重精神障碍患者肇事肇祸案件。创新社会组织参与社会管理新机制，创新和完善社会组织参与扶贫机制，有效促进社会帮扶资源和精准扶贫对接。积极开展“国门利剑2017”联合专项行动，严厉惩治重点物品走私违法犯罪，维护了良好的市场经济秩序。新兴街道荣获2016—2017年全省社会治安综合治理先进集体；全区综治工作（平安建设）年度考评工作获全市第一；林旭彬、魏智勇、陈家跃3人荣获全市社会治安综合治理“众剑行动”基层先进个人。

【维护社会稳定】 启动迎接中共十九大维稳安保特别防护期，全力做好各类矛盾风险防范化解管控工作，各个敏感节点和重大活动期间全区社会大局和谐稳定。深入开展重点领域社会矛盾专项治理工作，因案施策，提前防控和有效化解重点领域、重点项目、重要节点的风险矛盾，全区敏感矛盾积案实现“清零”，全年无发生群体性事件。加强重难点村和综治维稳问题村排查化解，按照一村一策的原则，加强整治，积极做好调解化解工作，全区111个村（社区）“两委”换届选举工作顺利完成。按照“五统一机制”的原则，成立区信访维稳突出问题处置化解工作专班，积极做好预警预防和教育稳控工作，区专班综合考核排名列全市第一。严格落实镇街领导周末接访工作，坚持区领导包案，成功化解8宗历史积案。2017年，全区信访工作呈现出信访总量（人次·件次）下降、到市到省进京访总量（人次）下降、信件量下降、网上信访量上升“三降一升、持续好转”的良好态势。

【“法治榕城”建设】 贯彻落实党政主要负责人履行推进法治建设第一责任人职责，推进全面依法治区工作上台阶。深入开展法治宣传教育，全面实施一村（社区）一法律顾问工作，组织挂钩律师参与71宗纠纷调解工作，深入开展法律进基层活动，进一步增强全民法治观念。以“三个一百”建设为抓手，推动法治建设“四级同创”全面铺开，顺利完成法治创建示范区创建工作，仙桥、榕东、东升3个街道、钟厝洋村等57个社区通过省级法治创建评估验收工作，依法行政、依法办事、法治惠民水平不断提升。积极开展法学研究、法学服务，多次组织法学会会员参与重要环保案件研究等法治实践活动，为党委和政府提供有力的服务。

【政法队伍建设】 充分发挥党委政法委牵头抓总作用，推动区委各项部署落到实处。坚持以党建为引领，推进“两学一做”学习教育常态化制度化，开展“创文为我 我为创文”“精准扶贫”和软弱涣散党组织帮扶整顿，全区政法队伍作风和精神面貌持续好转，战斗力不断提升。区公安分局等4个单位和吴沛榆等4名同志在党的十九大特别防护期安保维稳工作中表现突出被予以表彰。

（林　奋）

公　安

【概况】 2017年，揭阳市公安局榕城分局以“迎接党的十九大胜利召开安保维稳工作”为主线，深入学习贯彻中共十九大精神和习近平总书记系列讲话精神，围绕上级工作部署，坚持公安机关打击主业，主动作为，积极组织开展“飓风2017”“迎盛会·百日百项大行动”“众剑行动”、扫黑除恶专项斗争等各项综合整治行动和全市“创文”工作，切实加大社会治安综合整治力度，深入推进社会矛盾化解，确保榕城区社会治安大局持续稳定。全年来，全区没有发生政治事件，没有发生大的群体性事件，没有发生影响恶劣的刑事、治安案件，没有发生影响社会稳定的安全生产事故，没有发生重特大火灾事故。2017年，榕城区再次被中央综治委评为“全国平安建设先进县（区）”，因连续三届12年摘取该荣誉，而被授予社会治安综合治理最高荣誉“长安杯”。

【专项行动】 2017年，该局在全区范围内组织开展统一行动19场次，全面强化社会治安防控，全区全年共立刑事案件1746宗，破案778宗（绝对数），破案率44.56%；抓获各类违法犯罪嫌疑人2135名，捣毁团伙25个103人，刑事拘留798名，提请逮捕726名（实际逮捕689名），移送起诉749名；查处治安案件1009起1452人，其中，赌博212起555人，吸毒236起329人，卖淫嫖娼78起224人，其他483起344人（含调解）；共清查各类出租屋、发廊、娱乐场所、网吧等上千间；收缴作案工具一大批。

围绕省厅、市局工作部署，组织全区公安机关在辖区内开展"飓风2017"、涉黄赌、涉毒、涉金融领域犯罪等"十大专项"行动，其中，涉"两抢一盗"刑拘235人，逮捕200人；涉电信诈骗刑拘25人，逮捕18人；涉食药环刑拘37人，逮捕31人；涉金融领域犯罪破案7宗，刑拘13人；涉赌刑拘136人，逮捕112人；涉黄刑拘40人，逮捕25人；涉毒刑拘71人，逮捕62人。在全市"十大专项"行动年度考核综合排名中，榕城分局取得了全市第一名的优异成绩。

2017年，榕城分局局共获得集体三等功3个，个人二等功1个，个人三等功27个（其中16人为连续三年年度考核优秀被市政府记个人三等功），省优秀公安基层单位1个，全省优秀人民警察1个，市局个人嘉奖9个，分局个人嘉奖9个。

【侦破大案要案】 坚持"人民群众痛恨什么犯罪就严打什么犯罪"的理念，本着"攻坚破案""命案必破"的原则，全面强化梳理排查，全面强化深挖扩线，全面强化串并分析，充分挖掘犯罪线索价值，依法严厉严惩杀人、绑架、枪爆、抢劫、盗窃等社会影响恶劣或关乎群众切身利益的违法犯罪活动。

2017年，榕城区共发生命案9宗，榕城公安均快速反应、迅速告破，命案破案率达100%，分别为"1·10"梅云街道黄某丰杀人案、"2·12"东兴街道黄某娇被杀案、"4·16"新兴街道黄某辉、陈某卿一氧化碳中毒案、"4·23"榕东街道魏某荣故意伤害致死案、"5·14"东阳街道涉越南籍故意伤害致死案、"7·16"东兴街道郑某丽被杀案、"8·19"仙桥街道蔡某开故意杀人案、"8·26"榕东街道梅兜村因邻里纠纷引发打斗致三死三伤特大命案、"10·28"东兴街道卢某绒被杀案。

继续强化视频导侦、便衣伏击等工作措施，先后破获多宗涉"两抢一盗"的大案要案：4月14日，侦破"3·15"盗窃香烟专卖店团伙案，抓获犯罪嫌疑人3名，缴获赃物和作案工具、假车牌等一大批；5月18日，捣毁一个摩托车盗销犯罪团伙，抓获犯罪嫌疑人3名；7月28日、31日，侦破系列抢劫、抢夺案件5宗，抓获犯罪嫌疑人1名；8月4日，打掉以胡某明为首的12人越南籍重大盗窃摩托车犯罪团伙；9月26日，侦破盗窃车内财物系列案件11宗，抓获犯罪嫌疑人2名；10月11日，侦破贾某豪、陈某贤盗窃车内财物系列案件24宗；11月21日，捣毁一个涉嫌盗抢吸贩毒销赃犯罪集团，抓获犯罪嫌疑人6名。

【安保维稳工作】 2017年，榕城警方在上级公安机关和党政有关部门的配合下，接群众来访来信共38宗次，配合党政及时将矛盾化解在萌芽状态；侦破部督"2·8"专案，抓获涉"法轮功"犯罪嫌疑人7名，缴获电脑、打印机、印刷机、书籍、宣传标语等涉案物品一大批。

全力服务"党的十九大胜利召开"等重要节点维稳工作，4月，成立情报研判专班，坚持以情报信息为先导，强化情报指挥一体化动作，全面搜集排查各类维稳情报，全力做好信访维稳线索落地核查、人员管控预警、深度分析研判工作，共发出各类维稳研判信息131条，摸查管控全区涉信访重点人员231人，开展各类涉信访人员排查、核查1742人次，协助劝返准备或扬言到省进京人员147人次，在信访维稳关键节点发挥重要作用，圆满完成"一带一路"国际合作高峰论坛、省第十二次党代会、香港回归20周年庆祝活动、"八一"重要敏感期信访维稳工作及党的十九大胜利召开。

协助妥善处置自杀、触电等意外致死事件21起；医患纠纷15起；涉楼盘、土地、欠薪等纠纷

20多起；其他不稳定苗头事件20多起。快速处置网络舆情信息10多起，及时依法对造谣、传谣人员进行敲打教育。

全年该局出动警力上千人次，完成各项安全保卫工作任务42场次，确保各级重大会议、文娱活动、各级领导、外宾在榕活动等大型活动顺利举行。

【禁毒工作】 2017年，榕城区共立毒品犯罪案件50宗，侦破55宗，刑事拘留71名，逮捕62名，捣毁贩毒犯罪团伙5个，破获千克案件2宗；共查处吸毒人员329名，强戒186名。

3月6日，破获一个涉越南籍人员贩卖毒品犯罪团伙，抓获犯罪嫌疑人6名；6月2日，破获一个吸贩毒团伙，抓获犯罪嫌疑人6名，缴获毒品冰毒30多克；6月6日，破获王某勋等4人的吸贩毒团伙，缴获冰毒1000多克；8月12日，抓获涉毒违法犯罪嫌疑人5名；9月14日，侦破一宗贩卖毒品案，缴获毒品200多克；9月28日，抓获涉嫌吸贩毒违法犯罪嫌疑人3名；10月16日，抓获吸毒人员2名。

【禁赌工作】 2017年，榕城区共立涉赌案件61宗，破67宗，抓获涉赌犯罪嫌疑人108名；查处涉赌治安案件212起、555人。

3月21日，查处一宗4人赌博案件，其中2人系中共党员；5月24日，联合市局治安支队查处一个“鱼虾蟹”赌博窝点；12月12日，破获巫某新等4人开设赌场案，抓获涉赌人员6人；12月15日，破获张某军等4人开设赌场案，抓获涉赌人员24人。

【户政管理】 2017年，户政大队共清理户口档案70348份，清理疑似重复（虚假）户口3723人，注销重复（虚假）户口388人；办理出生入户11434人，注销户口4252人；办理姓名变更151人，出生日期更正19人；迁往区外9027人，区外迁入6829人，补录户口20人，弃婴入户7人；省级人像比对清理核查完成率100%，部级人像比对清理核查完成率98.68%。

在日常人口管理中，摸查各类无户口人员499人，解决各类无户口人员落户492人；采集流动人口信息1000多条，办理居住证1006份，流动人口登记更新率100%；安装出租屋门禁加视频1540套，门禁+视频覆盖率100%；办理二代身份证46191份，临时证11227份；完善全区房屋建筑标准地址信息库建设，完成门楼牌信息清理核对和“一标三实”（房屋建筑标准地址和实有人口、实有房屋、实有单位）基础信息采集应用工作，全区采集标准地址信息89279条，提前超额完成5万条地址信息采集任务。

在区政务服务中心率先投入使用第二代居民身份证自助申办终端（一体机），为需办证人员提供照相、申办、缴费“一条龙”服务模式，全面推行身份证异地受理制度，推行身份证邮政快递业务，方便人民群众办证需求。

【出入境管理】 认真做好日常出入境管理，组织精干警力联合治保人员对辖区企业、工厂、出租屋等复杂场所非法聘用、滞留“三非”外国人进行多场次、地毯式的清理清查，全面肃清榕城辖区“三非”外国人非法入境的现象，维护国家正常的出入境管理秩序。

2017年，出入境管理大队共办理各类出入境证照30500份（其中，急事急办、及时为群众排忧解难350人次）；组织辖区旅馆业境外人员临时住宿登记培训共3场次50家；查处非法雇佣外国人企业共17家，抓获“三非”外国人159人，拘留处罚涉事企业主（管工）19名，遣送“三非”外国人125名，驱逐出境13名，待遣在押8名。

【消防管理】 2017年，全区共接火灾警情138起，出动各类消防车辆375辆次，消防官兵1847人次，抢救被困群众14人，转移疏散群众37人；共排查各类单位场所2070余家（次），发现整改火灾隐患2324余处，对部分存在问题且不配合整改的场所进行行政处罚，下发处罚决定书67份，责令三停单位47家，查封28家，挂牌整治重大火灾隐患单位3家，消除了一批火灾隐患，极大净化辖区消防安全环境。

榕城消防大队深入推进完善街道网格化管理工作，共建设大网格10个、中网格108个、小网格703个，依托各级网格建成政府专职队3个，社区“微型消防站”47个；培训、约谈消防安全责任人和管理人360人次，建成重点单位“微型消防站”59个，提升了重点单位的消防安全防范能力。

3月27日，揭阳市公安局榕城分局开展日常训练场景 （杨振伟 摄）

【公安队伍建设】 狠抓党建工作，领会精神实质 在持续推进“两学一做”学习教育工作常、态化建设的基础上，分局党组带领各党支部深入学习贯彻中共十九大精神和习近平总书记系列讲话精神，领会其中精神实质，组织党员民警重温入党宣誓，严抓“三会一课”学习制度落实，切实提升全体党员民警的党性意识，发挥党员先锋模范作用，并将精神实质运用到日常工作中，指导日常工作的开展。5月15日，召开股级以上领导干部关于学习贯彻习近平总书记对广东工作重要批示精神暨“三德三树”主题教育活动动员大会；11月30日，召开现职副科以上领导干部学习党的十九大精神专题会；12月11日，召开党组扩大会议，进一步加强党的十九大精神学习宣传贯彻会议。

坚持科学施训，提升队伍素质 继续深入推进大练兵计划，按时组织相关人员参加有关培训工作。2017年，组织参加省厅调训5人，参加警衔晋升训练14人，参加其他各类警种专业训练70人；选派理论教官4名和警务技能教官4名对各单位小教官进行集中培训，以点带面，逐步扩大施训效果。12月中旬，组织全局在职民警到市局特警支队射击馆开展实弹射击训练，提升民警实弹射击能力。邀请市委党校老师来该局送教，全面坚定全体公务员的政治信念，提高队伍的整体素质，促进各项公安工作的有效开展。

落实条令纪律，坚持从严治警 重视队伍的常态化管理，秉承“以严为先，先严有德”的治警理念，严抓《中央八项规定》《公安机关人民警察内务条令》《公安机关人民警察着装管理规定》等条令规定的落实，分局主要领导和党组班子成员带头，深入基层各单位检查督导，政工（纪检）等职能部门经常组织对各单位开展督查活动，全年，进行诫勉谈话1人，进行提醒谈话7人；8月，在充分征求意见的基础上，经分局党组研究通过《揭阳市榕城区公安机关工作制度》，对全局人员上下班、执法执勤等方面进行了严格要求，进一步推进分局从严治警工作的开展。

深化关爱举措，推进从优待警 深化关爱举措，持续推进从优待警落实。2017年，关心民警政治待遇，提拔晋升副科级领导干部4人、股级干部15人，提拔主任科员1人、科员13人，见习民警试用期满转正定级为办事员11名，办理民警警衔申报72人次，警察证106人次；关心民警身心健康，组织全局民警参加身体健康检查，科学安排民警合理休假调整；落实民警经济待遇，协助办理全局民警、职工调资412人次，为分局民警申报加班补贴3450人次；组织民警参加区献爱心捐款32000多元，向市公安局民警互助中心捐款84700元，慰问民警46人次，为25名党员民警及亲属向上一级公安机关申报医疗补助及困难补助，发放慰问金74000元；对取得优秀学习成绩的民警子女进行适当奖励；关心离退休老干部的生活，组织慰问并协助办理住房公积金等领取工作。丰富警营文化生活，组织民警开展读书交流会和参加市局举办的篮球、羽毛球、乒乓球比赛等文体活动，丰富民警业余生活，缓解工作压力。

（吴仲杰、魏东佳）

检　察

【概况】　2017年，榕城区人民检察院坚持以司法办案为中心，忠实履行法律监督职责，坚持不懈推进司法改革、司法规范化和检察队伍建设，着力打击犯罪、化解矛盾。各项工作取得较好成绩，为榕城区和空港经济区经济社会持续健康发展提供了有力司法保障。

【批捕起诉】　2017年，榕城区人民检察院共审查批准逮捕各类刑事犯罪案件516件、733人，审查提起公诉633件、882人。全面深入开展社会治安综合治理“众剑行动”以及综治平安、打黑除恶、禁毒等专项行动，全力以赴维护社会和谐稳定，全面提升群众安全感和满意度。依法严惩个人极端暴力犯罪，批捕故意杀人、强奸、抢劫、绑架等严重暴力犯罪47人，提起公诉50人；批捕抢夺、盗窃、诈骗等多发性侵财犯罪223人，提起公诉216人；批捕毒品犯罪77人，提起公诉101人。

【查办和预防职务犯罪】　立案侦查贪污案件3件8人。重点查办涉农及扶贫领域有影响的案件，立案侦查王某等3人贪污涉农专项款案、郑某等4人贪污征地拆迁款案，有效地维护国家支农惠农政策的切实实施。重点围绕清理“小产权房”、治理环境污染等党委政府中心工作，成立打击“小产权房”领导小组、打击环境污染专案组，立案侦查渎职案件2件、2人，做到办案工作服务市委区委中心工作、办案效果服务地方发展大局。提供行贿犯罪档案查询387件，营造公开、公平、公正、廉洁的投资环境。通过与邮政部门合作“预防邮路”，向党员干部寄发预防职务犯罪信息。预防职务犯罪宣讲队为榕城区党政机关中层干部上法律课2场次，到仙桥街道办事处为新当选的新一届社区“两委”干部以及财务工作人员上警示教育课1场次。

【强化法律监督职能】　强化侦查活动监督，依法不批捕53人、不起诉55人。重点加强对刑讯逼供、暴力取证、违法限制人身自由等严重违法行为和阻碍诉讼权利行使行为的监督，推动侦查活动依法依规进行。共对侦查机关侦查活动违法提出书面纠正意见6件次，发出纠正违法通知书5份，发出检察建议1件。共对274件公安机关移送审查起诉的案件审查后退回补充侦查，追诉漏罪、漏犯9件、12人，审查后发现强制措施不当而决定逮捕5件、6人。审查发现纠正公安机关错案1件、2人，维护被害人的合法权益。

强化刑事审判监督工作实效，力求实现抗诉案件社会效果和法律效果有机统一。依法提出抗诉1件、2人，提出量刑建议778人，被法院采纳771人，采纳率99%。

强化刑事执行检察监督，建立罪犯财产刑执行情况检察监督案卡，共对605件涉财案件建立财产刑执行检察档案。立案办理羁押必要性审查案件24件。向相关办案单位发出《对犯罪嫌疑人、被告人变更强制措施建议函》《对犯罪嫌疑人、被告人变更强制措施建议书》19份，全部被办案单位采纳，采纳率达到100%。

【司法为民】

加大生态环境司法保护力度　突出工作重点，严厉惩治破坏环境资源犯罪。批捕破坏环境资源犯罪14人，依法起诉20件47人；依法起诉非法采矿案件6件6人。召开榕城区“两法”衔接工作联席会议，专题研究推进惩治印花加工场废水直排类案领域行政执法与刑事司法衔接工作，进一步完善环保监管领域“行政执法与刑事司法衔接”工作机制，保护好市区的绿水青山。

强化维护经济安全的责任担当　加大知识产权司法保护力度，批捕生产销售伪劣产品犯罪5人。着力惩治非法吸收公众存款，合同诈骗等严重破坏经济秩序、侵犯公民财产的犯罪，依法惩治利用互联网金融平台、打着金融创新旗号从事非法活动等增加金融风险的犯罪，批捕“月零会”“互助会”等非法吸收公众存款犯罪4人，起诉非法吸收公众存款案件6件、8人，涉案金额总数超过1亿元。

10月2日，榕城区人民检察院开展“五路一河”法律宣传活动
（区检察院供稿）

推进未成年人检察工作　贯彻落实“惩罚为辅，教育为主”的方针政策，共受理未成年人刑事案件98件、182人，认真落实附条件不起诉和犯罪记录封存等制度，强化对涉罪未成年人的司法保护。5月，举行以“防治校园欺凌，护航未成年人成长”为主题的“检察开放日”活动，进一步推进构建“捕、诉、监、防”一体化的未成年人刑事检察工作体制。

围绕重点项目开展法制宣传　榕城区人民检察院领导带领干警利用国庆长假等时间开展“五路一河”项目法律宣传活动，向市民发放宣传材料，宣传“五路一河”项目的重要现实意义，耐心释法说理，消除市民疑虑，动员广大群众积极参与、支持、配合项目拆迁，引导市民依法理性维护自身权益。

积极排查化解信访纠纷　受理群众来信来访47件，办理国家赔偿案件1件；接待来访群众32批、63人次。把党的十九大防护期间维护社会稳定工作作为重点工作，坚持定期排查和滚动排查相结合，全面清理涉检信访矛盾纠纷，将化解矛盾纠纷贯穿于接待来访、审查受理、答复反馈日常执法办案活动的全过程，提高释法说理、息诉罢访的工作效率。

【落实司法责任制改革】　全面推进四项司法体制改革试点落地生根。实行检察官、司法辅助人员和司法行政人员分类管理，严格考试考核遴选22名员额制检察官，组建16个检察官办案组织，制定权力清单，检察官在授权范围内独立办案并对案件终身负责，严格落实“谁办案谁负责、谁决定谁负责”的司法责任制核心要求。认真落实院领导和部门负责人带头办案制度，共办理案件842件，领导办案成为常态化。继续做好人财物省级统管工作，基本落实检察官职业保

5月27日，榕城区人民检察院开展“防治校园欺凌，护航未成年人成长”主题“检察开放日”活动
（区检察院供稿）

障制度。

积极推进检察机关提起公益诉讼等检察改革，拓展检察监督。推行检察机关提起公益诉讼工作，对1起破坏生态资源的案件启动诉前程序，收到相关单位整改回复3件。推进以审判为中心的诉讼制度改革，充分发挥检察机关审前主导和过滤作用。

全力服务配合国家监察体制改革工作。切实担负起政治责任，做好榕城区国家监察体制改革的人员转隶、装备转移、线索移交等工作。做好转隶人员的思想政治工作，教育转隶人员服从组织，服从大局。有效保障榕城区监察体制改革顺利开展。

【检察队伍建设】 把学习贯彻中共十九大精神和习近平新时代中国特色社会主义思想作为首要政治任务，在全院开展学习培训活动，坚持学懂、弄通、做实。扎实推进该院“两学一做”学习教育常态化、制度化，切实加强党组中心组学习和引领作用。该院党总支被榕城区直工委定名为“两学一做”学习教育常态化、制度化示范点。

通过多种形式的教育培训，打造一支法学理论基础扎实、检察业务水平过硬的检察队伍。2017年，有5篇论文在省级刊物发表，另有5篇论文在省级征文获奖。

抓常抓细加强纪律作风建设。积极配合市人民检察院巡察组巡察该院工作，加强对党员干警的日常教育管理，落实谈话、提醒、诫勉、教育等制度，防微杜渐，把同干部谈话作为一项经常性工作。

（许振东　陈琼芳）

4月17日，惠州市博罗县人民检察院与榕城区人民检察院举行结对帮扶活动仪式　　（区检察院供稿）

法　院

【概况】 2017年，榕城区人民法院共受理各类案件4047件，办结3533件，审限内结案率98.91%，解决诉讼标的金额15.5亿元，为“首善之区”建设提供有力的司法服务和保障。立案庭保留“广东法院省级青年文明号”荣誉称号；立案庭保留“揭阳市文明窗口”荣誉称号。执行局保留“揭阳市文明单位”荣誉称号。

渔湖人民法庭被市中级人民法院记集体三等功。陈少彬、林桂滨被市中级人民法院记个人三等功。

【刑事审判】 受理刑事案件751件，审结683件，判处犯罪分子913人。其中，审结抢劫、盗窃、电信网络诈骗等侵犯财产犯罪案件155件、222人；审结涉黄赌毒等妨害社会管理秩序犯罪案件282件、382人；审结故意伤害、强奸等危害群众生命安全犯罪102件、129人；审结破坏社会主义市场经济秩序罪29件、39人、危害公共安全犯罪案件93件、94人、污染环境犯罪19件、44人、职务犯罪3件、3人，有力维护社会安全稳定。

【民商事审判】 受理民商事案件2107件，审结1843件。其中，审结借款、保险等金融纠纷案件789件；审结买卖、房地产开发经营等合同纠纷案件252件；审结婚姻家庭、继承等民生案件349件；审结机动车交通责任纠纷等涉人身权纠纷案件426件；审结劳动争议、劳务合同等纠纷案件27件。强化对涉环境侵权、食品质量安全案件的审理，确保辖区产品质量和环境卫生安全，有力促进社会和谐。

11月23日，省高级法院副院长钟健平（前排左二）、省财政厅政法处处长邹善杰（后排左一）一行5人到榕城法院砲台法庭调研指导工作 （孙广平 摄）

【行政审判】 受理行政案件73件，审结53件；受理并审结非诉行政案件137件。落实行政首长出庭应诉机制，促使行政首长出庭应诉常态化，在公开开庭审理的案件中，行政人员出庭应诉率100%，行政首长出庭应诉率26.4%，助推法治政府建设。

【执行工作】 受理执行案件979件，执结817件，执结标的额2.79亿元。发挥执行联动机制，与市中院联合开展“春雷执行大行动”“‘攻坚2017’秋季执行专项行动”，及时清结执行积案，有效保障当事人胜诉权益。在区委、区政府的支持下，行政机关作为被执行主体的案件，均按期主动履行了还款义务。

8月31日，市中级人民法院党组书记、院长肖文浩带领党组成员、副院长陈立群党组成员、执行局局长李宁生一行7人到榕城区人民法院调研指导工作 （孙广平 摄）

【司法公开】 建成科技法庭8个，实现全程同步录音录像、庭审直播，院长带头进行庭审网络直播。强化审判流程、执行信息、裁判文书三大公开平台功能应用，裁判文书上网1115份，电子送达诉讼文书1067份，网络司法拍卖61次，成交金额1168万元。

【司法为民】 引导群众依法理性表达诉求，接待群众来访17人次、来信15件。落实司法救助，缓减免交诉讼费10.6万元，发放救助金11人20万元。开展诉前联调14件，调解成功的14件；诉讼调解案件296件，努力减轻当事人讼累。投入资金建设智能诉讼服务中心，更新电梯电脑设备，对网络设施进行升级换代，对诉讼档案进行数字化处理，优化司法服务环境。积极参与“众剑行动”“创文”活动，积极开展“普法进校园”“‘五路一河’法制宣传”等活动。

【司法改革】 全面推进司法人员分类管理制度改革，以员额法官为核心，组建26个审判团队和3个执行团队。制定《榕城区人民法院审判权配置暂行规定（试行）》等20多个制度，深化审判运行改革。加强审判执行监督，做好案例收集报送工作，入选“全省法院十大优秀案例”1篇。

建立适应省级财物统管的财务工作机制，加强法院内部管理。

【法官队伍建设】 深入学习十九大报告和习近平新时代中国特色社会主义思想，推进“两学一做”学习教育常态化制度化。加强队伍正规化专业化职业化建设，借助“脸谱”识别功能，科学化系统性记录考勤，促使工作人员以积极状态投身工作。扎实开展廉洁司法集中教育和纪律教育学习月等活动，坚持把文化建设作为推动全院工作的灵魂力量，加强各部门团结协作，推动法院发展。

（张剑锋　郑奕媛）

司法行政

【概况】 2017年，全区司法行政工作坚持稳中求进工作总基调，紧紧围绕区委、区政府工作部署，狠抓各项工作落实，为共同打造榕城成为文明、富裕、活力、宜居的揭阳城市核心区和有名有实的首善之区提供优质高效的法律服务和有力的法律保障。

【法制宣传】 认真贯彻落实“七五”普法规划，紧紧围绕中心工作开展法治宣传教育；切实抓好领导干部、青少年、外来务工人员等重点对象学法用法；制定《榕城区建立国家机关“谁执法谁普法”责任清单制度的工作意见》，进一步落实国家机关“谁执法谁普法”责任制；结合“3·8”“4·15”“6·26”“12·4”等重大时间节点，组织开展大规模法律咨询活动；做好新颁布新修订法律法规宣传工作；认真组织全国、省级“民主法治示范社区”申报工作，2017年，全区申报全国民主法治示范社区1个，申报省级民主法治示范社区57个；全力打造东湖法治文化主题公园。12月底，由区司法局、区普法办、区依法治区办联合打造的东湖法治文化主题公园顺利建成。东湖法治文化主题公园的建成，是榕城区贯彻落实“七五”普法规划的一项重要举措。

4月14日，由区司法局、区普法办、区依法治区办、区禁毒办主办的“4·15”全民国家安全教育日宣传活动在市区东风广场举办　　（区司法局供稿）

2017年，全区司法行政干警共为全区干部、村（居）民、青少年学生、外来工上法制课8939人、126场，出版宣传栏835期，印发宣传资料17万份，悬挂横幅566条，直接接受教育人数超过16万人。

【人民调解】 广泛宣传换届选举有关法律法规，深入开展村（社区）“两委”换届突出矛盾纠纷排查化解工作，为上半年我区村（居）换届选举的顺利进行保驾护航。进一步加强对各企业单位的排查了解，对各个大中型企业登记造册，为下一步继续设立企业调委会打好基础。在春节、两会特别防护期间、社区村（居）换届、“迎盛会·百日百项大行动”、国庆等重要时期，先后四次组织开展全区性社会矛盾纠纷排查调处工作，努力将矛盾纠纷化解在激化之前，消灭在萌芽状态。切实建立矛盾纠纷受理、调解处理、结果反馈等制度，组织推动律师发挥在化解矛盾纠纷中的作用。2017年，各级调解组织共受理各类纠纷437件，调结437件，调解率100%，调解成功率100%。调解组织网络覆盖率100%，防激化率100%。

【社区矫正】 印发《榕城区司法局关于开展社区矫正风险隐患排查整改工作实施方案》和《榕城区司法局关于迎接党的十九大胜利召开维稳安保特别防护期社区矫正工作实施方案》，深入开展社区矫正安全隐患排查和集中清理整治两个专项活动。印发《社区矫正人员突发事件应急处置预案》，加强特殊人群教育矫治管理，防止重新犯罪和各类突发事件的发生。认真贯彻落实省政府2017年省十件民生实事之一：社区矫正，严格按照广东省司法厅《关于推进社区矫正指挥中心建设的意见》要求，大力推进榕城区社区矫正中心建设。为便于服刑人员家属探视，降低探视成本，提高教育质量，年底，在区综治信访维稳中心一楼设置远程视频帮教会见室，完成榕城区远程帮教探视系统建设。进一步做好社区矫正信息系统、刑释解教人员信息管理平台建设，有效实现信息资源共享。全年累计接收社区服刑人员73人，解除矫正62人，在册社区服刑人员112人。

【安置帮教】 进一步调整区、街道刑释解教人员安置帮教工作领导小组组成人员；并调整充实社区帮教小组，形成横向贯通、纵向联合的三级帮教安置工作网络，奠定坚实的安置帮教工作基础。把安置帮教工作列入年度工作的考核内容，通过落实目标管理责任，促进安置帮教各项内容、措施落实，形成良好的安置帮教工作机制。落实刑满释放人员基本信息沟通机制和帮教衔接管理工作，确保做到不脱管、不漏管。采取对刑释解教人员及时进行法制教育、及时跟踪帮教、及时落实分类帮教、不定期进行帮教和走访等方式，有效预防重新犯罪的发生。建立重新犯罪备案预警机制，最大限度地减少重新犯罪。全年共接收监所刑满释放人员122人，解除社区矫正转为刑满释放人员62人，共184人。

2017年年底，区司法局在区综治信访维稳中心一楼设置远程视频帮教会见室，完成榕城区远程帮教探视系统建设 （区司法局供稿）

【公证服务】 狠抓政治、业务学习，努力提高公证队伍的整体素质。抓好对公证人员职业道德和执业纪律的教育评查工作，提高公证人员的质量意识、执业风险意识。规范办证程序。严格按照申请—受理—审查—出证—归档的程序操作，严抓审批出证，确保无出现假证、错证。加强公证队伍建设，完善各种制度。全年公证处共办理各类公证510件，接受公证咨询1020次·人。

【律师工作】 结合榕城区实际，强化对区法律援助处、公职律师所和各律师事务所、执业律师的监管力度，深化律师职业道德及执业纪律教育，充分发挥律师在化解基层矛盾纠纷、全面推动经济发展方面的独特功能和优势，进一步提升律师职业形象。在日常管理中，加强对律师事务所规范化建设的管理。在律师事务所及执业律师年度考核工作中，严把考核关，确保考核工作的公开、公正、公平。全区一村（社区）一法律顾问工作全面进入常态化。2017年，律师事务所办理收案326宗，担任地方党政机关、企事业单位法律顾问62家，解答来人来电法律咨询693次/人。

【法律援助】 进一步降低法律援助门槛，实现法律援助申请受理登记制度，为弱势群体提供及时便利、优质高效的法律服务。为更好地开展法律援助服务，完善法律援助便民机制，在上级及相关部门的支持下，4月26日、6月9日先后在榕城区人民法院、拘留所设立法律援助工作站。加大法律援助宣传力度。全年共开展10多场次户外法律援助宣传活动。整理、编辑、印制《以案说法》法律宣传书籍，分发到全区各个社区、学校。尽心尽责服务弱势群体。全年法律援助处共受理援助案件107宗，接受法律咨询359次·人。

【司法队伍建设】 结合推进“两学一做”学习教育常态化制度化，扎实开展“走正道、出实绩，建设首善之区”“维护核心，见诸行动”等主题教育和反腐倡廉工作，对全局干部职工进行理想信念、宗旨意识、反腐倡廉、职业道德、执业纪律等教育，进一步增强司法行政队伍的政治意识、大局意识、责任意识和服务意识。组织全局干部参加广东省干部培训网络学院学习培训和中央政法委、省司法厅举办的视频学习讲座及各级各类业务培训，切实提高队伍的能力素质。落实领导班子及成员按照分工管理的原则，认真开展抓早抓小“谈话提醒”活动，对苗头性、倾向性问题及时“咬耳扯袖”。为队伍注入新生力量，2017年按照职位空缺情况招录4名已经通过司法考试的公务员，为队伍注入高素质新生力量。

（陈燕珊）

JUNSHI

军 事

军 事

人民武装部

【概况】 2017年，榕城区人民武装部党委在军分区党委和区委、区政府的正确领导下，坚持以习近平新时代中国特色社会主义思想为指导，全面贯彻习近平强军思想，按照上级决策部署，积极推进人武部各项建设，圆满完成年度各项工作任务。

【思想政治建设】

认真抓好理论学习、改革强军教育和经常性思想教育 同步参加两级党委机关政治教育和每个季度的党委中心组理论学习，扎实开展“维护核心、听从指挥”主题教育、深入推进“两学一做”学习教育常态化、制度化教育，注重抓好经常性思想教育。

彻底肃清郭徐流毒影响 以迎接省军区“两项工作”交叉检查为契机，围绕“6个肃清”，采取逐个场所、逐个人员、逐个电脑、逐个存储介质过的办法，对人武部库室、档案、资料进行大清查，全面彻底消除郭徐流毒影响。

认真学习贯彻党的十九大精神 在党的十九大召开前，营造浓厚舆论氛围和政治环境，以良好的精神风貌迎接十九大胜利召开。党的十九大召开后，把学习贯彻党的十九大精神作为头等大事来抓，按照习主席“学懂、弄通、做实”的要求，迅速掀起学习宣传贯彻十九大精神的热潮，切实用习近平新时代中国特色社会主义思想和强军思想指导实践、推动工作、促进发展。

【主业主责】 认真修订战备方案。修订完善了国防动员、装备保障、抢险救灾、协助维稳等战备方案10余份。有序展开训练工作。组织了9名人员参加市组织民兵轻舟骨干训练，组织了48人进行民兵轻舟分队集训，结合召开征兵宣传工作会议组织专武干部集训1次。扎实推进后备力量整组工作。按照应急队伍、支援队伍、储备队伍三类。扎实做好全民国防教育。利用春节、“八一”、年度征兵、国家公祭日和学生开学军训等时机开展国防教育；9月25日，组织到揭阳职业技术学院开展国防教育的通讯被《广东武装》第10期报道。扎实抓好兵役登记和征兵工作。2017年，全区18周岁青年兵役登记率高达99.2%，位列全市第一，大学生入伍率占46.3%，列全市第一位。

【安全稳定】 注重安全教育。坚持从完善制度、强化意识入手，组织干部职工认真学习《三大条令》《安全条例》《保密规定》等条例法规。更新安全设施。通过1月“条令学习月”、第一季度枪弹专项清查整治和第二季度安全隐患排查整治，迎接军委国防动员部安全工作大检查和“百日安全”活动，对营区安防设施、警报系统进行综合整治，对监控摄像设备和消防防火器材进行检修、更换，营门更换智能进出系统，在办公楼大门安装智能指纹密码锁，一楼所有窗户加装了防盗网，防止外来人员和无关人员随意进入，有效正规工作、生活秩序，确保安全稳定。加强安全管理。注重抓好对司机队伍教育和车辆管理，严格车辆派遣手续和使用。9月，因地制宜增设了营门岗亭，招聘担负营门值勤哨员3名，加强营区应急防卫处突训练、演练，规范营门出入登记和车辆派遣管理，有效保障营区内的安全稳定。

【双拥共建】 注重发挥桥梁纽带作用，号召和带领广大民兵预备役人员，积极参与地方创建文明城市、“迎盛会·百日百项大行动”“五城同创”等重大活动，7月8日，组织30名民兵参加“创文为我　我为创文”主题日活动。

【党组织建设】 健全各级各类组织。及时健全部党委、纪委和党支部、党小组，及时增补党委委员和纪委副书记等。突出抓好组织制度落实。按要求组织召开部党委民主生活会；严格落实“三会一课”制度，每周五下午过党日活动，定期召开党小组会和党支部会，认真组织党员学习和讨论。扎实抓好党委班子、干部队伍建设。人武部调整整编后，班子成员除1人外全部进行变化，区人武部以此为契机，革新除弊、重塑形象，班子成员想干事、会干事、按原则办事的能力进一步提升，干部干事创业的信心和决心进一步增强。

（张　超　张有军）

人民防空

【概况】 2017年，榕城区人防办坚持以马列主义、毛泽东思想、邓小平理论、“三个代表”重要思想、科学发展观、习近平新时代中国特色社会主义思想为行动指南，全面贯彻中共十九大精神，以习近平新时代中国特色社会主义思想为指导，深入贯彻习近平总书记对广东重要指示批示精神。积极参加党的群众路线教育实践活动，深入贯彻落实上级人民防空工作会议精神和区委、区政府工作会议精神，积极实施可持续发展战略，勇于探索，开拓进取，认真做人民防空的各项工作，不断推进全区人防事业的科学发展。

【人防宣传教育】 人防宣传教育，争取领导关注支持。主动给领导订阅《中国人民防空》《广东人防》等有关刊物，加大人防工作宣传力度。充分利用市人防办在东湖公园建设的多媒体警报器功能，每天定时定点播放人防宣传教育影片。加强对广大干群的宣传教育。要求各级干部职工认真学习掌握人防有关法律法规，克服麻痹思想，提高对人防建设重要性，紧迫性的认识。利用防空警报试鸣日的机会，张贴公告、宣传栏，开展多形式宣传，收到较好效果。

【防空警报网络维护、建设】 积极配合市人防办对全区现有警报器维护管理。全区已安装固定警报器50台和多媒体警报器1套。督促相关单位做好日常管理工作，确保防空警报试鸣日警报器能够正常运转，提高榕城区的人防作业水平和防空能力。

【“结建”工作】 人防工程是人防建设的重点，区人防办把抓好防空地下室“结建”工作作为人防建设突破口，认真落实“结建”政策。榕城区以《中华人民共和国人民防空法》为依据，按照“人民防空与经济建设协调发展、与城市建设相结合”的原则，要求区内在建的建筑工程都要建防空地下室。配合市人防办做好区域内建筑工程调查、摸底工作，严格把好建筑工程地下室的审核和监督关，使全区防空地下设施工程质量、规格有进一步的提高。

【配合、参与创文活动】 积极配合市人防办对辖区内“城市避难场所”进行调查摸底，在全区范围内各人防避难场所都设置指示牌、宣传栏等，使全区人防应急避难场所配套设施进一步完善。全办人员积极参与创文的相关活动，注册志愿者并参加各种义务劳动，到街道、社区打扫卫生、上街路协助指挥交通，积极支持配合全区创文工作，努力做到“创文为我、我为创文”。

【人防队伍建设】 区人防办把政治理论学习作为重要的任务来抓，认真组织学习党的群众路线教育相关文件精神，领会党的十九大会议精神，学习贯彻上级人防部门和区委、区政府工作会议精神，提高全办人员的政治素质和理论修养，增强党性观念、全局观念和责任观念，强化服务意识，用实际行动更好地履行自己的岗位职责。抓好业务理论学习和业务培训，认真组织全办人员学习上级人防会议、文件精神和有关人防法律法规、政策，积极派人员参加省人防办举办的业务培训，进一步提高了全办人员的业务素质和法律意识；建立健全学习制度和各种规章制度，配备现代化办公设施，保证机关各项工作有条不紊地开展，推动榕城区人防事业科学、和谐发展。

（林洁新）

JINGJI

经 济

经 济

综合经济管理

发展和改革工作

【发展计划管理】 2017年，榕城区发展和改革局发挥经济综合管理服务部门作用，促进各项计划目标任务顺利实施。承上启下，做好2016年经济社会发展情况进行综合和动态分析，形成《揭阳市榕城区2016年国民经济和社会发展计划执行情况与2017年计划草案的报告》。牵头区直有关部门做好2017年经济社会各项指标下达，以揭榕府〔2017〕8号文下发至各部门实施，对计划执行情况进行跟踪分析并形成季度报告，为区委、区政府的经济社会发展决策提供有价值的参考材料。有针对性组织对全区经济社会发展重点领域进行专题调研。

（黄春萍）

【项目建设】 严格执行有关文件规定，完成多个项目审批、备案；严格企业投资项目监督管理，按照《广东省企业投资项目监督管理办法》，实行清单管理，全过程进行监督。梳理2016年省、市、区级重点项目建设情况，针对开工情况、建设进度及存在问题开展调研，形成材料为2017年项目铺排提供参考。牵头区直部门、各街道编制2017年项目投资计划，全区共梳理150个区级重点项目，年度计划投资113.32亿元，年度完成投资84亿元；列入市级重点项目24个，年度计划投资40.7亿元，年度完成投资44.5亿元。制订《榕城区贯彻“迎盛会·百日百项大行动”工作方案》，建立贯彻“迎盛会·百日百项大行动”项目半月报制度，加快推进全区重要工作、重点项目，及时掌握各项工作进展情况。做好项目备案及立项工作。按照项目备案管理程序，做好榕水湾（一期）等28个项目备案及揭阳市榕城区仙梅片区污水处理系统建设工程等10个项目的立项工作（可研）。协调做好项目储备、资金配套、对接上级政策资金扶持、项目申报等工作，积极争取一批对榕城区经济发展具有巨大支撑作用的大项目入库。至11月，全区列入国家项目库16个，省储备库6个，市储备库4个，本级库6个，其中揭阳市榕城区中部片区棚户区改造项目（一期）和揭阳市区保障性住房配套基础设施建设项目（仙彭路、湖心路）分别争取中央预算内资金3500万元、3000万元已落实。

（章跃勤）

【粮油管理】 积极推进依法治粮，起草形成《榕城区区级储备粮管理办法》，有效加强和规范榕城区区级储备粮管理，保证粮食顺畅有序流通，确保粮食安全。完成2016年度全区粮食安全责任制考核工作。完成2017年储备粮轮换任务3750吨。进一步抓好区级储备粮监管工作，确保在库粮物安全。认真做好春、秋两季国家、省、市的库存检查工作以及全区粮食供需平衡调研工作，服务全区的军需民食，加强粮食安全生产的检查监督力度。

（李　苗）

【物价工作】　组织30家平价商店（销售环节项目单位）完成广东省农副产品价格调控项目库成员单位2017年度绩效评价工作。根据上级文件精神，进行区内涉企收费清理工作。协调做好榕城区“12345”市民服务热线关于物价方面的投诉件受理工作，认真受理和查处群众反映的各种价格违法违规问题。2017年，共受理投诉件124件，咨询件22件，市转办举报件21件，所有投诉、举报、咨询件都在规定时间内办结。积极适应经济发展新常态下的价格调控形势，严格执行《广东省定价目录（2015年版本）》规定。积极组织人员参加省物价业务培训，提高执法人员综合素质能力。

（陈子丰）

【国有资产监督管理】　指导揭阳古城建设投资发展有限公司将外经贸大楼有偿转让给揭阳市中医院，协助开展揭阳市中医院和区新兴卫生社区中心在外经贸大楼1—3楼合作共建医联体有关工作，对区六一幼儿园及其北侧商场5年使用权进行公开招租，将位于市区新兴东路北侧巷畔路原区收容遣送站办公场所西侧部分5年使用权继续租赁给揭阳市孙淑强狮艺武术馆使用，努力实现国有资产保值增值。

（陈婷婷　黄填锋　林　妍　杨灿丰）

【碳排放管理专项工作】　推动重点领域和重点单位节能减排，控制能源消费总量。根据《广东省碳排放管理试行办法》，协助省、市做好本辖区内企业碳排放管理相关工作，组织列入省控排6家企业碳排放信息报告与核查工作，落实企业参加相关培训，完成企业认购、清缴任务。开展钢铁行业化解过剩产能工作，根据国家、省、市部署的2017年上半年彻底取缔“地条钢”任务安排，着力做好钢铁行业化解过剩产能各项工作，建立一企一档资料，组织核查行动12次，共核查涉钢企业59家。

（章跃勤）

【其他牵头任务工作】　牵头落实事业单位和国有企业公务用车制度改革的工作，涉改公车改革的事业单位和国有企业共285家，涉改公务用车共112辆，保留车辆90辆，取消车辆22辆（其中报废6辆），至10月改革工作基本完成。按照要求于5月1日起执行公务交通费用报销制度。继续落实好《揭阳市榕城区供给侧结构性改革补短板行动方案（2016—2018年）》，推进电网改造、信息基础设施建设、交通基础设施建设、水利保障体系、环境污染治理、人才培训、教育创先、卫生创强等各项补短板工作。牵头区经信和商务局、建设局、财政局、金融办，结合榕城区实际，起草形成《揭榕市榕城区推进供给侧结构性改革2017年度去产能工作方案（送审稿）》等五个工作方案，呈区人民政府审定并以区政府办公室名义印发。

推进社会信用体系建设。根据榕城区实际，起草形成《揭阳市榕城区建立完善守信联合激励和失信联合惩戒制度的实施方案》，加快建立完善守信联合激励和失信联合惩戒机制；协调组织好榕城区行政许可和行政处罚信息归集工作，及时上报市信用办汇总，强化部门之间信息资源共享，提高信息数据互联互通、共享使用程度。

（黄春萍　李　爽）

统计工作

【概况】　2017年，榕城区统计局坚持稳中求进工作总基调，围绕区第六次党代会、区六届人大二次会议的工作安排，积极适应经济发展新常态，真抓实干，为建设揭阳首善之区提供统计服务。截至2017年年底，设有人秘股（政策法规股）、工交能源统计股、农贸统计股共三个股和社会经济调查队、普查中心，干部职工共12人。

【统计业务工作】　扎实做好常规定期报表，抓好月度、季度统计数据的预测和企业联网直报工作。加强监管评估，依法依规抓好“四上”企业联网直报工作；做好新产业、新业态、新商业模式专项统计报表，并高质量的做好数据审核和上报工作。抓好月度、季度统计数据的预测工作，确保全区统计数据统实统足。做好名录库的更新维护。认真做好“四上”企业核查以及调查单位审核认定工作，在对全区500多家“四上”企业全面核查的基础上，抽查50多家“四上”企业进行检查。做好504家达标“四上”企业核查工作。对符合标准的企业及时纳入“四上”企业范围。加快推进“五证合一”登记制度改革。做到各负其责，协同配合，加大共享信息核实力度，确保改革各个环节运行顺畅。开展2017年投入产出调查工作。

【第三次全国农业普查后续工作及各项抽样调查工作】 做好第三次全国农业普查后续工作。做好城乡一体化住户等各项调查工作。主要是做好新一轮住户调查样本轮换工作。2017年是本轮住户调查样本开展记账工作的最后一年，新一轮住户调查样本轮换工作于2月启动。进一步做好榕城区2017年住户调查工作，加强领导，开展宣传，落实经费，精心组织，做好住户调查摸底工作，确保新一轮住户调查样本轮换工作顺利开展。做好2017年人口变动抽样调查工作。落实分管领导负责做好抽样调查准备工作，特别是做好PDA设备的准备工作，确保设备到位；精心组织，做好调查小区划分工作，全区共划分5个小区；做好调查指导员、调查员的选聘和培训工作；开展调查宣传工作，营造良好氛围；开展调查摸底、入户登记与复查工作，调查共110户。开展规下、限下工商企业抽样调查工作。

【“两学一做”学习教育常态化、制度化】 该局党支部按照上级有关文件精神以及省委、市委、区委关于推进“两学一做”学习教育常态化制度化工作会议精神，为贯彻落实习近平总书记重要指示精神和中央、省委、市委、区委部署安排，局“两学一做”学习教育常态化制度化领导小组精心组织，认真开展学习传达，做好动员部署，健全机构、制订实施方案和支部学习计划，学习教育工作常态化、制度化已取得阶段成效。突出经常性教育的特点，坚持以“三会一课”等党的组织生活为基本形式，以落实党员教育管理制度为基本依托，开展学习教育；结合“四提升两争当”主题活动，组织专题学习大讨论；精心组织，开展“创文为我 我为创文”主题党日活动；参照市局做法，突出“学习贯彻重要批示精神，推动统计科学发展”这一主题，建立健全确保源头数据真实准确完整的工作机制。

【统计法制建设】 围绕“四个全面”的新要求，起草“七五”普法规划，周密动员部署，认真组织实施，开展统计法宣传活动。积极与司法部门沟通，将统计法等统计法律法规纳入本区“七五”普法规划以及党政领导干部和公务员学法规划。精心组织“9·20”统计开放日活动，重点推进对新修订的《中华人民共和国统计法实施条例》的普法宣传，现场共发放《中华人民共和国统计法实施条例》宣传资料2000多份，从而普及统计知识、法律法规，增强全社会统计素养，营造法治统计良好氛围。开展全区统计执法检查。为科学有效地组织开展统计工作，根据上级的安排部署，榕城区于6月21日至22日开展2017年统计执法检查。在全面自查的基础上，采用随机抽查方法。抽查10个街道共30家“四上”企业。通过开展执法检查，进一步规范统计数据报送行为，营造良好的统计法治环境，提升统计数据质量，确保统计数据真实、准确、完整、及时。配合市对榕城区统计“双随机”检查工作。

（黄勉慰）

审计工作

【概况】 2017年，榕城区审计局坚持“依法审计、服务大局、围绕中心、突出重点、求真务实”的工作方针，谋划推进榕城审计监督全覆盖，结合“两学一做”学习教育常态化制度化，落实从严治党责任制，切实加强党支部的建设和审计队伍的能力建设、作风建设，充分发挥审计“免疫系统”功能作用，当好公共资金守护者和反腐败的利剑，认真履职，依法审计，圆满完成年度工作任务。2017年，该局在抽调大部分业务骨干参与上级审计机关组织的乡镇异地交叉审计、重大基础设施建设项目跟踪审计调查、精准扶贫跟踪审计和水资源审计调查等的基础上，完成审计项目14个，查出管理不规范金额33809万元，提出审计建议21条，全部被采纳，审计监督职能得到充分发挥和体现。

【财政审计】 财政预算执行审计是审计工作的重点。区审计局紧紧围绕积极创新财政审计，服务区经济社会发展的工作理念，完成财政预算执行审计，通过推进预算执行审计，提高榕城区财政资金使用效益，促进区财政预算管理水平的提高。加强部门预算执行审计力度，通过对榕城区科学技术局2016年度经费预算执行的情况进行审计。审计查出区科技局存在“超范围使用现金”“会计核算不规范”等问题，该局提出要严格执行国家财经法规的有关规定，在规定范围内支付现金和严格按照《政府收支分类科目》做好会计核算工作意见建议。

【经济责任审计】 紧紧围绕经济责任审计工作的部署和安排，继续深化经济责任审计的内容，将各单位贯彻落实中央“八项规定”相关要求情况作为重要审计内容，充分发挥经济责任审计在促进党风廉政建设的积极作用。按时召开由榕城区纪委、组织、人社等“五部门”相关同志组成的经济责任领导小组成员会议，研究讨论经济责任审计计划任务，确定审计对象;统筹审计力量，打破股室界限，整合审计资源，为顺利完成年度经济责任审计任务奠定了基础；把经济责任审计与财政财务收支审计、专项审计等有机结合起来，力争“一审多果”，解决多方需求；推行严格的质量控制制度，开展计算机辅助审计，不断提高审计项目质量和审计效率。

【国家重大政策措施落实情况跟踪审计工作】 区审计局高度重视国家重大政策措施落实情况跟踪审计工作，努力当好重大政策落实“督查员”。开展对榕城区创新驱动发展战略相关政策措施落实情况进行就地跟踪审计调查，重点审计调查区政府及有关部门2014年1月至2017年6月制定情况及贯彻落实中央和省出台的创新驱动发展战略政策总体情况、创新驱动发展战略相关财政专项资金管理和拨付情况、项目结题验收情况等。审计发现榕城区在贯彻落实构建科技企业孵化育成体系、科技人才创新激励措施、深入实施重大科技专项、推动重大科技成果产业化和全面深化科技创新体制机制改革等方面未出台适合该地区实际情况的配套措施，相关工作进展较慢。该局责成区科技局按上级关于加快科技创新的工作要求，制定相关配套措施，报区政府同意后实施，切实推进创新驱动发展战略，扎实推进各项工作。

【审计管理】 区审计局着力抓好党支部和审计人才专业队伍建设，通过进一步完善审计复核、审计业务会议制度、审计执法过错责任追究制度，严格落实《国家审计准则》《审计署5、6号令》和“八不准”审计工作纪律以及“服务承诺制”等制度，使机关工作效率、办事速度、服务水平有新的突破，树“勤政、务实、廉洁、高效”审计机关新形象。

【内部审计】 区审计局坚决贯彻执行内审工作有关规定，加强对区直单位内审机构的业务指导，协调解决内部审计人员在审计工作中碰到的难点问题。2017年，区直单位设内审机构3个，有内审人员11人（属兼职人员）。

（郑旭琼）

国土资源管理

【概况】 揭阳市国土资源局榕城分局为市国土资源局派出机构，正科级。

揭阳市国土资源局榕城分局负责榕城区国土

资源管理工作，内设人秘股、规划矿管股、土地利用股、地籍测绘股、执法监察大队，正股级。揭阳市国土资源局仙桥、梅云、榕东管理所，正股级，为榕城分局的分支机构表，负责区域内的国土资源管理工作。各管理所分别加挂揭阳市国土资源局仙桥、梅云、榕东执法监察中队牌子。东兴、东阳、东升街道办事处设置国土管理员各1名。

【土地利用与地籍管理】 2017年，完成仙桥南污水处理厂面积1.71公顷（折合25.62亩）预征地程序。农用地转用得到市批复共3个批次，总面积7.4982公顷。完成全区89个经联社农村地籍调查外业作业；完成不动产权统一登记权籍调查工作，全年共99宗，其中国有48宗；集体51宗。

【耕地保护】 根据《揭阳市2017年度耕地保护目标责任书》，市要求榕城区至2017年年末，要确保全区耕地保有量不少于528公顷（折合7920亩），全区基本农田面积不少于66.67公顷（折合1000亩）。根据2017年度土地变更调查初步统计数据，2017年年末榕城区耕地（纯耕地）面积和永久基本农田面积均超过市下达任务数量。

【土地利用总体规划调整和全域永久基本农田划定工作】 根据省、市和区的部署和要求，编制《揭阳市榕城区土地利用总体规划（2010—2020年）调整完善方案》（含《揭阳市榕城区全域永久基本农田划定方案》），依法依规收集采纳各单位意见并修改完善后逐级上报省人民政府审批。省人民政府于2017年9月24日以“粤国土资规划调复〔2017〕70号”批复榕城区土地利用总体规划（2010—2020年）调整完善方案，省国土资源厅于2017年9月25日印发该批复。

联合区农水局划定榕城区全域永久基本农田0.11039公顷，完成永久基本农田“落地快、明责任、树标志、建表册、入图库”等任务并按规定上报永久基本农田保护成果（含数据库）；划定全域永久基本农田整备区，编制完成《揭阳市榕城区全域永久基本农田整备区划定方案》并已接受市的实地验收。

榕东街道有条件建设区按发展实际需求，按有关规定编制《榕城区榕东街道土地利用总体规划（2010—2020年）有条件建设区使用方案（彭林村、钟厝洋村）》并依法完成方案意见征集、修改完善、公告等工作后上报市局审查并已获市局批复和省厅备案。

【地质灾害防治】 区国土分局加强机构建设，成立汛期地质灾害防治应急指挥部和建立班子成员汛期地质灾害防治工作组分片负责人制度；组织、协调、指导和监督各街道办事处开展2017年地质灾害防治工作；坚持落实汛期值班和险情巡查、排查等地质灾害防治制度；加强地质灾害防治有关法律法规政策的宣传、培训；牵头制订和印发《揭阳市榕城区2017年度地质灾害防治方案》和《揭阳市榕城区突发地质灾害应急预案》等文件，做好榕城区地质灾害隐患点的排查整治工作，落实2016年在册隐患点核减10%任务。

【执法监督和信访】 扎实开展土地矿产卫片执法检查工作，2016年卫片执法全区共排查发现违法违规用地67宗15.36公顷（折合230.4亩），立案62宗，落实罚款金额约67万元，拆除违法建筑物面积约6166平方米，没收违法建筑物面积约17466平方米，复绿复耕约5.73公顷（折合85.9亩），约谈整改滞后街道办事处6个。现已顺利通过部、省、市的验收。2017年，受理涉土信访62件，已办理信访件56件。接待群众来访126人次，信访案件办结率90%。

【国土专项行动】 *集中清理整治“小产权房”行动* 自2017年2月25日起，由区领导带队抽调区各有关部门精干力量150多人，联合协同各街道开展小产权房清理、查处工作。通过各片区小组到街道、村进行清查并经各街道确认上报，2月25日至3月1日辖区内400多宗在建“双违”项目一律实施三停（停工、停水、停电）。

整治“三乱”问题 继续对农村土地“三乱”问题进行全面清查整治，从严查处违法违规

违纪案件。严格落实《揭阳市土地管理共同责任制度实施办法》，共清理出乱占违法用地3宗、0.76公顷（折合11.45亩），已全部复绿。

惩治环境违法犯罪专项行动　根据市、区对惩治环境违法犯罪的统一安排部署，对涉及环境违法犯罪的重点区域、重点行业开展全面排查摸底，共立案4宗，涉刑事案件移交数2宗。配合区委区政府共清理钢铁落后产能企业23宗，共立案查处4宗。

【精准扶贫工作】　根据区扶贫办的工作布置，协助榕东街道扶持双彭、厚宅二个村的八户困难户共13人，中层以上干部一对一结对帮扶困难户13人，中秋等节日为困难户送米、油及其他物品若干，并联系"阳光义工"等好心人群体，对困难户进行经常性扶助，每月至少一次上门送大米和食用油。经多方努力，精准扶贫工作取得阶段性成果。

【创文活动】　组建一支强有力的创文队伍，做好本职工作支持创文，克服资金和人员不足的困难，开展交通秩序和城乡环境卫生整治等活动。挤拨经费，支持创文活动。在分局经费紧张的情况下，从工作经费中挤出8000元拨给挂钩的榕东厚宅经联社，支持该经联社搞好村容村貌和环境卫生。全员投入，参与创文活动。

（陈银裕　周咏雪）

工商行政管理

【概况】

揭阳市工商局榕城分局下设办公室、人事股、政策法规股、登记注册股、企业监管股（加挂个体私营经济监管股牌子）、市场规范管理股（加挂商标广告监管股牌子）、网络交易监管股、消费者权益保护股、经济检查大队。下辖新兴工商所、榕华工商所、仙桥工商所、西马工商所、榕东工商所、中山工商所、梅云工商所、东山工商所8个基层工商所。

2017年，该局围绕市工商局和榕城区委区政府工作部署，严格执行"一月一计划、一月一小结"工作制度，全力推进"百日百项大行动"，深化市场放管服改革，激发大众创业创新热情，全面开展经济户口清理，大力扶持产业转型升级，营造健康活力的营商环境，构建公平竞争的市场秩序，服务榕城建设"首善之区"，做好创文、环保、经济户口清理等工作，核发全区首份全程电子化营业执照。该局先后被榕城区评为2016年度文明单位、"两学一做"学习教育常态化、制度化区级示范点和创建省文明城市先进集体。房坤雄局长被评为揭阳市创文先进个人。

【商事制度改革】　大力推进"商事主体住所登记""多证合一"改革，加快推行工商登记全程电子化，进一步降低准入门槛，简化办照程序，最大化实现工商登记注册全程便利化，为中小微企业快速增长营造高效便利的准入环境。2017年，榕城区新增企业1628户，比上年同期增长32.35%；新增个体户6611户，比上年同期增长58.61%；新增农民专业合作社3户。截至2017年底，全区共有市场主体43937户，其中企业8470户，个体户35450户，农民专业合作社17家。

【事中事后监管】

完成年报各项工作　通过发放年报指南、政务微信宣传、电话提醒和上门指导等方式，就年报政策及操作流程进行详细解读，指导企业按期进行年报公示。2016年度企业年报率达到89.92%，个体户年报率达到97.8%，农民专业合作社年报率达到100%。

引导企业诚信守法经营　全面推行行政处罚信息公示，加快完善市场主体经营异常名录，与有关部门加强市场主体信用信息共享，实施联合惩戒。通过强化信用监管，2017年共有74户市场主体主动补报年报，申请移出经营异常目录或申请恢复正常经营状态。深入开展合同示范文本推广工作，鼓励和引导经营者参与"守合同重信用"公示活动。2017年共有132户企业参加"守重"公示活动。对辖区内服装等重点商品经营者开展诚信约谈培训，引导经营者签订《商品质量

9月18日，揭阳市工商局榕城分局召开工会第一次会员代表大会

（揭阳市工商局榕城分局供稿）

安全承诺书》330份。

推进清理无照工作常态化　抓住“创文”工作和经济户口清理工作的有利契机，落实工商所“属地管理”责任，坚持清查与引导、教育与处罚、整治与规范相结合，积极引导和帮助具备条件的无照经营户办理营业执照，为榕城区培育更多合法的市场主体。2017年，共清理无照6699户，补办执照6538户，查处无照经营100宗，罚款47.77万元。

【市场秩序维护】　强化执法办案意识，实行每月案件通报制度，努力当好市场秩序的“守护者”。重拳整治违法行为。围绕人民群众关心的热点难点问题，主动出击，深入开展服装、装饰装修材料、交通工具及配件、家用电器、儿童用品、燃气具等六类重点商品专项整治，严厉打击各类制假售假、发布虚假违法广告、商标侵权、不正当竞争等经济违法行为，为榕城企业健康发展保驾护航。2017年共立案查处各类案件268宗，罚没金额117.11万元。畅通投诉举报渠道。2017年，共受理群众投诉举报件1483件，其中投诉995宗，为消费者挽回经济损失164.26万元；举报案件488宗，罚没8.65万元。全区共建立“一会两站”工作站15个和12315“五进”消费维权服务站7个。

【企业发展帮扶】　在商标品牌、动产抵押、政策指引等方面加大帮扶力度。结合辖区实际，确定“揭阳酱油”为榕城区具有培育价值的地理标志商标资源，深入区食品工业协会开展商标指导，帮助申请地理商标。2017年，共新增注册商标1522件，其中驰名商标2件，著名商标14件，全区有效商标达到9068件。办理动产抵押登记11宗，抵押贷款金额4.76亿元。为企业登记“网上交易”经营范围提供登记便利，全年新增电商市场主体1055户，全区电商市场主体达到3305户。

【经济户口清理帮扶】　在全区尚未全面铺开清理帮扶工作之前，榕城分局主动作为，精心组织各工商所联合各街道办对辖区集贸市场、主要商业街等重点区域的经营主体进行先行清理，为后续工作打下良好基础。牵头草拟榕城区清理帮扶工作方案，协助建立以街道为主体的清理帮扶工作机制，组织召开清理帮扶工作培训会，深入各街道开展业务指导，帮助各街道理清工作思路。切实做好全区清理帮扶数据精准统计，建立每周召开碰头会协商和定期通报制度。加强宣传报道，及时介绍推广先进经验和做法，撰写工作简报5期，书面通报2期。截至2017年年底，共采集经营户信息数44092户，补办营业执照3731户，帮扶个转企784户。

【专项整治行动】　积极参与环保联合执法行动，全面细致做好政府交办每宗环保案件的调处工作。2017年，共参与16批省交办案件办理，检查经营者44户，立案6宗；切实履行安全生产“一岗双责”，积极配合消防、安监等部门开展安全生产大检查，加强对高危化品等高风险行业的日常监管，全年出动检查人员5914人次，检查各类经营户6534户次；深入开展社会治安综合治理

“众剑行动”，行动以来共出动执法人员569人次，检查经营户479户次，立案查处侵犯他人注册商标专用权案件10宗；严格落实“1110”防控禽流感制度，全年共查处在活禽经营限制区内销售活禽的违法案件23宗，罚没3.27万元。

【精准扶贫工作】 2017年，榕城分局落实帮扶责任人，定期深入10户帮扶对象家中开展帮扶，协助解决实际困难，引导扶贫对象树立勤劳致富观念。在春节等重大节日组织开展走访慰问，向贫困户送上帮扶慰问金和米油物资一批。

【创文工作】 揭阳市工商局榕城分局自“创文”以来，积极参与榕城区“三大行动十项整治”，全力协助挂钩点卢前社区推进文明社区建设，全面打造茶叶市场示范点，实现场内持照亮照100%目标，对辖区12条市示范路、区样板路和15个集贸市场开展无照清理行动，对户外虚假广告（特别是烟草广告）进行规范整治。“创文”期间，共清理无照8553户，补办营业执照8173户；查处虚假违法广告案件21宗，罚没6.56万元；组织志愿服务活动25场次，出动志愿者2857人次；参与专项行动63场次，出动人员7256人次；编发工作简报36期，设置宣传栏12块，印制各类宣传资料、海报3万多份。

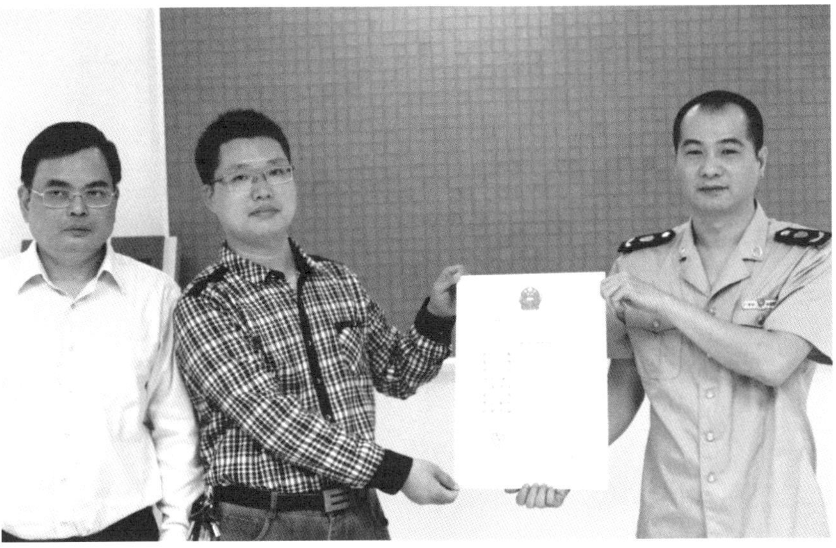

10月31日，榕城区核发首张全程电子化营业执照

（揭阳市工商局榕城分局供稿）

【工商队伍建设】 深入学习宣传贯彻党的十九大精神 10月18日，以支部为单位，组织党员干部集体收看和学习十九大工作报告。11月2日，房坤雄局长为全局干部职工作了题为“新时代彰显新气象新作为 奋力开创工商事业新局面”的宣讲报告，要求队伍在新时代要有新气象，在服务地方发展上有新作为。通过组织党员讨论，编发简报，设置学习专栏等方式，营造浓厚学习氛围，引导党员干部做新时代合格党员。

开展业务培训 2017年，开展各类业务培训21场次，参加培训人员480人次。

严格执行党廉“一岗双责” 加强督查问责，倒逼责任落实。通过开展警示教育和谈话提醒等方式，及时为干部提醒敲钟，营造风清气正的基层政治生态。2017年，签订《党廉建设责任书》38份。

（郭晓新）

食品药品监督管理

【概况】 2017年，榕城区食品药品监督管理局认真贯彻落实中共十九大精神和习总书记“四个最严”监管方针，以保障全区人民群众饮食用药安全为目标，以食品药品专项整治行动为抓手，以农贸市场农产品快检、食品药品抽检为技术支撑，切实加强日常监管工作，消除食品药品安全隐患，实现全区食品药品安全“零事故”。

【行政许可工作】 优化审批流程，把好市场准入关。共核发食品药品许可证1297家，注销160家。做好食品生产加工小作坊的登记工作，核发食品小作坊登记证3家。

【履行监管职能】 落实最严监管措施，加强辖区内食品药品监管，确保群众饮食用药安全。

狠抓日常监管 坚持“四

个最严”监管要求，以加强学校食堂、集体食堂、农村食品、餐饮环节安全、市场专项整治和假药、劣药、冷链疫苗专项整治为重点，消除食品药品安全隐患，2017年，出动执法人员6000多人次，检查企业3400多家次，责令整改300多家。

学校食堂整治　联合区教育局开展春秋季学校（幼儿园）食堂专项检查，共检查食堂172多家次，开出督促办证通知书22份，立案处理2宗。召开全区学校（幼儿园）食堂食品安全现场会，组织全区学校食堂负责人到4家管理、设备、环境等较好的学校食堂进行实地观摩学习、经验交流。开展食品安全操作规范培训，提高学校食品安全管理水平。全区92家学校（幼儿园）食堂已全部实现明厨亮灶。

重大活动监管　加强春节、端午、中秋、元旦、国庆等节前食品安全监管工作和重大活动餐饮服务食品安全保障工作，共监餐21次，确保重大活动食品安全、零事故。

【推进民生实事】　以民生实事为重点，加大重点项目推进力度。

开展农贸市场快检　以果菜批发市场、新河肉菜市场等7家市场为食用农产品快检单位，加强对食用农产品的监管，确保食品安全。全年共快检蔬菜49443批，水产1549批，不合格55批，合格率99.9%，处置不合格食用农产品3783公斤。

强化食品安全检验　按照食品检验量“每年每千人不少于1.5批次”的要求，按时完成市下达的800批次食品检验任务，合格率99.5%。积极做好食品药品快检工作，共快检食品1028批次，药品225批次，化妆品224批次，保健食品92批次，及时降低食品药品安全风险点。

培育餐饮后备人才　促成区餐饮行业协会和揭阳捷和职业技术学校举办揭阳厨师人才培养研讨会，举行校企合作签约、聘请客座教授及厨师拜师仪式，促使校企合作关系进一步深化。

推进家禽“集中屠宰、冷链配送、生鲜上市”工作　区食安办牵头组织各有关部门、街道办事处组成联合执法组，开展联合执法行动2次，出动执法人员82人次，执法车辆16辆次，检查市场17家次、家禽经营档口191户次，发放宣传资料120份，相关部门立案23宗，罚没3.27万元，并清理鸡笼一批。

【依法行政工作】　加强依法行政工作，优化服务质量，严打食品药品安全违法行为。

强化案件办理　对群众投诉举报的涉嫌违法违规的食品药品生产经营行为，做到有报必查，及时查处。共接到群众举报投诉159宗，办结155宗；立案48宗，均已结案，罚没金额人民币约29万元。

做好行政复议工作　共办理食品相关被复议的案件2件，其中1件申请人撤回申请，1件由市行政复议委员会依法驳回。

【加强宣传培训】　积极营造食品药品安全齐抓共管氛围，及时报送信息，在榕城区政务网公开

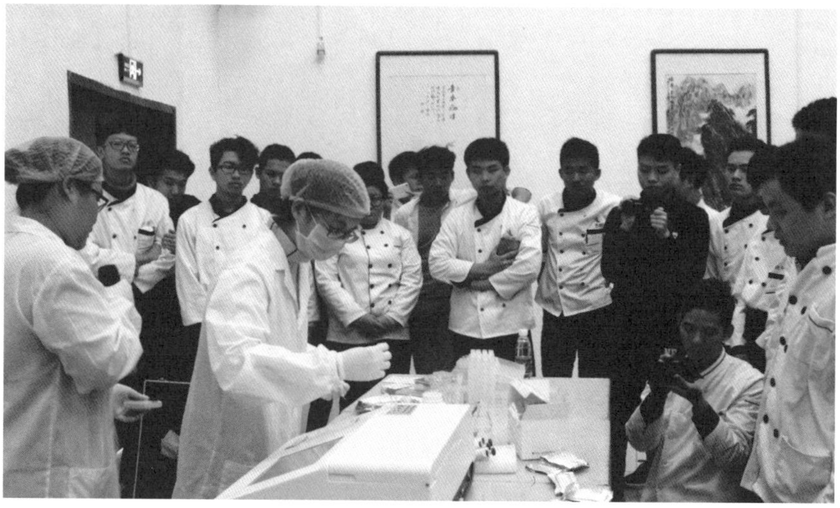

3月9日，榕城区食品药品监督管理局联合区教育局和区餐饮行业协会在揭阳捷和职业技术学校开展以“树立食品安全意识，保障舌尖上的安全”为主题的食品安全宣传进校园活动
（区食药监局供稿）

7月28日，副区长卢少通（前排右三）带队到榕城区妇幼保健院检查药品安全生产（区食药监局供稿）

各类食品药品信息97条；在揭阳电视台、《揭阳日报》等新闻媒体宣传食品药品安全13次；在微信公众号推送食品药品宣传信息24篇。充分利用食品安全宣传活动周、全国安全用药月等契机，在精准扶贫挂钩联系的梅云街道大围社区、临江南路开展食品药品安全宣传活动，增强群众饮食用药安全意识，服务群众近3000多人，发放法律法规、宣传资料2万多份。通过在揭阳捷和职业技术学校举办“2017年榕城区处置一般食品安全事故（Ⅳ级）应急演练”、在揭阳学院举办全区食品药品监管队伍培训班等活动，进一步提高区、街道、社区三级监管队伍综合素质、监管能力和应急水平。

【项目助推发展】 以文明城市和示范街区创建为有效抓手，发挥示范辐射效应，进一步提升全区食品药品管理水平。

开展文明城市创建　围绕文明创建工作目标，在临江南路、仁港美食街设立食品宣传专栏和创文宣传栏，强化食品药品监管检查，做好创文资料编报工作。在实地测评方面，督促指导各餐饮店、宾馆饭店按照测评标准和食品安全有关要求落实好创文工作，共检查餐饮单位2000多家次，发放宣传海报、餐桌台卡、文明创建工作通知、一次性告知书、制度等材料超万份，荣获榕城区“创文为我 我为创文”活动先进集体称号。

创建省级食品安全示范街　做好临江南省级食品安全示范街创建工作，顺利通过省验收，被评为“广东省食品安全示范街”。

创建市级化妆品市场安全治理示范区　召开示范区创建培训会，在建阳路中段创建市级化妆品市场安全治理示范区，规范企业经营，切实加强榕城区化妆品安全管理水平。

【执法队伍建设】 积极推进“两学一做”学习教育常态化、制度化，通过党的十九大精神、习近平对广东的重要批示精神及省第十二次党代会精神等专题学习、开展党的十九大精神宣讲等形式，引导党员干部牢固树立“四个意识”，增强“四个自信”，加强干部队伍建设。加强党风廉政建设，组织局干部职工到区图书馆开展“廉洁读

11月26日，由榕城区政府主办，区食安办、区应急办承办的“2017年榕城区处置一般食品安全事故（Ⅳ级）应急演练”在揭阳捷和职业技术学校举行（区食药监局供稿）

书月”活动，通过阅读有关廉洁读本和开展廉洁读书月学习交流会，筑牢反腐倡廉思想防线。

（李明兰）

安全生产监督管理

【概况】　2017年，榕城区全年没有发生较大以上生产安全事故；一般事故18起，死亡10人，受伤10人，直接经济损失3.78万元。其中：工商贸企业没有发生事故。道路交通事故13起，死亡10人，受伤10人，直接经济损失1.98万元；火灾事故5起，没有人员伤亡，直接经济损失1.8万元。全区安全生产各项指标呈现下降态势，安全生产形势稳中趋好。榕城区连续5年在全市安全生产责任制考核中被市安委会评为“优秀”等次。

【完善安全生产责任体系】　制定并提请区委、区政府印发《中共揭阳市榕城区委办公室 揭阳市榕城区人民政府办公室关于完善安全生产责任体系的通知》，进一步落实安全生产“党政同责、一岗双责、齐抓共管、失职追责”要求。

【安全生产检查】　2017年，全区按照“全覆盖、零容忍、严执法、重实效”总要求，狠抓日常监管，组织开展大检查、专项督查。共出动执法人员5625人次，监督检查各类生产经营单位2830家次，发现各类隐患778处，下达《责令限期整改指令书》422份；狠抓重点时段的安全监管，以督查推动入手，切实保障元旦、春节、五一、国庆期间生产安全。特别是岁末年初期间，全区深刻吸取“7·6”广河高速龙门段重大交通事故和“7·11”普宁大道南山路段吊车侧翻重大事故等事故教训，深入开展“安全大过天，幸福过大年”专项检查行动，共排查各类安全隐患2416项，惩治违法违规行为87起，关闭取缔企业2家，停产整顿企业11家，处罚款33.573万元，行政拘留10人，形成了强大警示和震慑作用，有效提高各行业领域风险管控和事故防范能力，提升企业安全管理水平，确保生产安全。

【安全生产专项整治】　*加危险化学品监控*　把危险化学品综合治理与化工产业安全生产转型升级等工作紧密结合，推行危险化学品企业定量风险评估，制定印发《开展危险化学品综合治理实施方案》，部署要求全区各地各有关部门按职责分工抓好风险摸排、重大危险源管控、人口密集区危化企业搬迁、油气输送管道攻坚战等重点工作落实。加强对危险化学品企业的执法检查，共检查危化品企业73家次，发出整改指令书16份，排查整改安全隐患49处。

加强对烟花爆竹非法销售惩治　联合公安、工商等部门开展执法行动，共出动执法人员880人次，检查商铺户1293家次、集贸市场8个，现场取缔非法销售点4个，收缴非法销售的烟花爆竹161盒，移交公安机关处理4人，严厉惩治烟花爆竹领域违法行为，严防事故发生。

加强道路交通监控　针对重点运输企业、重点车辆、重点路段时段，加大监管监控力度，依法查处各类道路交通违法行为。

加强对校车安全管理和黑校车整治　组织教育、交警部门对辖区有校车的学校及接送学生车辆每月进行一次排查整治，成立暗访组，共开展暗访行动9次，出动暗访人员20人次，对黄岐山大道、临江南路、淡浦路等学校附近道路进行暗查暗访，全力整治校园交通运输秩序，严厉惩治非法接送学生的“黑校车”。

加强建筑施工机场安全管理　全力抓好各类施工项目安全专项治理，强化施工现场安全管理，督促企业严格落实安全防护措施，共检查建筑工地682处，发出责令整改文书292份，停产整顿施工工地52处。

消防安全　全面排查整治“三小”“五小”“三合一”等场所，严防火灾事故发生，共检查企业3346家次，发出责令限期整改文书901份，责令停产停业整顿企业32家，罚款40.45万元，拘留23人。

人员密集场所安全检查　对市场、商场、旅游景区、网吧、电影院等人员密集场所进行全方位安全检查，共检查企业2835家次，发出责令整改文书137份，停产整顿企业1家。

加强对粉尘涉爆、职业卫生等重点领域督查　针对重点区域粉尘涉爆企业治理情况开展督查，共检查相关企业4家，发现存在问题或隐患21项，发出责令整改指令书3份；严肃查处职业卫生违法违规行为，加强职业病危害治理，共检查相关企业15家次，发现存在问题或隐患19项，查处职业卫生违法违规行为案件4宗，处罚款额共22.7万元；落实职业卫生企业主体责任，推动行业自律，进行作业场所职业病危害因素检测，完善职业卫生相关制度。

【严查安全生产违法行为】　坚持安全管理“零距离”、隐患排查“零盲区”、隐患整治“零容忍”，共办理安全生产违法行政处罚10宗（简易处罚1宗），处罚款60.8万元，没收违法所得共1.521万元，移交公安机关处理7人。进一步强化安全监管，加大对生产经营单位违反安全生产等法律法规行为的处罚力度。

5月9日，区委书记江林生（前排左二）带队检查安全生产特别防护期工作（区安全生产监督管理局供稿）

【城市风险防控】　2017年，全区推进安全生产风险分级管控与隐患排查治理双重预防机制建设，强化与群众生活密切相关的安全风险管控，共排查风险点危险源35个，并由区安委办督促相关主管职能部门对风险点、危险源进行跟踪落实管控措施，按要求完善本地区本行业风险点、危险源数据库和电子图，实行风险点危险源分级动态管理。

【企业安全管理】　全面加强监管，持续推进安全文化建设，全年创建揭阳市“平安企业”1家，榕城区“平安企业”2家；严把危化品经营许可关口，共实施危险化学品经营许可（经营不设储存）4家；强化督促相关用人单位切实负起主体责任，加强职业病危害治理，有效改善劳动者工作环境和劳动条件，落实辖属相关企业完成工作场所职业危害申报，申报企业数和申报覆盖率在全市领先。

【安全生产月活动】　6月16日上午，围绕“全面落实企业安全生产主体责任”为主题的2017年安全生产月咨询日活动在榕江公园举行，活动现场接受群众咨询约300人次，发放安全生产宣传资料2000多册，悬挂标语横幅10余条；开展执法监察警示周活动，依法严厉惩治一批违反安全生产等法律法规行为，通过媒体进行宣传报道。活动期间，全区安监系统共出动执法人员1236次，共检查生产经营单位584家，（区安全监管局出动执法人员42人次，共检查生产经营单位25家，其中，危险化学品生产经营单位11家，工贸生产经营单位14家，立案查处违反安全生产法律法规生产经营单位1家）；共发现事故隐患291处，发出整改指令书100份；应急预案演练专题行，以“全面落实企业安全生产主体责任”为主题，通过各种形式开展安全应急演练活动，在全区范围内共组织开展较大型综合性应急演练活动7场，投入人员近350多人，进一步落实加强企业安全生产应急预案编制工作，不断深化各地各部门各生产经营单位安全生产应急预案的管理，推进企业与政府及有关部门安全应急预案的链接，努力构筑政府统一协调、部门相互联动的安全生产应急救援工作机制。

【互联网+安全生产】　充分发挥“互联网+”在

安全生产要素配置中的优化集成作用，通过“榕城区安全生产信息发布平台”和“榕城安监”微信公众平台围绕安监系统工作热点、安全生产常识、安监工作动态等内容，发布相关信息1294条。

【专题宣传周活动】 4月28日上午，《职业病防治法》咨询宣传活动在粤东贸易广场举办，来自辖区20多家企业的从业人员和周边群众共150多人到现场咨询并参与免费体检活动；12月6日上午，第一个《中华人民共和国安全生产法》宣传周咨询日活动在仙桥街道办事处前文化广场举办，采取设立宣传展板、发放安全生产法律法规普及读物、现场咨询等多种形式进行安全生产法宣传，活动现场共发放宣传资料3000余份。

【教育培训】 10月30日，在梅云街道举办安全生产培训班，组织该街道辖区内各生产经营企业的负责人、安全管理人员共150多人参加培训，为促进企业安全管理、提升安全生产水平打下坚实基础；8月29日，举办鞋类行业职业卫生安全培训班，组织引导揭阳市鞋业商会属下25家制鞋企业参加职业卫生教育培训，加强和规范鞋类行业职业卫生管理工作，提高从业人员职业卫生意识，有效保护劳动者健康权益；9月14日，举办全区安全生产专职检查员业务培训班，组织33名专项安全员参加执法检查业务培训，进一步提高基层执法水平，强化基层安全监管能力。

（邱双娜）

金融服务

【概况】 根据《关于揭阳市榕城区人民政府办公室加挂揭阳市榕城区金融工作办公室牌子等机构编制问题的通知》精神，揭阳市榕城区人民政府办公室于2015年加挂区金融工作办公室牌子，主要职责是贯彻落实国家和省有关金融方面的法律法规、规章和政策；研究完善地方性金融维稳协调机制；配合金融管理和监管部门加强金融监管，督促落实金融业风险防范和处置责任；协助有关部门对民间金融组织进行业务指导、经营约束、监督检查和应对突发事件，促进维护金融秩序和社会稳定等。

【惩治非法集资】 2017年，区金融办认真履行区处置非法集资工作领导小组办公室职责，统筹协调全区处非工作。

狠抓防范非法集资宣传教育 印发《2017年榕城区防范和处置非法集资宣传月活动方案》，积极开展处置非法集资宣传月专项活动，针对重点行业、人群和地区采取张贴宣传资料、发放宣传手册等方式加强基层一线宣传力度，结合微信等网络新媒体，多渠道、多角度广泛宣传非法集资的常见手段及其危害，提高市民的防范意识。活动期间共印发传单、手册等宣传材料6221份，张贴海报、悬挂横幅共68张，共组织进村组47次，进社区15次，进机关21次，进学校56次，进工厂74次，参与人数约10730人。

开展涉嫌非法集资广告资讯清理排查工作 印发《榕城区2017年涉嫌非法集资广告资讯信息排查清理活动实施方案》，会同财政、公安、工商、教育、民政、农业、建设等部门及各街道办事处，加强对报纸期刊广告、大型户外广告、商铺固定广告、本地网络媒体广告、微信、手机客户端等渠道的广告资讯监测；重点抓好对大型住宅小区、大型零售超市、农贸市场等人流密集场所的广告巡查，着力加强对街头传单、印刷宣传广告、小卡片广告等广告内容的监控；组织对农村社区各类涉农互助合作组织、交易中介机构、民办学校等是否存在以网络、短信等手段发布相关违法广告信息的行为进行排查核实。2017年，全区共出动执法人员177人次，现场检查各类广告公司、发布广告的社会团体、经营商户53家，并对大型超市、城市广场等人流密集区域多次进行巡查。

加强风险排查 印发《关于开展榕城区2017年涉嫌非法集资风险专项排查整治的通知》，落实各行业监管单位对所属行业和重点领域进行督促检查、全面整治，共检查互联网金融行业企业1家，资金密集型行业企业11家和辖内高风险行

业企业2家。

【防范互联网金融风险】 2017年，榕城区互联网金融无发生重大、不可控的风险状况。根据上级部署，全面开展互联网金融企业排查整治，消除风险隐患；部署开展“校园贷”“首付贷”“现金贷”等违法违规金融活动的整治工作，对有关金融企业进行现场核查，规范金融行业秩序，肃清金融领域风气。

【小额贷款公司监管】 配合上级加强对小额贷款公司监管工作，一并对辖区5家小额贷款公司进行年度现场检查。鼓励小额贷款公司充分发挥自身优势，加强对中小企业，个体工商户、涉农机构和农户的融资支持。2017年全区各小额贷款公司累计发放贷款接近3亿元。

【农村政策性住房保险】 以服务“三农”为宗旨，以“政府主导、财政扶持、市场运作、自愿参保”为原则，协同人保财险揭阳分公司积极推进政策性农村住房保险工作。2017年，全区政策性农房保险共承担农户5万多户，承保覆盖面达到100%，全区累计保险金额达10亿元，保费收入40多万元。

【扶持企业发展上市】 贯彻落实《揭阳市人民政府关于印发揭阳市人民政府扶持企业上市的若干政策措施的通知》，加快扶持企业上市步伐。多次组织辖区企业参加上市融资培训，拓宽企业家金融视野，增强资本市场的意识和能力。认真筛选，将榕城区20家优势企业推荐纳入揭阳市企业上市后备资源库，明确重点扶持对象。建立证券机构和企业联系机构，鼓励证券机构深入走访企业，加强与企业联系沟通，指导企业完善经营体制，规范财务制度，为下一步资产证券化打下坚实基础。

（陈舜明）

财政·税务

财　政

【概况】 2017年，榕城区财政局重点抓好财政收支管理，强化征管节支，实现全区财政收入稳步增长。注重优化分配，优先安排财力保障政策性民生支出及重点支出。2017年全区完成一般公共预算收入77802万元，完成调整后计划的104.39%，一般公共预算支出176806万元，完成调整后预算计划的117.36%。

【征管节支】 2017年榕城区财政局强化措施，从严征管，迎难而上，全力以赴，切实把抓好财政收支作为财政工作的重中之重。

多措并举强征管　深化财税联席会议制度，健全综合治税体系，加快盘活土地存量，做实小产权房涉税清理、房产土地租赁收入缴税、经济户口清理等专项工作，做好土地出让，尽力挖掘财政非税收入空间。

源头节支腾财力　严格控制一般性支出尤其是“三公”经费支出，腾出更多财力用于保障民生和重点支出。2017年，全区会议费及“三公”经费支出606.81万元，同比下降19.07%，另外，按要求对各地各单位2017年部门预算一般性支出进行压减，收回总预算统筹。

协调联动争资金　2017年争取上级各项补助资金超10亿元，争取地方政府新增债券转贷资金2.75亿元，有力支持榕城区经济社会建设。

收回结转盘存量　对结转超过两年的资金，按规定统筹收回，对收回的存量资金集中安排用于教育、医疗卫生、社会保障等重点支出及民生支出。2017年年底，收回结转超过两年以上存量资金1.43亿元，加大政府性基金调入一般公共预算力度，对部分结转超过两年的政府性基金4423万元调入一般公共预算统筹使用。

【民生保障】 优先安排财力保障各项政策性民生支出和省、市、区确定的民生实事资金，突出支持新时期精准脱贫扶贫，做好保基本、兜底线、促公平、补短板工作。2017年，全区民生支出15.90亿元，占地方一般公共预算支出的89.93%，比2016年同期增加2.74亿元，增长20.78%。

保障运行方面　尽力逐步提高干部职工待遇，从2017年8月起提高在职人员公积金缴存比例，缴存比例从原来的5%调至12%。

教育惠民方面　完善全区教育基础设施，新建、改建、续建仙桥中学等5所学校，着力改善学校教学环境和办学条件，促进教学资源均衡配置。2017年，榕城区教育支出共51958万元，占全区一般公共预算支出的29.39%。

支持创文方面　为全区创文工作提供有力的经费支撑，2017年榕城区文化体育与传媒支出完成5335万元，同比增长92.18%。

支农惠农方面　2017年投入水利建设项目资金共1951.56万元，主要用于堤围加固、中小河流治理、小型农田水利重点县项目建设等，2017年榕城区村级公益事业一事一议项目有22个，财政投入707万元。下达精准扶贫资金2184万元，严格按照《关于印发〈揭阳市榕城区精准扶贫开发资金筹集使用监管细则〉的通知》文件精神，确保资金专款专用。

社会保障方面　自2017年1月起，榕城区城乡低保保障标准分别提高为城镇600元/人月，农村411元/人月，补差水平提高为461元/人月，农村为226元/人月；孤儿保障水平分别提高至散居孤儿基本生活费每人每月880元，集中供养孤儿及宗教界收留孤儿、弃婴供养标准每人每月1450元；残疾人二项补贴水平分别提高至生活补贴每人每年1800元，护理补贴每人每年2400元。2017年落实城乡低保、城乡特困人员救助供养、孤儿基本生活保障、城乡医疗救助、残疾人二项补贴、养老保障等相关底线民生政策标准10804万元，不断强化民生托底、兜底。

城市建设方面　及时制订《关于加强我区“五路一河”项目征地拆迁补偿专款财务管理的意见》，开设项目拆迁补偿资金管理专户，确保专款专用。市区两级共投入3.2亿元，全力推进“五路一河”房屋征收拆迁工作。

医疗卫生方面　为符合条件的低保对象、残疾人、低收入家庭中60周岁以上的老年人和未成年人、农村“五保户”以及低收入重病患者等共126人办理参保缴费手续，资助金额1.9万元。落实基本公共卫生服务经费2833万元，拨付各社区卫生服务中心基药和医疗收入资金1531万元，落实农村接生员和赤脚医生补助共198人160万元，村卫生站医生补助85人共231万元，有力推进全区医疗卫生事业均衡发展。

【企业扶持】 充分发挥财政政策和资金的引导、带动、示范、促进作用，积极鼓励、引导和扶持企业走新型发展路子，全力推动全区产业更好、更快、更优发展。

降低成本减负担　推进供给侧结构性降成本改革，坚持现行省定涉企行政事业性收费“零收费”，为困难企业“松绑助力”，2017年降低企业成本约2.6亿元。

强化扶持促升级　落实市外贸扶持政策，安排区级外贸扶持资金1035.26万元；实施财政经营性资金股权投资项目1个1000万元；支持符合条件企业申报应用型科技研发扶持、企业研究开发、企业技术改造、科技创新券后补助、高新技术企业培育发展等财政专项资金，拨付相关专项资金，力促企业转型升级。

【优化财政体制】 把应对支出困难和强化财政资金监管有机结合起来，有效化解收支矛盾、全面提升财政管理水平、管好用好政府“钱袋子”。

深化国库支付管理　新国库集中支付系统、财政资金实时在线联网监督系统、预算执行动态监控系统分别于2017年1月、6月和10月成功上线，实现对财政资金从拨付到资金使用的全过程追踪。

强化预算执行公开　制定印发《转发财政部关于印发〈地方预决算公开操作规程〉的通知》，从2017年起，区直各预算单位必须严格按照新《中华人民共和国预算法》及《地方预决算公开操作规程》规定的公开时间、内容、格式、公开形式等要求，将预决算及“三公”经费信息均在政府门户网站和自身网站进行公开。

完善政府预算编制　榕城区2017年首次实施全口径预算，编全“四本预算”提交人大会议审批后实施，将所有政府收支纳入预算范畴，进一步细化政府预算编制、提升编制水平。

开展内控报告编制工作　引导辖区内各街道办事处、区直各单位根据本单位建立与实施内部控制的实际情况，进一步做好内部控制报告编报、审核、分析和使用等工作，不断提升单位内部治理水平。

出清重组“僵尸企业”　落实揭阳市榕城区榕江影剧院有限公司和揭阳市联旺饮服有限公司企业改革方案，另外，切实做好僵尸（困难）企业摸底和核实分类上报，将关停企业及特困企业等46户区属国有企业纳入省、市国资委“僵尸企业”数据库。

【强化监管职能】　加强对各单位财务制度执行情况的监督检查，紧盯预算管理、国库集中支付、政府采购等重点领域，确保制度执行到位。

财政监督检查常态有序　组织开展2017年省级财政专项资金检查、会计检查以及整治潜入地下公款吃喝工作，全面加强资金管理，确保资金安全，提高资金使用效益。

财政投资评审全力推进　2017年支付各类工程款及前期费用共194宗，金额13329.07万元；审核的前期费用项目共123宗，送审1913.16万元，审定1055.27万元，核减金额857.89万元；审核预算工程项目79宗，送审工程造价25428.20万元，审定造价22728.21万元，核减金额2699.99万元，核减率10.62%；审核结算工程项目229宗，送审工程造价13207.84万元，审定造价11490.02万元，核减金额1717.82万元，核减率13.01%。

政府采购管理更加完善　2017年，办理政府采购59宗，金额10870万元（其中集中采购共50宗，采购金额10713万元；电商直购、定点采购、网上竞价共9宗，采购金额157万元），共节约财政资金417万元。

会计管理监督不断加强　认真做好会计从业资格考试、技能考试的资格审查、报考、考务和会计人员继续教育培训等工作，有效地提升榕城区财会人员的理论业务水平。

（陈婷婷　黄填锋　林　妍　杨灿丰）

国家税务

【概况】　2017年，榕城区国税局坚持围绕税收中心工作，发挥税收职能作用，有效服务经济社会发展大局，在税收经济形势异常严峻复杂的情况下，实现逆势增长，全年组织税收收入27.46亿元，同比增收1.89亿元，增长7.4%。充分发挥税收优惠政策在稳增长、调结构、促改革、惠民生中的积极作用，全年共办理小微企业税收优惠减免3222万元，为小微企业减负松绑；累计审批出口退税额16.21亿元，为外贸发展注入动力。

【营业税改增值税】　2017年，全区营改增四大行业减税2901万元，清理小产权房涉税项目174宗，清理入库税款1368万元；认真落实国地税合作规范，41项县区级合作事项全部完成；大力开展经济户口清理清查、行业专项整治、规范门前代开发票等专项工作，积极探索零散税源社会化管理，有力规范征管秩序，全年累计新办税务登记6267户，新增一般纳税人455户；全面推进信息管税，推行电子税务局和增值税发票系统升级版，全年电子税务局办税率达95.55%，开具电子发票238.98万份。

【征管改革】　扎实推进国税、地税征管体制改革，推动改革事项落地生效。依托广东省电子税务局、实名制办税等信息化系统，全面推行办税事项同城通办和省内通办，“二维码”一次性告知，财税库银联网缴税，简并纳税人申报缴税次数等制度机制，推行网上审批。切实推进“五证合一”“两证整合”“一照一码”等商事登记制度改革在榕城扎实落地，截至2017年12月31日有

8427户纳税人完成信息补录。加强国地税双方金三系统征管数据一致性处理，实行纳税人涉税信息国税、地税一次采集、按户存储、共享共用的情况，全年共处理问题数据5431户次，涉及纳税人1943户。

【依法治税】 根据《国家税务总局关于公开税务行政审批事项等相关工作的公告》要求，严格按照上级工作部署，持续推进行政审批制度改革，取消非行政许可审批类别，继续减少审批项目，规范审批行为。认真做好小型微利企业所得税优惠政策加大宣传力度，采取“多渠道”“零距离”以及“全覆盖”等多种宣传方式，使小型微利企业所得税优惠政策受益面达到100%。2017年，榕城区小型微利企业减免税1956户，受惠面100%，减免税款2788.82万元。

【反腐倡廉】 区局纪检监察部门认真落实“三转”要求，聚焦主业主责，围绕队伍执纪情况、“三重一大”决策事项、干部选拔任用等重点事项实施监督。深入开展明察暗访、“一案双查”、跟进式执法监察，向纳税人发放“一书一卡”共102份，促进干部队伍遵规守纪、廉洁从税。

【基层党建】 深入学习贯彻党的十九大精神和开展“两学一做”常态化制度化学习教育活动，思想建设、政治建设到位。及时建立健全各类组织，选优配强支部班子，规范党建工作“三个台账”“三个登记簿”和“三个本本”，严格落实各项组织生活制度，基层党建工作扎实有力。认真研究制定全面从严治党工作要点和主体责任清单，组织成立党建、党廉工作领导小组，严格落实管党治党责任。积极组织“四个之家”建设，开展“四个五”党建品牌创建活动，推进党建共建工作，组织成立志愿者服务队，积极参与揭阳市“创文为我，我为创文”活动，为群众办实事做好事，为揭阳市创建文明城市做出应有贡献，党建带动作用明显。

（刘逸平）

地方税务

【概况】 揭阳市榕城区地方税务局是揭阳市地方税务局领导直属机构，正科级单位，负责榕城辖区范围内地方税费的征收管理工作。区地税局共设置11个单位，其中内设单位有6个，分别是办公室、税政股、纳税服务股、征收管理股、人事教育股、监察室（与纪检组合署办公）；下设直属行政单位1个，为揭阳市榕城区地方税务局稽查局；基层单位4个，分别是城区税务分局、东山税务分局、仙桥税务分局、梅云税务分局；加挂揭阳市地方税务局大企业税收管理局，内设大企业管理股。2017年，全区地税系统紧紧围绕“夯实基础年”主题，以依法治税为引领，以绩效管理为抓手，坚持税收中心工作与管党治党同频共振，深入推进税收改革创新，持续提高工作质效，全面激发队伍活力，推动各项工作迈上新台阶。东山分局办税服务厅被评为“全国巾帼文明岗”，城区分局办税服务厅被评“广东省巾帼文明岗”

5月8日，揭阳市国税局机关第二党支部与榕城区国税局税源管理一股党支部在区局党支部活动室举行党建结对共建启动仪式 （区国税局供稿）

和市级“文明窗口”。区局工会委员会被市总工会评为“揭阳市先进职工之家”，区局妇委会被评为市“三八红旗集体”。

【税收收入】 2017年，组织税费收入20.13亿元，可比增长12.7%。其中，税收收入总库9.56亿元，可比增长2.66%；社保费收入8.96亿元，同比增长35.05%；其他各项费（金）收入1.61亿元。

【税费管理】 加强组织收入分析预判，抓好源头控管，强化征管举措，推进土地增值税清理和纳税辅导评估，并借助专项清理，完善房、土两税征管档案，实现对两税税源存量、增量和变量的全面控管，保持税费收入平稳增长。牵头编写全市社会保险费业务规程，推进税费全面同管；率先完成医保全面移交，率先实现市、区两级机关事业单位养老保险费征收入库。主动从税收视角研究经济，围绕优化营商环境、便利税收服务、助推企业发展等主题，深入开展税收分析，积极为榕城经济发展建言献策。

1月23日，榕城区地税局召开全区地税工作会议暨全区地税系统纳服工作会议 （区地税局供稿）

3月2日，榕城区国地税联合举办2017年度重点税源业务培训 （区地税局供稿）

【税制改革】 推进纳税人分类分级管理转变税收征管方式改革，在全市率先落地运行税收征管新模式，征收成本大幅下降、征管质效有效提升；全面推行商事登记制度改革，有效激发市场活力；扎实推进环保税改革，认真做好各项准备工作，为环保税顺利实施奠定基础；深化国地税征管体制改革，力促国地税合作规范3.0版51项合作事项的全面落地；完善第三方涉税信息采集机制，实现与工商、发改、建设、国土等部门涉税数据网络联通，信息管税有效增强。

4月，榕城区地税局东山税务分局办税服务厅被评为“全国巾帼文明岗”。图为省妇联副主席孙小华（中）率省妇联城乡妇女发展部部长高穗生（右三）和市妇联主席庄少琼（右四）、副主席吴雪君（右一）等一行为分局办税服务大厅授牌 （区地税局供稿）

【依法行政】 全面推进依法行政，落实“三项制度”试点和实施，协助市局举办模拟法庭，宣传引导干部职工规范执法；推行“说理式税务稽查文书”，切实提高稽查执法的说服力和公信力；创新税收宣传

4月7日，榕城区国地税联合举办自行车骑行税宣活动 （区地税局供稿）

方式，开展税收宣传进影院、税宣灯谜会猜、税法进校园、绿色环城骑行宣传等活动，税收宣传的影响力和覆盖面不断扩大；严格贯彻执行纳税服务规范，率先在全市实现国税地税联合与纳税人签订“三方协议”，依托电子税务局，拓展集约化网上服务平台，办税服务更加便捷高效。

【地税队伍建设】 开展“岗位大练兵、业务大比武”活动，推进学习型机关建设；实行常态化干部人事管理制度，结合税收征管改革需求，对全区地税系统人员组织架构进行调整优化；深化绩效管理，推动业务流程、制度不断完善和优化；加强人文关怀，完善“连心桥”机制和救急济难互助制度。

（祖桂霞）

农 业

农 业

【概况】 2017年，榕城区各级党政和有关部门按照保供促增惠民生的目标，贯彻落实党的“三农”工作方针政策，农业农村经济各项指标基本保持稳定：农作物播种面积2.2万亩，粮食播种面积1.32万亩，全区粮食总产量0.64万吨，其中水稻种植面积1.03万亩，水稻总产量0.47万吨，水产品总量0.29万吨。肉、蛋、奶产量分别为5327吨、500吨、420吨。水果种植面积0.78万亩，蔬菜种植面积0.89万亩，生猪饲养量6.85万头，家禽饲养50.5万只。

（林伟群 何少艺）

【推广良种良法】 大力推广良种良法，提高水稻单产水平，示范带动全区粮食生产稳定发展。积极实施优质粮食工程建设，大力推广优质水稻、薯类、甜玉米等，进一步优化粮食生产结构，同时注重抓好农作物病虫害防治，为粮食丰收提供有力保障。

（林伟群）

林 业

【概况】 2017年，榕城区新一轮绿化榕城大行动主要是谋划实施“五大绿化工程”：城市生态屏障工程；生态廊道工程；乡村绿化美化工程；市区小森林工程；城镇化绿化美化工程。推进“六小”（小公园、小广场、小绿地、小池塘、小景观带、小古民居聚集区）的绿化美化建设。

【生态环境建设】 2017年，全区投入森林进城围城及六小绿化建设资金2035万元，完成2017年省级森林碳汇抚育工程建设238.6公顷，乡村美化绿化示范点11个，其中省级示范点2个；完成绿色单元25个；三河六岸景观带15公里，村镇道路绿化16.5公里，城区道路绿化3公里。全民义务植树活动完成义务植树16万人次，种植各种树木60万株。

（黄晓东）

畜牧业

【概况】 2017年，区农业和水利局调整、优化畜牧业产业布局，积极发展城郊型畜牧业，按照揭阳市相关通告精神，禁养区严禁饲养畜禽，保证市中心区卫生环境质量。全区肉类总产量5327吨，其中猪肉总产量4650吨，占肉类总产量的87%；蛋类总产量500吨；奶类总产量420吨。全区生猪饲养量68500头，出栏量48000头；家禽饲养量50.5万只，出栏量40.5万只；牛年末存栏量690头，山羊年末存栏量600头，畜牧业稳步健康发展。

【动物重大疫病防控】 2017年榕城区畜牧部门加大对重大动物疫病防控的工作力度，全面落实强制免疫、疫情监测等防控措施，切实抓好高致病性禽流感、口蹄疫、高致病性猪蓝耳病等重大动物疫病的防控工作，切实抓好畜禽交易、屠宰等重点场所的防疫监管和消毒灭源工作。

【畜牧业生态与健康养殖】 全面贯彻落实国家和省关于生猪规模养殖项目建设等扶持系列政策，连年争取上级资金扶持60多万元建设凤岐养殖场、龙兴养殖场、建兴养殖场三个较大规模养殖场，抓好生猪等主要畜禽产品生产，确保市场的有效供给。

【畜禽产品质量安全监管】 加强畜禽产品质量的安全监管，确保产品的质量安全。加强对兽药饲料和养殖环节违禁药品和非法添加物的监管工作，从源头上防止违禁药物流入饲料生产和使用环节，严厉惩治非法生产销售和使用“瘦肉精”等违禁药品和非法添加物违法行为，全年抽查监测“瘦肉精”480份，均未发现违规行为；强化产地检疫和屠宰检疫工作，防止病害肉以及未经检疫或检疫不合格的猪肉流入市场。

【禽高致病禽流感H7N9的防控】 加强对禽高致病禽流感H7N9的防控工作，与相关部门密切配合，组织畜牧部门和动监所，对辖属办事处指导消毒防控，对新河市场、沟口市场、榕华市场、西头市场、仙桥市场、古溪市场、梅云市场等重点市场进行全面检查，排查可疑情况，有效防控禽流感H7N9病毒。

（何少艺）

水产业

【概况】 2017年，榕城区水产工作按照上级工作部署，采取扎实有效的措施，突出重点，狠抓落实，加快渔业经济增长，推进现代渔业发展，确保水产品有效供给。加强水产品质量安全监督，加强渔业生态环境和渔业资源保护，抓好渔业科技与推广，较好完成上级下达的工作任务。2017年全区渔业经济产值3143.5万元，水产品总产量2897吨，其中淡捕1160吨，淡养1737吨。

【水产养殖】 做好鱼塘整治工作，改造鱼塘放养条件，提高养殖质量，大力发展优势品种，优化水产品种结构，提高经济效益。2017年全区水产养殖面积126.4公顷。

（江邓辉）

水利事业

【概况】 2017年榕城区水利部门认真践行“绿水青山就是金山银山”的发展理念，贯彻落实2017年中央相关文件精神，着力推进榕江大围达标加固、中小河流治理和小型农田水利等工程建设，加强城乡水域污染治理、水资源管理和三防工作，强化水行政执法，严厉惩治各类涉水违法行为，形成有效震慑。全区水利事业发展局面良好。至12月底，全区投入水利建设资金0.8亿元，完成榕江大围梅云一期，中小河流仙桥-1、梅云-1、梅云-2三个项目区、小农水2015年度等工程的建设任务。

【重点水利工程建设】

榕江大围达标加固工程仙桥堤段应急工程建

设　至12月底，已完成拆迁清障沿堤长18.387公里；未拆迁清障沿堤长0.2公里；完成主体工程以上堤长15.6公里，其中完成加固达标堤长14.4公里，完成涵闸9座。累计完成总投资2.7亿元。

榕江大围达标加固工程梅云堤段应急工程建设　至12月底，已完成主体工程以上堤长11.7公里，其中梅云一期完成加固达标堤长5.4公里，完成涵闸1座，通过合同工程完工验收。累计约完成总投资1.32亿元。

仙桥水闸（中型）建设情况　已完成施工围堰导流和桩基础施工。

【小型农田水利工程建设】

2014年度项目工程建设　至12月底，已完成主体工程建设，完成投资1900万元。

2015年度项目工程建设　至12月底，已完成主体工程建设，完成投资1950万元，通过合同工程完工验收。

2016年度项目工程建设　至12月底，已完成灌渠改造19公里，排洪沟8公里等，累计完成投资1420万元。

【中小河流治理工程建设】

仙桥－1项目区建设　至12月底，已完成中心沟清淤疏浚5.6公里，岸坡整治10.25公里，新建箱涵9座，控制闸1座，农桥3座，累计完成投资1650万元，通过合同工程完工验收。

仙桥－2项目区建设　至12月底，已完成工程前期工作，拟在近期组织招投标。

仙桥－3项目区建设　至12月底，已完成土堤填筑600米，新建水闸3座，河道清淤疏浚6公里，池塘清淤6宗，累计完成投资650万元。

梅云－1项目区建设　至12月底，已完成对梅溪河、何厝支流、夏内支流及池塘的整治，完成投资1770万元，通过合同工程完工验收。

梅云－2项目区建设　至12月底，已完成对石头河、田尾河、群英支流、群光支流及池塘的整治，完成投资1650万元，通过合同工程完工验收。

【“河长制”、河湖确权和小型水利工程管理体制改革工作】

“河长制”工作方面　已委托勘测单位完成各河流、水库等水域的测绘，编制并印发了“河长制”工作方案。

河湖确权工作方面　已开始现场测绘并编制“河湖确权划界工作方案”。

小型水利工程管理体制改革工作方面　编制“小型水利工程管理体制改革”方案，并经区人民政府印发。

【“三防”工作】　区“三防”办坚持树立“防大灾、抗大灾”思想，落实行政首长防洪安全责任制，执行《中华人民共和国防洪法》，贯彻“安全第一，常备不懈，以防为主，全力抢险”的方针，从思想上、组织上认真做好准备。

认真做好防汛准备工作　监督各街道办事处备足防汛抢险物资，抢修危险工程，落实防汛抢险队伍，检查工程交通和通信设施，落实各个防洪工程的防汛行政责任人和技术负责人等，完成责任书签订和挂责任牌。

坚持三防值班制度　各级“三防”部门密切注意天气动态，保障通信设施运行良好，做到有风情、水情、旱情及时上传下达，防患于未然。

【水资源管理】　加强水资源管理保护，加大水法规宣传力度，积极开展“世界水日”“中国水周”宣传活动；落实最严格水资源管理制度，制定《揭阳市榕城区最严格水资源管理制度实施方案》和《揭阳市榕城区最严格水资源管理考核暂行办法》，严格按照水资源管理三条“红线”原则，做好建设项目水资源论证，严格取水许可监督管理。以民生用水安全为目标，对榕城区水资源存量和利用状况进行调查，科学规划下阶段水资源综合利用各项工作。

（王炎利）

工 业

【概况】 2017年，全区2711家企业，从业人员90154人，工业总产值6768592万元，比增1.56%。其中：规模上企业实现工业总产值5453040万元，占80.56%。销售收入6669039万元，比增1.73%。其中：规模上企业实现销售收入5448682万元，占81.7%。工业经济发展载体不断扩大，2017年度新增规模以上工业企业35家，工业增加值44100万元。技术改造工作顺利推进，开展工业企业技术改造项目100个，全年累计完成工业技改投资额599164万元。全区规模以上工业企业272家：其中，总产值10亿以上：广东大兴钢铁实业有限公司等4家；总产值5亿—10亿：榕城区骏宝不锈钢餐具厂等11家；总产值1亿—5亿：揭阳市集兴合金铸钢有限公司等117家。

【支柱产业】

五金机械不锈钢行业 2017年，榕城区五金机械不锈钢行业共1239家，从业人数24883人，实现工业总产值1724767万元，占比重25.48%。其中：五金机械企业共886家，从业人数14942人，主要分布在梅云街道、榕东街道。实现工业总产值878395万元，占比重13%。不锈钢制品业共353家，从业人数9941人，主要分布在梅云街道。实现工业总产值846372万元，占比重12.5%。

榕城五金生产业在秉承传统工艺文化的基础上，不断创新、发展、壮大，逐渐形成不锈钢餐厨具制品、建筑五金、装饰五金、农用园林五金、工具五金、锁具五金、日用五金、铝制品，洁具、量具、家具、铰链、机械配件以及其他工业产品的配件等十几个门类，品种比较齐全且规模较大的五金制品产业集群，带动相关配套产业的发展，形成从原材料供应、生产到销售的完整产业链条，是榕城具有活力和发展潜力的特色支柱产业。

榕城不锈钢产业已逐渐形成了建筑、装饰、日用、导轨、工具、锁具、餐厨制品、洁具、量具、家具、铰链、机械配件以及其他工业产品的配件等十几个门类，品种比较齐全且规模较大的不锈钢制品产业集群，并带动模具设计、加工等相关配套产业的发展，形成从原材料供应、设计、生产到销售的完整产业链条。产品畅销全国及全世界100多个国家和地区，其生产总值、出口交货值和销售总额均在全省同类产业中名列前茅，也是榕城具有活力和发展潜力的特色支柱产业。通过不断进行技术改造，积极科技创新，从国内外购进一大批先进的生产设备，实现生产机械化、自动化，大大提升产品的科技含量、产品档次，促进产业的快速发展。如广东宝盛兴实业有限公司建设粤东最先进的全自动冷压薄板生产线，不单生产效率提高二倍以上，而且工人减少一半以上，节能30%以上，产品质量也大有提高。2016年，广东宝盛兴实业有限公司“自动化连轧生产线技术改造项目”申报为2016年省级工业与信息化发展专项资金（企业技术改造方向股权投资专题）项目，股权投资额度为1000万，项目已于2017年底完工。揭阳市庆展不锈钢有限公司有一部分工序已采用机械手生产，同样不单生产效率、质量提高，能耗和用工减少，还很大程度上减少工伤的发生。揭阳市庆展不锈钢有限公司在全国五金制品行业中，第一家获“驰名商标”产品，揭阳市庆展不锈钢有限公司等5家企业产品荣获“广东省著名商标”。

鞋类行业 2017年，全区鞋类行业共432家，从业人数33811人，主要分布在仙桥街道。实现工业总产值2690423万元，占比重39.75%。

榕城制鞋产业在秉承传统工艺文化的基础上，不断创新、发展、壮大，现已初步形成配套一体化的产业体系，鞋业产业生产和配套的各个环节，包括：鞋底鞋材、皮革生产、鞋跟、织带、鞋模制作、鞋楦、纺绳、五金饰品、化工原料、工艺技术、纸箱包装、机械设备、仓储物流、交易市场等各个环节都基本具备，整个产业各个要素主要聚集组合在仙桥区域内，形成从原材料供应、制鞋生产、市场销售的比较完整产业链条。鞋产品系列众多新颖，已形成冷粘工艺鞋、休闲鞋、靴鞋、运动鞋、水晶鞋、拖鞋等几大类1300多个品种的产业集群。规模庞大的成品鞋产业集群，并带动皮革、鞋底、鞋跟、织带、纺绳、五金饰品、包装、模具等相关配套产业的发展，形成从原材料供应、生产到销售的完整产业链条。产品畅销全球100多个国家和地区及国内各地，成为榕城最具活力和发展潜力的特色支柱产业。

玩具、电机行业　2017年，全区共有玩具行业90家，从业人数2585人。实现工业总产值122824万元，占比重1.82%。微电机行业134家，从业人数2450人，主要分布在榕东街道。实现工业总产值102921万元，占比重1.52%。

玩具行业聚集在榕东街道。玩具产品目前还是停留在生产低档的搪胶娃娃、吹气娃娃、芭比娃娃、布娃娃玩具等，产品90%以上出口。目前该产业通过利用本地塑料制造、模具设计等配套优势，规模不断扩大，档次有所提高，形成出口优势。该产业规模较大的生产企业有揭阳市大鸿兴塑胶成品有限公司、揭阳市吉发玩具实业有限公司、揭阳市广达玩具有限公司。

微电机产业是在家用电器、玩具等产业带动下新发展起来的较有前景的特色产业，集中在榕城区榕东街道，该产业规模较大的生产企业有揭阳市顺成发微电机有限公司。微电机产业已基本形成模具、冲压、芯轴、绕线、整机生产的较完整产业链。多数企业通过技术改造，扩大生产规模，产品档次和生产效率都不同程度地得到提高，少数企业采用全自动化数控生产设备。目前主要产品有无刷直流微电机，永磁直流微电机，电磁直流微电机。产品主要用于：电动工具（包括钻孔、抛光、磨光、开槽、切割、扩孔等工具）用电动机，家电（包括洗衣机、电风扇、电冰箱、空调机、录音机、录像机、影碟机、吸尘器、照相机、电吹风、电动剃须刀等）用电动机及其他通用小型机械设备（包括各种小型机床、小型机械、医疗机械、电子仪器等）的配套。

轧钢行业　2017年，全区共有轧钢行业共38家，从业人数5304人，主要分布在仙桥、梅云街道。实现工业总产值1267375万元，占比重18.72%。

钢铁企业是榕城区传统产业，其中螺纹钢生产企业有广东大明钢铁实业有限公司、广东友钢钢铁有限公司、广东大兴钢铁实业有限公司、广东开盛钢铁实业有限公司、揭阳市通宇钢铁有限公司、广东港源金属实业有限公司、广东泰钢实业有限公司（持有港源公司生产许可证，为港源公司第二车间）、广东中泰钢铁实业有限公司（工商注册地在仙桥，生产场地在揭东）等8户，均已领取国家技术监督总局颁发的螺纹钢生产许可证，部分兼产光圆钢。以上8户企业年总产能约608万吨，产品主要销往广州、深圳、惠州、东莞及华南等地区。

通过抓技术改造促结构调整和产业升级工作，开盛、大兴两家企业将企业原有的普通光圆钢筋生产线改造成符合国家产业政策鼓励的更具有节能减排、环保、提高产品质量和材料利用率的高速光圆钢筋生产线。揭阳市通宇钢铁有限公司通过技术改造，将企业原有的圆盘条钢生产线改造成既能生产圆盘条钢筋，也能生产直条钢筋生产线，并将原来的产品强度HPB235提高到HPB300，螺纹钢生产企业产品强度都由原来的HPB335提高到HPB400。搞节能减排工作，多数企业已对原有普通加热炉进行技术改造，更换为自动控制煤气加热炉，改造后的煤气加热炉具有降低能耗、提高生产效率、大大减少烟气排放量等节能环保优点。

新材料行业　2017年，榕城区新材料行业共3家，分别是广东榕泰实业有限公司、广东至远环保科技股份有限公司、广东深展实业有限公司。从业人数1148人。实现工业总产值131534万元，占比重1.94%。其中，广东榕泰实业股份有限公司是国家重点高新技术企业，专门从事热固性塑料及化工新材料的开发、生产和应用的高新技术企业，主要产品为ML氨基复合材料。至远环保科技股份有限公司是至远集团旗下的一家高科技企业，致力于环保塑料领域相关材料、产品的研究、开发、生产、销售和服务，是中国科学研究院科技成果研发合作单位。通过产学研合作模式，与中科院过程工程研究所建立深度合作，研发“可降解塑料母粒”及其在日用膜袋、食品包装袋和农用地膜的应用为代表的一系列科研成果及专利产品。广东深展实业有限公司是国内真空镀膜行业配套涂料制造的龙头企业，能为用户提供真空镀膜用漆的全方位产品，在国内率先掌握了真空镀膜涂料水性化的关键技术，逐步形成产品投放市场。

（魏晓奕）

【工业园区建设】 揭阳榕城工业园（揭阳市仙梅民营科技园）位于揭阳市榕城区南部，横跨仙桥，梅云二个街道办事处，包含紫晖、紫峰二个工业园区。规划总面积500公顷，于2002年9月被省科技厅评为“广东省民营科技园”，列为全省十大民营科技园之一。2007年3月，更名为广东揭阳榕城工业园。

加强领导，细化产业引进目标责任 围绕市出台的《关于落实“两大战略”推动揭阳振兴发展的实施方案》之产业引进行动方案，贯彻、落实产业引进行动方案精神，加快产业培育，建设产业强区的行动指南。对全力推进产业引进工作提出要求，细化产业引进工作，落实工作目标责任，强调要突出产业转型升级，围绕产业园区、特色街区、现代产业服务、商贸流通等经济建设重点领域，科学谋划24项招商项目。不断加大引资力度，抓早、做深项目前期工作和规划储备工作。依托鞋业产业，加强国际合作。加快落地东方置地、农产品商贸物流等一批招商重大项目，做好招商引资项目跟踪服务，尽早落地建设。推动乡贤反哺，吸引外出企业家回乡投资创业。

强化措施，全力推进产业引进工作 着重从全区全局的高度科学谋划产业集聚引进的方向，突出产城融合，依托产业发展优势，科学布局“南改、中优、北拓”产业发展，以产业引进促进产业布局优化。实施“优二进三”的产业结构调整战略，紧扣推进转型升级产业园区建设和加快现代服务业发展这两条主线，扎实落实各项具体的产业引进工作任务。扎实地推进产业引进的各项工作。通过多地开展27场次招商引资推介活动，成功引进东方盛世御苑、茶业电商特色街二期高端服务区、新时尚O2O体验商城、沙港城市综合体、大型商贸物流等一批项目。

突出创新，促进产业引进优化升级 出台区扶持民营企业发展“十八条”等一系列扶持企业自主创新的政策，与省中小企业局合作建立民营企业自主创新能力提升工程基地，创办广东民营企业家培训学院揭商分院，成立区民营经济发展服务中心，建立区科技创新服务（网络）平台，为加快科技创新提供了有力保障。突破产业引进工作的瓶颈，促进产业转型升级，积极响应国家倡导的推动大众创业、万众创新新态势。实地参观考察科技创新孵化器建设、产业发展基金、乡村生态旅游、城市提质建设等内容。重点了解广东大华仁盛科技集团有限公司的运营理念、建设思路和发展状况等，特别就孵化器发展的构思、众创空间发展等进行深入探讨。积极开展有关项目交流合作，经过多方努力，是年底成功引进了朝启创新创业榕城孵化器项目进驻宝德数码广场，开启榕城创新产业引进。

强化服务，促进产业引进工作落到实处 榕城区坚持产业引进与跟踪服务并重，通过设置政务服务对接平台，恪守“公开、规范、优质、务实、高效、廉洁”服务理念，着力打造“审批项目最少、环节最简、效率最高、费用最低、服务最优”的优质服务环境，把细致的服务工作覆盖产业引进工作全过程。下大力气整合全区的人力、自然、经济等各类招商资源，采取有效措施加快建立招商引资人力资源库、自然资源拥有和需求库、主导产业及重点企业的项目库，使各类资源有效集中，优化配置到产业引进工作当中。先后已有碧桂园等重大项目通过高效的对接、跟踪、服务，为项目落户榕城铺平前期道路。

主动出击，突出产业招大引强 该区领导带队多次赴上海、南京、深圳、广州、东莞开展多场产业引进推介活动，特别是潮汕大会、侨博会等，领导亲力亲为推介项目、取得预期成效。

积极准备，谋划园区升级扩园 按省政府“一年一次更新评价，三年一次全面评价”工作要求开展更新评价，为开发区扩区升级和区位调整审核、动态监管、规划计划管理及有关政策制定提供依据。2017年开发区土地集约利用更新评价的范围为经依法审批并参与完成2016年度开发区土地集约利用评价的揭阳榕城工业园区，包括开发区“主区”和“发展方向区”。成果已获广东省国土资源厅审批通过。

（郭任晓）

信息业

【信息化建设】 2017年，榕城区信息化步伐不断加快，全区信息网络建设逐步完善，截止2017年底，全区光缆4607.491公里、管道1778公里，杆路299.25公里，挂墙247.23公里；基站数2149个（包含2G/3G/4G）、城区4G覆盖率100%，4G下载速率100Mbps，上传速率50Mbps；宽带客户数22.9万户，电视客户数4.5万户；家庭宽带预覆盖住户数356391户，全市占比26.49%，提供端口数267293个，均可提供100M宽带接入能力，宽带网络建设实现百兆光纤到户，全面覆盖。榕城区人民政府与中国联通揭阳分公司签署《推进“互联网+”合作框架协议》，教育、综治、政务、民生等领域已与信息化深度融合。

（刘少鹏）

【政府门户网站】 榕城区政府门户网站是榕城区对外宣传的重要平台和载体，2017年度榕城区政府门户网站进行完善提升，网站信息覆盖全区10个街道办事处、52个区直单位合共62个单位，设置了领导之窗、榕城要闻、揭阳要闻、街道部门动态、政民互动、网上服务、重大项目、人事信息、统计信息、政策法规、应急管理、组织机构、政府信息公开专栏、重点领域信息公开专栏、视频播报、领导信箱、揭阳日报榕城专版、政府公告、百件实事网上办、街道办事处专栏、便民服务、走进榕城、讲文明·树新风公益广告作品展播、国家网络安全宣传周公益短片等25个栏目，还附设榕城廉政网、榕城党建网、榕城区卫计、榕城统计网、榕城“三资”管理平台、榕城网上信访、榕城普法网、教育在线、榕城档案局、榕城文化馆、榕城地情网等11个二级网站，使网站“榕味”和“趣味”更加浓厚，更具活力。2017年，榕城区政府门户网站全区各级各单位新发布信息2962条，其中区直单位共发布2682条，街道办事处共发布280条，有效宣传、推介榕城，不断提升榕城形象。

（陈晓彬）

城市建设

城市建设

【概况】 2017年，榕城区建设局以建设揭阳“首善之区”为目标，继续完善“北拓、中优、南改”的工作思路，加快城市基础设施建设，完善城市功能，全力推进“百日百项”大行动和“五路一河”征收拆迁等各项中心工作。

2017年，全区投入市政基础设施建设资金约1.5亿元；区属建筑施工企业建安产值约人民币4.44亿元（其中区内工程约3.91亿元），施工总面积约33.35万平方米（其中区内工程约25.92万平方米），竣工总面积约10.54万平方米（其中区内约10.32万平方米）；辖区完成房地产施工面积126.69万平方米，完成开发投资22.88亿元，销售面积60.39万平方米，销售金额33.95亿元。全年在建受监工程实现了安全生产无事故。

【城市建设】

全力推进市政基础设施建设 完成望江南路东段景观绿化带工程等项目建设，建成新河北路、东石北路等市政道路，进一步改善北部片区交通条件。加快推进仙彭路、沟口东路、惠民西路、东石北路、龙港中路等北部片区道路建设。完成天福东路、北环路榕城段（含莲花大道北段）、望江北路东段改造（含榕华大桥立交）、西环城路等重点道路的建设方案；完成望江南路西段改造工程的可研、环评等前期工作，正在抓紧进行地质勘查、设计工作。美阳路西段及周边道路、环市南路等基本完成可研报告、环评报告的编制工作。

配合做好“五路一河”拆迁补偿工作　根据市委书记李水华8月25日到榕城调研时的重要指示精神，抓早抓主动，开展“五路一河”前期准备工作。主动联系市规划局出具“五路一河”涉及道路规划红线图，确定房屋征收范围，落实测绘单位对“五路一河”涉及范围进行现场放线。按照依法依规、公平公正的原则，确定社会稳定风险评估机构，于10月9日起对项目区域内的房屋征收开展社会稳定风险评估。抽调精干业务人员参与“五路一河”政策法规组、业务组、财务组、办公室等工作机构，充分利用节假日加班加点，做好各组的工作任务，配合“五路一河”涉及相关街道办事处认真做好被征收建（构）筑物的勘查、确权、丈量工作。

全力抓好水污染整治工作　加快仙梅片区污水处理系统建设工程前期工作。抓紧推进望江南路西段截污管网工程。启动实施东风河、揭阳楼后水渠黑臭水体综合整治工程。加快推进临时污水处理设施的安装运营工作。

【棚户区改造】

全力加快回迁安置区建设进度　督促项目公司、施工单位优化施工方案，加大人力、机械、材料等的投入，加快工程建设进度。回迁安置区一施工至26层梁板；回迁安置区二正在进行地下室底板施工；回迁安置区三完成桩基础工程，正在进行冠梁支撑梁施工。

切实加强工程监督管理　加强工程质量监管，严把工程质量监督关；加强安全生产管理特别是大型机械、深基坑等重点部位的安全监督；加强工人安全施工意识，做到文明安全施工；督促施工单位合理安排施工时间，降低施工噪音和扬尘；加强工程车辆出入管理，坚决制止车辆污染路面的行为，尽量减少施工过程对周边群众正常生产生活的影响。

积极完善项目的有关手续　完善回迁安置区一完成用地出让、规划许可、施工许可等手续。回迁安置区二完成产权注销、办理用地红线图等相关手续。

完成整个片区的单元规划编制工作　委托编制单位完成整个征收区域的单元规划编制工作，该规划的回迁安置区部分已于11月29日经市规委会审议通过。积极主动对接国内大型商业企业，抓紧做好剩余60亩城市发展用地的招商引资工作。

【村街建设】　2017年，榕城区建设局结合创文工作投入资金145万元，出动作业工人1400人次，投入挖掘机、推土机、平板、割路机、风炮机、清运车等机械200台次；修补人行步砖1000多平方米，更换不锈钢栏杆400米、石板椅38只，击碎及修复混凝土路面各80平方米，埋设PVC管45米，清运建筑垃圾100多吨。完成市区各路段损坏的绿化岛石维修约2013米；更换人行道砖16076平方米、石板8362平方米；更换路缘石784平方米、步级石板91平方米、石椅31套、石栏杆92条、不锈钢管栏杆60条；更换排水支管95米；更换集水井79套井盖40个、检查井9套井盖11个；增设排污管道约120米；修补市区各沥青路坑洼约共8666平方米、混凝土路面9617平方米，梅东桥栏杆、北河桥栏杆粉刷防水乳胶漆二遍，面积共计2416.5平方米。

【建筑业】　榕城区现有建筑施工企业10家，其中一级资质企业3家，二级资质企业2家，三级资质企业5家。2017年，区属建筑施工企业建安产值约人民币4.44亿元（其中区内工程约3.19亿元），施工总面积约33.35万平方米（其中区内工程约25.92万平方米），竣工总面积约10.54万平方米（其中区内约10.32万平方米）。

【房地产业】　2017年，区属房地产开发公司11家，其中一级资质1家，二级资质2家，三级资质1家，四级资质7家。辖区完成房地产施工面积126.69万平方米，完成开发投资22.88亿元，销售面积60.39万平方米，销售金额33.95亿元。

（陈旭斌）

农村人居环境整治

【概况】 2017年，榕城区农村工作认真按照上级的要求部署，以民生为引领，以问题为导向，大力推进各项工程建设，全面提升村容村貌，大力开展城乡环境综合整治，进一步改善农村生产生活条件，促进城乡一体化协调发展，建设宜居的幸福新农村。

【农村人居环境整治工作】 2017年，全区清理农村历史积存垃圾、杂草杂物48761吨，已建专职保洁队伍落实“门前三包”的自然村135个，已实行雨污分流的自然村87个，清理农村乱搭建、乱堆放、乱拉电线6582宗，修缮、改造、拆除农村危旧房、残垣断壁、废弃猪牛栏和露天厕所1909宗，实行畜禽集中圈养、人畜分离的自然村135个。东红、红辉、斗门、紫服、奎地、群力、钟厝洋、埔上社区等一批自然村已完成整治。至2017年年底，有79个自然村完成人居环境综合整治，占全区自然村数的58.5%。

（陈君景）

城市管理

【概况】 揭阳市城管执法局榕城分局负责榕城辖区城市管理工作，2017年全区城市管理行政执法工作中，共规范沿街商铺入室经营26000多宗次，清理流动摊点24600多宗次，清理乱堆放物品3800多宗，清理乱倒垃圾杂土2300多宗，拆除乱拉挂6200多宗，拆除户外广告布条15800多条，清理拆除大型户外广告牌460多块，拆除违规设置招牌及移动广告牌等15000多块，查处露天焚烧1100多宗、道路遗撒216宗、露天烧烤468宗、乱排放生活污水186宗，查处车辆乱停放254宗；查封违法建设502宗，拆除各类违法建（构）物4000多宗118000多平方米，全年累计处罚违法建设51宗、罚款1050.74万元。

【市容环境综合整治】 2017年，该局围绕“创文”的工作目标，紧紧抓住市容管理工作重点，全面整治城市“五乱”现象，营造一个干净、整洁、有序的城市环境。

抓住基点，开展联合整治，强化城市管理 联合各街道、各部门开展城市环境综合治理“三大行动十项整治”及“城乡环境和交通秩序综合整治”，对市区各主次干道、重点区域进行全面整治，以“治脏、治乱、治差”为切入点，全面整治乱摆卖、乱搭建、乱拉挂、乱堆积、乱设置户外广告等，集中力量，开展联合整治，强化城市管理。

强化弱点，开展专项整治，巩固管理成果 针对市容管理存在的弱点问题，结合实际，开展一系列专项整治行动。

开展“门前三包”专项整治。制订《关于进一步落实“门前三包”责任制的实施方案》，牵头街道、社区落实层级管理、综合考评的管理制度，加大巡查执法力度，加大媒体宣传及“曝光”度，扎实推进“门前三包”工作。

开展农贸市场专项整治。牵头国资委、街道、社区、物业管理等开展联合整治，拆除各类乱搭建、乱拉挂，清理占道经营、出摊经营，协助物业管理对市场内各功能区进行合理划分设置，规范商户有序经营。

开展道路交通秩序整治。全面开展人行道车辆乱停放专项整治，采取教育、纠正、劝离、处罚等方式，进一步规范人行道车辆有序停放，充分发挥广播、网络、电视、报纸等媒体的舆论引导作用，引导市民从我做起，自觉抵制车辆乱停放的不文明行为，形成齐抓共管的良好氛围。

开展露天焚烧专项整治。联合各街道、社区建立三级联动管理机制，落实专人负责，以社区（村）为单位，加强巡查管理，实行全天候巡查管控，确保发现问题能够及时处理；同时加大宣传力度，向市民群众发放《共建文明倡议书》，号召群众争当文明市民，杜绝露天焚烧行为。

严厉打击露天烧烤。对于露天烧烤摊档，该局对不服从管理的烧烤摊档进行严厉惩治，组织突击行动，查扣烧烤炉、桌椅等，实施严管重罚，确保出现一摊清理一摊。规范、引导露天烧烤摊档入室经营，有效控制露天烧烤现象。

开展建筑工地扬尘污染整治。加强对建筑工地周边的管理，落实施工防尘降尘措施，减少施工扬尘污染，保持建筑工地整洁有序。要求建筑工地落实围挡和防护网，出入口设置水槽并对出入车辆进行清洗，所有运输散装物料的车辆要进行包扎，防止遗漏，有效防止建筑工地扬尘污染。

开展涉水污染整治。联合相关部门对榕江“两河四岸”、引榕干渠严控区域内所有违章建（构）筑物进行清理拆除。对控制区及两侧公共用地的乱搭设进行拆除，提升公共水域的环境卫生水平。

开展户外洗车专项整治。针对市区户外洗车污染环境的现象，该局组织户外洗车专项整治行动，要求所有洗车业务入室经营，设置沉砂井、过滤池等有效设施，严禁向下水道直接排放洗车污水。

开展餐饮行业涉环保问题专项整治。牵头区建设、农业和水利、环保、食药监、工商等部门制订《榕城区餐饮行业涉环保问题专项整治方案》，开展联合执法行动，第一批共查处餐饮企业乱排放餐饮污水及油烟违法行为61宗。

全面开展“牛皮癣”专项治理行动。为切实治理城市“牛皮癣”，从严查处乱张贴、乱涂画的违法行为，深挖违章根源，联合相关部门查处印制厂商，联系电信运营商对“牛皮癣”上的联系电话甄别分类后进行停机或限制呼入，从源头上进行根治，有效遏制乱张贴行为。为引导疏导户外小广告张贴行为，结合实际，在各街道、各社区设置户外公共信息栏供市民张贴户外小广告，堵疏结合，有效遏制乱张贴“牛皮癣”行为。

【加强违法建设查处】 坚决查处违反《中华人民共和国城乡规划法》的各类违法建设、违法搭设，牵头各部门落实广东省规划遥感图斑核查处理工作，在区“小产权房”清理查处领导小组的领导下全面查处违法“小产权房”，坚持违法建设日常巡查制度，做到违法建设早发现、早制止、早处理，将违法建设消除在萌芽状态。积极引导、督促业主按照有关规定补齐、补办报建手续，全力控制辖区内违法建设。严厉打击“涉强”违法建设行为，坚决拆除各类侵占公共用地、绿地等严重影响城市规划的违法建设。

（黄楷丹）

环境卫生

【概况】 2017年，榕城区环卫局坚持创新、协调、绿色、开放、共享的发展理念，抓基层、强基础，推动全面从严治党，为推动榕城区环卫事业发展提供政治保障；严格按照市、区“创省文”和“五城同创”工作部署，围绕构建揭阳首善之区，全力开展环卫“1234”创建工程，逐步建立健全环卫长效管理机制，进一步提升市区环境卫生管理水平，改善市区环境卫生面貌，为“创省文”验收通过提供良好的环境卫生基础。2017年，榕城区环卫局被评为“揭阳市创文工作先进集体”，黄凯鹏和李政权两位同志被评为“揭阳市创文工作先进个人”。

【环境卫生】

环卫设施建设　新建环卫公厕2座，将2个垃圾转运站升级改造为压缩站，进一步完善市区环卫基础设施。投入资金887.6万元，购置垃圾压缩运输车、道路洗扫车等环卫车辆25辆（台），进一步提升道路现代化机械保洁水平和城乡生活垃圾转运能力。

环境卫生管理　推行环卫长效管理。制订实施《榕城区环境卫生管理长效机制》，强化日常保洁管理，逐步改变过去以突击整治为主的环卫管理模式，促使各项环卫工作逐步走上常态化、制度化、精细化、规范化轨道。

实行环卫微观管理。通过实行“互联网+环卫管理”模式，对环卫车辆安装GPS定位系统，在北部车队搭建泽润北斗位置服务平台，组建后台管理团队，将服务平台与区环卫局指挥协调微信群、环境卫生督查微信群、环卫工作交流微信群、环卫车队工作微信群等有机结合起来，使全局工作与路面清扫保洁、机械洗扫、吊桶车作业、园林管养等线条工作有机结合起来，促使一些问题及时解决于萌芽状态，提高工作效率，提升市区环境卫生质量。

落实主干道人工保洁定员定岗、定时定制和机械化作业定司机、定车辆、定路段、定时间、定责任的“五定”制度，逐步优化主干道“人工保洁和机械清扫”“机械冲洗和机械清扫”等组合作业模式，加大道路低尘、降尘、除尘作业力度，提升主干道保洁效率和卫生质量。通过配套100多名精干环卫工人和50多辆电动三轮保洁车、柴（汽）油三轮收集车、小型吊桶车组建主干道环境卫生提质保洁队，加强主干道和重点部位环境卫生巡回保洁，及时处理突发环境卫生问题，确保全天候保洁、巡查到位。

深入开展城乡环境卫生整治，全面、彻底清理市区主干道路边、屋边、树边和绿化带的积存垃圾、杂草杂物和“牛皮癣”；树立全区一盘棋思想，从支持垃圾桶和整治资金、增派人力、车辆等方面着手，积极协助各街道、社区开展环境卫生整治，逐步消灭市区卫生死角，迅速扭转市区“脏、乱、差”现象，努力打造优美、整洁的城乡环境。

【城市园林建设】 落实责任，加强园林绿化日常管养，加快市区道路绿化带缺损绿篱、乔木的补植工作，推动露土绿起来，进一步提升市区绿化景观。2017年，共补植草皮2500多平方米，补植雪梅、蜘蛛兰等绿篱46万多苗（袋），补植大叶榕、盆架子等乔木760多株，补植灌木球55株。

（陈润明）

创文工作

【概况】 2017年，榕城区成立区全面开展文明创建工作领导小组办公室（简称“创文办”）。创文以来，区创文办开启“5+2”“白+黑”连续奋战工作模式，充分发挥组织、协调、指导、宣传、督促作用，上传下达，快速反应联动，担当好全区文明创建“指挥棒”，顺利通过省的考核验收。涌现出揭阳市城管执法局榕城分局等8个市级先进单位和黄凯鹏等6名市级先进个人，区建设局等25个区级先进单位和陈耿忠等48名区级先进个人。是年9月，榕城区在全市首次文明创建工作考核排名中获得第一名。

【完善创文工作机制】 建立、完善区各套班子领导及区直单位挂钩街道社区结对创文工作机制，下沉区直力量帮扶街道、社区开展创文工作，每周收集、整理市、区领导和有关单位挂钩街道结对创文到位情况，有效整合建设、执法、公安等执法力量，提高执法效果。建立城市环境综合管理长效机制，探索网格化管理推进文明创建工作新模式，整理形成《榕城区文明创建四级网格结构信息表》，落实网格责任到人，建立网格化台账，落实“门前三包”责任。建立“四级联创”督查制度，推进城乡环境和交通秩序整治常态化开展。建立创文整治行动协调快速联动机制，结合巡查，采取区、街道微信群等“线上”形式打破时空界限，把基层整治中存在的问题及时上报相关领导和部门，协调解决创文整治问题。

【制订指导性文件及开展相关业务培训】 根据领导小组部署和要求，制订《榕城区全面开展文明创建活动总体方案》《榕城区全面开展文明创建工作指引》《揭阳市创建广东省文明城市测评工作榕城区分工表》等40多个指导性文件，编印《榕城区全面开展文明创建工作领导小组会议纪要》10期，《榕城区全面开展文明创建工作领导小组办公室会议纪要》17期，《榕城区城乡环境和交通秩序整治行动指挥部会议纪要》7期，各类文件150多个，印发各街道各部门、各有关领导。以“定领导、定单位、定范围”形式，建立主要领导负总责、线条分管主抓、职能部门主力、街道为主体的责任网络，有效推进各项工作任务落到实处。举办创建文明街道和文明村居、“两大整治”“四级联创”等相关业务培训，指导各级特别是基层文明创建工作。

【及时报送创建动态】 以《文明创建简报》为全区创建动态载体，及时报送市创文办、媒体，多篇被省、市媒体采用。编印简报175期，印发全区领导及各单位2.5万多份。采取日报、周报、月报形式，收集、整理形成《榕城区每日创文信息报送情况》《榕城区“三大行动十项整治”一周进度和计划表》《榕城区城乡环境和交通秩序整治行动每周进展汇报》《榕城区文明创建工作情况月报表》《榕城区文明创建示范点工作进度月报表》等，收集、整理创文动态图片、影像等资料。

【督导推动各项整改任务落到实处】 多次联合市创文办、区相关部门等对全区重要路段、重要场所、文明街道、文明村居、示范点创建工作进行实地考察和督导，推动各项创建工作有序开展。市“四级联创”督查组现场督查陪检180多人次，落实市有关天福路乱摆卖、榕池路卫生、住宅楼道堵塞等督查督办事项200多项，督促协调有关单位落实整改，整理上报落实情况汇报250多份。

【打造创文示范亮点】 打造“诚信法治”（东湖）、“文明和谐”（西湖）、“革命传统教育”（榕江）3个社会主义核心价值观主题公园；在重要路段制作“我们的价值观”青少年墙绘3面。打造学校、医院、社区、公园等14个类型、21个示范点，组织对邱金元纪念中学、东湖公园、深展实业有限公司、群光社区、茶叶市场、榕江一品等示范点创建工作进行现场督导，以点带面促进文明创建大开花。

【完善创文台账资料】 根据省2016年出台新的测评体系，制订《揭阳市创建广东省文明城市测评工作榕城区分工表（2016年版）》，根据2016版测评体系12大任务，97项227条要求和标准，督促全区32个牵头单位和64个责任单位做好资料收集编报工作，加强资料编报培训，汇编全区资料、台账200多盒。结合《广东省文明镇街测评体系（2016年版）》和《广东省文明社区测评体系（2016年版）》，落实各街道（村居）开展申报自评推荐工作，指导各街道（村居）收集图文资料，建立台账，逐项研究、逐项抓落实，组织对各街道创建文明城市、文明街道、文明村居创建工作资料编报进行检查、指导、督促，及时查漏补缺，充实完善整套资料，确保材料相关88分不扣分、少扣分。

【开展各项宣传活动】 利用墙体、建筑围挡、宣传栏等载体，更新公益宣传画3.5万多平方米，习近平总书记批示精神、社会主义核心价值观、文明创建宣传覆盖市区主次干道、公园广场、窗口行业、社区村居、学校、企业等重要场所，大街小巷抬头可见、驻足可观。流动宣传车、广播等每天穿街入巷播放公益广告，沿街LED显示屏滚动播放创文标语，文明创建工作家喻户晓。印制《给市民的一封信》《创文为我我为创文文明创建倡议书》《落实“门前三包”倡议书》20万份，分发《市民读本》《学生读本》《揭阳市公民行为民道德规范》《揭阳市市民文明公约》等1万份。采用新闻宣传、集中宣讲、网络传播等形式，累计宣传报道“创文”进展、亮点、成效500多篇（次），做到电视有形象、报纸有报道、网上有信息，营造浓烈社会氛围。立足群众的满意度为最高标准，组织人员进村入户，深入大街小巷、公园、车站、沿街商铺等，发放文明创建问卷调查3万多份，广泛征求群众意见，提高群众知晓率。

【启动创文迎检指挥和应急机制】 按省测评迎检工作要求，收集学校、医院、公园、景点景区、建筑工地等47项类实地考察场所，树立“处处都是迎检点”理念，落实各牵头单位制订落实工作方案，组织3支检查队伍，按照考察标准，在迎检前用一个多月时间，开展地毯式检查，列出整改清单，限期逐项逐条进行过关。启动创文迎检指挥和应急机制，确保顺利通过省第三方的实地检查。

【建立城乡管理长效机制】 通过抓好镇容镇

貌、雨污分流、环境卫生、乡贤咨询委员会建设进度情况，推进镇村文明创建工作常态开展。为进一步巩固创文成效，从9月起组织开展每季度街道、社区环境卫生考核评估活动，组织环境卫生考核评估领导小组，对十个街道环境卫生进行考核评估、排名，督促各街道成立检查小组，组织群众评议组织，对各村居进行环境卫生考核评估排名，将结果制作成“红黑榜”115块在全区主要路口进行公布，促进各街道、各村居环境卫生长效管理机制有效落实。

【城乡环境整治】 榕城区以城乡环境和交通秩序整治为突破口，率先在市区开展环境卫生、市容秩序、环保治污“三大行动十项整治”行动。拆除新河小学对面违规养猪场；拆除市民反映强烈的沿江南路违建物网红店“陆小凤”，还路于民等。据统计，全区累计投入1.6多亿元，出动人力36.1万人次，投入大型机械3.9万台次，拆除违章5.3万多宗面积56.7万多平方米，清拆广告牌2.47多万块，取缔占道经营1.2万多宗，清除卫生死角近2万处，清运垃圾杂物21.6万多吨，清理牛皮癣95万多张，增置、更新垃圾桶、果皮箱1.6万多只，增加垃圾压缩车、洒水车、洗路车等环卫设备21辆（台），查封环保违法企业（作坊）105家，依法关停河道周边和禁养区内散户养殖105个，打捞清运水面漂浮物3.5万立方米，清运淤泥3.5万立方米，清理池塘9.25万平方米，查处各类交通违法行为7.79万多宗，纠正行人及非机动车违法行为3万多起。拆建并重改造升级东泮莲花市场、新兴上义综合市场、榕华市场，建成西门临时肉菜市场，重建蓝和综合市场等，整治西头、新河、卢前上义等市场，优化市场布局，美化市场环境；盘活各类土地资源，建成沙港、国土局东侧、上义、东湖路、学宫广场等停车场，为群众解决停车难问题，设置便民信息服务栏209个，有效改善市区环境。

【志愿者服务】 自7月1日起，每月1日，区、街道、社区党员干部职工、各类社会团体成员、社会青年、学校师生、老人代表、企业职工等组成万人志愿服务队伍，树红色党旗、队旗，穿戴统一“创文为我 我为创文”标识的马甲和帽子，上街开展环境卫生整治、文明交通等志愿服务活动。加强各类志愿培训，规范志愿服务行为，推动志愿服务的制度化、常态化。全区累计开展环境卫生、文明交通、文明窗口、义医义诊、关爱扶助、文明礼仪等志愿活动1500多场次，参与达15万人次，有效地拓宽社会各界参与创文的渠道，在全社会倡导文明新风尚。

（杨奕丰）

环境保护

【概况】 2017年，榕城区环保局以生态文明建设为统领，以民生环保为抓手，学习贯彻中共十九大精神和习近平总书记关于生态环境保护的系列重要讲话，认真落实省、市、区各项生态环境保护工作要求，抓住重点、应对热点、突破难点，扎实推进生态文明建设，持续开展环保专项行动，着力解决重点环境问题，推进重点区域环境污染整治，以环保政策倒逼产业转型升级、推动环境质量提升、保障群众环境权益、加快榕城绿色发展，为促进经济社会快速发展，打造宜居榕城提供了环境支撑，生态文明建设和环境保护工作取得明显成效。

【环境污染监测与治理】 2017年，榕城区水环境质量有效改善，国考东湖断面各项污染物均达III类水质目标，国考龙石断面水质稳中趋好。8—12月，国考东湖断面水质达III类，比1—7月份水质上升了一个类别。其中，溶解氧平均浓度达5.2毫克/升，比2017年1—7月提升了44.4%，化学需氧量、五日生化需氧量、氨氮、总磷等主要污染物指标分别下降9.5%、3.8%、40.4%、11.1%；8—12月，国考龙石断面水质呈IV类，比2017年1—7月水质提升了一个类别，其中，溶解氧为3.5毫克/升，比2017年1—7月提升52.2%，氨氮下降7.1%。

榕城区大气环境显著改善，PM10、PM2.5平均浓度分别55微克/立方米、33微克/立方米，同期相比分别下降4微克/立方米、5微克/立方米，全年空气质量优良天数有342天，空气质量达标率为93.7%，同期相比上升0.3个百分点，首次实现六项污染物指标全面达标。

【环境污染治理】 2017年来，榕城区以中央和省环境督察要求为管理目标，加大执法力度，加强源头治理，以打开路、以打促转，倒逼企业产业转型升级，大力以工业废气、道路扬尘、露天焚烧、非法电镀、非法酸洗及非法漂染（印花）等污染源为重点的等专项整治工作，坚决取缔环境违法违规污染企业，有效纠正违法违规行为。

开展污染源摸排，规范涉水企业 大力开展污染源清查工作，全面精准摸清辖区内涉水企业的情况底数，确保做到“街不漏村（居）、村（居）不漏户、户不漏楼（层）”。共出动人员7800多人次，初步摸清、锁定污染源企业（作坊）2951家，其中：北河片区涉水工业企业（作坊）162家，南河片区涉水工业企业（作坊）605家，全区其他涉水第三产业816家（其中：旅馆32家，美发94家，足浴31家，KTV小娱乐12家，餐饮娱乐647家）。关停工业企业15家，断水、断电160家，转型升级及上治污设施150家，查封37家，立案处罚142宗，行拘10人，刑拘17人。

整治电镀酸洗，加强企业监管 实现市、区、街三级信息共享，联合开展执法行动，环保、公安及街道办形成合力对辖区涉水作坊进行突击检查，严厉惩治涉水污染行为，并依法实施“三停（停电、停水、停产）”和处罚。组织相关街道办及职能部门对关停非法电镀、酸洗及漂染（印花）等作坊进行回头查、突击查，对仍从事非法行为的企业事业单位和其他生产经营者，从严从重依法查处。共查办涉刑电镀1家、表面处理5家；非法印花2家；非法处置危险废物2家，并已全部移送公安部门处理。对联合查办的其他34宗案件，全部责令改正，依法实施处罚。断电92家；清理拆除125家；规范抛光、水洗等企业200多家，促成150多家企业配套治污设施，完成企业转型升级。

清理“小土轧”，规范有证钢企 继续加强对辖区内的小土轧、熔炉等作坊监管工作，联合属地街道开展小土轧不定时巡查工作，对不符合产业政策的企业采取关停和拆除措施。区环保、区发改、区经信和商务及相关街道办等部门组成联合执法行动组，对原登记在册的48家“小土轧”进行全面复查，共出动执法人员233人次，排查厂企174家次，依法查处5家，部分“小土轧”已转产转型。继续开展有证钢企规范工作，对辖区8家有钢企进行规范管理，使企业正常运行治污设施，杜绝轧钢行业生产空气污染。

查处露天焚烧，强化扬尘治理 加强对露天焚烧生活垃圾、建筑垃圾、工业垃圾、树叶、农作物秸秆和露天烧烤的巡查惩治力度，切实控制由焚烧和烧烤带来的挥发性有机物排放。推进辖区餐饮企业和食堂安装高效油烟净化设施工作，严厉打击露天餐饮加工行为。积极推进绿色施工。督促建筑施工单位落实施工现场封闭围挡、

5月9日，区环保局联合区委宣传部、市环保工程行业协会举办“落实党政同责改善环境质量”专题讲座
（榕城区环保局供稿）

设置冲洗设施、道路硬底化等扬尘防治措施，对进出工地车辆进行清洗，控制泥头车运载量，严禁敞开式作业。严控码头、道路扬尘污染，加强道路冲洗保洁。加强对规模上养殖场监管，禽畜散养户整治及清理河边污染。

推进望江南路西段截污管网等工程建设 望江南路西段截污管网工程工程起点仙桥河，终点榕华大道，建设内容包括通过顶管施工形式，铺设长2.97公里、管径为1.2米的截污主干管，以及建设提升泵站1座，工程已完成污水管道2600米，完成工作井及接收井沉井作业26座，回填10座；提升泵站、配电房、值班室及外围桩基础完成100%；泵站基坑内止水桩完成100%，完成基坑第一道冠梁施工，基坑开挖至-8米。工程累计投入资金约4550万元。完成仙彭路3.9公里污水管网的铺设工作。配合市完成莲花大道2.5公里的截污压力管建设。在新河北路、东石北路、沟口东路等铺设雨污合流管网约3.2公里。

推进仙梅片区污水处理系统建设工程前期工作 仙梅片区采用集中处理和分散处理相结合的建设方案，即仙梅片区污水处理系统建设工程，用于替代原来计划的仙梅污水处理厂二期工程。仙梅片区污水处理系统建设工程包括新建仙桥南污水处理厂1万吨/日，新建梅云西部（包括厚洋、石头、群光、双梧、竹林等村）11座分散式污水处理设施（总规模0.49万吨/日），新建污水收集干管22.3公里，支管48.8公里，项目投资约30954万元。

加强仙梅污水处理厂运营监管 加强对仙梅污水处理厂运营情况的监督管理，提高污水处理厂运营效益。是年，仙梅污水处理厂共处理生活污水839.73万吨，平均日处理生活污水1.86万吨，平均进水COD浓度134.19毫克/升，出水COD浓度23.94毫克/升，共削减COD 925.75吨，削减氨氮98.74吨。

加快推进临时污水处理设施的安装运营工作 为确保东湖、龙石国考断面水质稳定达标，区建设局会同区农水、环保、各街道办事处对榕江南河、北河的排水口进行全面摸查，计划在榕江南河、北河的有关出水口安装17台应急污水处理设施，对排出榕江的污水进行处理，改善出水水质。10月，顺利完成17台临时污水处理设施的政府采购工作，用于榕江南、北河有关排水口的污水处理。17台设备已正常运营，项目投入资金约2000万元。

启动实施东风河、揭阳楼后水渠黑臭水体综合整治工程 东风河、揭阳楼后水渠黑臭水体从2017年10月下旬开始底泥清淤，揭阳楼后渠截污管网工程于2017年11月下旬开工。开工以来，施工单位加班加点，全力加快施工进度。东风河、揭阳楼后渠已全面完成清淤工程，东风河清淤12500立方米，揭阳楼后渠清淤40000立方米，其中环市北路北侧箱涵清淤28545立方米，累计清淤总量52500立方米。揭阳楼后渠截污管网工程已完工，共铺设截污管道约518米。

加强生活垃圾收运 落实榕城区环境卫生管理长效机制，实施环境卫生保洁网格化管理，实行垃圾转运站生活垃圾进站登记管理，完善垃圾收运制度，加大工作力度，增加垃圾转运频率，基本做到垃圾日产日清。2017年，全区生活垃圾无害化处理率约97%。加强生活垃圾收集作业车辆管理，向各垃圾收集单位和个人增发布幔400多张，要求垃圾收集运输过程中用乌幔遮盖严

5月12日，区环保局联合区经济信息化和商务局、区科学技术局、区农业和水利局及揭阳市环保工程行业协会举办"明确企业主体责任"专题讲座

（榕城区环保局供稿）

实，防止撒漏，有效避免垃圾收集运输过程中二次污染的产生。

加强生活垃圾转运 将2座生活垃圾转运站升级改造为垃圾压缩站，提升城乡生活垃圾中转能力。全区共建成垃圾转运站（点）140个（含4座垃圾压缩站）。在区委区政府和社会各界的大力支持下，投入资金887.6万元，增购垃圾压缩运输车、道路洗扫车等环卫机械设备25辆（台），着力提升城乡垃圾转运和道路保洁水平，确保城乡生活垃圾基本做到日产日清。制订实施《榕城区环境卫生管理长效机制》，推行环境卫生保洁管理网格化模式，加强区、街、社区环卫机构建设，进一步完善城乡环境卫生保洁队伍和机制，完善垃圾桶和垃圾收集点配套，推行垃圾定点定时收集、清运，形成“户收集（投放）、村集中、区转运、市处理”的城乡生活垃圾收运体系。现榕城区生活垃圾已实行农村同城化、城乡一体化收运处理，2017年，全区生活垃圾无害化处理率为97%。

加强道路扬尘污染防治 投入资金887.6万元，购置垃圾压缩运输车、道路洗扫车等环卫车辆25辆（台），进一步提升道路现代化机械保洁水平和城乡生活垃圾转运能力；落实道路机械化作业定司机、定车辆、定路段、定时间、定责任的“五定”制度，实施道路常态化机械清扫保洁和冲洗洒水，降低作业扬尘污染；通过加班加点的方式，增加洒水降尘频率，做到重点路段、重点区域的晴天每天冲洗、洒水4至5次，进一步提升道路环境卫生质量，改善市区大气质量。加强宣传教育和业务培训，严禁环卫、园林工人焚烧垃圾杂物及向江河、沟渠乱倒垃圾，并将环卫、园林工人焚烧垃圾杂物行为纳入重点监控范围，加大巡查监管力度，有效遏制环卫工人焚烧垃圾现象。调配洒水、抑尘等车辆配合“五路一河”拆迁工作，积极协助各拆迁现场做好洒水、喷雾工作，有效控制拆迁现场扬尘污染。

加强城乡环境卫生整治 结合“创省文”“五城同创”等中心工作，在全面、彻底清理市区主干道路边、屋边、树边和绿化带的积存垃圾、杂草杂物和“牛皮癣”的基础上，树立全区一盘棋思想，从支持垃圾桶和整治资金、增派人力、车辆等方面着手，积极协助各街道、村（社区）开展农村环境卫生整治，重点清运榕江流域沿岸及周边积存垃圾杂物和清理整治违规搭建物后垃圾杂物，逐步消灭城乡卫生死角，从源头减少垃圾进入榕江。2017年，共突击清理主干道垃圾杂物1万多吨，清除主干道及绿化带“牛皮癣”1.9万多张，协助各街道、村居清运积存垃圾和整治后垃圾杂物3600多车（垃圾压缩运输车）。

支持企业开展清洁生产技术改造，实施清洁生产审核 继续加大推广企业清洁生产力度，区经信和商务局与区环保局联合印发《榕城区“十三五”绿色清洁生产工作推广方案的通知》，通过宣传发动，已落实广东友钢钢铁有限公司、广东大明钢铁实业有限公司、广东大兴钢铁实业有限公司3家轧钢企业与服务性公司签订“自愿清洁生产审核咨询合同”，现已在省经信委清洁生产平台上进行注册公示，完成清洁生产审核工作。

【生态环境保护】

严把项目环境准入关 贯彻执行《中华人民共和国环境影响评价法》，国家排污许可管理制度及《广东省排污许可证管理办法》，加强建设项目管理，严格执行建设项目环境影响评价和“三同时”制度，严把建设项目环保关，对不符合产业政策和规划要求的企业一律不给予办理环评手续。坚持“预防为主”原则，严格环保审查，严格控制新污染源的产生，做好排污许可证发放及监督管理工作，进一步规范企业环保行为，督促企业加快整治进度，使排污许可证管理制度真正成为促进企业节能减排、环境守法的有力武器。2017年，共审批建设项目环境影响评价文件48份，审批发放排污许可证65份。

加强危险废物、进口废物管理 积极推进危险废物转移处置，落实危险废物产生单位按有关规定及时对危险废物进行转移处置，要求危险废物产生单位做好处置设施建设，通过全面加强危险品管理，确保各项安全生产措施落实到位；加强进口废物加工利用企业专项检查，重点检查企

业在进口废物中有无夹带“洋垃圾”的违法行为和进口废物加工利用及经营情况，配合国家环保部开展打击进口废物专项工作，对辖区内5家进口固废使用单位进行检查，对发现的14个环境问题依法发出责令，对其实施处罚；开展重点排污企业和辐射源使用单位专项检查，着重对钢压延、轧钢企业等危险废物产生、储存、处置情况进行检查排查。严格审查企业应急预案，要求重点环境安全风险企业落实好突发环境事件应急预案制度，编制突发环境事件应急预案并报送备案。2017年，共备案应急预案28份。

落实土壤污染防治　全面启动土壤污染状况详查，建立土壤污染详查工作协调机制。2017年年底前，区环保局会同区农水局、区国土分局完成全区农用地土壤污染状况详查点位布设和核查，配合省环保厅完成部分农用地土壤样品采集和制备以及重点行业企业地块信息收集。11月30日，区政府与广东春达化工有限公司签订《广东春达化工有限公司土壤污染防治责任书》，贯彻《广东省土壤污染防治行动计划实施方案》关于防范建设用地新增污染的要求，落实目标责任，切实做好土壤污染防治工作。

强化辐射环境安全监管　充分保障群众身体健康，维护辐射环境安全和社会稳定。4月，区环保局全面开展辐射环境安全大检查。严格规范核技术利用单位，健全各项使用制度，彻底杜绝辐射环境安全隐患；落实核技术利用单位依法办理、延续辐射安全许可证，进一步提高全区辐射运营单位安全许可证持证率；加强对流动源和放射源运输的监管，及时排查并依法安全处置废旧放射源，规范放射性废物处置，严防辐射污染事件发生，确保废旧源和放射性废物处置率100%。

【环境信访】　榕城区环保局始终坚持把顺利办好环境信访案件作为日常重点工作来抓，不断完善环境信访案件办理程序，切实提高环境信访案件办理质量。通过充分发挥街道环保办、村（居）委的基层力量，对涉矛盾纠纷类落实基层核实调解，对涉污染问题坚决整顿规范并开展对重点信访、重复信访案件的回访工作，严肃查处死灰复燃企业的环境污染案件，切实保障人民群众环境权益。动员社会力量检举揭发违规生产和违法排污的行为，健全环境领域群体性事件防范长效机制，督办重点难点信访投诉案件，妥善处理苗头性问题，维护社会稳定。2017年，共受理群众来访及上级部门交办、转办环境信访781宗，办结746宗，办结率95.5%，信访人满意率达90%以上。

【环保督察工作】　9月，广东省环保督察组对榕城环保工作进行督察，榕城区认真落实督察组工作要求，坚持问题导向，找准问题症结，切实抓好省环境保护督察组交办案件和反馈意见问题整改，着力改善全区环境质量，打造“天蓝、地绿、水净”生态文明的“幸福榕城”。

在查办省环保督察组交办案件的过程中，坚持以群众的诉求为中心，杜绝二次环境污染问题为宗旨，对每个案件涉及环境要素进行梳理，多层次思考研究作出处理方针，对每个案件的办结均作重新审查和回查，保证彻底解决问题。省督期间，榕城区环保局共接到省环境保护督查组交办件19批次共50个交办案件。

（林苇玫）

商贸流通服务业

【概况】　至2017年年底止，全区共有限上商贸企业218家。社会批零住餐业商品销售额650.3亿元，实现社会消费品零售总额157.7亿元。全区限上批零住餐法人企业实现销售额242.93亿元，完成零售额78.13亿元。榕城区的商贸流通业已逐渐形成了北、中、南错位发展格局。

北部片区　凭借市政治核心和行政核心的地位优势，依托榕江大酒店、汇龙湾、金润帝豪湾、粤东榕城汽车街、安信证券等金融机构等为载体，积极引导传统专业市场调整优化布局，培育发展新业态和新商业模式，推动新业态与特色产业融合发展，增强城市产业功能，满足市民生产生活消费需求，提升现代服务业经济总量，着力打造商务中心核心区。

中部片区　凭借人口密度、交通便利、商业繁华、周边配套设施完善的优势，结合榕城区打造中优的发展思路，紧紧抓住市区“五路一河”项目的推进，发挥榕城核心城区的优势，引进大品牌、大名牌、大企业，做大、做优、做强、打造中心城市商务服务中心，建设现代商贸聚集地。

南部片区　按照区委、区政府南改的发展思路，着力改造南部片区，集约节约用地，围绕揭惠高速公路市区连接线，整合盘活现有企业的土地资源。建设城市中央CBD综合体“碧桂园十里江弯”，培育经济发展新的增长极，拓宽“南大门”发展空间，建设榕城产业转移工业园，提升城市承载力，形成产城融合拓展区。

【批发零售业】　榕城区居民消费市场日益活跃，物价基本稳定。2017年，社会商品零售总额为157.7亿元，全区限上批零住餐法人企业实现销售额242.93亿元，同比增长0.79%，完成零售额78.13亿元，同比增长8.55%。其中：五金、不锈钢贸易业零售额2.6亿元，同比增长16.02%；化工、塑料贸易业销售额32.1亿元，同比增长17.36%；限上汽车贸易销售总额25.76亿元，同比增长4.24%，零售额24.8亿元，同比增长16.41%；住宿、餐饮业零售额1.17亿元，同比增长10.19%。2017年，榕城区消费市场在促销活动、假日活动、会展经济等因素带动下，消费市场发展提速，消费结构优化升级，保持稳中有进的良好发展。以数字创意（动漫网游）活动、电器展、茶文化节等为重点，积极开展会展工作，共成功举办了大型动漫网游主题活动、电器展、茶文化节等五次会展，现场销售额共约967万元，其中线下销售额661万元，O2O销售额306万元。进场参观、购物总人流量约21.5万人次。取得良好的经济效益和社会效益，为全区经济发展起到良好的拉动作用。

（陈育芝）

【特色街区】　榕城区是揭阳市核心区，商业贸易发达。在发展中逐步形成汽车后市场特色产业街、岭南茶文化特色产业街、省级食品安全示范街、中山骑楼文化古街、罗马铁街、榕湖药材街、五金打铜街、同德摩托街等总共11条特色街区，培育新的经济增长点。其中重点特色街区有：

汽车后市场特色产业街区　位于东升街道的环市北路（206国道），地理位置优越，进驻着通用、宝马、大众、丰田、本田、现代、标致雪铁龙等知名汽车品牌，是揭阳的汽车及汽车零配件集汇地，包括4S专营店、销售店、二手车行、汽车美容店、汽车零配件店、汽车维修厂等。榕城区重点打造的榕城汽车服务产业园第一期工程完工；该项目总投资3亿元，占地面积约3万平方米，共分为三期工程，计划建设有大型二手车展示区、新车展示区、汽车配套服务区和维修中心及办公区。

岭南茶文化特色产业街区　位于东阳街道蓝和社区，毗邻揭丰公路，区位优势明显，依托原揭阳市茶叶批发市场集聚发展，历经近年全面改造提升而成。该街区占地面积40多亩，商铺300多间，建筑面积5.5万平方米，集茶叶批发、零售、展示、茶艺、茶制品等于一体，销售渠道遍布全国，是目前粤东地区规模最大的特色精品茶业专业市场，年销售额超2亿元，占市区茶业销售额60%以上。

省级食品安全示范街　位于临江南路，西起老北河大桥，东至东湖路，全长约1100米，集食品经营、商贸休闲于一体，共有食品经营单位48家，其中：餐饮服务单位31家（中型餐馆12家、小型餐馆7家、饮品店10家、糕点店1家、小餐饮1家）、食品销售单位17家。较知名的有大型超市卜蜂莲花、肯德基、千锅涮等。该街区实现了持证率、食品安全量化分级覆盖率、明厨亮灶建设率、“食品安全公示栏”设置率、抽检合格率等5个100%。8月，被评为省级食品安全示范街。

中山骑楼文化古街　中山骑楼文化古街作为揭阳古城保护建设的重要组成部分，重塑古城街区风景，强效推动“古城文化游”。街区道路建设、“三线下地”、排水排污管线等配套工程基本完成。

（王少彧）

【电子商务】 榕城区电子商务较快发展，参与人数逐年增加，线上销售额逐年增长。2017年，全区电商企业线上年销售额200万元以上的有72家，其中1000万元以上的有24家，5000万元以上的有8家。全区线上销售1.78亿笔，占全市总额30.58%，同比增长41.67%，线上零售额9亿多元，占全市总额30%，全市排名第二。积极开展电子商务人才培训，2017年全区共举办各类电商培训班63次，受训2500多人。电子商务在全区各地有效开展，中山街道、榕东街道被评选为首批“2016年度揭阳市电子商务示范乡镇（街道）”单位。

（刘少鹏）

【粮食购销管理】 榕城区是全市粮食主销区。非农人口多，粮食生产自给率低、缺口大。

粮食部分 2017年全区粮食年消费量78109吨（原粮，下同），自产粮食6446吨，粮食自给率仅8.25%，2017年从省外调剂粮食81837吨，才能确保全区军需民用。全区2017年销售214384吨混合粮（其中稻谷106360吨、小麦108024吨），全年购进216963吨（其中稻谷105263吨、小麦111700吨）。全区粮食自产量6446吨（其中稻谷4706吨、玉米30吨、薯类1710吨）。

食用油部分 根据调查区内食用油经营户情况，2017年全区购进食用油3955吨，2016年末库存549吨，全年消费3987吨，基本能满足全区的需求。

（李 苗）

【生猪定点屠宰】 2017年，全区共有仙桥、梅云、和联、东山四家生猪定点屠宰场。区农业和水利局通过突出重点开展生猪屠宰专项整治、抓宣传教育活动，派从业肉品检验人员到省培训中心参加培训等方式，使屠宰企业人员和广大群众认识“病害猪肉”的危害性，进一步加强对肉品安全质量重要性的认识。加强监管、监测、检查，规范肉品经营秩序，严厉打击，狠抓整治，净化肉品市场。通过与四家屠宰场负责人签订《规范生猪屠宰活动承诺书》，层层落实、分解责任，严格规范管理，确保不出现“病毒猪肉”。

（何少艺）

供销合作联社

【概况】 榕城区供销合作联社系直属区人民政府管理的正科级公益一类事业单位。设办公室和综合业务股2个职能股室，辖4个基层供销社和6个公司。

【基层社建设】 2017年，区供销社继续探索发展模式，引进社会资本对基层社网点进行合作改造。梅云供销社抓住梅云石头社区改建办公楼的机遇，主动衔接社区，在不改变该社原有土地面积及产权所属的前提下，将原有破旧门市纳入该社区的改建范围。该项目的拆除、重建、排污、外墙装修均由石头社区出资，出资额80万元左右。重建后，该门市由原来的平房结构变为三层混凝土结构，一、二层归梅云供销社所有，第三层为社区会议室。

【平价商店建设】 捷龙平价商场重新装修的有利契机，投入资金，对该商场农副产品平价专区进行扩建改造，扩建后的平价专区营业面积由原来300多平方米增加至800多平方米，经营大米、蔬菜、猪肉、豆类、水果、蛋类等几十个品种。该社还加大经营管理力度，每天落实专人负责管理。

【“创文”和精准扶贫工作深入开展】 按照区委工作部署，区供销社积极主动参与挂钩社区创文工作和挂点精准扶贫村扶贫工作。组织机关干部职工到挂钩点新风社区的大街小巷开展清扫垃圾二十几次，清理“牛皮癣”工作。每天派出专人到挂点的元鼎路清理违规摆摊，清除路障。筹集资金支持创文工作。落实专人负责扶贫工作，筹资帮助汤前村三十多户困难群众脱贫。

【慰问帮扶】 春节前夕，对离退休科级以上老干部、劳动模范、军转干部等进行慰问祝福。对生活有困难和生病住院的干部职工重点进行帮扶补助。以上两项共慰问补助一百多人次。

（蔡浩丹）

对外经济贸易

【对外贸易】 2017年榕城区外贸进出口总值（海关数）152.1亿元，同比-11.9%，完成市年任务计划182.9亿元的83.1%，占全市外贸进出口总值425.2亿元的35.8%；其中出口144.27亿元，同比-13.4%，完成年计划176.7亿元的81.6%，占全市出口总值401.9亿元的35.9%。进口7.79亿元，同比32%，完成年计划6.2亿元的126%，占全市进口总值23.4亿元的33.3%。

至2017年年底，榕城区有开展业务的进出口企业436家，主要分布在仙桥、梅云、榕东和东阳等街道。其中“三资”企业32家，占7.3%。2017年出口1000万美元以上企业53家，出口500万—1000万美元企业114家。2017年新办外贸进出口企业72家。出口产品主要有鞋类、玩具、五金不锈钢、服装毛织、微电机和塑料制品等。鞋类出口101773万美元，占出口总值48%；玩具出口48133万美元，占出口总值23%；五金不锈钢出口13228万美元，占出口总值6%；服装毛织出口15447万美元，占出口总值7%；家具出口8696万美元，占出口总值4%；电机出口4703万美元，占出口总值2%；其他产品出口20591万美元，占出口总值10%。产品主要出口欧美、中东、日韩、东盟等国家和地区。进口产品主要有金属原材料、塑料原材料及配件，进口地主要为东盟、欧盟、台湾和韩国。

【吸引外资】 2017年，全区实际利用外资117万美元，同比-36.59%，完成年计划450万美元的26%，合同利用外资362万美元。至2017年年底，榕城区“三资”企业52家，其中外商独资企业33家，中外合资企业3家，中外合作企业16家。“三资”企业出口22946万美元，占全年出口总值的10.79%。

【对外经贸活动】 4月23日至5月2日，榕城区委书记江林生率榕城经贸代表团访问斐济、瓦努阿图、澳大利亚，与广东省贸促会联合在三国分别举办“2017广东精品太平洋岛国巡回展”。访问期间，代表团分别与三国政府政要、企业、商（协）会组织和华人侨领等座谈交流，洽商推进企业对接有关事宜，了解掌握当地市场需求、经济特点、生活习惯和民俗文化，为榕城区企业进一步开拓太平洋岛国市场架设了桥梁，力促榕城企业“走出去”，开拓海外市场。通过巡回展示及参加系列高层次经贸交流活动，寻求榕城区鞋业、不锈钢等产业与斐济、瓦努阿图、澳大利亚等国际交流合作机会，拓展和建立与太平洋岛国新的经贸合作伙伴关系。进一步打响“中国塑料时尚鞋之都”这一地区性品牌，扩大该地区优势企业、优势产品的知名度。

2017年动员、组织榕城区企业参加中国进出口商品交易会（春秋交会）、中国加工贸易产品博览会、粤港经济技术合作交流会、广东（波兰）商品展览会、美国芝加哥国际家庭用品展、中国（墨西哥）贸易博览会暨广东（墨西哥）商品展览会、广东（印度）商品展、广东（伊朗）商品展览会、印度尼西亚（雅加达）国际照明展、法兰克福春季国际消费品展览会和香港家居用品展等一系列展览会、交流会等，大力拓展外贸进出口渠道，切实加强全区企业的对外经贸交流合作。

（张晓珈）

招商引资

【概况】 揭阳市榕城区人民政府招商办公室（广东揭阳榕城工业园区管理委员会办公室）两个机构合署办公，实行“一个机构，两块牌子”，为区政府直属正科级事业单位。2017年，区招商办继续贯彻执行国家和省市有关招商引资和经济合作的法律、法规及方针政策，负责统筹协调全区招商引资和经济技术协作工作，研究拟定招商引资和经济技术协作的中长期规划、年度考核目标并组织实施。负责对外开放、招商引资的组织宣传和实施。负责协调和承办榕城区参与国际国内的重大招商引资等重大项目洽谈签约，跟踪落实、督促检查和搞好服务。协调投资者的投诉案件，依法维护投资者合法权益。2017年，全区招商引资项目24个，计划投资总和169亿元，其中计划投资额1亿元以上的项目19个；乡贤回归工程23个；正在洽谈4家；已开工20个；已完工10个；已投资金65.5亿元。

【招商引资】

敦睦乡谊，实施乡贤“回归工程” 通过实施精准招商战略，紧盯重点产业和重点区域，着力引进引领型、补链型产业项目，以大项目支撑大产业以大产业带动大发展。围绕乡贤回归工程，认真梳理全区储备项目，包括基础设施、旅游、旧城改造等18个项目推介招商。配合相关部门组织企业参加博览会、展销会、推介会12场次，包装梳理包括旅游、基础设施、城市更新改造、城市综合体等项目在会上进行推介招商并取得较好效果。是年区主要领导带队进行靶心招商、小分队招商推介11场次，其中深圳利荣达、东莞果蔬公司、中能建、珠海城丰集团都对接了意向项目。积极与广东揭阳商会、深圳揭阳商会、深圳揭阳金融商会、市政府驻广州办事处、深圳揭阳商会榕城联络处保持对接，通过平台共享项目推介资源，共谋发展。

突出重点，跟踪服务牵头项目 作为牵头单位积极主动配合市职能部门，协调区各相关单位推进“梧桐计划”开展。起草工作方案，结合实际，以榕城区委、区政府的名义，向市委、市政府请示，恳请在市、区储备用地中优先落实“梧桐计划”产地用地，已与同意给予征地的东潮经联社，先行签订征地协议书，涉及面积66.93亩。目前推进已达成意向：榕城区中部城市商贸综合体、榕城区农产品商贸物流中心、榕城区中科院新材料孵化提升基地3家，准备落户包括榕城区中部片区棚户区城市更新商贸城项目、榕城榕华港墘商贸新村项目、榕城区华美学校项目3家项目。

开展“北拓、南改、中优”推进工作 北拓：详细了解、掌握北部片区能够发展城市综合会展中心、现代化高档大型综合商贸城等项目的地块。归纳、整理、列明北部片区内符合发展城市综合会展中心、现代化高档大型综合商贸城等项目的地块的位置、范围资料、图件、城市规划等工作。南改：整理、列明望江南片区500亩统征土地产业用地的位置、范围资料、图件、城市规划等工作。对于潮东片区农产品市场，积极对接市各职能部门，争取对梅云街道潮东村市储备统征地250亩的土地使用权属作变更、置换工作。中优：整理、列明五社八社棚户区60亩土地用地的位置、范围资料、图件、城市规划等工作，并拟作为城市综合会展中心、现代化高档大型综合商贸城项目地。积极邀请新城控股、碧桂园、中能建集团、珠海诚丰集团等综合实力较强的综合型企业到榕城区实地考察，达到“洽谈促签约、签约促开工”的效应。

（郭任晓）

旅游业

【概况】 2017年，榕城区共接待游客总数为1163.56万人次，同比增长12.6%；旅游总收入56.16亿元，同比增长14.8%，新增旅行社5家，榕江大酒店被评为“广东省旅游工作先进集体”，全区旅游业在经济环境和相关政策的推动下，呈现出良好发展态势。

【编制发布旅游发展意见】 2017年，根据榕城区的旅游实际情况，高要求编制、发布《揭阳市榕城区人民政府关于促进旅游业加快发展的实施意见》。为榕城区从现时至2020年的旅游业布局指出了明确目标，打下了坚实的基础。

【古城文化游工作】 揭阳古城保护开发处于国家AAAA级旅游景区创建第一阶段，2017年完成第一期市政项目思贤路、中山路等道路的修缮建设。加大对各个旅游景区、名胜古迹和自然风貌统一筹划，结合青狮、行彩桥等特色民俗文化，大力发展“游古城、赏文化、观历史古城文化”一日游，成功打造梦里水乡——青狮文化旅游景区。全年古城文化游共吸引游客500多万人次。

【旅游厕所建设管理】 做好旅游厕所建设管理工作，全年全区完成新建厕所1座，改扩建5座，投入资金50万元，其中获得省扶持资金25万，旅游厕所管理明显改善，使全区旅游厕所建设迎来全面发展和提升的新阶段。

【策划承办2017揭阳国际半程马拉松赛】 12月3日，由中国田径协会、揭阳市榕城区人民政府主办，区旅游局联合区体育局策划、承办的2017揭阳国际半程马拉松赛在市区举行，来自海内外2800多名长跑爱好者参加了赛事。本次赛事首次进入国家A类赛事，并荣获中国田径协会认证赛事“铜牌赛事”荣誉称号。

【旅游宣传推介】 5月19日“中国旅游日”当天，区旅游局与市旅游局联合在市区青年广场举办“旅游让生活更幸福”主题宣传活动，组织区内多家旅游企业，在市区青年广场开展宣传活动，倡导潮汕地区“好邻居，常串门”潮汕人游揭阳活动，积极营造全社会关注旅游、参与旅游、支持旅游、推动旅游的良好氛围。积极利用新媒体开展宣传，在榕城旅游新浪微博及公众号微信平台等新媒体网络平台开展榕城旅游资源宣传推介。

【旅游行业管理】 根据上级旅游部门的工作要求和部署，深入开展整顿和规范旅游市场秩序工作，努力提高行业管理和服务质量。坚持从加强监管、强化培训入手，引导旅游企业树立良好的信誉，提升服务质量，塑造起榕城区良好的旅游形象。层层落实旅游安全责任状，帮助旅游企业完善应急预案，开展应急演练，不定时开展安全生产专项整治，协调有关部门联合执法。持续开展安全生产专项整治，检查并督促整改安全隐患，在节假日期间协调有关部门联合执法，整治旅游市场秩序，全年没有发生重特大旅游安全事故。通过采取这些措施，低价竞争、零负团费、坑客宰客等不良行为得到了有效遏制，旅游服务质量和游客满意率大幅度提升，一个依法经营、诚信服务的旅游市场环境在榕城区初步形成。

【开展“文明旅游”倡导活动】 对照榕城区创建省级文明城市工作目标要求，区旅游局以“强化文明出游意识，塑造良好榕城形象”为主要内容，围绕为民服务，提供优质高效服务；制定文明规范，提高行业从业人员素质；通过文明引导，提升游客文明水平等措施，推动文明创建工作取得新实效。

（彭　风）

JIAOYU KEJI

教育·科技

教育·科技

教　育

【概况】　2017年，榕城区教育系统认真贯彻落实党的十九大和榕城区第六次党代会精神，积极实施“科教兴区”战略，巩固提升国家义务教育发展基本均衡区和广东省教育强区的创建成果，不断推进广东省教育现代化先进区的创建工作，使各类教育办学条件、管理水平、师资实力、教育质量实现新跨越，再谱新篇章。1月，榕城区教育局被广东省教育厅、广东省人力资源和社会保障厅授予“广东省促进义务教育均衡发展先进集体”称号。

全区现有中小学校93所，其中：公办学校79所，含普通高中3所，中职学校1所，九年制学校1所，初中13所，小学61所；民办学校14所，含十二制学校1所，普通高中1所，完全中学1所，九年制学校8所，小学3所。全区现有中小学生94548人，其中普通高中在校生10729人，中职在校生3373人，初中在校生21314人，小学在校生59132人。全区在编教职工5312人。

【教育创先工作】　努力巩固提升国家义务教育发展基本均衡区及广东省教育强区建设成效，成立榕城区创建广东省推进教育现代化先进区工作领导小组及其办公室，组织召开全区推进教育现代化动员大会。根据省、市创建教育现代化先进县（市、区）及《揭阳市推进教育现代化先进县（市、区）实施方案》，及早筹划，研究制订《榕城区推进教育现代化先进区实施方案》及责任分工，对“创先”工作的时间、步骤、责任、机制及方法方式等进行详规，开创新局面，为榕城区创建广东省教育现代化先进区描画蓝图，提供保障。

【学前教育】　积极推进学前教育，各方投入明显增加，学前教育资源快速扩大，教师队伍建设逐步加强，“入园难”问题得到解决。2017年，全区审批的幼儿园共有181所，其中公办园1所、集体幼儿园47所、民办幼儿园133所，规范化幼儿园108所，占59.67%。在园幼儿26056人，3—5岁适龄儿童入园率达到98%。榕城区幼儿教育，坚持以公办园为龙头、示范，集体、线条园为主体，民办幼儿园为有效补充的体制。深入贯彻落实《3—6岁儿童学习与发展指南》，树立科学的教育理念。5月19日，揭阳市教育局和榕城区教育局在格林童话幼儿园联合举办“2017年揭阳市学前教育宣传月”启动仪式，市、区教育局各级领导及各县（区）幼教专干、家长代表和全市近200个幼儿园园长参加启动仪式，营造促进幼儿健康成长的良好社会氛围。榕城区进一步加强教学研究，不断创新教育教学方法，提高教师技能水平。12月，榕城区选派的四个教育活动在揭阳市教育局举办的全市幼儿园优秀教育活动评选活动中取得优异成绩，其中揭阳中心幼儿园周书燕老师执教的潮汕传统文化探索活动《青狮乐》和向阳幼儿园林曼丹老师执教的体育活动《快乐篮球》荣获一等奖。

【基础教育】 2017年，全区普通中学专任教师2793人，小学专任教师2519人。榕城区义务教育阶段在校学生80446人，其中：初中在校生21314人，小学在校生59132人。榕城区各类教育稳步、健康、协调发展，严格执行《榕城区人民政府关于依法开展春秋二季组织入学的通知》《关于进一步加强义务教育阶段控辍保学工作意见》，加大力度，抓好组织入学工作，确保榕城区基础教育事业的巩固和发展。落实领导挂钩学校制度、督查制度、目标管理责任制等措施确保全区秋季入学完成市下达的目标和进度。义务教育九年巩固率97.19%，初中三年巩固率97.25%，小学五年巩固率98.4%，义务教育防流控流工作效果好，各率达到省、市的要求，各项指标均列全市各县区首位。进城务工随迁子女在榕城区义务教育阶段学校就读人数23676人（其中小学18896人，初中4780人），占义务教育学生总数的29.43%（其中小学31.96%，初中22.43%）；在公办学校就读人数14655人，占进城务工随迁子女总数的61.9%。

【高中与中等职业技术教育】 2017年，全区普通高中在校生数达10729人，中职在校生3373人，全区高中普及率达到95.1%，列全市各县区首位。

【民办教育】 规范民办教育管理相关工作，促进民办教育健康发展。2017年，经评审小组批准设立的民办幼儿园共15所，民办教育机构1所。现全区公办义务教育阶段标准化学校覆盖率已达100%，现民办义务教育阶段标准化学校覆盖率已达71%；规范化幼儿园覆盖率60%。

【提升德育水平】 根据党的十九大提出的立德树人的德育工作目标，结合“创文”工作，坚持“教书育人，德育为先”的教育理念，突出德育为首地位。以课堂教学为主阵地，以活动为载体，把德育有机渗透到教学内容之中，渗透到活动的各个环节之中；不失时机，在全区学生中深入开展社会主义核心价值观“我的中国梦”“小手拉大手，共建文明城”等为主题的系列思想品德教育，促进学生良好思想品格的形成；完善局关工委、学校家长委员会建设，搭建社会参与学校教育的平台，构建学校、家庭、社会教育“三位一体”德育网络，颁发《关于进一步推进家访工作的通知》，规范教师的家访工作，确保有的放矢、因材施“访”，合力育人；通过积极实施“名班主任”工程和“名班主任工作室”的创建，以点带面，力促班主任专业的发展；深入开展中小学德育工作绩效评估，从德育管理、德育过程、德育保障、德育效果等各方面促使全区中小学德育工作规范管理、提升水平，巩固德育工作成效。

【加强素质教育】 加大图音体教育教学的硬件配套设施建设，完善场室功能。积极完善学校内涵发展，全面推进素质教育，引导学校认真抓好艺术、体育、科学教育教学，结合学校目标定

3月27日，榕城区召开2017年国家义务教育质量监测工作会议

（郑卫滨　摄）

位，精心组织艺术展演、体育节及每天“阳光体育一小时”等形式多样的活动，营造健康向上的校园文化氛围，助推学校素质教育向纵深开展，成果丰硕。

1月1日，区委书记江林生（前排左二）到真理中学调研教育情况

（郑卫滨　摄）

【教育督导】 稳妥推进“平安校园”建设，创建安全文明教育环境。2017年，获“揭阳市平安校园”的学校有7所（含幼儿园1所）。被市认定为“揭阳市依法治校示范校”的中小学校共28所。继揭阳华侨高中、邱金元中学、捷和职校之后，真理中学、西郊学校被评为“广东省依法治校示范校”。3月27日下午，榕城区召开2017年义务教育质量监测工作会议，参加会议的有实施工作领导小组成员和20所样本校的校长、副校长、信息员，以及梅云、仙桥的教育组长共70人。省级视导员张静萍出席会议并讲话。5月24日，组织开展国家、广东省义务教育质量监测工作，按时完成对榕城区20位样本校学生科学、德育的监测工作，接受国家视导员的全程视导。

【教研教改】 依托教·科·研三大质量提升项目的实施，不断探索教研教改新模式、新方法，推动“常态教研”向“精准教研”的转变，助推教师专业成长，实现教学质量新飞跃。

搭建唱戏，助推专业发展　紧抓专家引领、小课题研究、竞赛驱动三个着力点，搭建平台，创新模式，助推教师专业化发展。创新专家引领模式。与广二师合作成功举办“高效课堂”示范带学培训活动，为教师提供教学策略和教学方法，为探索以立足课堂教学、研究、培训紧密结合的三位一体教师发展模式夯实基础。“请进来”，邀请国家级、省级名师开设专题、点评指导、传经授宝，有效提高榕城区新时期教师学科教学素养及水平。创新小课题研究。以点带面，引导学校做好小课题研究，现已有第三批30个区级小课题顺利完成结题，第四批32个区级小课题已完成立项工作。通过小课题研究，解决教学碰到的实际问题，提升教研品质，引领教师专业化发展。创新竞赛驱动。精心组织全区性教学技能比赛、微课大赛、命题比赛等，以赛带教、以赛促教，锤炼与培养青年教师的教学技能，有效促进青年教师迅速成长。

精准教研，助力品位提升　推进教学管理督评式视导调研。继续分期分批对各中小学进行教学管理视导，通过听取汇报、实地观课、查阅资料、询谈访问等形式，了解学校及一线教师在实施新课程中运用学科课程的教育理念、转变教学方式、执行教学常规、提高课堂教学质量等方面的现状。针对存在问题，提出建设性意见，促使学校教学常规科学化。开展精准教研。加大对学校教学管理的诊断力度，开展“预约式”“菜单式”教研服务活动，加强学校的主动选择意识，为学校提供最需要最切实际的服务。开展送教下乡。充分利用城内优质教师资源，组织骨干教师送教下乡、互动研讨，实现优质教育资源的共享及城乡教学教研的一体化发展，促进农村学校、薄弱学校教师的专业提升。2017年，榕城区师生获国家级奖项1人次，省奖64人次，市奖87人次。

【招生考试】 1月5日，召开“榕城区2017年中考、高考备考工作会议”，制定切实可行的备考方案，落实备考措施。

2017年，榕城区高考取得优异成绩，全区上一批线721人，比2016年增加70人，比增10.8%，上本科线2594人（含市直学校计回生源地）。

中考再上新台阶，全区共有6689名学生参加考试，上揭阳一中正取线（752分）有535人，比2016年增加73人，比增15.8%。

【创文工作】 区教育局上下联动精心部署，构建强有力的领导机制和推动机制。制定具体方案，明确责任，层层推进落实创文各项工作，成立榕城区教育系统中心工作督查组，建立常态化创文督查机制，切实推进教育系统文明创建工作扎实有效开展，多措并举稳步推动创文工作进程。采用线上线下相结合的方式在全系统发动宣传，营造浓厚创文氛围。组织341名党员干部成立16支党员志愿服务队，结合各学校实际开展志愿服务活动，助力榕城区文明创建工作深入开展。完善“学校、社会、家庭”三位一体的创文矩阵，实现从校园向家庭、社区的延伸，产生“教师以文明引导学生，学生以文明影响家庭，家庭以文明影响社会”的良性互动效应。推进区青少年宫和乡村（社区）学校少年宫建设运营，为榕城区青少年提供校外学习活动的理想场所，有利于提升青少年整体文明素质。开展校园环境整治，超过24000名学生参与该项行动，范围覆盖全区中小学及学校周边主干道路，校园周边环境焕然一新。开展多元化创文主题活动，包括师风师德建设活动、社会主义核心价值观进校园活动、加强心理健康教育指导中心建设工作、“文明礼仪”主题活动、法制教育、科学体验活动、体育文化活动、文明上网活动、禁毒宣传教育等，全方位提升师生文明道德素质。2017年，榕城区教育系统创建广东文明城市知晓率达到100%，系列活动和主题活动安排达到100%，教师学生参与率达到100%，创文成绩突出，榕城区教育局被揭阳市榕城区全面开展文明建设领导小组授予“先进集体”光荣称号。

【师资队伍建设】 重视教师队伍建设，以深化改革为动力，以制度建设为保障，创新管理举措，采取措施加强教师队伍的师德教育及专业培训，不断提升队伍的德才能力。

优化教师队伍结构　建设一支数量充足、学科配套的教师队伍，根据事业发展规划的需要，通过外出招聘、公开招考的方式择优增配高学历、高素质的教师。2017年，全区共增配教师95名，并均衡分布到全区各中小学校、幼儿园，有效补充部分学校教师缺员、学科不配套的现象，促进榕城区师资的均衡配置，满足各级各类学校的教学需要。

加强师德教育　根据新条件下师德建设的新特点，以教育部《关于违反中小学教师职业道德行为处理办法》为依据，对师德建设进一步细化、规范。印发《榕城区加强中小学教师职业道德建设暂行规定》《榕城区教育局关于建立健全教师师德长效机制的实施细则》《榕城区严禁中小学校和在职中小学教师有偿补课的工作方案》，以规范教师行为为目的，开展系列大学习、大讨论、大比赛等专项教育活动，强化内部管理，进一步增强广大教师爱岗敬业、为人师表、乐于奉献的意识，促进教师践行师德规范，争当师德楷模。

抓好教师队伍培训　根据省、市的文件精神，结合教育创先，完善《榕城区“强师工程”实施方案》和《榕城区教育系统教职人员参加学历提升教育学习资金补助实施办法》，分门别类，对幼儿教师达标工程、中小学教师素质提高工程、中职教师技能提升工程和教师管理创新工程提出具体的工作目标和具体工作措施。在组织和经费的保障机制上，作出明确的规定。认真组织教师校本培训及其他常规培训，精心组织新教师岗前培训，精心选派优秀中小学校长和骨干教师参加国家、省、市各级各类业务培训和挂职锻炼及跟岗学习，“走出去，请进来”，引领并促进教师从经验型向科研型转变，从普通教师向骨干教师、名师发展。

（余雄周）

科学技术

【概况】 2017年，榕城区科技创新方面在全市实现“四个首位”，为榕城打造揭阳首善之区提供科技创新保障。高新技术企业数量增速最快，全区高新技术企业新认定10家，总数达到19家，高企总量翻了一番以上。申报高企入库培育企业16家，申报认定数量和入库数量均创历年新高；广东榕泰实业股份有限公司的“注塑型粒状三聚氰胺——甲醛塑料的研究及产业化”获得全市唯一一个省级重大科技专项立项支持；揭阳市宏光镀膜玻璃有限公司的“高效透光遮阳节能中空玻璃生产技术开发及应用”项目获全市唯一一个省科技进步奖；专利申请总量全年连续保持全市首位，申报总数达到1544件，发明专利达82件，均创历史新高。

【高新企业】 狠抓高企培育，推进高新技术企业发展。大力发展高新技术产业，实施科技创新后备企业挖掘行动，通过培训、辅导、加强产学研合作，强化高新技术企业的培育和发展壮大工作，引导有条件的企业申报高新技术企业认定，未符合条件的先行培育，待条件成熟再申报认定。2017年，榕城区申报认定高新技术企业13家（其中新增10家，再次认定3家），至目前全区高企数量累计达到19家；申报高企入库培育企业16家（其中已通过5家），至目前全区高企培育库企业累计7家。全区高企2017年总收入达到22.5亿元，实现税收9012万元。新增高企认定的企业中70%为电子信息产业，榕城信息产业中的高新技术企业2017年总收入达到2.3亿元，实现税收470万元，分别比增21.55%和6.13%；运用高新技术改造榕城传统优势产业获得零的突破，四大传统产业中鞋业和微电机产业均首次有企业认定为高新技术企业。传统产业实现“双突破”，全区整体自主创新实力明显提升。

【科技创新】 加强产学研合作，促进技术创新 2017年5月中旬，区委区政府邀请中科院过程工程研究所王宝等5位研究员莅榕，开展中科院—榕城“实施创新驱动，共建产业支撑”主题活动，召开项目推介会，并深入企业对接项目。6月中旬，区科技局组织深展、宏光等7家与中科院有合作意向的企业前往中科院工程过程研究所高明新材料研究中心参观考察，为深化中科院与榕城进一步合作奠下坚实基础。7月，榕城区与中科院深化合作工作受到市局高度重视，“功能塑料和涂层材料应用研发中心的建设”项目被推选申报粤东西北区域重大科技创新平台项目。组织40家次企业赴广州等地与华南理工大学、广东工业大学、汕头大学等高校开展产学研合作活动8场。

5月17日，中科院过程工程研究所王宝等5位研究员莅榕开展中国科学院——揭阳市榕城区“实施创新驱动 共建产业支撑”主题活动并召开项目推介会（区科技局供稿）

搭建创新平台，大力自主核心技术攻关 注重创新平台建设，申报建立省级工程技术研究中心2个（广东纳华信息科技有限公司、广东伟兴电子科技股份有限公司），至目前全区

5月12日，由揭阳市地震局主办，揭阳市应急办、气象局、科协，榕城区科技局、科协、地震办协办的揭阳市第九个“防灾减灾日”科普宣传活动在榕东中学举办 （区科学技术协会供稿）

省级以上创新平台总数达到9家；认定市级工程技术研究中心6个（广东星鹏实业有限公司、揭阳市汇宝昌电器有限公司、揭阳市美得福电子有限公司、广东比格莱科技有限公司、广东华讯网络投资有限公司、广东方昱网络有限公司），充分发挥企业的技术创新主体作用，积极开展技术攻关活动，为发展榕城区高新技术企业储备技术能量。大力推进5亿以上工业企业建立研发机构，大明、榕泰、友钢和蒙尼克4家企业研发机构获得省科技部门认定。狠抓重大科技专项申报，集中力量突破关键核心技术，申报省级重大科技专项3项，完成全年下达任务300%，其中广东榕泰实业股份有限公司的“注塑型粒状三聚氰胺——甲醛塑料的研究及产业化”是全市唯一获得省科技厅立项支持的项目；揭阳市宏光镀膜玻璃有限公司的“高效透光遮阳节能中空玻璃生产技术开发及应用”获省科技进步奖三等奖。

扎实推进孵化器建设，打造数字创意产业6月，组织进贤门数字创意产业孵化基地申报省级众创空间试点单位；9月，广东朝启科技企业孵化器·众创空间被推选为国家级科技企业孵化器培育单位，重点对高新技术成果、创业企业进行孵化，推动合作和交流，促进企业做大做强，争取培育更多的国家高新技术企业。至2017年，累计入驻孵化器企业32家，毕业企业数量11家，孵化总面积11100平方米。榕城区知名网商王创平筹资5000万元，开办王创平创业投资有限公司，入驻朝启众创空间，成为揭阳市第一家天使投资公司。

【专利工作】 实施知识产权战略，提升创新水平。多方位加强专利保护，区科技局于6月和11月，分别与动漫网游协会、电子商务协会对接，牵头举办榕城区知识产权保护与科技政策宣讲会，邀请专家针对当前榕城区数字创意产业实际需求提炼课题，对企业进行培训，重点指导如何进行专利保护，以及对当前相关科技政策进行解读，提高企业自主创新意识和能力。组织揭阳市宏光镀膜玻璃有限公司认定为专利重点保护企业，并申请知识产权贯标体系认证。2017年全年专利申请量达到1544件，比增14.88%；其中发明专利申请82件，比增78.3%，PCT专利申请量1项，专利申请量名列全市首位。全区自主创新能力水平有效提升，榕城创新中心初显成效。

（郑婷婷）

WENHUA
WEISHENG TIYU

文化·卫生·体育

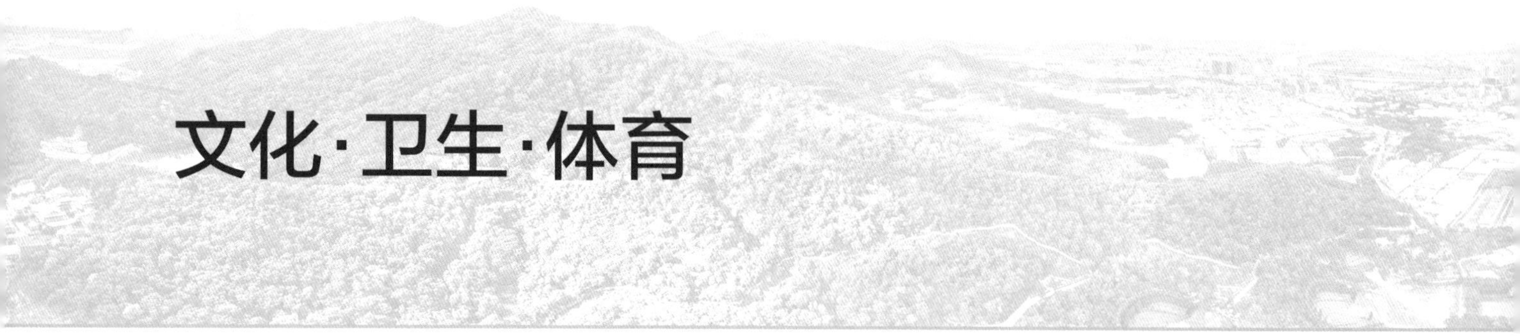

文化·卫生·体育

文　化

【概况】　2017年，榕城区文化新闻出版局以发展和繁荣先进文化为主线，以服从大局、服务经济建设为出发点，以公共文化服务体系建设为重点，拓宽思路，整合资源，不断加强公共文化基础设施建设，全力推动榕城区文化新闻出版事业进一步发展。

【文化活动】　*精心组织群众文化活动*　通过区、街、社区三级联动，扎实开展群众文化活动，展示榕城特色文化，提升古城文化魅力。在传统节日及特殊纪念日期间组织开展独具地方特色、群众喜闻乐见的群众文化活动。组织参加在朝启众创空间举行的“双创英雄会”春节系列活动，包括动漫网游“双创英雄会”之英雄亮剑电竞大赛、动漫网游“双创英雄会”之英雄论道研讨会、政府领导与行业精英交流座谈会等。榕城区文化馆配合市青年书协在馆举办书法展览。举办“七一”书画作品展。做好迎盛会·2017揭阳榕城“出花园”成人礼暨大潮汕民俗展，活动期间，还举办迎党的十九大系列文化活动2017揭阳榕城“出花园”成人礼灯谜会猜活动，举办“迎中秋·庆国庆”喜迎十九大系列文化活动——书画作品展和“迎党的十九大系列文化活动——民乐演奏晚会”。区图书馆在“廉洁读书月”期间，设立“廉洁图书专柜”，专门拿出经费8000元购置了一批廉洁图书，并在原有藏书中挑选政治理论、党史、党纪党规、国家法律法规、品行修养、反腐、历史人物传记等方面书籍共1500册，按类别分类排放上架，供读者免费借阅。区文化新闻出版局紧扣“清廉修身、廉洁齐家”主题，组织区文化系统干部职工30多人到区图书馆开展廉洁读书、廉洁读书月讲座活动，在区图书馆的微信公众号及网站重点推介廉洁图书50种。中共榕城区纪律检查委员会、榕城区文化新闻出版局在揭阳市作家书城组织开展以“读廉洁书，做规矩人”为主题的廉洁读书月朗读与演讲推广活动。在“4·23”世界读书日举办“我的读书宣言”现场签名活动，共吸引近5000名学生和群众前来参加活动。在六一儿童节期间，举办“童心画语·飞越梦想——庆‘六一’儿童现场绘画活动”，来自市区各小学、幼儿园的60多名小朋友参加活动。“创文”系列活动中，区图书馆组织文化志愿者送书下乡、现场办证，举办“社会主义核心价值观”专题讲座3场，举办“守望家园——揭阳市创建文明城市艺术作品展”1场；在庆祝十九大系列活动中，举办“浓墨重彩·共庆盛会”等专题展览5场、专题图书推广阅读1场、讲座2场。组织举办“深情诵读·欢庆十九大——我的悦读”全民阅读推广活动、东阳街道东山社区“文明创建·文化传播志愿服务暨广东省民间文化艺术之乡（青狮）展演”文化传播主题活动等群众喜闻乐见的文化活动，丰富群众的精神文化生活。

组织送文化下乡 春节前夕组织书法家送文化下乡，在东湖公园为民众现场书写春联。全年开展农村公益电影巡回放映共924场次，举办“欢乐进万家”群众文化活动130多场次。9月28日晚，在望江广场举行“创建文明城市·打造首善之区——‘唱响中国梦——潮声潮韵进万家’”文艺会演活动，吸引市区群众近千人现场观看。为满足人民群众精神文化多层次的需求，保障城乡低保对象的基本文化权益，结合榕城区实际，宣传部、财政局、民政局等部门联合制定资金使用方案，印发《榕城区2016—2017年度省级文化消费补助资金使用实施方案》，投入文化消费补贴专项资金共64万元，对全区城乡现有全部低保对象（2017年5月数据）5378人进行文化消费补贴。发放面额60元“爱心购书卡”5378张；“爱心电影卡”10756张（每个低保对象发放2张）；收看有线电视消费补助50000元。

6月份，区图书馆组织工作人员参加“榕城区文化、科技、卫生三下乡”活动，开展宣传服务工作，现场共发放传单200份，登记办理读者证68份，赠送榕城区图书馆“移动数字图书馆阅览证”45份。2017年来，区图书馆向基层图书室赠送图书2200册，积极做好基层辅导工作，经常派员深入基层馆进行工作辅导和业务辅导，建立和巩固基层图书馆和农家书屋。

加大力度推进区、街、社区三级文化基础设施建设 加强公共文化设施网络建设，完成仙桥街道文体广场建设，美西等7个社区综合性文化服务中心建设。提升公共文化服务能力，2017年，由中央实物补充十九大文件及学习辅导读物616册，补充农家书屋77个。

【文学艺术创作】 2017年，区文化新闻出版局与全区业余文艺作者紧密联系，积极开展文艺创作活动，组织作者创作随笔杂文、小说、民歌童谣、潮剧、小品、灯谜等体裁的文艺作品。精心挑选作品参与各类评选。区文化馆编辑出版《春联》和《榕江》；创作小品《后悔莫及》（编剧：王静卿 刘继宁）参加揭阳市委政法委举办全市反邪教文艺会演。小品《忠诚》（编剧：王静卿）参加学习宣传贯彻党的十九大精神——《弘扬民俗文化 共创美好未来》文艺晚会。以“创文为我、我为创文”为主题，组织市区各门类重点作者参加区文化馆召开纪念毛泽东在延安文艺座谈会上的讲话发表75周年暨文艺创作研讨会。组织业余作者参加揭阳市群众艺术馆学习贯彻党的十九大精神辅导报告暨新时期新形势下群众文化工作培训班，组织业余作者创作出版《创建文明城市文艺作品专刊》。区文化新闻出版局编辑出版《榕城故事》《榕城人文》。作家陈作宏点校编辑出版张明弼（明）著的《榕城二集》。区图书馆举办“守望家园”——揭阳市创建文明城市艺术作品展。区文化馆组织辅导创作选送小品、相声、音乐等体裁的舞台文艺作品参加2017年度揭阳市群众文艺作品评选，共获得二金二银七铜，其中戏剧类金奖《画与狗》（编剧：林先才），戏剧类银奖《张飞审案》（编剧：林先才），戏剧类铜奖《尴尬的信封》（编剧：许佳德）、《周一早晨》（编剧：郑思琼）、《绿色通道》（编剧：涂旭练）、《文明共享》（编剧：涂旭练、许佳德）；曲艺类铜奖《说竹》（编剧：涂旭练）、《国际化》（编剧：许佳德）；音乐类金奖《十九大精神暖人心》（作词：陈作宏，作曲吴贤奇），音乐类银奖《潮曲潮韵唱文明》（作词：陈鸿辉，作曲：吴贤奇），音乐类铜奖《青狮男儿》（作词：陈炜、李国英，作曲：陈炜）。组织选送书画作品参加2017年广东省群众艺术展，其中林树昭、柳洁玲、郭国汉、杨景星作品获“优秀奖”。10月，推荐省级非遗项目《揭阳风筝制作技艺》传承人参加广东省体育局在河源举办的广东省第三届风筝节获得最佳人气奖、规定风筝和板子类风筝二等奖等奖项。配合做好由省纪委、省文化厅主办的“我的梦——第三届广东省演讲大赛暨广东省修身齐家演讲大赛”工作。区文化新闻出版局组织推荐区财政局陈蔡鑫、区法院郑奕媛等2位同志参加于8月26日在市图书馆举办的“我的梦——第四届广东省演讲大赛暨广东省修身齐家演讲大赛”揭阳市选拔赛。陈蔡鑫获一等奖，参加潮州（粤东四市）赛区复赛，郑奕媛获得二等奖。

【文化市场】 2017年，榕城区文化新闻出版局结合区实际情况，落实做好榕城区行政许可一门一网式改革标准化，规范和完善行政审批事项；进一步强化榕城辖区文化市场的行政监管力度，使榕城区文化市场继续朝着健康、有序方向发展。

规范和完善了行政审批事项 根据行政审批制度改革文件精神的要求，依照有关法规，归纳出区文化新闻出版局行政许可管理项目八项，分别是：文艺表演团体设立审批；审理娱乐场所审批；电影放映单位设立审批；从事出版物零售业务许可；设立演经纪机构审批；对未核定为文物保护单位的不可移动文物进行修缮审批；举办营业性演出审批；设立互联网上网服务营业场所设立的审批；通过完善网上办事大厅审批事项的，为企业主提供方便快捷的行政审批业务申请渠道。截至10月底，区文化新闻出版局共受理审批发证的行政审批事项共10件（其中设立从事出版物零售业务共4件，设立娱乐场所的审批共2件，设立互联网上网服务营业场所设立的审批共3件，电影放映单位设立审批共1件）；办理延续1件（文艺表演团体设立审批1件）；停业关闭、注销的共19件。

依法行政，促进文化市场健康发展 2017年，根据文化市场各个行业的实际，采取各种措施，规范经营行为，使榕城区文化市场、新闻出版（版权）各行业有序、健康发展。

娱乐场所。针对揭阳市榕城区东升英皇餐饮俱乐部在行政监督检查过程中，多次出现超时经营等违规经营行为。区文化新闻出版局根据《娱乐场所管理条例》责令其停业整顿，并要求该企业针对存在的问题进行认真整改。认真组织员工学习相关法律法规，开展安全生产、消防安全培训和演练。修订《揭阳市榕城区东升英皇餐饮俱乐部管理制度》，并分发至企业内部各部门供员工学习，认真执行，把各项整改工作落实到实处。进一步强化对该企业的监管力度，安排市场行政管理人员采取日常检查和突击检查相结合的方式加强对该企业的监督管理；强化对企业的引导和服务意识，联合市文广新局、公安部门在该企业举办文化娱乐场所法律法规学习培训班，深入学习《娱乐场所管理条例》《娱乐场所管理办法》；了解公安治安、禁毒法规等方面内容，进一步增强文化娱乐场所从业人员的法律意识，促进规范经营行为，完善管理制度。全面部署对辖区内的娱乐场所进行专项检查，促进各娱乐场所进一步规范经营行为，完善管理。

互联网上网服务营业场所（网吧）。进一步规范榕城区互联网上网服务营业场所市场经营秩序，保护未成年人合法权益，由区委宣传部、区创文办牵头，联合各有关区直各行局、街道办在全区范围内开展网吧专项整治工作。在专项整治中，区文化新闻出版局共出动市场行政监管人员67人次，检查网吧87家次。

印刷企业。完成印刷企业年检、换证工作。年初，根据省新闻出版局部署，区文化新闻出版局协助市文化广电新闻出版局完成对辖区内的市局发证、区局管理的印刷企业的年检、换证工作。榕城区局管理的印刷企业总数共90家。其中，省局年审的一类印刷企业8家，榕城区局初审通过的二类印刷企业69家，三类印刷企业12家，排版、制版企业1家。榕城区局报送市局年度核验的印刷企业共90家。按照市局的要求，按时按质完成2017年印刷企业年度核验初审。进一步督促印刷企业严格执行《印刷品承印管理规定》，落实好安全生产、消防安全确保印刷市场规范有序，积极推动榕城区印刷业健康发展。针对榕城区部分印刷企业对落实“承印管理五项制度”不规范，安全生产、消防安全工作落实不到位等问题，区文化新闻出版局自2017年9月底至2017年11月开展印刷企业专项整治行动。成立专项治理工作领导小组，组织精干人员开展检查，宣传贯彻印刷承印五项制度，出版物市场管理规等法规文件规定；实地检查印刷企业承印管理五项制度执行情况和出版物发行单位进货渠道的相关凭证手续，抽查清理非法出版物；传达贯彻上级安全生产、消防安全的会议文件精神，针对印刷业、出版发行单位的实际，认真检查督促落实好安全生产工作。此次专项整治行动，区文化新闻出版局共出动市场行政管理人员43人次，检查企业共82家次。

出版物市场。加强书报刊管理。年初，完成辖区内32家书报刊零售企业的年检、换证工作。受理审批新增书报刊零售企业4家。对出版物市场进行专项整治清查，清查涉及“问题地图”的出版物共3000多册，金额8万多码洋，主要为教辅材料，涉及“首都师范”“山东地图”“人民教育”等十二家出版社，已对涉及“问题地图”的出版物进行下架处理。

音像制品管理。2017年，区结合音像市场专项整治，加强对榕华商业城的监控管理，宣传“经营正版光荣，经营盗版可耻”，号召、教育经营者经营正版，抵制盗版。积极向广大音像制品经营者宣传国家知识产权保护、音像市场管理的法律法规、音像制品防伪标识的识别、走私盗版的危害等，尊重知识、拒绝盗版，增强打击侵权盗版的意识，提高榕城区音像市场正版占有率。

做好版权工作。结合“4·23”世界读书日暨2017“书香岭南”全民阅读活动，围绕“创新创造改变生活，知识产权竞争未来”主题，对网络环境下的版权保护、版权促进产业发展等内容进行着重宣传，向学校学生派送绿书签、《版权知识笔记本》等宣传手册，引导他们树立“支持正版，抵制盗版”的观念，利用网站、新媒体开展全方位宣传，取得较好社会反响；向广大经营户宣传“经营正版软件光荣，经营盗版软件可耻”，号召、教育电脑经营者自觉经营正版软件，抵制盗版软件。

开展安全消防教育 结合节日开展安全生产大检查。2017年，榕城区加强对各文化经营场所的安全教育，组织管理人员对全区歌舞娱乐场所、电影演出场所等行业开展安全生产大检查，认真落实安全措施，确保全区文化经营场所的安全。

开展迎接十九大胜利召开“安全生产防护期”活动，加强安全意识教育。8月，区文化新闻出版局组织管理人员深入文化娱乐场所、印刷企业，大力宣传开展安全生产活动的意义，围绕“实施安全生产法，人人事事保安全”这一活动主题，大力营造“关注安全，关爱生命”的社会氛围，加大安全法制宣传力度，提高生产经营场所经营者安全法制意识和安全文化素质，为十九大的胜利召开营造安全有序的环境。2017年1月至10月底，区文化新闻出版局共出版文化市场监管工作人员126人次，检查文化经营单位共263家次。

【文化遗产保护】 *积极做好文物加固修缮工作* 投资455.5万元对市级文物保护单位“百兰山馆”进行抢险加固维修，工程于2月启动。

加强对文物消防安全知识的宣传和开展全区文物系统风险隐患排查 3月21日，组织榕城区区文物管理人员及文保负责人到榕城区消防大队参加全国文物消防安全工作视频会议，参加文物消防安全培训；5月，开展全区文物系统风险隐患排查整改活动；联合区消防大队对全区文物安全状况大排查进行实地督查；定期组织对全区文物保护单位进行文物安全、消防安全检查，并做好巡查记录，对检查中发现的问题及时进行整改，组织部分文保单位开展消防安全演练，确保文物安全。

积极加强对非物质文化遗产发掘和保护 指导协助省级以上十个项目保护单位申报省级资金补助。5月，指导协助榕城区项目申报区级代表性传承人。6月，组织青狮、南枝拳、揭阳狮舞、榕城许氏舞龙等相关项目并到揭西县钱坑镇开展“非遗”日活动；组织专家对申报区级传承人进行评审，并公布第四批区级非遗代表性传承人。7月，指导并协助相关项目保护单位整理资料申报第四批市级非物质文化遗产代表性传承人；指导并协助相关项目保护单位整理资料申报第四批市级非物质文化遗产代表性传承人。2017年新增区级非物质文化遗产代表性传承人22名，市级非物质文化遗产代表性传承人11名，省级非物质文化遗产代表性传承人3名。

加强对外宣传交流活动 区文化新闻出版局和区文化馆在春节期间在榕城区东湖公园组织并举办非遗项目展演展示活动，协助民俗类项目开展活动；10月，组织省级“非遗”项目《揭阳风筝制作技艺》传承人薛喜乐参加广东省体育局在

河源举办的广东省第三届风筝节，获得最佳人气奖、规定风筝和板子类风筝二等奖等奖项；11月，协助省文化厅举办“广东省非物质文化遗产图片展”，组织新一批区级“非遗”代表性传承人在区文化馆召开“榕城区非遗传承人学习贯彻党的十九大精神座谈会”。

【公共图书馆建设】 2017年，榕城区图书馆以迎接第六次全国公共图书馆评估、创建文明城市为动力，不断完善图书馆各项工作，开展丰富多彩的群众读书活动，在开发利用图书馆资源、服务读者、服务社会、助力创文中发挥积极作用。11月，被中央文明委评为第五届“全国文明单位”。

成立专门机构，全力迎接评估　区图书馆以第六次全国公共图书馆评估定级工作为动力，专门成立迎接评估工作领导小组，由馆长任组长，副馆长任副组长，各部门负责人为成员，分工落实工作责任制，全力以赴做好各项迎接评估工作。对读者工作部各个阅览厅所有书架进行清理整顿，从图书分编、排架到除尘、修补做了大量基础工作；对所有统计、记录、相片等资料进行分类整理；各部门都认真按照一级馆评估标准，逐项对照查漏补缺；提高管理人员的精神风貌，提高服务态度、服务质量；整治馆容馆貌。投资10多万元安装图书馆系统实时大数据展示平台；投资7多万元安装全馆监控设备，投资2万多元修建残疾人专用厕所；投资1万多元安装标准消防门；在馆舍内外设置多处公益广告牌，馆容馆貌焕然一新。通过近8个月的努力，推进各项工作跃上一个新台阶。8月，区图书馆顺利通过省专家组评估。

改善藏书结构，提升服务水平　不断改善藏书结构。区图书馆针对以前年图书入藏量偏少、电子图书比例太小的问题，着力予以改善。2017年共新增电子图书70000万册，订购报纸杂志400多种，新增纸质图书6000多册，优化区图书馆的藏书结构，更好地满足读者的阅读需求。推广数字阅读。4月，区图书馆在“超星”等科技公司的大力支持下，开通“榕城区图书馆移动数字图书馆”及“榕城区图书馆微信公众号”，为读者免责提供海量数字图书和电子刊物，深受广大读者欢迎；11月，投资10多万元在少儿室安装图书馆休闲视听系统4组、少儿智能点读系统1套，使区图书馆的数字化建设更趋完善。做好图书流通和阅览工作。设立参考咨询和导读岗、学雷锋志愿服务点，增设政府信息服务专柜，全部实行免费借阅，节假日正常开放，每天开放时间达11个小时，吸引更多人走进图书馆，利用图书馆。图书馆年总流通人数达16.5万人次，流通册数12.8万册次。建立读者意见处理反馈机制与管理制度，自觉接受读者监督，更好地促使员工树立读者至上的宗旨，进一步提升服务水平。

延伸馆外服务，推进全民阅读　2017年，区图书馆向基层图书室赠送图书2200册，实现馆际互借、资源共享。积极做好基层辅导工作，经常派员深入基层馆进行工作辅导和业务辅导，建立和巩固基层图书馆和农家书屋，更好地践行为社会服务的宗旨，推进全民阅读。

举办各种活动，活跃文化氛围　2017年，区图书馆精心策划一系列丰富多彩、形式多样的活动，活跃市区文化氛围，丰富市民的文化生活。在“廉洁读书月”期间，设立“廉洁图书专柜”，专门拿出经费8000元购置一批廉洁图书，共1500册，按类别分类排放上架，供读者免费借阅。在区图书馆的微信公众号及网站重点推介廉洁图书50种。利用各种节日举办活动。在“4·23”世界读书日举办“我的读书宣言”现场签名活动，共吸引近5000名学生和群众前来参加活动；在“六一”节期间，举办“童心画语·飞越梦想——庆‘六一’儿童现场绘画活动”，来自市区各小学、幼儿园的60多名小朋友参加活动。举办各种专题活动。“创文”系列活动中，区图书馆组织文化志愿者送书下乡、现场办证，举办“社会主义核心价值观”专题讲座3场；在庆祝十九大系列活动中，举办“浓墨重彩·共庆盛会”等专题展览5场、专题图书推广阅读1场、讲座2场。

【区文化馆】 制订工作规范，在抓好自身文艺创作同时，广泛联系全区各门类文艺爱好者，积极开展文艺创作活动，组织开展丰富多彩的群众文化活动，加强非物质文化遗产的传承保护工作，认真办好各类文艺作品展览。在节日及日常工作中，多次与各个项目的代表性传承人联系沟通，协助行彩桥、破门楼郑安仔灯、青狮、灯谜、南枝拳、风筝、潮州音乐、工夫茶、揭阳狮舞等项目开展宣传活动。2017年全年共举办6次书画作品展，活跃城乡群众文化生活，使榕城区群众文化工作在揭阳中心城区和榕城打造历史文化名城的工作中发挥积极服务作用。区文化馆还多次协助市区各有关部门开展工作，组织举办文艺晚会，潮剧晚会等。协助成立揭阳市朗诵协会，开展首届少儿主持朗诵大赛。协助筹备榕城区第三届音乐协会会员代表大会换届选举事项。3月，区文化馆与飞舞舞蹈等五家培训机构签订合作协议，要求他们每年面向社会定期开展免费培训，为打造区文化艺术人才基地打下良好基础。

（王琬瑜）

档案工作

【概况】 2017年，榕城区档案局深入学习党的十九大精神，认真落实国家和省、市档案工作会议精神，认真履行档案工作职能，扎实推进各项工作，为全区改革发展稳定大局提供优质服务。

【新馆正式启用】 新档案馆位于区委区政府办公大院3号楼三、四层，严格按照国家标准建设，总建筑面积1500平方米，设置三个库房、对外服务区、阅览室、展览厅以及档案技术用房、办公室等。12月2日，区档案馆顺利完成搬迁工作，档案馆全部馆藏41个全宗，纸质档案6704卷又8809件，照片档案814张，实物档案56件，图书资料1772册，以及复印机、扫描仪、计算机等专业设备全部顺利迁入新馆，实现零泄密、零事故、零差错、零损毁的“四个零”的目标。

【规范提升档案工作】 着重加强指导、监督各单位文件材料立卷归档工作。认真指导机关档案人员做好年度材料的立卷归档，把文件材料收集、整理、分类以及装订装盒等方法和步骤进行耐心地讲解辅导，做到档案资料完整齐全不流失、不丢失。先后组织业务人员到区机关事务局、建设局、外事侨务局等单位进行业务指导，促进建档工作落实。提升区直机关档案综合管理水平。对区公安局、法院、检察院、民政局、科技局、梅云街道等单位进行督导检查，规范各单位的档案管理，完善相关制度，确保档案安全。对原揭阳县撤县建市设区前的档案进行专项检查，要求有关单位按照管理要求，落实清理、保护等工作，按照有关规定移送市档案馆管理。

【推进信息数字化建设】 加强档案信息化建设，推进档案信息数字化进程。新购置二台佳能DR-C225D扫描仪，加快扫描进度，进一步发挥档案信息资源服务社会的作用。已完成馆藏档案5620卷，画幅559267副，目录16多万条的数字化工作。

（陈舜明）

党史工作

【概况】 2017年，榕城区史志办坚持正确政治方向，认真学习贯彻党的十八大和十八届历次全会及十九大精神，以习近平总书记系列重要讲话精神为统领，贯彻落实中央、省、市、区有关党史工作的各类会议和文件精神，把握“以史鉴今、资政育人”根本任务，围绕中心、服务大局，充分发挥部门职能作用，扎实推进党史工作。做好榕城区党的地方文献的征集、整理工作。加强党史资料的保护利用，突出党史研究主题，坚持准确记载历史，进一步加强党史宣传教育，并协助上级党史部门做好相关地方党史工作。

【加强政治理论学习】 深入贯彻落实中共中央《关于加强和改进新形势下党史工作的意见》和《中共广东省委关于加强和改进新形势下我省党史工作的意见》文件精神，以习近平总书记系列重要讲话精神特别是关于党的历史和党史工作的重要论述为统领和主线，坚持正确的政治方向，发挥好党史工作“存史、资政、育人”职能作用，更好地服务经济社会发展。深入开展“两学一做”常态化、制度化教育实践活动，定期组织全办人员召开学习会，及时学习贯彻上级相关文件精神，讨论交流，撰写心得体会。派员参加“全省党史部门深入开展学习习近平总书记重要讲话精神专题培训班”。

【党史资料征编及党史工作专题调研】 2017年，榕城区史志办继续做好榕城区党的地方文献的征集、整理工作，加强党史资料的保护利用。做好区委各届党代会、全委会报告等党史资料的收集、保存工作。做好本地区革命遗址的普查登记及基层党史工作专题调研等工作。

【党史专题研究】 2017年，榕城区史志办积极开展党史专题研究，不断深化党史研究工作，逐步推动榕城区党史工作再上新台阶。组织部门人员撰写党史理论研讨文章，参加社会各界征文活动，提高理论水平。由史志办黄敏玲撰写的论文《浅论叶剑英同志对社会主义法制建设的贡献》入选由广东叶剑英研究会举办的“纪念叶剑英诞辰120周年学术研讨会”；论文《星星之火，可以燎原——浅谈“茂芝会议”的由来、意义及启示》入选由中共广东省委党史研究室第一研究处、中共饶平县委联合举办的“纪念‘茂芝会议’召开90周年学术研讨会”；论文《三河坝战役的历史经过及其历史意义》入选由中共梅州市委宣传部、中共梅州市委党史研究室举办的“纪念‘八一起义军三河坝战役90周年’学术研讨会”。积极参加省委组织部开展的“学习贯彻习近平总书记党建思想推动广东党建工作走在前列”理论研讨征文活动及揭阳市榕城区委组织部开展的学习贯彻党的十九大精神征文活动。

【党史宣传教育】 加大党史宣传力度，抓住重大党史事件和重要历史人物的纪念活动等时机，开展党史学习及宣传教育活动。深入学习党的十九大报告，宣传贯彻党的十九大精神，加深党员干部对以习近平同志为核心的党中央治国理政新理念新思想新战略的认识和理解，加深对新时代中国特色社会主义的认识和理解，进一步增强“四个自信”（即中国特色社会主义道路自信、理论自信、制度自信、文化自信）。

（周璇 黄敏玲）

地方志工作

【概况】 2017年，榕城区史志办认真履行全区地方志工作管理、编纂、审定、出版、发行等职责，加强业务知识学习，采取有效措施推进各项工作有序开展。完成《榕城年鉴（2017）》编纂及公开出版；进一步推进榕城区地情网站建设；做好广东省自然村落历史人文普查工作；按时按质完成《广东年鉴》《揭阳年鉴》榕城区稿件组稿任务。

【综合年鉴编纂工作】

完成《榕城年鉴（2017）》编纂出版 2017年3月，启动《榕城年鉴（2017）》编纂工作；12月，完成编纂并公开出版。全书设年度关注、榕城概况、榕城大事记、政治、政法、军事、经济、教育·科技、文化·卫生·体育、外事·侨务、社会生活、街道建设、社会经济统计资料、附录等14个篇目，约37万字，资料丰富，图文并茂，全面、系统、翔实记录榕城区2016年度大事、要事、新事和经济社会发展取得的新成就，为各级领导科学规划和决策提供参考依据。

完成《广东年鉴（2017）》《揭阳年鉴（2017）》榕城区稿件组稿 根据《广东年鉴》《揭阳年鉴》编辑部要求，按照提供的编写条目，结合榕城区实际，对个别条目进行调整，编写人员全力做好资料搜集，与相关单位调查核对、交流编写意见，力求精确、全面地反映榕城区2016年度发展变化情况，体现年度亮点，注重条文深度和有效信息密度。按时按质完成《广东年鉴（2017）》《揭阳年鉴（2017）》榕城区稿件组稿任务。

【地情网站建设】 2017年，榕城区史志办克服人员、财力、技术等方面困难，进一步推进榕城区地情网站建设。不断增加地情信息资料，完善网站栏目。榕城区地情网设“榕城概览”“榕城要闻”“榕城志书”“榕城年鉴”“地情资料”“政策法规”“信息公开”“关注动态”“图说榕城”“榕城大事记”等栏目，力求做到信息丰富、图文并茂，使网站栏目突出地方特色，发挥地情网站资料查阅功能，为经济社会发展提供更多更好的地情信息服务。

【自然村落历史人文普查工作】 2017年，榕城区史志办加大力度推进自然村落历史人文普查工作。2017年年底，榕城区辖区十个街道共138个自然村，至全部完成自然村落普查表填报及《调查》初稿的撰写，117个自然村完成《调查》总纂，占总量的85%。重点抓好文稿修改完善，对普查文稿进行全面细致地查缺补漏，多次和各街道对接，往返完善文稿，对文稿中的相关的纪年、数据、图片等进行详细的整理、校对和核实，确保文稿质量。

【人员培训学习及理论研讨】 定期组织全办人员召开学习会，深入学习贯彻党的十九大精神习近平总书记系列重要讲话精神，及时学习贯彻上级地方志文件精神，派员参加各类省级、市级地方志业务培训，提高该办工作人员的政治理论水平和业务能力。

（周 璇 黄敏玲）

卫 生

【概况】 2017年榕城区卫生系统共有公立医疗卫生机构15个，即区人民医院、区中心医院、区妇幼保健计划生育服务中心、区慢性病防治院、区采血站和10个街道社区卫生服务中心，其中区人民医院、区中心医院、区妇幼保健计划生育服务中心和区慢性病防治院为二级医疗机构。2017年，全区公立医疗机构共有职工1290人，其中在编人员850人，临时人员440人；卫生专业技术人员共有522人，包括高级5人，副高级21人，中级68人，初级428人，中级职称以上人员占卫生专业技术人员总数的18%。全区有民营医疗机构9家，村卫生站189个，全区现有执业（助理）医师1061人，医疗机构编制总床位数1197张。全区总诊疗人次数为168.2万人次，其中基层医疗机构总诊疗人次数为114万人次，占总量约67.77%，住院约3.3万人次。2017年，全区医疗收入40320.4万元。

【公共卫生】

加强基本公共卫生服务项目工作 城乡居民健康档案累计建档数为：508950人，建档率为90%。累计电子建档数为425256，电子健康档案建档率为75.2%。高血压、糖尿病等各类重点人群管理人数及规范管理率均有提高。榕城区已管理高血压患者26332人，规范管理人数为18142人，规范管理率为68.9%，已管理糖尿病患者10791人，规范管理人数为5855人，规范管理率54.26%。

召开工作会议，细化工作布置。3月13日，召开全区基本公共卫生服务项目工作推进会议，根据2017年3月22日省基本公共卫生服务项目绩效评估组对榕城区的考核反馈情况；5月23日，召开全区基层工作会议，对省、市、区2016年基本公共卫生考核的情况进行通报，进一步指出存在的问题，要求相关专业机构和基层医疗机构有关领导提高认识，针对存在的问题积极采取措施落实整改。加强项目考核，督促指导并重。1月，联合区财政局对各社区卫生服务中心2016年度国家基本公共卫生服务项目开展情况进行考核评估，及时通报考核结果，要求各相关单位根据存在的问题积极落实整改，迎接省、市二级评估考核。7月，开展国家基本公共卫生项目上半年度考核评估工作，严格按照省绩效评估方案和评估标准进行考核评估，在评估过程中及时发现各单位存在的问题，提出工作建议，区保健院和区慢病院等专业机构现场直接反馈指导意见，推进工作能规范开展。及时反馈、通报评估结果，强调对问题的整改落实。加强资金管理，确保专款专用。2017年度资金已全额按时拨付。各级财政已拨付补助资金总额2827.5025万元，其中:中央补助447.25万元，省级补助1314.79万元，市级补助：6万元，区级投入1059.4625万元，人均补助经费50元/人。各社区卫生服务中心均实行专账管理，专款专用，严格按照基本公共卫生服务项目资金的开支范围进行开支，没有发现挪用、贪污基本公共卫生服务资金的现象。加强组织领导，落实新版规范。及时转发《关于进一步加强国家基本公共卫生服务项目工作的通知》《关于做好2017年国家基本公共卫生服务项目的通知》等工作文件，要求按照《国家基本公共卫生服务规范（第三版）》，各社区卫生服务中心进一步改进工作方法，推进项目实施，并组织全区公卫人员培训，为开展工作做好指导。

全力做好传染病防控工作　加强各医疗卫生单位关于传染病和突发公共卫生事件的报告，配合揭阳市做好中国疾病预防控制信息系统用户数字证书全覆盖项目建设工作，全区共有13家医疗卫生机构具有直报网络，未开通传染病报告网络的单位由该区慢病院代为报告。截至2017年12月，全区登记传染病病例数681例，传染病疫情报告率100%，未发生突发公共卫生事件。

认真开展爱国卫生运动　根据上级的有关文件、省卫生计生信息、突发事件信息专报及揭阳市疫情信息，贯彻落实省、市爱卫办工作部署，积极开展以防蚊灭蚊为重点的爱国卫生运动，切实保障人民群众身体健康。统一思想，加强领导。区领导高度重视爱国卫生运动的开展，结合城乡环境整治行动，将其纳入重要议事日程，要求按照属地管理的原则，加强组织领导，强化统筹协调，落实保障措施，广泛发动群众，有计划、有组织开展一系列爱卫活动，着力抓好环境整治和传染病防控工作，为推动爱卫活动提供坚强的组织保障。认真开展城乡环境卫生整治。通过开展爱国卫生运动，全力整治城乡环境卫生，进一步提升全区环境卫生质量。2017年，榕城区开展三次大规模的爱国卫生运动统一行动日，累计共投入人力1500多人次，清理卫生死角及成堆垃圾约240处，清除蚊媒滋生地600多处，清除运走各种垃圾杂物、杂土400多吨。做好传染病防控工作。提高思想认识，紧密结合高致病性禽流感、登革热、寨卡等传染病防控工作实际和创文工作，高度重视传染病防控工作，强化联防联控，加大监测预警，及时上报疫情，加强宣传教育，不断提高群众传染病防控意识。认真贯彻“标本兼治”和“综

5月27日，区卫计局“创建幸福家庭　呵护家庭健康”主题活动暨义医义诊志愿宣传服务活动在梅云街道双梧社区开展　（区卫计局供稿）

合防治”工作方针，坚持把灭蚊工作放在清除蚊虫滋生地的环境治理上，辅之以相应的药物控制，使灭蚊工作事半功倍。广泛发动群众认真落实“三个一”环境整治，把周末卫生日行动纳入日常工作议程，突出落实环境卫生的治理和各种防制措施，填洼地，清理卫生死角，清除各种类型盆罐、沟池、陆地的积水，重点清理城中村、城乡接合部、铁路和公路沿线、河道两旁和村庄周边的垃圾和卫生死角；组织力量，开展灭蚊统一行动，共组织专业灭蚊人员300多人次，购置灭蚊药物80多千克，全面进行灭蚊行动，有效控制蚊虫的滋生。

加强预防接种工作　做好计免工作。2017年全区建立预防接种证18323人，建证率为97.67%，各类免疫规划疫苗接种率基本达到95%以上。开展含麻疹成分疫苗查漏补种活动。全区各接种单位于4月10日至5月10日开展含麻疹成分疫苗查漏补种活动，均制定本地查漏补种的实施计划，进行宣传、摸底、收集以及人员培训。举办“妈妈课堂”。全区各预防接种单位从3月起开始举办“妈妈课堂”活动，截至9月，试点的西马社区卫生服务中心和梅云社区卫生服务中心均取得良好效果，至10月起，全区社区卫生服务中心的预防接种门诊均开展“妈妈课堂”。

继续做好严重精神障碍患者救治救助管理工作　积极配合区综治部门做好严重精神障碍患者救治救助管理工作，加强与其他部门信息沟通、共享，协调、协作、落实。在该区还未设置有精神障碍患者住院病区以及专科医院的情况下，加强区精防中心对各社区卫生服务中心开展严重精神障碍患者健康管理工作的督导，对排查发现的精神障碍患者建立的健康档案、信息系统的录入及定期随访等工作进行细致地检查指导。全区登记在册的确诊患者人数2387人，按规范要求进行管理的患者人数2031人，规范管理率为85.0%。

【基层医疗卫生】　大力提高医疗机构服务能力。是年共选派医务人员赴市级、省级医院进修学习50多人次。多次组织召开或传达市医学会相关学术培训会议，全区参加培训1800人次，切实提高该区医疗服务质量及对急重症的应急处理能力，保障患者安全。继续在全区一、二级医疗机构中开展重点专科建设，以逐步形成院有专科、人有专长的医疗服务格局。强化医疗废物管理。该局通过多次下发医疗废物管理相关文件及多次现场督导检查，促使全区大部分医疗机构建立健全医疗废物管理组织，认真落实医疗废物管理责任制，明确岗位职责，确保责任到位、工作到位。不断加强药事管理。组织全区医疗机构开展规范药品使用专项整顿工作。要求各医疗机构建立健全药事管理组织和工作、管理、考核制度，对本单位用药情况进行合理性分析，加强药品的不良反应监测和报告，保证临床用药的合理性和安全性。加强医德医风建设。构建和谐医患关系，巩固“平安医院”成果。把医德医风建设作为医疗服务质量的重要考核项目之一，以此加强卫生行业作风建设，强化医德医风教育，维护患者利益，促进医疗事业健康发展。严格准入制度。加强医疗机构及医务人员的注册管理，依法对医疗机构进行行政审批，对相关医师、护士进行注册。贯彻落实医疗机构、医师、护士电子化注册工作，督促各医疗机构做好医师、护士个人账户的激活工作。做好辖区内重大活动医疗保障的组织协调工作。从区属各医疗卫生机构抽调骨干卫生技术人员，组成医疗救护保障队伍，全年共派出医疗救护保障队约250人次，45车次。做好人才招聘工作。2017年，全区签订12名定向代培医学学生到榕城区基层医疗单位就业。简化招聘程序，是年招聘短缺卫生专业毕业生41名，进一步加强医疗卫生队伍建设。

【医疗改革】

全面推开城市公立医院综合改革　是年榕城区卫计局医改办牵头在榕城区全面推开城市公立医院综合改革，结合市医改工作推进情况，下发医改近期工作要点，多次组织召开城市公立医院综合改革会议，列出全区拟落实的相关任务的文件清单，明确工作任务的牵头和配合单位，筹备工作稳步实施。7月8日，榕城区人民医院、榕城区中心医院、榕城区妇幼保健院全部取消药品

（不含中药饮片）加成，所有药品实行零差率销售，破除以药养医诟病。通过结构性调整医疗服务价格，建立科学的补偿机制。与取消药品加成同步全面调整医疗服务项目价格，使医疗价格有升有降，降低部分大型医用设备检查治疗和检验价格，提高诊查、手术、护理等体现医护人员技术劳务价值的医疗技术服务价格，弥补取消药品加成的亏损，科学调控各个收费项目价格。

稳步实施分级诊疗制度工作　按照“基层首诊、双向转诊、急慢分治、上下联动”要求，有序推进分级诊疗工作。辖区内高血压患者规范化诊疗和管理率达到68.9%，糖尿病患者规范化诊疗和管理率达到54.26%。

推广医联体模式　全区共有区人民医院、区中心医院、区安真医院三家医院与市人民医院签订《健康揭阳医疗联合体合作协议书》。该区新兴社区卫生服务中心与揭阳市中医院组建紧密型医联体，将新兴社区卫生服务中心资产及经营管理权、收益分配权交市中医院依法依规经营管理，已签订医联体协议书。

全面铺开家庭医生式签约服务　该局把家庭医生签约服务工作纳入对社区卫生服务中心、家庭医生团队和村卫生站的绩效考核。根据市卫计局等七部门《关于印发揭阳市加快推进家庭医生签约服务制度的实施方案的通知》的要求，结合该区实际，整合区级医院、社区卫生服务中心、村卫生站三级医疗卫生资源，通过召开多层面动员会和部署会议，落实责任，将家庭医生签约服务任务按照各街道人口分配至各社区卫生服务中心，由各社区卫生服务中心再分配至各家庭医生团队及村卫生站。榕城区共有家庭医生服务团队46个，医务人员约240名。全区常住人口签约155295人，重点人群签约57201人，其中计划生育特殊家庭46人，实现签约全覆盖。

【其他工作】

加强特色专科建设　区人民医院在加强烧伤矫形外科建设的基础上，完善配套口腔科、颅脑外科、眼科专科、中医科等特色专科建设。区中心医院完善配套血液透析、糖尿病特色专科以及ICU、广东省高等院校教学医院。区妇幼保健计划生育服务中心增设业务科室外妇科，开展腹腔镜等微创手术，进一步推进与市人民医院建立紧密医联体关系，抓住与广州市妇女儿童医院专科联盟合作契机，加快产前诊断中心建设，验收合格成为市区最早具有产前诊断资质医院。按《广东省县级出生缺陷综合干预中心验收标准》要求，已完成“榕城区出生缺陷综合干预中心”建设，并投入使用。榕城区慢性病防治院在加强皮肤病、性病、结核病防治的基础上，完善皮肤激光美容及过敏源检测，结核病菌培养升级耐多药检测技术水平，是南方医科大学皮肤病医院专科联盟单位。

抓好党廉建设和卫生监督　按照“一岗双责”要求，着力推动党风廉政建设和反腐纠风工作。通过“两学一做”和“创建廉洁诚信医院”、纠风专项治理和民主评议政风行风等活动，严抓“九不准”贯彻落实，持之以恒纠正“四风”和医药购销、医疗卫生服务中的不正之风。按照上级文件要求对全区在管208家公共场所经营单位（住宿场所、沐浴场所、文化娱乐场所等）进行监督管理，监督检查208次，监督覆盖率100%。已受理办证、换证、年检等程序共172家；对新上岗的从业人员进行岗前卫生知识培训，培训合格并发证人数371人，对全区92家各级各类医疗机构开展监督检查，其内容包括院内感染、传染病防治、医政、医疗废弃物与污水处理等，监督覆盖率90%以上。2017年，共出动卫生监督员600多人次，车辆156车次。

（孙培光）

体　育

【概况】　2017年，榕城区体育局紧紧围绕建设“首善之区”这个核心，认真贯彻实施《中华人民共和国体育法》和《全民健身条例》，进一步解放思想以发展和繁荣体育事业为主线，以服从大局、服务经济建设和民生为出发点，认真贯彻落实《全民健身实施计划（2016—2020年）》，积极开展全民健身活动，进一步创新思路，整合资源，不断加强公共体育基础设施建设，全力推动榕城区体育事业发展，各项工作取得一定成效。

【打造品牌体育赛事活动】 2017年，榕城区体育局以场馆为阵地，以大型体育活动为龙头，利用传统节日、体育节精心组织体育活动。积极引导广大人民群众参与体育运动，参与人群涵盖了不同年龄、不同职业的群体，群众体育蓬勃开展。先后举办广东省粤东跆拳道邀请赛、粤东五市中老年人柔力球邀请赛和潮汕三市武术精英赛。成功举办2017揭阳国际半程马拉松赛，首次与中国田径协会共同举办，被评为国家铜牌赛事，“榕马”品牌成为新的城市名片。龙舟爱好者还组织龙舟队赴省参加广州国际龙舟邀请赛，为潮汕地区唯一一支首次赴省参赛队伍，并获得第三名。在第二届百县（区）杯足球赛揭阳市赛区中榕城区足球队夺得冠军。

【街道社区体育工作】 街道社区体育是群众体育的重要组成部分，该局从协调、指导、政策服务等方面予以支持，努力为社区居民群众营造欢乐祥和、健康文明的社会环境。积极引导街道体育指导站创建省级示范站点，推动街道社区体育工作广泛开展。在创建活动中，西马、榕华、榕东等街道体育指导站分别被省命名为“广东省城市体育先进街道”。

【公共体育设施建设】 加大体育场地设施建设力度，开展具有榕城区特色的群众体育活动，推进公共体育服务均等化，提升广大人民群众的生活品质。推进体育场地设施建设，完善公共体育设施，结合城镇化发展，统筹规划体育设施建设，合理布点布局，建立一套完整、科学、长效的体育工程使用与维护管理体系。不断完善区体育馆、体育综合训练馆、东风体育广场配套设施建设。广泛征求群众意见，集思广益，争取省、市体育部门的政策支持，启动东风体育广场跑道改造项目。

【体育服务质量进一步提升】 完善体育网络，切实推进体育组织体系。创新社会管理，充分发挥群众在社会建设中的主体作用，健康有序地培育发展各类社会组织作为着力点和突破口，全力打造老体协、项目体协、行业体协等枢纽型社会群众体育组织。现有区级体育协会15个，在册会员人数超过3000人。广泛建立群众体育指导中心，建设有体育活动点350个，乡镇（街道）社会体育指导员服务站实现全覆盖。加大社会体育指导员培训力度，明确培训任务，全区有舞狮、舞龙队12支，晨晚练点100多个。拥有一级、二级、三级社会体育指导员3368人，达到每万人口50人以上。形成遍布城乡、规范有序、富有活力的社会化全民健身组织网络。

【青少年体育工作】 认真贯彻落实省、市《关于进一步加强青少年体育工作的意见》，切实加强青少年体育工作，以学校和青少年体育俱乐部、区业余体校为阵地，精心组织广大青少年开展田径、游泳、篮球、足球、棋类、武术等体育活动，培养青少年的体育兴趣，丰富他们的课余文体生活，增强体质，积极培养选拔体育后备人才。在第七届揭阳市运动会暨第四届学生运动会中，榕城区代表团荣获总分第二名，其中田径队夺得奖牌榜第一名，6个项目、12人次破纪录，游泳队夺得总分第一名。

（杨泽雄）

WAISHI QIAOWU
GANGAOSHIWU

外事·侨务·港澳事务

外事·侨务·港澳事务

侨务工作

【概况】 2017年榕城区外事侨务局接待外宾、华侨、港澳台同胞3个代表团150多人次，组团出访团队14个、40多人次。共投入资金21200元慰问7户符合省扶持贫困归侨专项资金领取条件的归侨。2017年，榕城区外事侨务局全方位拓宽外事工作渠道，加强对外经济、文化、教育、科技等方面的交流合作，在服务总体外交和全区经济社会发展方面做出贡献，实现常规工作有创新，重点工作有突破，整体工作上水平。

【宣传联络】 坚持“大侨务”理念，积极与海外华侨社团和各界人士广泛接触往来，全方位、多渠道、多形式地加强同海外华侨华人和港澳台同胞重点人物、社团以及外国友人的联系。通过寄送贺年卡、接待访问团、出席海内外重要活动，以广东省第七届粤东侨博会在揭召开为契机，在区领导的带领下，积极拜访、联络了揭阳籍的侨领、侨胞，畅叙桑梓情谊，共商新时代榕城发展大计。

寄送贺年卡 春节前夕，主动做好向海外侨胞和社团寄送贺年卡的工作，共寄送贺年卡三百多封，对他们送去新年祝福，增进感情。

接待香港黄大仙区潮籍乡亲参观访问团 2月中旬，区主要领导在区外事侨务局局长黄楚鹏陪同下接待香港黄大仙区潮籍乡亲参观访问团，增进了解，加深感情。

出席香港九龙揭阳同乡总会第十二届就职典礼 2月26日至28日，区外事侨务局局长黄楚鹏陪同区委书记江林生等有关领导组团赴香港出席香港九龙揭阳同乡总会第十二届就职典礼，通过接触交流，加强与香港华侨华人社团的联系，密切了亲情、乡情、友情，增进彼此感情，也为两地加强合作，共谋发展做出了贡献。

参加香港九龙揭阳同乡总会孙振光主席原配夫人吴玩卿女士的公祭活动 4月18日，区统战部部长唐超应邀率团参加香港九龙揭阳同乡总会孙振光主席原配夫人吴玩卿女士的公祭活动悼念活动，区外事侨务局局长黄楚鹏作为该团成员一起赴港参加。

参加“广东精品太平洋岛国巡回展”李颉经贸活动 4月23日至5月2日，在区委书记江林生的带领下，由区经济信息化和商务局副局长吴丽芬、梅云街道党工委书记钟喜荣、仙桥街道办事处副书记陈立中和区人民政府办公室副主任杨楷城组成的代表团，应邀参加广东省贸促会在斐济、瓦努阿图、澳大利亚举办的“广东精品太平洋岛国巡回展”李颉经贸活动，为企业牵线搭桥，推动榕城区与澳大利亚、太平洋岛国的经贸合作。

参加庆祝香港回归20周年晚会 7月10日，在区政协主席陈丽容带领下，由区委委员、统战部部长唐超，区委统战部副部长、区民族宗教事务局局长林欣建，区归国华侨联合会主席林桂娟和区政协办公室主任彭伟斌组成的代表团，赴港参加庆祝香港回归20周年晚会，并前往拜访香港揭阳榕城商会，磋商榕城区经济发展事宜。

参加2017年粤港经济技术贸易合作交流会　7月27日，由区委常委、统战部部长唐超，区经济信息化和商务局局长陈住城，副局长邱勉和投资合作股股长陈益森组成的团组赴港参加2017年粤港经济技术贸易合作交流会。

赴港商议香港揭阳榕城商会2017年下半年工作　7月27日，区委统战部副部长、区民族宗教事务局局长林欣建应香港揭阳榕城商会邀请，赴港商议香港揭阳榕城商会2017年下半年工作。

参加香港潮属社团总会副主席林荣森的公祭活动　9月11日，应香港潮属社团总会邀请，区外事侨务局局长黄楚鹏赴港参加香港潮属社团总会副主席林荣森的公祭活动。

参加“粤东地区高级管理人员香港研讨班”　9月17号，区委组织部副部长、区老干部局局长林树杰赴港参加“粤东地区高级管理人员香港研讨班”(第22期)。

出席第十九届国际潮团联谊年会　10月6日，应第十九届国际潮团联谊年会筹委会邀请，由市政协副主席秦雯带队赴印度尼西亚出席本次大会。外事侨务局局长黄楚鹏作为该团成员随团前往参加此次大会。

参加庆祝香港回归祖国20周年暨香港揭阳侨联联谊会第四届会董就职典礼会员联欢宴会　11月3日，区人大常务委员会副主任郑少鸾、区委统战部副部长林欣建、区外事侨务局局长黄楚鹏、区归国华侨联合会主席林桂娟、区外事侨务局副局长许家仰5位同志应邀赴港参加庆祝香港回归祖国20周年暨香港揭阳侨联联谊会第四届会董就职典礼会员联欢宴会。

参加广东省中等职业学校商贸类专业带头人培训　11月28日，揭阳捷和职业技术学校副校长林丽娜赴港参加广东省中等职业学校商贸类专业带头人培训。

参加广东省中等职业学校校长培训　12月3日，揭阳捷和职业技术学校校长方惠元赴港参加广东省中等职业学校校长培训。

【侨政工作】　2017年，榕城区外事侨务局继续加大力度，宣传、贯彻、落实《中华人民共和国归眷侨眷权益保护法》《广东省归侨侨眷权益保护法实施办法》《广东省华侨权益保护条例》，依法维护侨胞及归侨、侨眷的合法权益，推动侨务工作规范化法治化。

坚持为侨服务，做好侨务信访工作　2017年，全区外事侨务部门共接待来访4人次，受理来信6封。积极做好调处工作，对于来访的群众，认真做好说服工作，使侨胞来时高兴，去时满意。

积极为侨排忧解难　春节前夕，省财政下达给榕城区扶持贫困归侨专项资金4.3万元，该局按照《广东省扶持贫困归侨专项资金管理暂行办法》要求，及时了解掌握贫困归侨和补助范围的情况，向区财政局提出专项资金分配方案、使用计划，落实专人负责，把各办事处的贫困归侨造册登记，深入7户符合2014年度省扶持贫困归侨专项资金领取条件的归侨家中，了解其工作生活的情况。2017年该局共发放贫困归侨慰问金21000元。

（郑贵敏）

外事与港澳工作

【概况】　2017年，榕城区外事侨务局加强与港澳社团及重要人物的接触交流，做好港澳来访团组的接待工作　大力宣传榕城区发展潜力，积极推介投资热点与重点合作项目，吸引更多的港澳客商前来该区观光考察、投资经商、创业发展、参与园区建设、参与重点项目建设。积极协助有关部门做好香港揭阳榕城商会的筹建工作。

【外事和港澳工作】

规范因公护照签证工作　严格执行中央八项规定，建立健全有关规章制度，对全区党员干部申领因公出国（境）的证照进行全面清理，对党员干部所持有的证照登记造册。加强因公通行证

（护照）管理，做好外事签证工作，确保外事出访如期成行。2017年该局共办理因公赴港澳通行证34份，因公出国护照6份。

加强外国人管理工作　对企业邀请外国人来榕的申请资料进行严格初审。对资料不全、不符规范等存在问题的申请资料一律不予上报。2017年度，共办理外国人入境11份。做好外国人在榕犯罪和死亡的通报工作。2017年该局共收到榕城区人民检察院通报逮捕外（无）国籍犯罪嫌疑人的函19份。该局按照有关法律法规要求，在规定时间内，将有关情况上报市外事侨务局。

（郑贵敏）

SHEHUI
SHENGHUO

社会生活

社会生活

人口·计划生育

【概况】 2017年，在实施全面二孩政策的新形势下，榕城区生育情况保持平稳。全区常住人口出生率为16.73‰，自然增长率为11.75‰，政策生育率为98.47%，性别比为107.07%。各项指标控制在计划指标范围之内，较好完成年度计划生育目标管理责任制。

【扎实推进全面两孩政策落实】 2017年榕城区卫生和计划生育局认真贯彻落实相关文件精神，扎实推进全面两孩政策的落实。对接全面二孩政策，落实各项工作规范细则。加强宣传引导，强化依法行政，加强基层基础工作，稳定区、街道计划生育行政管理、技术服务，保证各项服务管理工作落到实处。全面推进计划生育服务管理工作改革，贯彻落实好新的计生法律法规。强化依法行政，完善计生工作规范，提供便民服务。

【落实生育登记制度】 优化办事流程，认真做好广东生育网上办事系统对接工作，系统上线以来全区总共办理证件11921份，其中服务证719份，生育登记10767份，再生育审批111份，流动人口婚育证明324份。办证人员足不出户，在家上网就能申请办理各类计划生育证明和生育登记、审批手续，大大方便群众，提高行政效能。

【推进优生优育全程服务】 该局认真落实国家妇幼公共卫生政策，推进优生优育全程服务，在全区全面推开“三免两减”“优生优育”活动（免费孕前优生检查、免费服用叶酸、免费提供艾滋病、梅毒和乙肝检测服务，减免孕期出生缺陷筛查费用80%、减免新生儿疾病筛查费用80%）。为育龄夫妇进行免费孕前优生健康检查942对，产前唐氏筛查4340例，产前结构畸形超声筛查1415例，地贫筛查10828例，新生儿代谢性疾病筛查6094例，新生儿听力筛查6114例，为中孕期孕产妇免费提供“艾梅乙”检测服务10192名，共为准备怀孕及怀孕前三个月的妇女免费服用叶酸2945例。出生缺陷防控取得阶段性成效。

【发放计生奖扶金】 2017年全区共发放奖扶金307.45万元，其中广东省城镇独生子女父母计划生育奖励1535人，共137.79万元；广东省农村部分计划生育家庭奖励、广东省农村计划生育节育奖励942人，共133.5万元；广东省计划生育家庭特别扶助44人，共36.06万元。

【做好计生协会相关工作】 区计生协会积极开展各项上级协会下发的各项工作任务，做好生育关怀、计生保险、计生政策咨询宣传、青春健康等工作。

【完成2017年全国生育状况抽样调查】 该局考核股认真组织调查员参加省级集中培训，积极解决调查过程出现的问题，按时按质完成2017年全国生育状况抽样调查工作。

（孙培光）

人力资源·社会保障

【概况】 榕城区人力资源和社会保障局设置办公室、就业促进和培训股、公务员股（挂区军队转业干部安置工作领导小组办公室牌子）、专业技术人员管理股、劳动和人事关系股、工资福利股、养老和失业股（与医疗和工伤股合署办公、加挂区公费医疗管理领导小组办公室牌子）、劳动人事争议仲裁院、区劳动保障监察综合执法大队等9个内设股室。下辖社会保险基金管理局、区医疗保险管理中心、人才管理办公室、再就业管理办公室、区劳动就业服务管理中心、区劳动就业培训中心以及十个街道人力资源和社会保障服务所等16个事业单位。2017年，区人社局严格落实上级政府的决策部署，严格执行机构改革“三定”方案，充分发挥新职能，坚持把民生为本、人才优先作为工作主线，继续以就业和社会保障为重点，深入推进人事制度改革，大力加强人才队伍建设，稳妥做好工资收入分配工作，积极构建和谐劳动关系，开创人社工作和谐新局面。

【就业培训】 2017年，区人社局坚持把就业再就业工作摆在首要位置，实施更加积极的就业政策，全方位促进就业增长，确保就业局势稳定。全区全年累计实现城镇新增就业3804人，全区城镇失业人员实现再就业1302人，就业困难人员实现再就业261人，各类电子商务技能提升培训4698人，城镇登记失业率2.37%。

多部门联动，共享资源，推动就业 2月13日，与市人社局在榕城区东风广场举办2017年“南粤春暖暨精准扶贫”大型招聘会，有120家企业参加招聘活动，提供就业岗位3000多个，涵盖专业领域较多，包括信息科技、模具制作、电子商务、快递物流、各类普工等。该次“南粤春暖”招聘会紧扣精准扶贫这一主题，在招聘对象、招聘条件上向贫困人员倾斜，有针对性地帮扶就业困难人员实现就业，是揭阳市精准扶贫帮扶就业的又一举措。6月30日，揭阳捷和职业技术学校顶岗实习暨就业洽谈会在阳明广场隆重举行，吸引揭阳招聘网、联想集团惠阳厂、恒丰汽贸等一百多家企业进场招聘，岗位涉及管理、物流、医药、酒店管理等多个领域，扩大双向选择的渠道，有效帮助职校学生解决就业问题。

面向市场，致力服务于劳动者技能提升 抓好电商培训。2017年，各街道办事处及全区5家电商定点培训机构培训电子商务人才4698人。紧扣企业需要。围绕企业用工需求，指导星鹏五金、伟兴科技等企业做好高素质产业工人电商培训和再教育，提升创业就业技能。做好后续服务。审核并协助职校和技能晋升人员申请技能晋升培训补贴109人21.43万元。

突出新经济创业，打造创新创业孵化基地 做好就业创业政策宣传。根据关于做好2017年大众创业万众创新活动周的工作安排，编制《揭阳市榕城区就业创业政策宣传活动方案》。9月19日，组织相关股室人员参加就业创业政策宣传活动，现场设立创业政策咨询、就业指导、创业指导、高校毕业生创业就业专项政策等服务，接受咨询近300人次，向过往群众发放就业创业政策宣传资料近千份。推进创业孵化基地建设。朝启创新创业孵化器作为榕城区创新发展战略的重点项目之一，列入《榕城区“互联网+”行动计划（2016—2020年）》，“互联网+”创新创业孵化器，整合政府、市场、社会多方资源，进一步促进三四线城市年轻人的互联网创业集聚，建立兼顾创业实践不同阶段的青年创业服务体系。至2017年，朝启孵化基地已进驻新创企业42家，获得专项创业孵化成功补贴0.6万元。围绕打造全国最具活力动漫网游产业基地这一目标，2月18日，揭阳市数字创意（动漫网游）产业孵化基地在榕城区正式挂牌，基地总面积5600平方米。数字创意（动漫网游）产业孵化基地主要是面向动漫、互联网、手游网游、创意设计、自媒体、新媒体、电子信息等产业领域初创期科技型中小企业设立的综合性创业孵化基地，探索形成欠发达地区“创新、创业、创投、创客”的“四创联动”互联网+创新创业经济孵化体系。根据职能会同有关部门推进该项目建设，已有泓狮动漫设计、纽酷文化、胶己人影视、聚贤泛娱乐等相关动漫网游领域企业入驻。

落实各项创业就业扶持政策，做好就业扶贫工作　发放困难人员灵活就业社保补贴。严格按照相关文件精神，对社保补贴申请对象和发放补贴金额进行严格审核，保证每个申请者符合申请标准，确保资金安全。2017全年审核灵活就业的就业困难人员社保补贴13942人次。抓好就业扶贫。下发《关于做好2017年度公益性岗位安置“建档立卡”贫困人口就业计划工作的通知》，全年共安置26名贫困人员在公益性岗位工作，积极开展扶贫就业创业服务，全区有“建档立卡”贫困户8人实现自己创业，383人实现就业。积极扶持新创办企业，为新办企业提供贴息担保贷款，共贴息41.3万元，以创业带动就业。推进高校毕业生见习基地建设，2017年共发放高校毕业生创业补贴和租金补贴0.3万元，办理创业带动就业补贴3万元。逐步推动高校毕业生创业就业。

完善就业失业登记管理，建立健全监测体系　将办理就业创业证的权限下放到各基层人社所，并对基层人社所操作员进行业务指导和培训，使各人社所操作员能熟练操作全省就业与失业登记管理信息系统，迅速掌握就业创业证的录入、打印、发放工作，2017年全年全区共计办理就业创业证1155份。完成区内48家企业就业失业动态监测，认真为企业完善用工登记告知手续，全年共办理用工登记49人次。认真做好行政村农村劳动力转移就业情况监测工作。严格按照创建充分就业社区和充分就业村的标准，扎实推进创建工作，全年共报送31个充分就业社区和27个充分就业村情况。

抓好专技人员继续教育管理　组织全区专业技术人员学习公需课《工匠精神与广东制造》。采取集中培训和自学相结合方式，全区分成22个培训点，送教上门，聘请揭阳学院等院校老师到各培训点上课，方便广大专业技术人员参加培训学习。

【人事人才工作】

规范公务员管理考核，加强公务员队伍建设　完成2016年度榕城区公务员和机关后勤服务人员年度考核工作。2016年，榕城区机关和参公事业单位参加考核人员（科员、办事员及后勤服务人员）共647人，其中评为“优秀”人员共90人。完成2017年度榕城区政府序列公务员招录工作。2018年，榕城区面向社会公开招录公务员，区人社局负责招录21名政府序列公务员。

加快推进人才强区战略，有效配置人才资源　做好榕城区事业单位公开招聘工作。2016年12月18日，区人社局和卫计局赴广东医科大学东莞校区参加“广东省2017届高校毕业生就业供需见面活动”医药卫生专场招聘，参与招聘卫生医疗单位11所，提供公开招聘岗位115个，经公开面试合格，55名应届毕业生达成招聘意向，43名签订就业协议书，实际到岗41人，完成入职手续。做好教育系统事业单位人员招聘工作。区人社局会同区教育局于6月15—16日在广东技术师范学院举行现场招聘，本次提供公开招聘岗位7个，通过资格审核、面试、考察和体检合格，7名应届毕业生已应聘上岗。6月14日，区人社局和区教育局联合发布公告，面向社会公开招聘教师91名，通过笔试、面试、考察、体检后，共有88名毕业生应聘上岗。揭阳华侨中学开展面向社会公开引进高层次教师20名和公开招聘教师70名两场招聘活动。分别有13和70人通过考试。做好到榕城区参加“三支一扶”大学生有关管理工作。结合榕城区实际，向市上报“三支一扶”工作基层岗位需求共8名，实际到岗8名，全部招募人员于2018年8月份完成报到手续。

严格执行国家政策，扎实推进工资福利制度实施　按时保质完成2017年1月全区机关事业单位8028人的正常晋升工资工作。做好2017年度公积金调整工作。榕城区共有7850人参与该次公积金调整工作，已于2017年9月前全部完成。落实全额财政拨款退休人员养老金调整工作，区内共有符合此次调整的退休人员2682人参与调整，人均增资额200元。协助社保基金管理局审核社保改革中各单位上报的社保缴费基数和退休人员待遇。对榕城区符合纳入机关事业单位养老制度改革的在职和退休人员约12000人的社保缴费基数和退休金进行审核，现大部分单位的审核工作已完成。

【社保工作】

加强社保基金管理工作　重视社保经办队伍建设，努力创建优质服务窗口。积极开展社保宣传，进一步落实对社保政策的理解。通过印制宣传资料（《揭阳市城乡居民基本养老保险》政策宣传册子等）免费发放、开设宣传栏、大型招聘会设置咨询台等形式，进一步宣传社保政策。转变工作作风，积极做好社会保险各项业务。加强社保基金管理，做好社保扩面征缴工作。开展基金管理和城乡居保个人账户的自查，每日上报统计任务进度，进一步加强管理，完善社保扩面征缴工作。继续推进机关事业单位养老保险改革工作。成立领导小组，召开协调会议，组织专项培训，认真做好参保人员业务审核、调查摸底、业务培训等工作。

2017年榕城区社保各险种参保及基金收支情况　全区参加企业职工养老保险85566人，其中实际缴费42171人；参加失业保险35000人，其中实际缴费27682人；参加工伤保险32000人；参加城乡居民社会养老保险132764人，其中已缴费132764人。征收企业职工养老保险费34584万元，征收失业保险费759万元，征收城乡居保社会养老保险费896万元。支付企业养老保险基金56218万元；支付失业保险基金4.74万元；领取城乡居保社会养老保险待遇47503人，支付城乡居保社会养老保险金6979万元。

【医保工作】

抓好医保经办服务工作，推进医保事业科学发展　认真贯彻执行医疗保险待遇标准调整方案，大幅度提高参保人医保实际赔付限额，减轻参保人医疗费用负担。从2017年6月起职工基本医疗保险费和生育保险费移交区地税局全责征收，确保参保职工个人信息衔接平稳有序进行，不影响参保职工待遇享受，维护参保职工的利益。进一步扩大实时支付联网结算覆盖面。实现全国跨省异地定点医疗机构直接联网结算和大病保险的“一站式即时结算赔付”服务全覆盖。至2017年12月底，省内联网直接结算定点医疗机构已达369家左右，其中省内市外异地335家、市区34家。查漏补缺完善榕城区50多万参保人员信息的录入工作，确保跨省异地就医实时支付工作的顺利开展。认真贯彻执行揭市社保相关规定，在榕城区城镇职工、城乡居民、大病医疗保险三项险种统一推行按单病种定额付费政策，并加强协调监管。做好2017年度城乡居民基本医疗保险重性精神障碍患者及精准扶贫对象、低保、重残、孤儿等特殊人群共8200多人的参保工作，加大对严重患者的医疗保障力度，切实减轻患者经济负担。积极建立健全经办业务规范和内部管理制度，加强对定点医疗机构的监管，继续探索强有力的措施，更好加强对定点医疗机构的监管。

2017年榕城区医保参保及基金收支情况　参加城乡居民医疗保险471469人，征收城乡居民医疗保险个人缴费7072万元；参加城镇职工基本医疗保险36000人，应征收城镇职工基本医疗保险费（单建）3105万元。参加城镇职工生育保险16535人，应征收城镇职工生育保险保险费138万元。至2017年12月底各项医保基金结余17419万元，其中城乡居民医保结余16236元，城镇职工医保结余1075万元，生育保险基金结余108万元，进一步增强医保基金可持续发展的支撑能力。

【和谐劳动关系构建】　加强监督检查，提高企业素质。认真落实各项检查和年审工作，对企业用工情况等进行自查、检查相结合，对发生有违规现象的责令限期整改，提高企业的用工法律意识。2017年，开展各类专项检查活动5次。积极妥善处理好劳动保障监察信访工作，拓宽信访投诉渠道，为信访者解困搭建信访平台，上级领导交办的案件或网上信访案件都得到及时解决。2017年，调解处理各类劳资纠纷案件313宗，涉及人数835人，追讨工资1219万元（其中涉嫌欠薪逃匿案件1宗，涉及人数4人，涉及金额9.3万元）。工伤补偿（不含工亡）157宗，涉及人数157人，付补偿金632万元。死亡补偿1宗，涉及人数1人，付补偿金85万元。2017年，榕城区劳动人事争议仲裁院共受理案件115宗（其中：工伤赔偿104宗，确认劳动关系5宗，解除劳动关系4宗，其他2宗），涉及劳动者115人，当期不予受理8宗。当期共审结案115宗（其中：仲裁裁决8宗，仲裁调解104宗，撤回3宗），涉案总金额964万元，法定期限内结案率100%。

（谢昭惠）

民政工作·社会事务

【概况】 2017年，榕城区民政局坚持“以民为本，为民解困，为民服务”的服务宗旨，切实做好民生保障、巩固基层政权建设、维护社会稳定、推进殡葬管理改革等方面工作，有力改善民生，保障民权，维护民利，推动全区民政事业深入持续发展。

【城乡居村民最低生活保障制度】 至2017年底，全区共有城市低保对象886户，1808人，低保标准为人月600元，人月均补差461元，人年均享受保障资金5700元，全区共发放城市最低生活保障金1037.87万元。农村低保对象1296户，3733人，低保标准为人月411元，人月均补差226元，人年均享受保障资金3048元，全区共发放农村保障金1137.88万元。2017年合计共发放城乡低保金2175.75万元，做到动态情况下的应保尽保，并实现低保资金管理发放社会化。进一步帮助低保对象解决医疗难问题，2017年共下拨341.95万元医疗救助款，先后为15573人次（含资助参加合作医疗保险）的低保对象实施二次医疗救助，对他们的治病康复、生活保健起到重要作用。

【五保供养】 2017年，扎实做好五保供养的各项工作。全区共有五保供养对象409人，其中散居五保人员347人，人月供养标准为1033元，集中供养五保人员62人，人月供养标准为1033元，基本达到“应保尽保，应保足保”的工作要求。

【双拥工作】 2017年，全区军地之间携手并肩，互相支持，党政军民同心同德推进现代化建设。元旦、春节、清明、“9·30”烈士纪念日等节日，广泛开展内容丰富，形式多样，群众喜闻乐见的宣传活动。大力宣传人民军队的光辉业绩和做好双拥工作的重要意义；充分肯定革命先烈和广大优抚对象为社会主义革命和建设做出的巨大贡献。特别是“9·30”烈士纪念日是日，与市联合组织机关、团体、驻军、烈属代表和学校师生共700多人在市区榕江公园烈士纪念碑举行“9·30”烈士公祭活动暨向烈士纪念碑敬献花圈仪式。全区各中小学校学生也分期分批到爱国主义教育基地参观。2017年，全区组织国防宣传教育12场次，接受国防教育11.2万多人次，出版双拥墙报、专栏92版，新闻单位刊登双拥稿件2篇，悬挂宣传横幅12条。通过深入的双拥宣传教育，有效激发广大军民的爱国爱民和拥军热情，增强了双拥意识，形成良好的双拥氛围。

【优待抚恤】 2017年，全区共有优抚工作对象2509人，其中残疾军人291人、烈属（因公牺牲军人家属、病故军人家属）28人，60周岁烈士子女2人，在乡复员军人53人，带病回乡退伍军人225人、参战涉核退役人员530人、铀矿4人、“五老”人员9人、60周岁农村籍退役士兵1367人。全区共支付抚恤补助金1052.1万元，其中抚恤金439.7万元，补助金612.4万元。对有困难的优抚对象实行不定期临时救助。全年共发放义务兵家属（农村及城镇）优待金252人、156.24万元，占应优待总人数的100%。发放义务兵家属户优待金6200元，实现城乡义务兵家属优待金一体化。其他优抚对象享受优待金23户、2.61万元。

【退役士兵安置】 2017年冬季，全区共接收2016年冬2017年春退役士兵152人，其中退役士兵（复员士官）144人、转业士官7人，未选择自主就业1人。全区全面实施自谋职业，集中办理一次性安置补助金，共发放一次性补助金44.7万元，资金落实到位。

【换届选举】 依法依规切实搞好榕城区第六届社区居委会换届选举工作，狠抓宣传发动、组织实施、监督指导三个到位，扎实有序推进各项工作，至6月14日，全区111个社区顺利完成换届选举任务。共选出社区居委会成员559人（主任111人、副主任118人、委员330人，女性成员148人，占26.5%，每个社区均有妇女成员）。

【社区建设】 加强社会建设，创新社会管理。全区共建成34个城市社区和77个农村社区公共服务站，作为政府在城乡社区开展民政、健康计生、劳动就业、社会保障、退休人员管理服务、文体科教、残疾人服务等工作的服务平台。形成社区党组织、社区居委会和社区公共服务站三位一体，交叉任职，合署办公的社会管理体制。

【行政区划、地名管理】 榕城区建制行政区辖新兴、榕华、榕东、西马、中山、梅云、仙桥、东阳、东兴、东升和渔湖、地都、砲台、登岗镇，共14个镇（街道），总面积336.8平方公里。

【老龄工作】 认真做好老龄工作，为老年人做好事，办实事。在“春节”和“重阳节”期间，积极组织全区开展敬老爱老送温暖活动。还结合实际及老年人的需求，依托社区居（村）委会，开展各项有益老年人身心健康的活动，使老年人老有所养，老有所乐，老有所为。

【民间组织管理】 民间组织登记管理工作进一步规范化。2017年，认真按照《社会团体登记管理条例》和《民办非企业单位登记管理条例》的规定，严格把好审批登记关和年审关，全区申请登记社团5个，批准登记5个；民办非企业单位28个，批准登记28个。2017年，对全区60个社团和60个民办非企业单位进行年审。按照省、市的统一部署，进一步深入开展民间组织自律与诚信建设活动。加强对社会组织行政执法，全面推进社会组织评估工作。强化社团组织行业协会自律，提高社会组织公信度。深入开展社会组织创先争优活动，全面推进社会组织党建和群团工作。

【婚姻登记】 2017年，榕城区民政局进一步规范管理，强化服务，做到内强素质，外树形象，把婚姻登记管理当作树立民政窗口形象的大事来抓。建立健全各项规章制度，公开办事程序，方便群众办事。依法公开接受社会监督，严格按照有关法规办理婚姻登记，把好婚龄关、证件关。2017年，办理结婚登记4482对（其中涉外12对），离婚登记510对（其中涉外1对）。

【殡葬管理】 做好殡葬宣传工作，及时做好相关准备工作，根据市有关文件精神，结合榕城区实际，起草有关宣传活动文件资料，及时向上级汇报，宣传月活动扎实有序开展。在实施开展宣传活动中，采取形式多样的宣传手段，出动宣传车巡回宣传。3月末，出动宣传车40多车次，深入到各村（居）委巡回宣传，加深了群众对殡改法规及意义的认识，使殡改工作深入人心；组织绿色环保的文明海葬免费活动。3月30日，在榕江南河组织举办全区“推动移风易俗，创建生态文明榕城”海葬免费活动，进一步倡导文明治丧，绿色殡葬。3月初，向社会开展广泛宣传，群众响应强烈，普遍认可，认为“海葬免费活动”为民办实事，利国利民、节约资源、保护青山绿水，造福子孙后代。阶段来，全区共有150多户家庭参加海葬活动，190多位先人骨灰海葬回归大自然。悬挂宣传横幅，分发宣传资料。先后印发有关宣传资料4000多份，悬挂宣传横幅20多条。各村（居）委出版宣传栏70个，启动村级有线广播300多次。各村（居）委召开老人室（组）座谈会20多场次，1350多人参加，进行“绿色殡葬，文明祭扫”等主题宣传引导，收到良好宣传效果，巩固广大群众的丧葬新观念，为榕城区圆满完成殡葬管理工作“十三五”规划打下扎实的基础。

【社会福利彩票】 2017年，共发行福利彩票1942.54万元，全区福利彩票发行工作努力把宣传促销、网点管理作为促进全区福利彩票大增长、大突破的有力抓手，强势推进榕城区福利彩票发行各项工作，实现榕城区福利彩票发行工作的跨越式发展。

（黄晟辉　魏晔东）

宗教事务

【概况】 2017年，榕城区民族宗教局认真贯彻落实党的十九大报告中提出的“全面贯彻党的宗教工作基本方针，坚持我国宗教的中国化方向，积极引导宗教与社会主义社会相适应”的精神。以依法管理、积极引导为原则，以维护宗教活动场所安全稳定为工作重点，尽职尽力开展宗教各项业务，并团结广大信众，宣传贯彻新修订《宗教事务条例》，积极引导服从服务于党的中心工作，积极开展“平安宗教活动场所”的创建工作，积极引导为构建揭阳首善之区，促进社会稳定而乐于奉献。各宗教活动场所无发生消防安全事故、政治责任事故。真正发挥宗教在促进社会和谐的积极作用。

【宗教事务与服务管理】

增强政治责任意识，防范和抵御境外宗教渗透　根据上级和区委区政府的工作部署，从源头上抵御境外宗教渗透，十九大召开前与区公安分局等部门联合到宗教活动场所对场所的安全稳定安保和抵御境外宗教渗透工作开展专项巡查，做到防范患未然。积极履行职能，强化排查摸底，密切监控，及时封堵，预防境外宗教渗透；摸清风险隐患底数，并逐一制定防范化解工作措施，使专项行动取得实实在在成效。区宗教局坚持以依法管理，积极引导为法则，以维护宗教活动场所安全稳定为工作重点，引导宗教活动场所加强自身管理，充分发挥宗教活动场所的作用，抵御境外宗教渗透。如基督教在平时业务开展中，建章立制、建立网络化管理，发现问题及时上报处置，进一步从源头上抵御境外宗教的渗透。

常抓不懈，确保安全无事故　将消防安全工作与创建“平安宗教活动场所”相结合，规范宗教活动，构建平安环境，持之以恒增强消防安全意识，通过与各宗教活动场所签订“宗教活动场所安全责任书”，传统节日和党的十九大召开期间，联合市局及消防公安部门对宗教活动场所开展消防安全检查，检查中对存在问题现场提出整改措施，特别是防火、用电问题，对人员较集中的地方存在的消防通道不畅通等消防安全隐患，要求要切实加强领导，加大消防安全设施投入，建立健全安全制度，杜绝安全隐患，实现宗教活动场所安全无事故。

确立服务理念，尽职尽力做好本职工作　继续做好双峰寺扩建重修的有关服务工作。双峰寺扩建重修工程正在稳妥推进中。区宗教局积极协助双峰寺拆迁收尾工作，解决工程建设碰到的遗留问题。双峰寺自筹资金近8000多万元，已进入双峰寺宝塔塔体建设和综合楼建设阶段，地面楼层正在扩建重修中。7月，省民宗委黄强主任到该寺调研时期望该寺建成要成为“古城文化游”新的亮点。妥善处理好榕城区棚户区改造项目中，基督教世观堂所碰到的易地建设等问题，要做到维护宗教界的和谐稳定，使宗教活动场所的合法权益得到保障。

积极引导，充分发挥宗教的积极作用　工作中，认真贯彻党的宗教工作基本方针，积极引导宗教活动场所为构建榕城核心城区而乐于奉献，服务榕城，和谐榕城。鼓励和推动宗教弘扬优良传统，引导宗教界在榕城区经济社会发展中发扬积极作用。开展扶贫济困、公益慈善等活动。2017年，各宗教场所积极参与到榕城区慈善事业中。双峰寺、天山古寺、华阳观等成立义工队伍，多方筹措慰问金、粮、油等慰问品定期定向深入到贫困户家中开展精准扶贫。据统计，2017年全区宗教界通过各种形式开展扶贫济困活动，资金超过150万元。配合当地党政中心积极投入到揭阳市创建省级文明城市活动中。双峰寺组织全体僧员和义工每逢活动日与当地办事处、居委打扫学宫广场、南环城路等；观音寺、报恩寺到东湖公园和寺院周边道路清洁环境等。10月8日，双峰寺邀请市美术家协会等书画界名家，在双峰寺举办“彩笔抒豪情、喜迎十九大”书画笔会，书画界朋友们参观扩建重修工程建设工地，并现场挥毫作画，以书画形式讴歌祖国取得的成就。

【加强宗教队伍建设】 根据市宗教局《关于举办全市佛道教活动场所财务培训班的通知》文件要求，针对榕城区部分佛、道教活动场所财务制度不健全、管理意识薄弱、专业化低等亟待解决的问题，5月31日在揭阳双峰寺举办榕城区佛、道教活动场所财务培训班。参加培训班的有榕城区佛、道教活动场所负责人及财务人员等共80多人。通过培训学习，进一步明确宗教活动场所的财务工作应严格执行上级有关规章制度要求，并切实加强场所自身的财务管理水平。组织学习习近平在党的十九大报告提出的“全面贯彻党的基本方针，坚持我国宗教的中国化方向，积极引导宗教与社会主义社会相适应”的精神，学习党的有关宗教政策、新修订的《宗教事务条例》以及有关宗教业务知识。9月，宗教局相关领导参加市委统战部在市社会主义学院举办的基层统战干部培训班；12月，参加省委党校举办的全省市县分管领导干部民族宗教专题培训班学习。通过学习，提高宗教管理人员的理论政策业务能力，在工作中做到依法依规，管理灵活，确保榕城区宗教队伍的稳定和谐。

（林欣建）

政务服务

【概况】 2017年，区政务办（区政务服务中心）注重优化提升服务质量，以创文活动为突破口，强化服务特色，擦亮服务品牌，全力推动全区政务服务体系建设，取得显著工作成效。区政务服务中心于5月被评为“2015—2016年度榕城区文明单位”，十二月份被评为全区“‘创文为我 我为创文’主题活动先进集体”，十一月份全区基层公共服务平台建设接受省的考核验收。区政务服务中心窗口收到群众送来锦旗二面，感谢信四封。

【业务运行情况】

区政务服务中心实体办事大厅　实体办事大厅截至12月31日，共办理各类事项197178件。其中：区公安分局87118件，占比44.18%；区人社局76472件，占比38.79%；区工商分局12441件，占比6.31%；区民政局5298件，占比2.69%；区卫计局4953件，占比2.51%；区地税局2200件，占比1.12%；区食药监局2015件，占比1.02%；区财政局891件，占比0.45%；区国税局872件，占比0.44%；区残联535件，占比0.27%；区司法局495件，占比0.25%；综合窗口（一）82件，占比0.04%；综合窗口（二）3806件，占比1.93%。其中区公安分局、区人社局、区工商分局、区民政局、区卫计局、区食药监局等涉及民生的6个部门窗口，业务量占业务总量的95.50%。

网上办事大厅　网上办事大厅的网上办事深度方面：100%达到网上办事一级深度，83%达到网上办事二级深度，68%达到网上办事三级深度。截至12月31日，共办理各类事项13060件。

政府信息公开　截至12月31日，政府信息公开全区是年新发布信息1243条。其中，区直部门和区属单位发布信息907条，街道发布信息336条。全区包括原发布的迁移信息共发布信息

3417条。

“12345”市民服务热线分发处理中心 截止12月31日，市派发工单3740个，区“12345”市民服务热线分发处理中心汇总派发工单3289个（含区直单位单独受理工单220个和各街道单独受理工单176个），已复市工单2951个，办结率89.72%。其中，市执法局榕城分局、区环保局、区建设局、区人社局、区环卫局等5个单位，受理工单总数占总工单数89.39%。

区农村集体资产资源交易中心 截至12月31日，区农村集体资产资源交易中心今年共受理21宗农村集体资产资源交易，成功交易19宗，流拍2宗，累计交易成交额5255.9万元，溢价率高达27.43%。

基层公共服务综合平台 截至12月31日，全区基层公共服务综合平台全年共办理105609项业务，其中：政务服务类共办理14724项业务；生产生活类共办理81880项业务；村级组织运作类共办理9005项业务。

政府门户网站 截至12月31日，区政府门户网站全区各级各单位全年新发布信息2962条，其中：区直单位共发布2682条，街道办事处共发布280条。全区包括原已发布的信息共发布信息6536条。

【政务服务体系建设】 2017年，区政务办以建设人民满意的服务型政府为目标，着力提升服务质量和服务水平，打造服务特色和擦亮服务品牌，全力推动区政务服务中心实体办事大厅、网上办事大厅、政府信息公开、“12345”市民服务热线分发处理中心、农村集体资产资源交易中心、基层公共服务平台、信息中心等七大板块业务协调有序高效运转。

全力做好区政务服务中心实体办事大厅服务工作 着眼于加强管理，着眼于推动微笑服务，着眼于优化提升服务模式，确保满足市民服务需求。在加强管理方面，中心严格执行组建之初制定27项规章制度，坚持制度面前人人平等原则，以保证中心运行协调有序高效。注重把握特殊节点，针对“5·20”等婚姻登记吉祥日、5月上旬民办代课教师办理计生业务、6月下旬榕城区教师招考等群众扎堆办事情况，中心结合实际，及早部署，及时调配人力，并与相关单位协调协作，全力维护中心办事秩序，确保服务工作推进协调有序高效；在推动微笑服务方面，中心结合实际在各进驻窗口之间开展“微笑服务·温馨窗口”主题实践活动，并于是年1月、4月、7月、10月底评选了四次各9个服务窗口作为“微笑红旗岗”，自活动开展以来成效良好；在优化服务模式方面，中心积极推动一门式一网式政府服务模式改革，并于11月上旬全面完成改革各项工作并正式对外运行，改革任务涉及了事项清理、实体办事大厅一门式改革以及网上办事大厅一网式改革等内容，其中，事项清理方面，行政审批事项经清理共138项并完成标准化录入，公共服务事项经清理共58项并形成目录；一门式改革方面，已结合实际将各服务窗口整合成一个大一门和12个小一门；一网式改革方面，严格按照规范要求完成软件系统开发并正式投入运行。采取“集中培训”和“一线培训”相结合方式对窗口工作人员进行培训，确保窗口工作人员及时掌握软件系统操作技巧，真正实现预期工作目标。

全力做好网上办事大厅优化提升工作 严格按照省、市关于网上办事大厅建设指标要求，即以行政许可事项网上全流程办理率达60%以上，上网办理率达60%以上，网上办结率达55%以上，60%以上申办事项到现场办理次数不超过1次，20%以上申办事项实现零次跑动为目标，着力优化提升榕城区网上办事大厅，提高该区“互联网+政务服务”水平，全力为广大办事群众提升更加便捷、方便的网上政务服务。切实加强宣传，在区政务服务中心、各街道公共服务中心、各社区公共服务站均设置网上办事大厅自助终端，积极引导群众进行网上办事，截至2017年12月31日，行政许可事项网上全流程办理率达66.15%，上网办理率达74.58%，网上办结率达71.19%，68.85%申办事项到现场办理次数不超过1次，20.23%申办事项实现零次跑动，全区网上办事大厅共办理各类事项13060项，有效服务了广大办事群众。

全力做好政府信息公开后台管理服务工作　以提高公开效率为抓手，着力做好政府信息公开后台管理服务工作。指定专人负责及时审核发布各单位公开文章信息，建立全区涉及政府信息公开单位业务人员QQ群方式，确保及时审核各单位的公开信息，有效提高政府信息公开效率。针对政府信息公开工作不重视的单位，积极督促其公开本单位信息，确保各单位动态信息按时按质更新公开。

全力做好“12345”市民服务热线分发处理中心工作　区“12345”市民服务热线分发处理中心坚持“群众利益无小事”原则，以提高工作办理质量和市民满意度为抓手，切实加强沟通联系，着力加派人手，优化流程，强化会商，协调协作，形成较好工作机制，从9月起，每月对全区“12345”市民服务热线各成员单位工单处置情况进行通报，确保“12345”市民服务热线工作落到实处。同时，结合实际，就部分投诉件的主办单位，特别是涉及行政执法部门作相应调整优化，即涉及城市管理方面的受理业务，属市区各主干道的由城管执法分局办理，属地街道，社区协助；主干道以外的其他路段及区域由属地街道、社区办理，区城管执法分局协助；涉及河道、水利管理控制区域内的各类投诉案件，由区农水局办理，如需其他职能部门协调配合的，由区农水局牵头相关部门解决，确保工作推动协调有序高效。

全力做好农村集体资产资源交易服务工作　区交易中心切实加强与区农经部门联系，积极协调好与市产权交易所的交易操作，严格遵守交易流程，着力完善交易机制，强化交易监管，确保每宗交易依法依规、程序规范。对竞价激烈、效果显著的交易项目，区交易中心通过座谈会、情况通报等形式切实加强宣传，宣传区交易中心公开、公平、公正做法，让全区农村集体资产资源交易深入人心。中心认真贯彻落实区委区政府指示精神，积极配合全区村级换届选举工作，从4月至7月暂停受理全区农村资产资源交易，为全区村级换届选举营造良好氛围。截至12月31日，全年全区农村集体资产资源累计成交额5255.9万元，溢价率高达27.43%，实现农村集体资产资源保值增值。

全力做好基层公共服务平台完善提升工作　2017年，区政务办认真贯彻落实榕委基层治理领导小组〔2016〕3号文件精神，严格按照《全省村（社区）公共服务中心（站）建设参考指引》规范要求，及时梳理，强化整合，优化提升，全力推动111个社区公共服务站的规范化建设工作，以政务服务类、生产生活服务类、村级组织运作类三大类服务事项为基础，按照规范要求对基层公共服务平台软件系统进行完善提升。是年3月，全区各社区全面建成了以“一厅四室”为基础的功能设置清晰，职责分明的社区公共服务站，实现了软件系统线上线下无缝对接，有效解决服务群众“最后一公里”问题，并于7月顺利通过市级考核验收，11月接受省级考核验收。积极督促各社区公共服务站认真做好平台各项服务工作，特别是软件部分，定期通报全区各社区公共服务站业务量软件系统录入情况，要求各社区及时更新社区动态信息，认真做好业务台账登记工作，截至12月31日，是年全区基层公共服务平台共办理105609件事项，有效服务广大办事群众。

全力做好全区信息化建设工作　区信息中心结合实际，全力推动全区信息化建设工作，特别是区政府门户网站，切实加强网站日常管理维护和优化提升工作，严格按省、市规范要求推进政府门户网站集约建设，将政府部门网站以频道和专栏形式集约在政府门户网站主页中，并结合网站年度考评方案的内容增加政府“政策解读”“政务五公开”“数据开放”等栏目，丰富区政府门户网站内容。做好区政府门户网站和寄放在区信息中心机房的部门政府网站的日常管理和维护工作，消除系统漏洞和安全隐患，确保不出现系统漏洞和安全隐患，对区政府门户网站、部门政府网站中出现错误链接和僵尸栏目，及时督促相关部门予以修改和更新，确保区政府门户网站序时更新。在2017年度全市政府网站考评中，榕城区政府门户网站被评为优秀等次，列全市县（市、区）第一名。

（陈晓彬）

RENWU

人 物

人 物

全国五一劳动奖章获得者

【詹光辉】 男，1969年12月出生，广东潮州人。1991年7月参加工作，现任广东深展实业有限公司技术中心副主任，中级工程师。大学毕业后，詹光辉在公司实验室工作，主要负责产品的研发和技术革新工作。为了提高原有真空镀膜面油的性能，降低产品成本，他大胆创新，与其他科研人员一起先后成功开发了快干型真空镀膜涂料等环保节能新产品，获得1项发明专利授权，先后获得中国化工科技进步二等奖，广东省科学技术三等奖，揭阳市科技进步一等奖，揭阳市科学技术（SZ-97真空镀膜涂料）一等奖和揭阳市科学技术进步奖（SZ-WM08金属用水性真空镀膜涂料）一等奖等奖项。其研发的产品深受用户喜爱，创造了一定的经济效益和社会效益。

JIEDAO
JIANSHE

街道建设

街道建设

仙桥街道

【概况】 仙桥街道位于揭阳市区南部，东邻汕头市潮南区金灶镇，西接梅云街道，南连普宁市广太镇，北界榕江南河。面积45.77平方公里，总人口12.8万人；下辖淇美、顶六、美西、美东、下六、槎桥、篮兜、高湖、永东、西岐、录宜、湖南、山前、桂南、屯埔、永安居委16社区居委会，共65个经联社；党总支17个，党支部116个，其中“两新”党支部15个。

【经济建设】 2017年，该街道实现工商税收6354.2万元，其中国税3772万元，地税2582.2万元；实现工业总产值316.25亿元，其中规上企业255.78亿元，比增5.93%；完成商业限上9.3亿元，比增16%；固定资产投资33.91亿元，比增15%；新增规上企业12家，新增限额以上法人企业1家。顺利完成全市经济户口清理帮扶工作，共清查企业和个体户总数8813家；共筹建31个区级重点建设项目，主要涉及房地产开发、民生基础设施、教育服务、企业技术改造等方面。

【社会建设】

社会救济和保障工作 2017年度，街道给予困难家庭临时救助70多人次，补助金额4万多元。共有低保户453户，每月付补助金40多万元；共有五保户239户，每月付补助金24万多元；重症残疾人（1，2级残疾）共404人，每年每人补助2400元；低保、五保户中有残疾证人员114人，每年每人另加补助1800元。街道妇联充分发挥妇女“娘家”作用，认真做好来访调解工作，协调处理妇女维权案件，2017年共成功维护妇女合法权益7件，调处率达100%；全力配合省妇联、省妇女儿童基金会开展贫困儿童“先心病”帮扶工作；组织妇委会主任走访慰问困难儿童家庭、退休妇女干部及贫困妇女。

社会治安综合治理 建立健全社会矛盾摸排调处工作机制，组织开展各项摸查清查打击整治工作，及时排查化解各种不稳定因素和社会矛盾。综治信访维稳中心充分发挥其职能作用，认真处理群众来信来访案件，热情为群众解答疑问，是年共受理群众来信、来访、来电和上级交办的矛盾纠纷及领导批办案件35宗，调结34宗，调结率达97%；协调处置各类民事纠纷、突发意外事件22宗；街道周末接访11宗。

安全生产 2017年全街累计发放宣传资料7000册、发送手机短信53000条、悬挂横幅80条、开设宣传栏20个，通过“平安仙桥”微信公众号推送宣传内容100多条次；签订安全生产和消防安全责任书18份，召开安全生产性工作会议12次，下发、转达安全生产相关文件19份；检查企业806家（其中既有企业108家，小作坊476家，小档口217家，小娱乐场所5家），查出隐患536处，发出整改指令书432份，现场整改188宗，限期整改432宗，并联合消防、安监、公安、工商组织大检查3次，有效防止重特大安全生产事故和火灾亡人事故。

【文化建设】 加强公共文化设施建设，实施文化站对外免费开放制度，实行每周五日开放工作制，安排专人负责日常开放工作，并新购置图书2000册，充实图书数量及质量；积极开展群众性文化活动，全年共组织开展揭阳市老干部学校书画爱好者交流活动及书画名家书画笔会2场次，组织潮乐潮韵演奏活动2场次。

仙桥街道录宜社区开展“创文”活动后社区环境 （仙桥街道供稿）

【教育事业建设】 坚持“理念现代化，办学规范化，管理精细化，发展特色化，成效优质化”工作思路，不断加强队伍建设，学校基础设施建设，进一步完善教育教学环境，提高教育质量，推进教育事业各项工作再上新台阶。是年街道取得国级奖励6人次，省级奖励12人次，市级以上奖励32人次，区级以上奖励人次；教学优质课及课例获区三等奖以上20人次；教学论文及通讯在市级以上刊物发表的有46人。

【环境工作】 街道保持环境污染整治高压态势，加强排查整治，重拳惩治违法涉污行为。对辖区内所有涉及污染行业的企业进行地毯式排查，并进行造册登记，及时跟踪，对没有上污染防治设施、涉嫌乱排放的企业，一律采取停业停产整顿，限期整改；对出现反弹的小熔炼、电镀酸洗、土轧钢等重污染小企业坚决予以取缔。成立水污染巡查突击行动队，会同上级有关职能部门对榕江辖区段、辖区内所有榕江支流、引榕干渠、仙桥河、中心沟和各社区村内溪河两岸的排污情况进行了突击检查，对存在涉偷排漏排、超标排放等违法行为的企业，进行严厉惩治。2017年共排查各类企业1256家，涉水涉气企业281家，有环保排污许可证35家，已申办环评并配套治污设施210家，尚未配套治污设施124家，现场查封设备17家，断水断电107家，转型转产64家，立案1宗，行政处罚19宗，移送公安机关1宗共1人。对农业面源污染进行全面清查整治，禁养区内禁止一切禽畜养殖。2017年，清理禁养户23户，清理家畜265头，家禽435只；清理限养户55户，清理家畜490头，家禽360只；清理拆除17家养殖户。

【文明城市创建工作】 动员全街力量，因地制宜，开展文明创建专项整治活动。切实做好卫生保洁工作。认真管理辖区内各垃圾转运点，做到日清日运，全年共转运生活垃圾32000吨，并组织大型清洁行动14次，出动环卫车辆420车次，人员500多人次，清理垃圾弃土杂物，卫生死角共156处，清运垃圾杂物8000多吨，确保辖区内各道路卫生整洁。强势推进创文拆违工作。多次联合各部门，集中力量对一批群众反映强烈的违章搭建进行集中梳理清理，对准“老大难”，敢啃“硬骨头”，强势推进创文拆违工作。探索建立长效管理机制。街道印发《农贸市场环境卫生管理制度》《“门前三包”责任制管理办法》《“门前三包”巡查管理制度》《环境卫生保洁管理长效机制》《建设工程施工现场围挡管理规定》《城乡环境综合整治明察暗访督查工作实施

开展“创文”活动后崇文广场一角 （仙桥街道供稿）

方案》《城乡环境综合整治工作责任追究暂行办法（试行）》等7个长效管理制度，确保机制长效，管理有序。发起设立“仙桥街道人居环境建设促进会”，制订《关于社区通过“一事一议”机制筹集农村环境卫生保洁资金的指导意见》，全力推动城乡环境卫生、市容秩序监管向长效化、规范化转变。着力推进交通劝导站建设。街道结合实际，分别在美西、槎桥、篮兜、高湖、录宜、山前等6个社区交通要道设置劝导站，每站配置6名交通安全劝导员，充分发挥交通安全检查“看、查、劝、宣、纠、报、封”七大职能，推动农村交通劝导站全面铺开，发挥示范引领作用，规范文明出行。着力推动“软创文”。创文工作开展以来，街道通过增设公益广告、开展主题活动，发放宣传资料等多种方式向广大市民宣传普及文明知识，推进文明创建工作。2017年，街道共印制分发创文宣传资料8万多份，文明知识读本5000多册，“门前三包”宣传资料6万多份，调查问卷8000多份，张贴墙报540张、横幅46条、标语800多条。开展《做孩子的道德引路人》《做文明的参与者与践行者》等专题讲座，举办各类创文文艺会演4场次，在中小学举办“创文”主题征文比赛，印制作品文集2000多册。

【基层组织建设】 依法依规推进社区“两委”换届选举工作，在区委、区政府的正确领导部署下，社区“两委”换届选举工作于5月中旬顺利完成，全面选优配强基层干部队伍；推行建立社区乡贤咨询委员会，按照区基层治理及基层工作领导小组《关于建立社区乡贤咨询委员会的通知》的要求，制定《仙桥街道关于建立社区乡贤咨询委员会的工作方案》，在街道16个社区全面推行建立乡贤咨询委员会，服务助力推动中心工作和社区各项经济社会工作健康有效开展；认真学习宣传贯彻党的十九大精神，通过收看收听十九大精神，召开学习专题讨论会等形式，多次组织党员干部学习有关《准则》《条例》及习总书记有关精神文摘的论述。

机关作风建设　严格落实党风廉政建设责任制，推进反腐倡廉教育和廉政文化建设，加强党风廉政建设，着力整顿机关作风。5月中旬，街道专门召开机关作风整顿大会，部署在全街上下深入开展机关作风整顿工作，以严格上下班制度和值班制度为重点，是年，共组织集中督查9次，有多次不定时抽查，对查处出来的违纪行为进行批评教育，落实整改，进一步严明工作纪律，规范工作行为，形成风正气顺和干事创业发展的良好局面。

领导干部驻点直接联系群众工作　街道社区驻点团队通过召开座谈会、入户走访、电话联系、慰问党员群众等方式深入了解群众诉求，收集群众意见，针对各社区群众所反映的矛盾与需求，协助调处农村矛盾纠纷，圆满完成全年走访任务。入户率达到93%以上，共接访群众455人次，走访群众21391人次，慰问困难户68户，召开各类座谈会36次，记好民情日记2924篇，收集群众意见建议330条。驻点团队聚焦困难群众的实际困难和关切诉求，收集困难群众“微心愿”，积极拓展“微心愿”认领渠道，帮助群众完成“微心愿”，多为群众办实事、办好事。

【2017年仙桥街道党政领导班子名单】

党工委书记：黄钦志（2月任职）
党工委副书记：
林楷涌（2月任职）
郑伟光（任至2月）
黄建喜（2月任职）
党工委委员：黄杰雄
陈立中
黄跃新（任至2月）
黄楚芬（女）
黄俊波
彭填才（任至9月）
林楚生
郑礼通
办事处主任：林楷涌（2月任职）
办事处副主任：
黄杰雄
陈立中
江卓彬
蔡少畅

（王晓武　孙秀琪）

梅云街道

【概况】 梅云街道位于揭阳市区西南部，东邻仙桥街道，西接普宁市南溪镇，南依紫峰山，北临榕江南河，是揭阳市著名的侨乡，区域面积25.32平方公里，辖群光、群英、竹林、石头、双梧、新乡、大围、梅畔、云光、潮东、奎地、何厝、潮下、大西、伯劳、夏桥、汤前、内畔、厚洋、梅云居委20个社区居委会，2017年年末总人口72980人。

【经济建设】 2017年，街道规模以上工业产值221.5亿元，比增1%；限额以上销售额37.4亿元，比增16.3%；全社会固定资产投资额32.37亿元，比增15.5%。推进30个重点项目建设，完成投资额17.78亿元。着力抓好梅云圩场、梅云中路商业街、梅畔商贸街、潮下商业街、大围商业街的配套建设，优化经营环境，集聚周边地区的人流、物流、信息流，加快第三产业发展速度，提高人民群众收入。大力扶持发展民营经济，引导、鼓励企业开展产品研发、技术改造和品牌创建，增强产业发展后劲和核心竞争力，引导区域内企业发展电子商务。何厝社区建设电商孵化场，与揭阳中训培训学校联合开展免费电商培训，结合该社区产业实际，大力发展电商产业。

【社会建设】

基础设施建设　大力统筹乡村基础设施配套。推进农村道路网络化、硬底化，投入600多万元，推进何厝、内畔、桥头、汤前、双梧、夏桥等社区的村道建设。大力建设民生工程。2017年，街道投资7956万元完成24个民生项目建设，完成石头体育文化广场配套建设、内畔环村路建设、桥头村道建设等。推进人居环境综合整治。清垃圾、治污水、上设施、建机制，“由点、到面、及片”全域推进村庄人居环境综合整治。大围社区人居环境整治工作受到市的通报表扬。推进亮化、绿化工作。街道机关大楼、各社区办公址、各学校、吉荣路、梅云中路、何厝公园、伯劳公园、石头公园等已全部实现亮化，共铺设灯光线路29820米，安装照明灯1122盏，射灯258盏。对各社区公园、吉荣路中间绿化带进行补植，2017年，全办共补植树苗20000多棵。

精准扶贫工作　积极推进精准扶贫开发项目建设工作。街道建立扶贫开发项目库，总共有34个精准扶贫项目，投入资金771万元，扶贫资金使用率达到94.47%。其中产业扶贫项目16个，投入资金159万元，如厚洋社区实施建设分布式光伏发电扶贫项目，建设地点为厚洋玩琴幼儿园，屋顶面积约820平方米，计划建设规模108.915，投资约93万元；资产收益项目18个，投入资金612万元。街道财政所及时将上述扶贫资金下拨到各社区和入股公司账户，各社区已与贫困户、入股公司签订三方合作协议书。积极推进小额信贷工作。通过加强对建档立卡贫困户的教育引导，建立完善建档立卡贫困户申请扶贫小额信贷全流程“绿色通道”。2017年，街道有劳动能力的建档立卡贫困户197户，其中已向区扶贫办提交《精准扶贫个人贷款推荐表》的有103户。截至12月30日，通过中国邮政储蓄银行小额信贷审核并成功发放贷款的有8户，总计发放贷款26万元。

11月1日，区委书记江林生（前排中）到梅云街道开展调研活动
（梅云街道供稿）

土地确权　全街道24个经济联合社开展核查登记工作，实测确权面积378.73公顷。6月3日，区农业和水利局和梅云街道办事处的主要领导在双梧村召开土地承包经营权确权登记颁证现场会，现场为村民颁发中华人民共和国农村土地承包经营权证。2017年，街道颁证本数4966本，颁证率81.58%；颁证面积189.47公顷，占比43.95%。双梧社区在全区率先完成土地确权登记颁证工作。

【环保工作】

清理双违企业　2017年，街道共清理双违企业536家，责令其办理环评备案，完成手续185家，目前备案环评手续正在办理中351家。其中涉水企业123家，90多家有上污染防治设施，1家水印金企业搬往中德金属生态城。部分不符合环保要求的，街道对其断电，作出停业停产处理。所有涉水企业都建立环保责任人台账和环保责任人制度上墙。严厉惩治环境污染偷排漏排企业5家，企业自行搬迁关闭25家。

强化大气污染整治　整治小土扎企业，全力推进扬尘治理，惩治露天焚烧195起，拆除16家土扎厂设备设施，现场责令处理，整治效果明显。对建筑余泥乱倒、道路扬尘等问题，落实相关职能部门责令建筑单位落实整改，加盖防遗撒装置，做好车身清理，对道路遗撒的泥沙进行清扫，并进行抑尘处理。针对扬尘污染，严控道路扬尘污染，加强道路冲洗保洁，使用抑尘车、洒水车对道路进行机扫、洒水、压尘处理，切实降低道路扬尘负荷。

强化水污染整治　全年街道组织召开部署有关专项整治工作会议15次，联合执法部门，严厉惩治水电镀印金等涉污行业违法违规3家，小熔炉3家，化工行业2家，五金抛光252家，真空镀落实整改7家，查封水抛五金行业9家，断电39家，酸洗2家，五金餐具场所发出限停213家，现场责令停业停产整改治污315家。严厉惩治环境污染偷排漏排企业5家，企业自行搬迁关闭25家。

加大力度清理禁养、限养区内畜禽养殖点　2018年，梅云街道共清理禁养区内11家养殖场，清理生猪90多头、鸡50多只、鸭1000多只。

安全生产和消防安全　严格落实安全生产、消防管理责任，建立长效机制，大力推动安全生产监管“关口前移、重心下移”。2017年，全街道共出动检查人员192人次，检查小作坊75家、小档口353家、小娱乐场所5家、生产经营单位企业237家，发现隐患148处，发出安全生产执法文书590份，责令限期整改284份，责令现场整改320处，共打通、增设消防通道85条，增设逃生出口135个、安全防火门175个、灭火器

11月8日，区长吴汉通（前排中）带队到梅云街道检查安全生产
（梅云街道供稿）

5600个、应急照明灯1780条，取缔“三合一”和“二合一”场所11家，清退违规住人95人，办理消防手续及设施设置齐全15家，落实企业安全生产标准化建设22家。

【文明城市创建工作】

营造创文氛围　街道全面落实创文宣传氛围营造工作，落实“门前三包”责任制，与沿街铺户签订“门前三包责任书”26000份。志愿者注册登记人数达7327人，累计服务时间10286小时。开展义医义诊等志愿服务9次，开展群众性文化活动14次。

加大经费投入　2017年，街道共投入创文资金1617.8万元。双梧、奎地、田东等社区（经联社）完成封闭式垃圾转运点建设。街道投入4万多元，购置600多个垃圾桶，投放在省道236、梅云中路、吉荣路、圩场路等主干道。广东深展实业有限公司捐资80多万元购置洒水车和扫路车，助力梅云环卫保洁事业。

开展“三大行动十项整治”专项行动　多次组织力量对省S236线、吉荣路、镇东路、沿江路、圩场路等主干道两旁的不规范标语户外广告牌和违章搭建物进行拆除，共清理违法广告牌1175块，牛皮癣33505张，拆除违建2091宗，31904平方米，垃圾25781.09吨，进一步优化美化环境，使道路交通更加畅通。

建立健全长效机制　街道与正盛公司签订合约，将吉荣路中间绿化带的养护和管理承包给该公司，由公司派专业园艺人员按时对吉荣路绿化带进行管理维护，包括绿化带清除杂草、补植等。将吉荣路、省道S236线、紫云路、梅云中路等主要干道和公共地区的环境卫生承包给正盛公司，落实专人负责清理保洁，将环境卫生整治工作落到实处，并形成长效机制，以达到标本兼治。何厝社区创新公园管理机制，由群众义务认养管理花草树木。

大力整治内溪内河　2017年，街道共投入1121万元，对榕江南河、洪阳河、梅溪河、各社区池塘水浮莲及水面漂浮物的打捞工作，共打捞水浮莲及水面漂浮物4000多吨，清理河道、河涌、池塘淤泥5000多吨。

【基层组织建设】

在全区率先完成社区“两委”换届选举工作　通过选举产生新一届社区“两委”成员142名，其中社区党组织支委会成员基本为街道党工委提名的候选人，社区书记、主任一肩挑达到80%，“两委”交叉任职达到81.4%，年轻干部38人，占26%，妇女干部24人，占16.7%，每个社区居委会至少有一名妇女干部。45岁以下人员63人，占44%，高中以上学历117人，占81.25%，年龄结构和学历结构更趋合理。城市社区梅云居委作为全市非户籍居民选举的试点单位，于5月3日率先完成选举。

加强社区干部队伍建设　换届选举后，各社区党组织书记分批次参加市委党校举办的基层党组织书记培训班，有三名社区党支部书记参加第三批“领头雁”工程，“两委”干部集中参加区和街道举办的基层干部培训班等，切实提高“两委”干部的工作能力和履职能力。建立健全新一届社区党组织书记和“两委”干部后备干部花名册（共46人），切实做好后备干部培养工作，提高社区干部队伍的整体战斗力。

以点带面推动“两学一做”学习教育常态化制度化　以落实“三会一课”制度为载体，以“五好”党支部标准创建各级示范点为带动，特别是市级示范点深展实业有限公司党支部被市、区授牌，切实以典型示范作用推动街道“两学一做”学习教育常态化、制度化取得实效；推广支部主题党日活动，开展民主评议、志愿服务活动等；通过召开专题研讨班、党工委书记上党课等方式，多途径开展学习教育；发动全体党员参加考学工作，参考率和满分率均达到100%。

扎实推进“直联”工作　建立健全“直联”工作三级台账、分级协调解决问题工作机制，开展“听民意、促换届”主题式调研活动，指导社区顺利进行换届选举工作。2017年，街道共召开党工委专题会议22次，帮助村协调解决实际问题4个，上报市协调解决问题1个，受理群众诉求386件，其中现场办结383件，接访群众295人次，走访群众11263户，入户率86.11%，召开各类座谈会35场次。

发挥乡贤咨询委员会作用　街道20个社区共选举产生乡贤咨询委员会成员478人。内畔和云光等社区乡贤咨询委员会多次召开会议，为社区村容村貌建设等方面工作建言献策、捐资助力，至2017年年末已捐资269.8万元用于民生项目建设。

建设村级党支部活动室　为提高基层党组织的凝聚力和战斗力，街道党工委要求各社区根据实际，完善党支部活动室建设。至2017年年底已有何厝、内畔、双梧等15个社区高标准完成党支部活动室建设。

【2017年梅云街道党政领导班子名单】

党工委书记：钟喜荣

党工委副书记：

林树科

郑楷军（任至9月）

黄跃新（3月任职）

党工委委员：林洁河（任至3月）

黄朝霞

林泽龙

郑亮波

姚绵凯

办事处主任：林树科

办事处副主任：

尤三凯

（魏杰武）

榕华街道

【概况】　榕华街道东至梅兜路与榕东街道接壤，西至东风河（护城河）与中山街道连接，南至进贤大道与新兴街道毗邻，北至榕江北河与东兴街道相连，市区主干道榕华大道横贯辖区南北。辖区面积2.43平方公里，辖埔上、巷畔、港墘、西头、进贤、进安、进东、北门、天福、丹凤、凤港11个社区。至2017年年底，辖区总人口69272人、13915户。共有党支部36个，其中“两新”组织党支部5个，党员1482人。辖区有市人民医院、区妇幼保健院、榕华社区卫生服务中心；省重点中学揭阳真理中学、真中分教处、北门小学、榱松学校、区图书馆、榕江电影院；幼儿园16所（其中公办规范化中心幼儿园1所）。有国家级非物质文化遗产保护项目青狮和国家重点文物保护单位“古榕武庙”北门关帝庙，文化底蕴深厚。街道文化站为省二级文化站，连年举办社区文体节，活跃社区文化。

【经济建设】　榕华街道地处榕城区中部片区，交通方便，以榕华大道和进贤门大道“两道”为轴线的商业片区经济辐射力和凝聚力强，卜蜂莲花、苏宁电器等大型企业和江南新城、明珠帝苑等现代化住宅小区纷至耸立，临江南路片区商业网点林立，宜居宜商。辖区企业以商业、物流、服务业为主，经济基本以商贸流通产业支撑。榕华街道抓住地缘优势，巩固和提高现有基础，加强对进安街、毓秀女人街、榕华市场、西头综合市场、进贤商城等特色市场的培育和管理，建立了街道领导联系服务重点商业企业的工作制度，对辖区重点商业企业实行领导挂点服务，积极引导辖区企业转型升级。2017年，榕华街道完成固定资产投资14.5亿元，100%完成年度计划，比增15.5%；完成限上批零住餐法人企业销售额7.95亿元，占年度计划的100.95%，比增17.2%；完成零售额7.02亿元，占年度计划的101.07%，比增15.6%；完成规模上工业企业总产值3.6亿元，占年度计划的100.1%，比增5.7%。新增限上商业企业1家，完成年度任务。

【重点项目建设】 2017年，榕华街道共有区级重点建设项目5项，计划总投资26.82亿元，年度计划投资10.6亿元，全年完成投资7.6173亿元，占年度投资计划的71.86%。

中部片区棚户区改造项目（一期）工程 年度计划投资5亿元，全年完成投资2.0173亿元，占年度计划投资的40.35%。回迁安置区一进入主体结构梁板施工，回迁安置区二完成工程桩及冠梁支撑梁施工，进入基坑土方开挖，施工已完成总量92%，分块进行砌筑砖模、浇筑底板垫层、防水层及底板钢筋绑扎；回迁安置区三完成了三轴搅拌桩、旋挖支护桩、工程桩施工，正在支护桩开挖、检测、工程桩静载检测。

港墘农民公寓建设 该项目占地面积73.11亩，计划总投资4亿元，年度计划投资2亿元，全年完成投资2亿元，占年度计划的100%，C区地面部分已完成四层建设；B区区域单元规划设计方案已通过市规划局规划批准，省人民政府改造相关办理手续还未下发。

揭阳科阳旧城项目改造 该项目计划总投资3亿元，年度计划投资2亿元，全年完成投资2亿元，占年度计划投资的100%。项目计划建设4栋22层住宅楼、商铺及地下停车场等配套设施，建筑面积61150平方米，地面建筑基本完成，部分楼层已封顶。

榕江一品风情商业街 该街道为集餐饮、娱乐、购物为一体的特色商业街，计划总投资0.9亿元，年度计划投资0.7亿元，全年完成投资0.7亿元，占年度计划的100%，部分商铺已正式营业。

岭南明珠二期续建工程 计划总投资1.3亿元，年度计划投资0.9亿元，全年完成投资0.9亿元，占年度计划的100%，地面商住楼已完成十层建设。

【天福东路拆迁】 天福东路（榕华段）长约1750米，规划路宽40米，涉及拆迁宗数405宗，涉及拆迁面积38564.9平方米。涉及埔上、巷畔、港墘、进安四个社区。项目启动以来，榕华街道认真落实书记李水华8月25日调研榕城工作提出的要求和区委区政府工作安排，全街上下扎实干事，因地制宜，一村一策，全力以赴推动天福东路项目榕华段拆迁各项工作。街道和有关社区分别召开了动员会、乡贤座谈会、党员群众代表大会、工作业务培训会等各种会议，统一思想、提高认识，广泛宣传、深入发动，有序推动摸底调查、宣传动员、丈量确权、签订协议等一系列项目拆迁前期准备工作。创新工作方式方法，选准涉及拆迁工作量最少、群众拆迁呼声最高的埔上社区为突破口开展攻坚工作，通过社区“两委”成员切实包户到人、党员干部率先垂范

10月15日，榕华街道巷畔社区召开乡贤咨询委员会座谈会

（榕华街道供稿）

方式，精准突破，以点带面，形成示范效应，营造良好氛围，有效带动了天福东路（榕华段）其余三个有关社区的工作热情，促使天福东路（榕华段）拆迁工作开展顺利。10月23日，天福东路（榕华段）征收补偿协议签订工作正式启动，埔上社区干部带头签订天福东路榕华段征收补偿协议，有效打消社会上各种观望态度。至12月31日，街道全面完成征收补偿协议签订工作，共签订协议405宗，签订涉及拆迁面积38564.9平方米。该道“以拆促签”，到12月31日，共拆除333宗、29326平方米，完成78.2%。埔上社区全面完成协议签订和拆除工作。

【辖区经济户口清理清查】 按照区委、区政府工作部署，在区工商局的指导下开展辖区经济户口清理工作，成立以党工委书记为组长，办事处主任和线条分管领导为副组长的经济户口清理工作领导小组统一调度指挥辖区经济户口清理行动，制订切实可行的工作方案明确各方责任，广泛开展多种形式宣传活动提高社会各界配合度全面营造良好氛围，抽调有关单位人员成立工作小组对全办10条主干街道进行清理摸底。经全面清查摸底，辖区内共有经济户口4250家，其中个体户3461家，企业789家。在街道的帮扶下由个体户转为企业的共4家。

【民生保障】

关怀弱势群体　成功为辖区符合条件的488名群众办理揭阳市公共租赁住房和廉租住房申报手续。为辖区残疾人申办残疾证，入户登记核查残疾人481名，为重度残疾人发放“两项补贴”，为辖区10名残疾人发放多功能轮椅、语音家用电器等辅助器具19件。

精准扶贫　按照上级要求做好低保调标清理和精准扶贫工作，对辖区临时大病救助对象和生活困难群众进行临时救助并协助其申请上级补助，落实好优抚对象、荣残军人、80周岁以上及百岁老人等经济困难对象的津补贴申报发放工作，在“6・30”扶贫济困日和春季等重大节日期间发动机关党员干部及社会力量捐款并慰问辖区经济困难群众。

人口与计划生育　认真做好计生集中服务活动周、服务活动月等各项常规工作，完成免费孕前优生检查82例。

【社会治安综合治理】

创新基层社会治理　在区妇联的指导下开展社区妇代会改建妇联工作，以党建带妇建，分阶段、按步骤、高质量，严谨规范地完成了改建任务，确保妇女代表和执委候选人类型和界别的代表性、先进性和广泛性。团结各行各业的优秀女性，汇聚更多社会资源，切实为妇女儿童办实事、做好事、解难事。11个社区共设置妇女代表362人，选举产生社区妇联执委121名，其中主席11人，均为社区现有“两委”干部，副主席11人。按照上级工作部署全面建立乡贤咨询委员会，充分发挥乡贤咨询委员会作为社区建设“智囊团”、群众利益的“公道杯”、村政事务“宣传员”、公益事业“助推器”的积极作用，推动社区各项经济社会工作健康有效开展。至9月底，11个社区已全面建成乡贤咨询委员会，共选出会员168人，理事会成员81人，监事会成员53人，会员小组36个。

平安街道创建　坚持落实好“一村（居）一法律顾问”等工作制度，是年来各社区法律顾问共为群众上法制教育课44节，接受法律咨询120件次，印发法制宣传资料四万多份。做好基层人民调解工作，街道和各社区人民调解委员会全年来共调解案件53例。认真做好社区矫正工作，是年共接收社区服刑人员13名，解矫4名，现有在册社区矫正对象18名。接收刑释人员8名。对严重精神病患者进行登记、监管并落实专人监护，及时跟踪、切实做好吸毒人员的康复工作，确保不复吸，确保不发生危害社会安定行为。

大力推动“中心+网格化+信息化”建设　成立村（社区）综治工作站11个，划分22个网格，配备专职网格员88人，网格员专用手机28部，实现辖区网格全覆盖；做好重点领域和重点人员动态监控，深入开展矛盾纠纷排查化解工作，将矛盾化解在萌芽状态；严格按照市、区部署贯彻落实镇街领导周末接访工作；开展“两抢一盗”薄弱环节集中整治工作，确保有效消除各类社会治安隐患，切实增强人民群众安全感。

消防安全和安全生产　在各重要节点和重大节日多次组织开展辖区重点区域巡查整治和隐患排查工作，共排查违规住人经营户300余户，发出责令限期整改通知书40份，对其中30家逾期不配合整改的报送消防局处置，全力维护人民群众生命财产安全。

【环保工作】　全面落实河长制，印发《榕华街道全面推进河长制河长会议制度（试行）》等三个方案，各社区落实专人每月巡查清理辖区河道，将辖区河道巡查清理工作制度化、常态化。按照上级水污染防治工作部署开展涉水企业，全面清查辖区涉水企业，共查处6家涉嫌排污的企业，监督其落实治污措施。

【文明城市创建工作】　加强环卫工作人力物力投入，延长路面保洁时间，加大垃圾收集密度，落实各社区加强大街小巷的巡查监管力度。认真开展创建省级文明城市活动，突出整治辖区存在城市管理和环境卫生“顽疾”的脏乱差重难点区域，逐个击破重难点区域的“脏乱差”问题，因时制宜对辖区内各种占道经营“回潮”现象进行巡查打压，对辖区内主次干道铺户“门前三包”责任制履行情况进行巡查监管。通过压实社区责任，集中时间精力整治辖区内牛皮癣泛滥的现象，各社区针对牛皮癣易“复发”的特点，组织专人进行巡查并及时“补救”清理，处罚乱张贴小广告的市民7人次。组织人力物力，多场次对辖区内飞燕片区、进安街居民区、天福南片区等直、横巷的占道经营、违搭违建及环境卫生开展综合整治行动，并加强辖区建筑工地管理，全力杜绝新的违章搭建物出现。在全办上下的共同努力下，榕华街道被揭阳市全面开展文明创建工作领导小组评为创文工作先进集体。

11月，榕华街道在“创文为我　我为创文”主题活动中被揭阳市全面开展文明创建工作领导小组评为先进集体　（榕华街道供稿）

【基础设施建设】　街道在推进创文工作的同时注重拆建并举，以创文惠民为目标，积极筹资完善辖区城市基础设施。

修路排涝解民忧　街道通过多方筹集资金80多万元对榱松路两侧近4000平方米的步道进行修缮提升并对两侧绿化树进行补植换种，解决了该路段因年久造成的步道破损问题，美化绿化了道路；投入资金70多万元对真理中学旁真理路进行改造拓通，解决了该路段长期以来交通高峰期的拥堵问题；凤港社区筹集资金70多万元对天福东路75米长的路段进行修缮改造，彻底解决该路长期雨天积涝，造成居民出入不便的问题；进贤、进安社区分别对机关幼儿园前、进兴路的路面进行硬底化修复；巷畔社区还针对后畔围一带乱搭建、雨天积水导致的村民生活脏乱差和出行难问题，进行清理整治并疏通下水道，铺设水泥路面，美化环境，解决了该路段长期存在的顽疾；天福、北门社区对辖区部分下水道进行修缮改造；巷畔和港墘社区联合修建村界道并设置排水沟，解决两村交界处由于东高西低，雨天“泻湖”现象；街道还集中为辖区内榕华大道、榱松路沿街商铺统一，更换新招牌。7月下旬，启动天福路步道修缮提升工程并在道路两侧规划停车位，有效改善天福路长期存在的交通拥堵情况。

拆违重建造福利　街道联合多部门拆除了临江南路绿化带上的违章建筑陆小凤川菜馆，建成健身休闲小公园；港墘社区清拆占道花木场后配套全新运动健身器材，使该地变成居民健身休闲好去处；进东社区对东湖路路口被中巴公司和烧烤摊档占用的2000多平的土堆进行清理，改造成便民的停车场；巷畔社区清拆了天福东路巷畔段的占道花木场及废品回收站，建成便民停车场。

市场升级惠民生 街道在对市场周边环境卫生进行专项整治的基础上，投入大量的资金和人力，对辖区内榕华市场、西头市场进行了全面改造提升，提升市场的基础设施、购物环境、交易条件和管理水平，为辖区居民打造宜居宜业的生活环境。

【教育强街创建】 坚持抓好辖区教育水平提升工作，持续巩固教育强街创建结果。按照上级工作部署，督促指导辖区各学校和幼儿园按照省教育强街创建复评督导验收标准做好各项准备工作。真理中学79届校友设置了激励师生总额30多万的中考奖励“会真奖”，78届1班校友设置了总额40.8万元的“哲颂奖”，奖励该校优秀教师团队及优秀学生。协助贫困大学生做好助学金申请工作，2017年春季共资助258名贫困儿童12.9万元，为2016—2017年度共20名幼师发放教师学历提升补助。是年，榕华街道申报创建教育强街复审并通过督前检查。

【基层组织建设】

基层党组织建设 加强党员日常教育管理，严格落实党组织书记抓党建工作规定、“三会一课”等各项制度；对党费收缴、管理和使用进行严格管理；全力开展并全面完成党员组织关系排查工作；选派社区党组织书记参加上级、街道举办的培训；抓好“两新”基层党组织工作，确保党组织覆盖率达100%。严把发展党员关。全年发展党员8名。开展“两学一做”学习教育常态化制度化工作。根据上级相关文件部署要求，认真开展“两学一做”学习教育常态化制度化工作，全面提升基层干部队伍素质。在全面积极推进的基础上，大力培育创建巷畔社区党支部、榛松小学党支部、榕信幼儿园党支部三个街道级“两学一做”常态化、制度化示范点，各示范点学习教育工作有序推进。大力整顿软弱涣散基层党组织。成立专门帮扶工作组，街道党工委书记亲自挂点包干进贤社区，协调解决社区办公场所等存在问题，提升基层党组织凝聚力和战斗力。加强驻点直接联系群众工作。找准“直联”工作与今年来创文、天福东路榕华段拆迁工作等中心工作的契合点，解决突出问题，今年来累计共受理群众诉求153件，接访群众119人次，走访群众14113户，慰问困难群众329户，为群众办好事实事232件，投入资金56.53万元。

党风廉政建设 认真贯彻，抓好任务分工落实，认真贯彻上级关于党风廉政建设的工作部署和要求，结合实际，认真制定《任务分工》，把党风廉政建设和反腐败工作与街道中心任务一起部署、一起组织落实。注重学习，坚持经常性廉政教育。街道注重廉政教育学习的常态化，坚持抓好每年纪律教育学习，通过班子会议、机关会议、支部会议等组织领导干部集中学习，特别是在党的十九大召开后立即将党的十九大会议精神纳入廉政学习重点内容，在全办掀起学习高潮。突出重点，抓好街道自办案件。街道纪工委坚持依纪依法办案，对于上级交办案件和督办案件，认真查办，及时上报。全年来接到上级交办案3件，其中已立案查办1件，党纪处分1人，另外2件案在查办中。着重预防，落实抓早抓小工作。坚持开展每季抓早抓小的提醒谈话，促进干部廉政履职，5月24日结合村居“两委”换届新干部就职宣誓，街道党政领导对新任“两委”共67人开展了集中廉政提醒谈话教育。

社区换届选举 严格依法依规按程序推进第六届社区“两委”换届选举工作，全街6个城市社区和5个农村社区如期一次性顺利完成选举，共选出党（总）支部委员48名，其中书记11名，副书记17名，均为街道党工委提出的党组织候选人人选；选出社区居委会主任11名、副主任20名、委员26名，“两委”交叉任职共40名，交叉率达到83.3%；妇女干部共19名，年轻干部共4名。组织新当选的社区“两委”成员参加上级组织的培训活动，强化基层社区班子成员抓工作、带队伍的能力。

【2017年榕华街道党政领导班子名单】

党工委书记：许崇熙（11月任职）
党工委副书记：
杨伟锋（任至6月）
郑楷军（9月任职）
彭填才（9月任职）
党工委委员：洪联兴
郑林海
林晓耿
刘琼臻
办事处主任：许崇熙（任至9月）
郑楷军（9月任职）
办事处副主任：洪联兴

（吴丹艳）

新兴街道

【概况】 新兴街道位于市区中心片区，榕江南河北岸，是榕城区委区政府所在地，东与榕东街道办事处接壤，西至东风河，南临榕江南河，北以进贤门大道为界，辖区面积3.16平方公里，2017年，总人口51378人，13791户，下辖东郊、上义、下义、新兴南、义和南、义和北、河南路、兴东8个社区居委会。新兴街道辖区交通便捷，工贸活跃，拥有进贤门市场、新兴电器城、同德摩托街等专业市场和特色街，是市区重要商贸集散中心。

【经济建设】 2017年，该街道全面完成经济社会主要指标任务。街道完成固定资产投资、限上销售额和零售额、规模上工业企业总产值、城乡居民医保、新农保、社保等各项社会指标均完成或超额完成区下达任务。统筹开展经济户口清理清查工作。扎实推进重点项目和民生项目建设，2017年，有区级重点建设项目9个，东园大厦商贸等5个项目已完成，景洲大厦等4个在建项目扎实推进，共投入资金2.7亿元。全面完成街道8个社区9个民生项目。推进“五路一河”涉及新兴辖区的望江北路东段和东风河拆迁工作。望江北路东段于12月11日全面完成所涉及的49宗补偿协议签订工作。

【社会建设】

加强社会治安综合治理，创新管理服务体系 抓住“中心+网格化+信息化”省级试点为契机，勇于创新，摸索欠发达地区基层治理新路子，初步构建起信息化、智能化、网格化全事务管理服务体系。辖区实现零进京到省上访，零重大群体事件，零恶性刑事治安案件，零安全生产事故，零重大消防火灾事故。在省社会治安综合治理创新大会上做经验交流，被评为省“社会治安综合治理先进集体”。新兴街道“中心+网格化+信息化”运行以来，全街各网格共防控违法犯罪74宗，化解矛盾纠纷194件，排除公共隐患106件，为群众做好事实事664件，为群众办理即时办理件4115件、承诺办理件523件。

加强法治创建，推进基层法制建设 加强依法行政，完善重大问题集体决策和责任制度。完善法律服务制度，推进“一村（社区）一法律顾问”工作。推进基层治理法制化，依法依规推进社区“两委”换届工作，落实“三务公开”，推动社区“阳光居务”，加强“三资”管理监督。加强法治宣传教育，抓好“七五”普法教育，打造普法“广场品牌”。

加强平安创建，筑牢基层维稳防线 筑牢责任屏障。督促指导，落实目标责任，纳入绩效考评考核，一级抓一级，层层抓落实。筑牢平安根基。以建设广东省社会治安防控体系试点单位为契机，紧密依靠街道综治中心，以信息化为引领，优化警务模式，结合网格巡查排查解决治安问题。筑牢维稳底线。落实网格员配合职能部门摸底排查辖区内矛盾纠纷等危害稳定的因素，完善矛盾纠纷定期排查和调处制度，强化源头治理预防和减少社会矛盾。

加强安监管理，排查化解隐患 加强消防安全和安全生产隐患排查，开展经常性安全检查、督导、落实工作，切实整改“三合一”“二合一”等问题场所和危险区域，在各重要节点和重大节日多次组织开展辖区重点区域巡查整治和隐患排查工作，共排查违规经营户200余户，对逾期不配合整改的报送消防部门处置，责令停产整改16家，实施扣留2人，全力维护人民群众生命财产安全。

加强民生建设，提高群众幸福感　整合优势资源，进一步发挥好全市首家居家养老服务中心、首个街道老年人协会、首家“慈善超市”、首个“三社联动”试点社会效应，创办兴东、河南路两个慈善超市分店，创建新兴街道社会工作服务站，抓好“献爱心、送温暖”扶贫助困工作，确保辖区困难群众基本生活得到保障。

【环保工作】

加强环境保护，建设美丽家园　全力推进环保生态，以落实“河长制”为重点，打好水污染防治攻坚仗。对全街范围内榕江南河新兴段、上义内河、下义内河和引榕干渠新兴段、东方河新兴段等河流落实具体责任人，细化工作职责和主要任务，强化日常监管。把握工作重点，着力开展污染源治理，强化工业和生活污染源治理，推进环境卫生综合整治，大力推进门前三包，改善环境。

狠抓水污染治理　成立水污染治理巡查队伍，对辖区进行地毯式排查，做到跟踪排查到位，狠抓重点、疑点部位，加强昼夜巡查力度。建立重点监控区域台账、重点监控对象台账及涉水管控企业台账，进一步加强全方位管控。执法措施到位，对发现的污染点，依法依规及时进行清理和治理，对违规排污和偷倒废水企业和个人坚决取缔和处置，从根本上杜绝污染源，杜绝偷排污水违法行为发生。

狠抓大气污染整治　大力整治露天焚烧问题，街道成立“露天焚烧”巡查队，队长由街道班子成员担任，组员从街道环保办及每个社区中抽调一人组成，露天焚烧巡查队每天全天候对街道大街小巷进行巡查，对露天焚烧行为进行处理。在重点区域和公共活动场所设立警示牌，明确社区责任人，确保不再出现焚烧垃圾现象。

狠抓环境卫生整治　努力推进环境综合整治，大力推进“门前三包”。组织街道机关干部职工、村（居）干部、清扫保洁人员和志愿者，对辖区主干道周边及卫生死角开展多次集中整治清理活动。按照“属地负责”原则，落实“门前三包”到位率100%，全面清除“脏、乱、差”现象；全面清理禽畜养殖，加快宜居环境建设。

狠抓榕江岸线及城乡内河清理整治　进一步完善落实“河长制”，健全细化河长体系，以文件形式，明确街道、社区及河道沿线单位河段河长，将街道水体治理责任延伸分解落实到社区及河道沿线单位，层层传导责任；对辖区内榕江岸线及内河污染现状开展拉网式排查清理，重点针对河道堤防管理范围内的种植及垃圾杂物清理、内河清淤清污、水浮莲等水面漂浮物打捞。

【文明城市创建工作】　在创建广东省文明城市中，新兴街道坚持“拆、建、管、宣”四轮并转，擂响创文战鼓，打响创文攻坚战，全面推进创文行动热潮。全街投入创文资金1500多万元，出动人员5680人次，作业机械378辆次，拆迁垃圾转运1385车次，运转拆迁垃圾900多吨，清理户外违规广告牌1527块，拆除店面牌、遮阳篷、遮阳伞3624块（处），违章建筑物82处，清理历史遗留生活垃圾杂物2400多吨，清理牛皮癣8万多张，增设环保垃圾箱700多个，修缮破损社区道路12条、4500多米，清理疏通下水道18处、6000多米。街道和上义社区被区授予创文“先进集体”称号，林淡辉等5位同志分别被市、区授予创文“先进个人”称号。

【基层组织建设】

创新党建联席会议制度　发起并创建由辖区内42家机关、企事业单位参加的“新兴街党建联席会”，制定《新兴街党建联席会制度》，构建“合作共建、驻地共荣、成果共享”的发展平台。

创新党建工作新平台　新组建“流动党员党支部”“党员志愿者服务队”等服务型党组织，以新兴街道社会治理网格化智能指挥中心、新兴居家养老服务中心等作为工作平台，设立“党员示范岗”，实现党建引领民生、服务民生等方面的优势和作用。

创新党组织服务方式　把为民服务作为抓好

“两学一做”学习教育、“直联”和帮扶社区的重中之重整体推进，先后完成上义小公园、上义综合市场建设、进贤门大市场物流仓储园建设以及8个社区筹集470多万元重修13条道路和整治9条下水道等民生项目。

坚定不移推进全面从严治党　一次性圆满完成8个社区“两委”换届选举工作，落实好党组织书记履行基层党建主体责任和第一责任，制定街道年度党建工作要点，严格落实党组织书记抓党建工作规定、党建工作联席会议、“四议两公开”3项制度，强化党风廉政建设，各级领导干部自觉履“一岗双责”，不断增强党员干部特别是领导干部的政治觉悟、政治敏锐和政治规矩，维护党纪政纪权威，守纪律、讲规矩。抓好廉政教育，落实党风廉政建设主体责任，突出监督，执纪问责，街道班子成员和基层干部真正做到为民、务实、清廉。

【2017年新兴街道党政领导班子名单】

党工委书记：林旭彬

党工委副书记：

黄楷然（任至3月）

侯奕谋（3月任职）

孙伟彬

党工委委员：林耿宜

陈乐冬

许丽玲（女）

办事处主任：黄楷然（任至3月）

侯奕谋（3月任职）

办事处副主任：

许丽玲（女）

陈秀辉

（陈乐冬）

中山街道

【概况】　中山街道位于榕城区中部老城区。东至东风河与榕华、新兴街道相邻，西以南滘河与西马街道交界，南与仙桥街道隔南河相对，北与东兴街道隔北河相望。2017年，辖区面积0.754平方公里，下辖永革、东门、店马、南门4个社区居委会，总人口29628人，其中常住人口1.3万多人。辖区内有进贤商业步行街、北门市场、中兴园商贸街等知名商贸场所，主要经营服装、鞋帽、日常用品、干果、烟酒等。文化底蕴深厚，有全国第二大建设规模的“孔庙”——揭阳学宫（国级文物保护单位），有双峰寺、城隍庙、禁城（金城）、百兰山馆、金马玉堂等市级文物保护单位，列入省、市非物质文化遗产的知名传统文化民俗活动“行彩桥”“翁仔灯”。

【经济建设】　2017年，完成社会固定资产投资约2.372亿元；限额以上法人社会商品销售额约2.005亿元，其中，商品零售额完成约1.596亿元；完成新增限上商业法人企业1家。下大力气打造进贤步行街动漫创意园，面向动漫、互联网、手游网游、创意设计、自媒体、新媒体、电子信息等产业领域初创期科技型中小企业，已有10多家入驻企业，主要涉及游戏、文学、动漫、影视、戏剧等多种文化创意业务领域的相关企业。以新兴产业带动传统产业转型升级，加快推进古城建设，建设南粤重要的揭阳动漫基地。

【社会建设】

民生保障　扶助弱势群体。累计发放慰问金及物资合计20.8万元，慰问困难户429户。牵线搭桥发动慈善组织为辖区20户困难户提供长期扶助，组织发动共青团及志愿者服务队上门为辖区老年人服务10多次。多次组织社区卫生服务中心开展义医义诊活动，为群众送医、送药、送健康，并进行医保政策的宣传。社会保障工作。积极做好企业职工养老保险、城乡居民养老保险和医保扩面征收工作。全年城乡居民养老保险累计续缴费438人。在辖区重点地段设立医保社保办理点，使群众在家门口便能办理业务。打造基层公共服务综合平台。打造街道公共服务中心和社区公共服务站。不断完善街道公共服务中心及社区公共服务站工作制度和办公硬件设施配套，为群众提供更加高效、便捷、规范、优质的计生、医疗保险、社会保险、家政中介、法律咨询等服务。人口与计划生育管理工作。共为71户提供孕前优生健康检查。加强对“全面二孩”生育政策和网上办事服务的学习培训，掌握做好审核工作。

社会治安　众剑行动。在辖区范围内组织开展了社会治安综合治理“众剑行动”，全面落实排查防控违法犯罪、排查化解矛盾纠纷、排查清除安全隐患三大目标任务，推进街道无进京非访、无重大政治事件、无重大社会矛盾、无重大群体性事件、无严重暴力恐怖和重大社会影响刑事案件、无重大公共安全事件等“七个无”，营造了安全、稳定、有序、和谐的社会环境。深化网格化管理。全面推行现代化网格化管理模式，实行网格内全员、全地域、全事务管理。打造“中心+信息+网格化”平台，将“五城同创”、综治信访维稳、平安建设、计划生育、安全生产和消防安全、社区服务、社会管理等工作列为网格化管理日常工作，逐步实现管理的全覆盖与服务的全方位。深化平安建设。打造“平安细胞”工程和街道“双微”公众平台，加强对舆情的监控。通过设置宣传栏、印发《平安建设倡议书》、清理打击反宣品、开展法律进社区等工作，推动“依法治街”创建工作。深入做好严重精神病患者的梳理摸底、排查核实及救治救助工作。积极推动“无邪教创建”活动深入开展，实现无邪教组织、无邪教人员、无邪教活动、无邪教案件，以街道的“小平安”促进全区的“大平安”。安全生产和消防安全。组织派出所、工商所、安全办、各社区居委会干部联合开展一系列地毯式的消防安全生产大检查及消防安全生产集中整治行动。在辖区四个社区建设微型消防站，购置添加消防器材，更换维护消防设施。大力宣传消防知识，提升全民消防安全素质和自防自救能力。

8月24—26日，首届亚洲（潮汕）游戏动漫节在进贤门步行街举办

（中山街道供稿）

【文化建设】

文化活动　春节期间，在进贤门城楼边举行春节系列贺新春群众文化活动，组织民间协会举办“行彩桥”“赏翁仔灯”、舞狮等独具揭阳地方特色的传统民俗文化活动。日常开展潮曲清唱、灯谜会猜等活动提升古城文化软实力。结合创文工作，举办书画展及文化讲座，传承优秀文化。弘扬社会主义核心价值观。

打造梦里水乡—青狮文化旅游景区　在国家级非物质文化遗产“青狮”的发源地南门社区建立青狮文化展馆，围绕青狮文化展馆，建立游船码头配套设施，打造“梦里水乡”和文化长廊。景区东邻骑楼老街，西接南北滘河，内有水月庵、孙厝祠、学士第、刘厝祠、圣旨牌、百年老铺、百年古榕和芒果树等。街道将景区作为打造古城旅游文化街区的重点，推动景区向标准化、精品化迈进，带动老城区经济、文化的发展。

古城建设　积极推进古城核心街区和配套基础设施建设，已完成韩祠路、思贤路和观音仔街的修缮建设，正在加快推进道路修缮、古城街区立面修缮和危房加固建设工作，还原古城历史风貌，提升揭阳核心区文化内涵。

观音仔街免费停车场 联合揭阳古城建设公司将位于中山辖区内观音仔街原皮革厂及周边空地打造成为临时免费停车场，主要服务对象为学宫、城隍庙、双峰寺三个历史名胜古迹的游客和红旗小学周边群众。缓解游客停车难问题，为周边群众及游客提供方便、快捷、人性化服务，提升古城旅游新形象。

双峰寺扩建重修 完成该项目年度投资总额6000万元，完成临时搬迁房的建设，正在进行主殿重建工作。

民俗文化馆 在原南浦渔歌项目的东侧建设占地约500平方米，建筑面积300多平方米的“榕城民俗文化馆”，成为古城文化游建设的一项配套工程，彰显古城文化魅力和品位。

【文明城市创建】 联合相关部门组织多场声势浩大的专项整治行动，集中清理整治“牛皮癣”、卫生死角、违章搭建、占道经营等城乡顽疾，对各商店“门前三包”工作范围和责任进行广泛宣传。集中整治莲花心、南北滘、马山滘等内河环境，营造宜居宜商宜游的生态环境。该活动共投入资金425.6万元，出动21437人次，开展环境卫生整治行动1500次，清理卫生死角1633处，清运垃圾杂物3008吨，处理劝导占道经营2822宗，拆除违建869宗共3686.5平方米，清除牛皮癣13302张，派发《创建文明城市 当好文明市民》倡议书3000多份，制定“门前三包”牌匾600多块。环境保护。结合街道实际情况，对辖区环境存在的问题制定方案，细化分工，落实责任。成立巡逻队在辖区内进行地毯式巡查，一旦发现有污染环境的烧烤摊，立即取缔。规范辖区烧烤摊档，划定烧烤禁止区，并结合创文宣传，引导群众一起行动，切实控制由烧烤带来的挥发性有机物排放，改善空气质量。组织对辖区内河道进行定期、不定期打捞，深入做好辖区内河道清淤、禁养区养殖、水浮莲清理等整治工作，推进清淤疏浚；拆除河岸存在污染的违章建筑物和遮篷物实行内河治理管理网格化，各社区明确各自划定区域，落实日常巡查监管人员，加强对内河的管理监管。结合“创文”工作加强水源保护的宣传工作，教育广大群众增强护水环保意识，营造良好的人居环境。规范广告管理。拆除不符合相关法律法规规定的户外广告牌，逐步规范管理，设置社会主义核心价值观等公益广告。在思贤路、北门护城河绿化带设置社会主义核心价值观公益广告宣传长廊，在双峰寺工地和观音仔街免费停车场设置工地围栏，在学宫广场设置宣传栏。完善卫生设施。结合实际情况对辖区内垃圾堆放点重新规划选址，对个别路段和社区新增了垃圾桶和果皮箱，确保生活垃圾和建筑垃圾定点堆放，日产日清。辖区内配备垃圾桶120个，定点投放垃圾车21辆，垃圾收集点8个。完善6个文明公厕建设，推动辖区内旅游景区的发展。构建长效管理机制。在实行“五城同创”四级网格化管理的基础上，建立健全各项微观制度，用足用活“一事一议”政策，细化责任，确保机制常态化，整治

7月1日，中山街道开展“创文为我 我为创文”第一个主题日活动
（中山街道供稿）

有序化。组建志愿者服务队。组建街道青年志愿者服务队、街道城市治理志愿者服务队和老年人“红袖章”创文志愿者服务队的作用，带动广大市民积极投身文明城市、文明街道、文明村居创建活动，树立良好城市形象。

【基层组织建设】

社区“两委”换届选举工作　圆满完成2017年社区“两委”换届选举工作，选举产生新一届社区“两委”总人数23名，书记主任“一肩挑”比例100%，两委交叉任职比例93.33%，女性干部11名，年轻干部4名，强化基层党组织的领导核心地位。

领导干部驻点直接联系群众工作　固定每周二在各社区公共服务站开展活动，主动下访，切实解决群众问题。2017年街道各驻点团队累计走访群众4479户，为群众办好事实事48件，投入资金26.5万元。

软弱涣散党组织整顿工作　扎实推进软弱涣散社区党组织整顿，推进人居环境优化、提升班子综合能力、建立健全规章制度、促进社区经济社会发展、联动帮扶为群众办实事。2017年工作组共脱产驻社区36天，投入资金4.02万元，为群众办好事实事17件。

党员干部学习教育工作　扎实推动全街“两学一做”学习教育常态化、制度化工作，重点学习党章党规和习近平总书记系列重要讲话精神。通过中心组学习、专题学习讨论等形式集中学习研读；通过“帮学”“送学”等形式灵活学习；通过抓好专题学习，如街道领导干部讲好专题党课，邀请专家到街道开展讲座，确保学习教育落到实处。充分利用网站、微信、宣传栏等宣传阵地，加大宣传报道力度推进活动深入开展。

区域化党建工作试点　永革社区党总支部被定为省2017年构建区域化党建工作格局试点单位，以解决基层党组织各自为战、基础资源共享不足、服务群众力量单薄等问题为着力点，切实服务城市发展。永革社区党总支部被命名授牌为市、区“两学一做”学习教育常态化、制度化示范点，形成“典型示范、以点带面、整体推进”的工作格局。

落实党风廉政建设责任制　抓好街道纪工委规范化建设，完善硬件、软件配套；畅通信访上访渠道，用心做好接访工作；开展排查，挖掘案源，完成自办案件任务；加大从源头上预防和治理腐败力度，街道、社区党员干部没有出现违纪违法现象。

机关效能作风建设　开展反腐倡廉主题活动，加强党员干部廉洁自律和警示教育，夯实党员干部和公职人员廉洁从政的思想基础，强化组织纪律观念；通过转变机关干部职工作风，提高效率，进一步提升工作效能和执行力；全力打造“廉洁型、学习型、服务型、创新型”的政府机关，采取不定期督查考勤方式，加强管理；建立健全机关各项规章制度，促进党员干部队伍素质的提高，推动中山街道各项事业的健康持续发展。

【2017年中山街道党政领导班子名单】

党工委书记：陈少广
党工委副书记：
　　刘乐能（任至2月）
　　黄荣波（2月任职）
党工委委员：郑建奕
　　陈玉华
　　李　锋
　　林苑湄（任至3月）
办事处主任：刘乐能（任至2月）
　　黄荣波（2月任职）
办事处副主任：
　　郑建奕
　　陈少娜（女）

（黄妍妍）

西马街道

【概况】　西马街道位于市区西部，榕江南、北两河相夹之处，中有钓桥河贯穿境内，连通南、北两河。辖区东至北溶河、绍兴路，南濒榕江南河，西至环市西路，北临榕江北河，毗邻产业园区磐东街道。辖区总面积3.11平方公里。街道下辖仙滘、西郊、西门、北市、新风、滘墘、西关7个社区。其中，仙滘、西郊二个社区为“村改居”社区，2017年，辖区总户籍人口36515人，常住人口1.4万多人。街道交通区位便利，以省道S236线、望江北路、西环城路、北环城路、西关路、西马路为主要交通干道，西凤大桥连通北部新区、钓鳌桥扼市区西部出入口。揭阳市第一自来水厂、22万伏西郊变电站、榕城区人民医院、西湖公园、揭阳市体育学校、榕江中学、西郊小学、仙滘小学、北市小学等单位坐落辖区，学校、医院、公园等城市人居配套设施较为完善。

【经济建设】

主导产业　辖区以五金、不锈钢为主导产业，有西郊岭顶工业园、榕西对外工业园，2017年，规上工业企业5家，分别为皇冠塑料有限公司、百洲五金塑胶制品有限公司、仙达不锈钢制品有限公司、标致五金有限公司、华鑫塑胶制品有效公司；限上商业企业5家，分别为揭阳市松兴特殊钢有限公司、揭阳市乾创废旧回收公司、揭阳市大和特殊钢有限公司、揭阳市朝新化工有限公司、西马生猪购销站。知名企业如运通集团、顺达不锈钢制品公司、顺兴不锈钢、西马钟表、榕申卷尺等均在西马街道发迹壮大。

主要经济指标　2017年，街道突出抓经济发展主业，以“完成区下达各项经济任务指标工作”为工作主线，有序推进指标工作序时完成。全街5家规上工业企业完成产值3.36亿元；5家限上商业单位完成销售额5.03亿元；完成固投0.99亿元；完成社保扩面150人，超额完成任务；完成医保扩面征缴2.7万人，完成年度任务。全年工商各税完成税收征收393.24万元。

【社会建设】

“民生西马”建设　发挥“西马街道居家养老服务中心”功能，为辖区老年人群体建立健全养老保障机制。注重抓机制建设，发挥惠民利民平台作用。继续把民生工作与驻点直联、公共服务中心、社区服务室、社区“一室两会”及民事党员代理中心等平台进行充分有机结合，采用走出去、请进来等多种方式，及时处置社会关注的民生热点问题。继续抓好扶危济困。街道积极发动西马工商联等社会热心公益力量，募集善款物资，开展访寒问苦，助力精准扶贫。街道充分利用助残日、儿童节、中秋节契机，动员社会热心公益力量，慰问辖区136户困难户，其中，残疾人22户，困难儿童19户，孤儿3名。共计送出慰问金135800元，大米2720公斤，食用油1020公斤。有序推进精准扶贫工作。与扶贫单位强化工作沟通，实施贫困户全面走访慰问，为辖区17户贫困户共计28人落实建档造册，按照上级有关要求有条不紊推进精准扶贫工作，实现全面脱贫。

综治信访工作　街道综治信访维稳中心始终认真处理群众来信、来访、来电案件，为群众排忧解难。全年通过综治信访窗口及“12345”市民服务热线，合计接访群众5批、20人次；及时受理群众各类来信、来访、来电案件共28宗，办结27宗，办结率达96.4%。主要涉及拆迁项目停工、邻里纠纷、环境卫生及环保问题等问题，在处置和调解过程中做到公平公正，维护社会稳定。

治安防控　2017年，充分发挥派出所治安防控打击违法犯罪主力军作用，共立刑事案件72宗，侦破盗窃团伙1个，赌博团伙1个，组织卖淫团伙1个，抓获各类犯罪嫌疑人36名，抓获网上逃犯2名，侦破各类刑事案件33宗；共受理各类行政案件94起，查处各类治安案件41起，查处各类违法人员87名，其中吸毒人员25名，强制戒毒23名；缴获作案工具一批，各类管制刀具等一批，追回被盗抢摩托车一批。扎实推进平安西马建设。

司法行政　西马中心法庭发挥法律援助服务作用，积极落实“一社区一法律顾问”工作，参与释法解争，司法所积极开展普法宣传教育和法律咨询服务活动，及时为群众提供各类法律服务，为农村各种生产承包合同办理见证书，非诉讼代理，解答法律咨询，草拟审查合同书，调解民事纠纷，取得较好的社会效益。

消防安全和安全生产　2017年，街道组织统一清查行动，对辖区各工商企业铺户，各类“二合一”“三合一”等家庭式作坊、场所进行地毯式清查，全面完善登记造册，向存在隐患的32家单位宣传消防安全及安全生产知识，发放整改通知书4家，责令限期整改，及时开展督查整改“回头查”，确保整改落到实处。

人口与计划生育　广泛宣传计划生育政策法规，持续开展免费孕前优生健康检查等各项计生服务活动，不断提升计生服务质量。

【重点项目建设】　2017年，西马街道的区级重点项目有5个，分别是：旧城改造西湖豪苑项目续建工程、“金水岸”项目续建工程、榕江南、北堤和西马堤段建设、丁日昌纪念馆修缮工程和仙滘路灯项目。

吊桥东南片区房屋征收改造项目顺利推进　项目占地面积4.8公顷，征收建筑面积约8.2万平方米，涉及被征收户1030宗其中回迁户625户。计划按高档住宅小区标准建设，设置小公园、老人活动室、办公及健身娱乐设施。该项目总投资8亿元，2017年完成投资3亿元。项目建设进展顺利，回迁楼区域建设工作已全面完成，正在拆除建筑脚手架，开展管道水电配套等收尾工作。项目建设期间，街道积极介入做好未签订协议户的思想稳控工作，加大社会面维稳工作力度，保障回迁户租房补贴正常发放，确保建设工地的无障碍顺利施工，有效维护社会稳定。

“金水岸”项目续建工程　项目占地面积2.48公顷，建筑面积约15万平方米，规划建设配套商业步行街、大型综合超级市场和豪华型酒店，涉及回迁户356户。2014年，因创鸿公司资金问题，致使项目处于全面停工状态。是年，在区、街、村三级的共同努力下，“金水岸”项目续建工程于2017年春节后顺利签订续建协议，项目进入复工续建状态，其中，1—3栋回迁楼的建设工作已完成，正进行脚手架拆除和内部管道水电配套；第9栋已启动复工建设，第4—8栋商品楼积极准备复工进程中。

榕江南北堤西马堤段建设项目　榕江南北堤西马堤段全长3.6公里，涉及总拆迁户109户，宗数163宗，街道已基本完成南北堤西马堤段范围内的丈量评估（需补偿户数71户，已丈量评估62户），完成大部分建筑物的拆迁和移交工作，仙滘南河大桥以西堤围堤段打桩工程已完成，有关评估赔偿拆迁和范围内居民群众思想工作正在进行。

丁日昌纪念馆修缮工程项目　该项目已完成项目立项，预计总投资额2688.26万元，目前修缮资金已到位800多万元，下一步待资金筹集完成后将进入公开招投标阶段，待中标成功后进入修缮建设阶段。

仙滘路灯项目　经年来，仙滘村路灯因使用年限久，故障失修，对群众夜间交通出行、居家安全造成一定影响。对此，街道在仙滘谋划启动路灯架设工程，以仙滘为责任单位，负责具体工程实施，项目投入200万元，对全村路灯进行改造增设，全面优化人居和交通环境，提升居民生活质量。该项目于1月启动，至3月全面完成，共完成架设路灯800多台。

【文化建设】

西马街道文化旅游资源丰富。辖区文化场馆有丁日昌旧居、林厝祠、许班王纪念馆、孙乙纪念馆、蔡氏宗祠等，其中，丁日昌旧居为全国重点文物保护单位。群众休闲景点、场所有西湖公园、西马健身园、仙滘姑宫公园、宏和桥、西门星光老年人活动中心。文化团队有星光老年人潮乐社、舞蹈队，孙乙纪念馆潮乐社，润园潮乐社，杨锡光舞狮队，许氏舞龙队，杨永文舞狮队，西郊、西门龙舟队，其中，许氏舞龙、杨锡光舞狮两项文化活动已列入揭阳市第四批非物质文化遗产，西郊龙舟队曾在2008年揭阳市“百龙竞赛”龙舟比赛上获三等奖。

【环保工作】　建立环保举报处置机制，对辖区1000多家工商企业单位实施地毯式排查，关停涉水涉污企业并移交司法部门对当事人进行依法处置。落实引榕干渠水源地的常规巡查整治，封堵居民雨水、生活污水排放口36个，拆除引榕干渠全线违章搭建物、堆放物共计82处，切实提升水源地周边环境质量。

【文明城市创建工作】 街道遵循“疏堵结合”工作原则，与市、区二级联创单位形成良好工作协调配合，实施四级联创网格化创文工作机制，全力争取社会各界对创文工作的有力支持，投入创文资金共计630万元，整治占道违章经营、乱设置广告牌、占街为市经营等市容乱象一批，完成全长4.3公里的沿街铺面广告规范建设，对辖区全长6.4公里的内河实施常态化打捞整治，新增环境卫生基础设施一批，顺利通过创文工作验收。通过建立“红黑榜”、公共区域管理制度规章一批，有效促使人居环境管理的长效化开展，全面提升辖区环境综合水平。

【基层组织建设】

组织开展各项党建工作　全面落实“两学一做”常态化。按照各级会议及文件精神，以支部为单位，持之以恒开展“两学一做”教育实践活动，以党支部为单位开展学习132场次，通过各类平台发布学习教育内容32条次，开展书记带头讲党课4场。多元化开展基层党建。继续加强以村带厂的两新组织党建、结对共建、组织约谈三项富有西马特色的党建形式和内容，力促党建工作多元化。继续有效对接区委党建工作任务，落实加强党员干部队伍教育培训，帮扶整顿西关软弱涣散社区党组织；继续深化“夯党基、为人民、促‘八化’”活动。落实好包括党员发展、实施村（社区）班子联席会议制度和党群联席会议制度等其他党建工作任务。

顺利完成社区“两委”换届选举工作　严格按照区委、区委组织部决策部署，强化政策、纪律宣传，严肃选人用人程序规范，在辖区全力打造有序、稳定、依法、依规的基层换届选举工作氛围，于4月4日至5月11日顺利全面完成辖属7个社区的“两委”换届选举工作。本次换届共计选举出支委会总人数27人，居委会总人数40人，其中书记主任“一肩挑”人数6人，占比86%；两委交叉任职人数23人，占比85%，超过上级指导比率，并实现所有社区均配备有妇女干部的配备要求。

落实从严治党　2017年，街道致力于强化纪工委监督执纪，完成纪工委自办案件；强化党员干部“8小时外”监督；积极落实“抓早抓小”谈话提醒机制，共对3名干部职工实施谈话提醒。

【2017年西马街道党政领导班子名单】

党工委书记：夏树群（3月任职）
党工委副书记：
　　夏树群（任至3月）
　　李培杰
党工委委员：黄　滨
　　万　青（女）
　　陈培俊
　　李琼桦（女）
办事处主任：夏树群（任至3月）
　　李培杰（3月任职）
办事处副主任：
　　黄　滨
　　李树坤

（罗俊龙）

榕东街道

【概况】 榕东街道位于揭阳市榕城区东部，东接空港经济区，南北濒临榕江南北河，西与榕华、新兴街道接壤，全街总面积10平方公里；榕东街道于1993年7月21日经揭阳市人民政府批准成立。2017年户籍人口6867户、3.37万人，辖梅兜、凤林、厚宅、钟厝洋、后畔乡、东乡、祠堂、炉头、西陈、西林、彭林、双彭、南厝、旧寨、东南15个社区。区域内水陆交通便捷，临江南路、进贤门大道、望江北路横穿东西全境，莲花大道、梅兜路连接南北；辖区内有3000吨级码头祠堂向顺码头，货轮可航赴汕头、广州、香港、澳门等地。街道文化底蕴丰厚，有广东省“古村落”旧寨村，市文物保护单位钟厝洋社区宋代古桥—吉贝浦桥、钟厝洋社区明清古民居—围龙屋、旧寨社区宋代家庙—陈氏家庙，梅兜社区清代家庙-魏氏家庙等历史人文古迹。

【经济建设】 2017年，街道党工委、办事处继续致力于辖区经济发展，着力发展微电机、玩具等传统特色工业，努力推动辖区产业转型提速提质发展，各项主要经济指标保持持续增长。贯彻落实市、区改革部署，强化服务措施，集中力量推进经济户口清理工作，清理采集经济户口信息4481户，清理采集率达100%。2017年，实现固定资产投资额13.5亿元，规模上工业产值18.59亿元，限上销售额18.57亿元，限上零售额15.01亿元，完成重点项目年度投资10亿元，完成钟厝洋集贸市场、电商综合服务中心等6个区级重点项目建设，推进东方首府、后畔乡旧村改造等14个区级重点项目建设。

【社会建设】

城乡建设取得突破　贯彻落实市委“百日百项大行动”和区委“五路一河”项目建设，全力推进天福东路榕东段拆迁工作按期有序推进。大力推进第三批省级新农村连片示范建设工程（榕城片区），完成工程具体建设项目设计和招投标，促进项目落地建设，完成年度投资2700多万元，促进片区环境综合整治、道路改建、污水处理等基础设施建设，新农村建设初见成效。指导社区整合资源，筹集投入资金5000多万元，开展辖区水系及村容容貌整治，片区路网及文化配套设施建设，严格落实责任，全面开展小产权房清理整治，城乡基础设施不断完善。

社会事业全面发展　进一步加大教育投入，完善辖区各中小学校教学条件，强化校园管理，巩固广东省教育强街工作成果。进一步加强计生管理，提高服务水平，落实免费孕前优生健康检查92对，完成年任务的133%，顺利通过市计生年度考核和省卫计厅流动人口计生专项检查。大力发展文化事业，积极开展文化下乡活动，指导各社区各单位结合春节元宵等节日开展主题宣传教育活动，举办创文迎春文艺晚会，钟厝洋桃花文化节活动等文艺晚会、主题活动20余场，推进社区文化服务体系建设。

民计民生有效改善　进一步完善城乡居民社会保障体系，加大低保和社会救助力度，全力推进医保续保、社保扩面工作，2017年筹集争取慰问金额20多万、救助资金7.56万元，救济困难人群160多户、400多人，贯彻精准扶贫工作部署，落实精准扶贫对象走访核查，建档立卡，促进社区与福利机构和企业签订帮扶协议书，组织帮扶单位、帮扶机构和企业等开展走访慰问活动，落实每户一名干部联系帮扶，有序推进精准扶贫各项工作。

【文明城市创建工作】 2017年，榕东街道贯彻落实市、区文明创建“四级联创”工作部署，严明创文整治目标要求，集中人力物力财力，筹集投入资金1200多万元，持续开展创文整治活动，全面深入开展环境整治。2017年，累计出动人力12790人次，开展环境整治行动979次、市容秩序整治119次、环保治污整治35次，出动各类机械1301台次，清理违章搭建物3504宗、26345平方米，户外广告牌2102多块，清理卫生死角1183处、垃圾杂物10040吨，清除“牛皮癣”和不规范广告68800处，纠正违章占道经营2046起，整治处理露天焚烧、河道污染10宗，社区面貌焕然一新。贯彻落实市、区人居环境整治和榕江水环境整治工作部署，实施人居环境和水环境整治专项行动，联合相关部门对辖区污染企业、畜养场等进行全面排查整治，依法关停清理。累计清查辖区污染企业54家，责令停产14家，打捞水浮莲、飘浮杂物69吨，清理垃圾堆55处，辖区内溪河道得到全面综合整治，水域功能进一步恢复。集中力量开展辖区主干道路进贤门大道、渔湖中路、天福东路等违章搭建物全面清理拆除，统一创文标准，统一规范广告牌设置，打造文明有序、统一规范的城区道路环境。扎实开展“创文为我、我为创文”主题活动日活动，组织各单位志愿者服务队伍积极开展创文活动，自上而下组织机关、社区干部职工参与和推进文明创建深入开展；多措并举深入开展宣传，利用网络、电子显示屏、微信微博等媒体发布创文信息，宣传创文成果，发动居民群众共建文明，营造良好创文氛围。充分发动全社会参与创文，助推创文深入开展，文明意识深入人心。

【基层组织建设】

基层治理 贯彻区委部署，落实班子成员带队参加区委工作组入驻西陈社区开展软弱涣散党组织帮扶整顿，有效排查解决突出问题5个，帮扶整顿取得初步成效。全面完成十五个社区乡贤咨询委员会组建，发挥良好作用。整合基层公共服务资源平台，完善街道公共服务中心及辖区15个社区服务站“一厅四室”建设，提升服务水平，实现公共服务“一站式”办理、“一条龙”服务。倒排时间任务，大力推进农村土地承包经营权确权颁证工作。深入推进“一村一法律顾问”工作，15个社区法律顾问累计服务社区256次，服务群众1024人次，接访走访法律咨询161件，开展法律宣传66次，调解纠纷22起，有力推进法治社会建设。落实党政主要领导周六轮流信访接待制度，坚持主动开展信访全面排查，加强对重点上访人员信息监控和重点管理，做好思想工作，全力化解信访矛盾，有效促进社会和谐稳定。严格落实安全生产、消防安全责任制，集中开展安全生产、消防安全、环境保护及食品药品安全大检查，集中开展火灾隐患重点整治，排查清除“三小”场所、工业建筑、公共场所等重点场所664家174处安全隐患，确保辖区无重大安全事故发生，有力保障辖区安全稳定。

基层党建 落实全面从严治党责任，贯彻落实基层党建部署要求，抓好基层党建重点工作任务。组织党员干部通过集中学习、专题培训等各种形式深入学习贯彻党的十九大精神，多渠道全面开展十九大精神宣传，确保十九大精神深入党员群众、引领发展。扎实开展“两学一做”学习教育常态化制度化建设，深入学习党章党规、学习习近平总书记系列重要讲话精神、重要批示精神，带领开展党工委学习中心组及班子专题学习14次，督促各党支部组织党员队伍专题学习讨论154次、3000多人次，实现党员学习教育全覆盖，切实加强党员干部队伍政治建设，钟厝洋社区被列为“两学一做”市级示范点开展建设。扎实开展基层党组织书记抓党建述职考核，从严从实做好社区“两委”换届选举组织考察、换届监督等各项工作，依法依规圆满完成社区“两委”选举，选优配强社区班子。坚持抓好基层干部队伍培训教育，举办社区书记、党务干部、社区两委等各类学习培训班18次培训、646人次，培养入党积极分子45名，新发展党员27名，有效提升基层党员干部能力水平。严格直联工作制度和考核督查，督导直联团队包片包户走访群众5944户、次，受理群众诉求161件，慰问困难党员群众1854户次。充分发挥党员先锋作用，每月1日开展党员主题日活动，深入开展党员志愿活动100多次。严格工作制度，严肃干部作风，开展机关日常效能督查10次，谈话提醒党员干部66人次，干部作风建设有效加强。

【2017年榕东街道党政领导班子名单】

党工委书记：何　亿

党工委副书记：

许克宇

陈略智

林立群

党工委委员：魏伟能（女）

林跃文

办事处主任：许克宇

办事处副主任：何建龙

（林泽楠）

东升街道

【概况】 东升街道位于揭阳市榕城区东北部，东与揭东区交界，西至黄岐山大道，南临榕江北河，北靠黄岐山，是市委市政府所在地。辖区面积10.22平方公里。2017年，人口46849人，下辖新河、沟口、东洋、望龙头、沙港、龙石以及华诚7个社区居委会。辖区内有金城商业文化步行街、卜蜂莲花超市、榕城汽车后市场产业街、宝德数码城以及新河农贸市场、沟口市场、东洋莲花市场等商贸区域。

【经济建设】 2017年，街道完成社会固定资产投资总额47.02亿元；规模上工业总产值57140万元；限上商业销售额43.37亿元；限上商业零售额19.2亿元；新增限上商业企业2家；新增规上服务业企业1家。重点项目完成投资79137万元，其中：宝德电脑数码广场三期（宝德时代中心）完成投资3500万元；榕城汽车后市场产业园完成投资7000万元；东方盛世一期完成投资12600万元；新和天悦完成投资28000万元；和盛花园完成投资20000万元；楠晖苑一期项目完成投资2800万。

【社会建设】

推进“五路一河”北环路榕城段拆迁工作 按照市、区规划建设部门定点放线，于10月14日开始入户丈量，10月19日基本完成地面建（构）筑物的丈量工作，总共84宗。11月3日开始签订协议，截至12月31日，共签订协议42宗39301.28平方米，完成率50%。11月18日，启动拆除，截至12月31日，共拆除37宗约23100平方米，通过“以拆促迁”和“以拆促签”，推进北环路榕城段拆迁工作取得新进展。

社会治安综合治理 2017年，街道综治信访维稳工作稳步推进，全年受理欠薪信访13宗，化解13宗，化解率100%；一般性的投诉信访415宗，化解411宗，化解率99%；历史积案、突出矛盾信访件29宗，化解28宗，化解率98%。司法所和法律服务及村调委会调解疑难纠纷68宗，上法制课2场次，非诉讼代理5宗，代写法律文书15份，解答法律咨询650多人次，对社区服刑矫正对象管理监督300人次、刑释解教人员帮教管理84人次。落实好“化解社会矛盾、打造平安榕城”20项措施，坚持“安全第一，预防为主”的方针，结合街道实际，联合派出所、司法所、村治保等力量组织开展“飓风2017”专项行动，东升派出所共刑拘105名犯罪嫌疑人，抓获公安部督办的涉“法轮功”邪教组织成员7人，收缴物品一批；涉毒方面，共查获吸毒人员32人，强制戒毒16名，破获涉毒刑事案件4宗，刑拘5人；处理纠纷137起。做好辖区内各中小学周围治安巡查工作，确保群众生命财产安全。

公共服务体系建设 抓好精准扶贫精准脱贫工作，至2017年年底，有39户贫困户、49人，实现动态脱贫25户、33人。关心关怀辖区弱势群体。发挥街道居家养老服务中心作用；制订留守儿童老人关爱服务工作方案，协助做好辖区内66位符合条件的高龄老人津贴手续申报办理工作，及时做好残疾人、低保、五保、荣残、优抚对象等困难群体的救济补助登记和排忧解难、关心慰问工作。加快完善社会保障体系。坚持以民生为引领，积极抓好城乡最低保障，企业职工基本养老保险、城乡居民养老保险、城乡居民医疗保险工作，努力提升街道保险工作水平。构建良好公共服务环境。东升社区卫生服务中心积极开展平价门诊工作，努力为广大群众提供优质、低耗的医疗卫生服务；街道继续做好综合文化站、社区文化室、电子阅览室等文化设施规范化建设，丰富群众文化生活；不断提升街道公共服务中心和各社区公共服务站服务质量，全力构建便利、高效政务服务环境。

人力资源和社会保障服务 2017年，受理劳资纠纷案件28宗，其中来访投诉4宗，“12345”信访件22宗，涉及金额170400元，涉及人数78人。共征收城乡居民基本医疗保险33782人。基本完成城乡居民社会养老领取待遇指纹录入任务。街道城镇职工社保扩面约1700人，完成榕城区下达任务。

基层公共服务平台建设 街道充分发挥公共服务职能，不断拓宽基层政务服务渠道，切实解决服务群众“最后一公里”问题。1—12月，开展公共服务情况为：社会事务窗口办理转院转诊82单，修改信息补全6份；劳动社保窗口开具就业、失业就业证明6份，办理就业创业证191份，转院转诊30份，分发社会保障卡66张，社保补贴13件，一次性缴纳养老保险申请26件，核查退休（职）人员领取基本养老金资格70件，印章使用136件，医保缴费881件；计划生育窗口办理一孩登记372件，二孩登记452件，再生育审批9份，服务证10件，印章使用314份，流动人口证明40份，教师调查353份，出生证190件；综治信访维稳中心接待群众来访5宗，市民服务热线“12345”办理510宗。

提高社工服务质量　东升社工中心积极发挥社工、志愿者作用，在扶危助困、文明创建、社工服务、志愿活动等方面做出贡献。做好常态化的扶危助困，开展春节前、中秋节系列慰问活动，探访各社区困难群众和老党员同志。联合华诚社区乡贤咨询委员会开展献爱心送温暖活动，慰问东升低保五保户95户；与揭阳市军休所合作，以社工专业角度开展面向军休干部的社工服务，联合开展春游和门球友谊赛两场户外活动；联合街道妇联开展妇女节专题活动，邀请中心特约心理咨询师举办“做自己的女神”主题讲座联谊会。举办街道第一次妇女代表大会，选举产生东升街道第一届妇女联合会执行委员、主席和副主席；联合天蓝心理服务中心开展进小区禁毒活动3场次，以社工角度普及禁毒知识；社工中心在创文活动中发挥作用，搭建平台，创建文明社工志愿者队伍，组织发动各级社工队伍、大学生志愿者，多场次开展创文志愿活动，参与环境卫生整治、交通维护、智慧街建设等创文活动，助力东升创文工作，并发动社会热心人士捐款，发动企业参与福利设施建设，关爱留守老人、外来务工人员和环卫工人等。

国土和建设管控工作　积极配合区国土分局对卫片图斑进行调查处理，2017年，辖区内共查处30宗，其中华诚社区6宗、新河社区5宗、望龙头社区2宗、龙石社区16宗、沙港社区1宗。拆除2016年违法图斑1宗，查处3宗，摸查辖区削坡建房信息和榕江流域排放污水情况排查登记，清理在建建设40宗。完善和更新地质灾害防治管理人员及群策群防人员信息，制订地质灾害应急预案，在市特警训练场北侧、龙石观音阁东侧、龙石林场西侧三个隐患点树立地质灾害警示牌，并做好危房摸查工作和土地利用规划工作。8月25日，配合区建设局完成揭阳市公共租赁住房分配工作，对12户申请对象情况了解核实并公示。新河、沟口、东洋、望龙头、沙港5个社区完成农村宅基地、集体建设用地地籍调查登记工作，查清每一宗土地的权属、位置、用途、地上房屋等建（构）筑物的基本情况，掌握基础数据。大力开展宣传行动，利用“6·25”全国土地日和“12·4”法律宣传日契机，悬挂宣传横幅8条，组织人员学习《地质灾害防范知识》讲座。

安全生产和消防安全　2017年，街道和各社区分成七个检查小组，出动检查人次共1697人次，检查企业数量共1389家，检查结果存在安全隐患的共341家，现场责令整改完成达341家。7月2日，对辖区瓶装燃气销售点进行排查登记31家，责令整改1家，关停1家，强化规范经营秩序、消除安全隐患；在道路交通、消防安全、烟花爆竹、建筑施工安全等重点领域集中开展安全专项整治，强化隐患排查整改力度，做到发现一起，查处一起。对排查出的存在问题，跟踪治理，认真整改，切实加强安全防控工作。

人口和计划生育工作　重点执行“两孩”政策，做好免费孕前优生健康检查工作。2017年，出生人数906人，出生率19.53‰，自然增长率15.67‰，计划生育率为98.23%。

强化殡葬管理力度　街道严格建立健全殡葬管理目标责任制，健全殡葬管理机构和队伍，加强丧葬用品市场管理，未出现遗体土葬现象，1—12月共火化遗体163具，火化率100%。

【环保工作】　多次专门召开工作会议进行部署，对涉污染企业进行地毯式排查，组织街道职能部门和相关社区干部，联合区环保局、东升派出所、东升城管执法中队等相关部门，开展环保联合检查行动。加强对辖区内企业进行常态化管理、监督。对企业进行登记造册，配合市、区环保局对辖区企业进行地毯式排查登记共620家，其中涉水行业58家；对辖区内“小散乱污”企业进行多次排查，责令整改176家，有5家补办环评手续，淘汰关闭2家，产业转型6家；配合开展榕江流域污染调查77家，重点调查14家，对石板材、瓷砖及抛光行业等及群众反映强烈的生态环境污染问题进行摸查登记，对污染严重的进行关停，确保街不漏村（居）、村（居）不漏户、户不漏（楼）层；大力开展《中华人民共和国环保法》《中华人民共和国大气污染防治法》等宣传活动，积极配合市、区环保局等单位组织的“践行十九大精神、共建生态家园”宣传活动，组织发放《保护生态环境，造福子孙后代》等宣传手册1000多份、悬挂横幅4条，发动并落实环保工作人员、各相关企业特别是重点排污单位业主参加“明确企业环保主体责任”专题讲座；协助处理环保信访案件42宗和省第二环境保护督察组交办案件4宗；配合区环保局完成其他各项任务。

【文明城市创建工作】 创文工作开展以来，街道在市、区有关部门的大力支持下，出动工作人员37921人次，投入资金1541.23万元，投入机械5573台次，开展环境卫生整治行动1274次，市容秩序整治行动1460次，环保治污整治行动460次，共清除卫生死角1563处，清运垃圾杂物23311.1吨，清理牛皮癣444256张，劝导占道经营1939宗、取缔730宗，拆除违章1307宗63282平方米，有效改善辖区环境卫生和秩序；抓住机遇，推动新河、沟口、东洋等社区的内河整治，改善水体环境，建设雨污分流管网，对内河和揭阳楼后水渠的水浮莲和杂物等进行打捞清理。华诚街创新垃圾收集模式，由保洁员每天定时上门收集垃圾，保证垃圾不出户、不落地，在收集过程中播放特定音乐，引导商户和住户主动出门投放垃圾，形成良好习惯和氛围。

【人民武装】 2017年，东升街道继续抓好民兵整组工作，落实各类专业分队建设。其中基干民兵人数195人，普通民兵人数1230人；完成民兵军事训练，接受省军分区检查，参加冲锋舟训练5人，完成军区考核5人，参加各种民兵点验、活动共200多人次；完成兵役登记任务300多人及大学生兵役证办理260多人；顺利完成年度征兵任务（15名）；发挥民兵作用，认真完成上级交办的各项任务，在急、难、险、危、重中起到重要作用。

【基层组织建设】

抓好基层党建工作　组织新当选的社区“两委”成员参加办事处举办的2017年基层干部培训班。继续组织推进第一、二和三批社区党组织书记（后备干部）参加大专学历教育。继续做好大学生村干部培养工作和“三支一扶”项目人员安置工作。强化基层组织建设，大力整顿软弱涣散基层组织并取得良好成效。学习宣传贯彻十九大精神。街道制定开展党的十九大精神大学习大培训的实施方案，举办专题培训班和研讨会。

抓好“两委”换届选举工作　在区规定时间内全面完成社区“两委”换届选举移交、建章立制等工作。全街7个社区共选出党（总）支部委员33名，选出居委会委员32名，妇女干部12名，年轻干部11名。

开展“两学一做”学习教育常态化、制度化工作　东升街道在全面积极推进的基础上，创建新河社区党总支部、东升初级中学党支部、广东正意不锈钢实业有限公司党支部三个街道级示范点，并全面彻底肃清李嘉、万庆良流毒影响，着力营造风清气正的政治生态。

大力整顿软弱涣散基层党组织　加强管理，实现转化。东洋社区班子有较强的凝聚力和战斗力，各项工作任务和服务群众等方面取得了良好成效。东洋社区党组织整顿软弱涣散工作被评为先进等次。

扎实推进乡贤咨询委员会建立工作　辖属社区均已经建立乡贤咨询委员会，有力推进美丽乡村建设、脱贫攻坚等工作的深入实施，取得阶段性成效。

【2017年东升街道党政领导班子名单】

党工委书记：黄凯鹏

党工委副书记：

林松秋
郭小君（女）
党工委委员：黄楚芳（女）
许志鹏
许伟松
林浩然（任至3月）
办事处主任：林松秋
办事处副主任：
黄楚芳（女）
林汉平

（陈涌喜）

东兴街道

【概况】 东兴街道地处市区北部，位于黄岐山大道以西，环市北路以南，西、南面毗邻榕江，是市区重要商贸经济中心。辖区总面积6.6平方公里。2017年总人口5.33万人，下辖玉浦、凤潮、淡浦、沟尾、卢前、人家头、埔上、义河、仁港、马牙等10个社区（居委）。东兴街道商贸业发达，是现代服务业的集聚区，主要形成两大商务圈，分别是以万业广场为中心的中高端百货、金融证券、商务酒店、休闲娱乐商务圈，拥有广百百货、汇丰银行、交通银行、东莞证券、华联期货等知名企业；以宏和大厦为中心的金属材料交易、金融证券、商务酒店商务圈，拥有规划总占地面积66.67公顷的国际级金属材料和五金不锈钢制品交易集散中心和全国唯一一家国家级不锈钢制品质量监督检验中心，拥有建设银行揭阳市分行、广发证券、中信证券、太钢、宝钢等知名企业。

【经济建设】 2017年，街道实现限上销售额88.3648亿元，占全区总量的36.41%；规上工业方面，积极引导工业企业转型升级，实现工业提速提质发展，完成规上工业产值6.9亿元，增长0.4%。在固定资产投资上，完成投资43亿元，完成年度任务100.0%。在税收收入方面，本年度征收土地使用税和租赁收入税230万元，在全区以占50%的最高比重按时全额完成税收任务。

【社会建设】

公共服务中心 公共服务中心共设置4个办理窗口，工作人员按照“便民、务实、清廉、高效”的原则，为群众提供便捷优质服务。2017年街道公共服务中心共接待群众3041人次，受理各类业务2962件。

社会救济和保障工作 进一步健全民政救济工作，继续加大对农村弱势群体和贫困家庭的帮扶力度。积极稳妥推进城乡最低生活保障制度、五保供养制度，抓好低保金、五保金发放工作和拥军优属工作，按时足额发放优抚金，确保城乡群众生活得到保障。巩固和发展新型农村合作医疗保险和居民医保工作。2017年街道共发放低保101户，金额总计86.6万元。

社会治安综合治理 完善社会治安综合治理工作，畅通信访渠道，稳妥调处和化解各种矛盾纠纷。加强社会防控体系建设，积极排查矛盾纠纷，大力开展治安整顿。完善信访工作制度和社会治理网格化体系建设，做到事事有回音，件件有结果。2017年本级接处信访共26宗，办结25宗，未出现越级上访；通过网格化工作，共排查15个问题，解决15个问题。社会秩序稳定，没有出现影响社会和谐稳定的特重大问题。

消防安全 充分发挥消防安全“网格化”管理领导小组的领导作用，重点指导辖区消防安全“网格化”管理的日常工作，保护人民群众生命财产安全。作为区微型消防站的建设示范点，全面推进9个社区微型消防站内务设置标准化建设，配备完善外观标识、门牌设置、标牌标语、站内内务设置、车辆装备标识，巩固东兴街道微型消防站成效。2017年，街道共排查“三小”企业411家，其中小档口377家、小作坊9家、小娱乐场所6家、其他企业场所19家，发现火灾隐患695处，已全部发出整改通知书并全部整改完成，切实保护人民群众的生命和财产安全。

人口与计划生育 坚持计划生育基本国策，全面贯彻落实“全面二孩”政策，转变计生服务方式，提高人口素质。坚持优质服务与基础工作并重，集中精力做好各季计划生育集中服务活动和查环查孕工作，完善育龄妇女档案管理系统，按照上级的要求完成人口和计生任务，做好流动人口计划生育管理工作。2017年度完成免费孕前优生健康检查124对，完成年度任务82.7%。

临江北路西段拆迁工作　街道紧抓中心任务，切实负起主体责任，坚持以确保稳定大局为本，坚持抓源头、勤入户、出实招，打好“思想说服、问题协商、坚决处置”组合拳，凝心聚力做细做实基础工作，用一个半月的时间全面完成303宗补偿协议的签订和51500平方米构筑物的拆除，并于12月15日前移交建设单位，进入规划施工阶段，成为全区第一个完成“五路一河”建设项目的街道，率先提前完成市委和区委交办的任务。

平安家庭创建活动　以家长学校为依托，组织各村（居）委的妇代会主任参加区里组织的“家庭教育”师资培训班，依托各村（居）委会各家长学校组织开展各类家庭教育新知识活动、亲子活动、法律知识讲座等活动，并组织机关干部参加“家庭教育社区行”讲座，进一步丰富平安家庭创建活动内涵。以纪念三八妇女节96周年为契机，积极配合区妇联并结合街道实际开展一系列丰富多彩、形式多样的纪念活动，在社区、广场等场所悬挂有关宣传标语，大力营造尊重妇女、理解妇女、促进妇女发展的舆论环境。

【环保工作】　严格落实责任制，保持打击的高压态势，以“零容忍”的态度、“强有力”的措施，坚决打击焚烧垃圾、重污染行业等违法行为，全力推进环保工作。坚持“条块结合、以块为主”原则，对辖区内“小散乱污”企业进行地毯式排查，建立台账资料，限时落实整改。严格落实好河长制各项要求，坚持源头治理和重点整治相结合，组织大量人力、物力、财力对榕江北河河段湿地乱搭建、乱种植，乱放养进行全面整治，共出动整治人力1680人次，打捞水上漂浮物及淤泥200吨，清理沿岸垃圾杂物60堆，及时制止焚烧垃圾31宗，劝导和制止家禽散养户15户。

【文明城市创建工作】　围绕区委、区政府统一部署，积极动员部署、宣传发动，狠抓环境整治，助推“创文”工作。牢固树立“持久作战”思想，坚持问题导向，坚持全员发动，真抓实干、全力以赴，在2016年创文工作的基础上巩固提升，落实创文长效机制，做到创文不停、力度不减，让创文工作成为一项民心工程，让群众切实享受到实实在在的文明创建成果。2017年，街道全员参与创文工作，累计出动34705人次，机械投入1822台次，清理卫生死角4921处，清运垃圾杂物3257吨，清理牛皮癣118977张，取缔占道经营320宗，劝导占道经营4973宗，拆除违章7049宗共52135平方米，市容市貌得到明显改观。在5月揭阳市各地文明创建工作考核中，东兴街道获得榕城区第一名，被评为揭阳市“创文为我 我为创文”先进集体。

【基层组织建设】　始终把党风廉政建设工作作为“一把手”工程，狠抓党风廉政建设责任制落实。建立学习制度，班子成员带头学法守法，切实增强党员干部履行党风廉政建设的主动性和自觉性。积极推进“两学一做”学习教育常态化制度化，2017年，街道班子成员带头开展理论学习中心组学习18场次，督促各党支部开展专题学习580场次，组织学习党的十九大精神学习会22场次，参加学习人员980人次；开展宣讲会1次，参加学习人员100人次；同时通过微信工作群、微信公众号等方式宣传十九大精神，并于12月8日至10日组织开展首届全国实力散文家“走潮汕、进揭阳”采风活动，助力十九大精神宣传，参加活动的全国各地散文家40余人。坚持“严”字当头，精心组织、周密部署、高效推进，顺利完成村级换届选举工作。选举产生新一届社区“两委”干部58人，书记主任“一肩挑”比例为80%，“两委”交叉任职比例为80.49%。积极开展街道领导干部驻点直接联系群众活动，2017年，10个团队共受理群众诉求225件，已解决221件，接访群众222人次，走访群众13984户，努力解决联系群众“最后一公里”问题。强化基层组织建设，整顿义河社区软弱涣散党组织，使社区成功转化。

【2017年东兴街道党政领导班子名单】

党工委书记：陈家跃（2月任职）
江　波（任至1月）
党工委副书记：
陈锦彬（2月任职）
陈家跃（任至1月）
郭东升
党工委委员：王育青
王裕河
办事处主任：陈锦彬
办事处副主任：
王育青
林育珠（女）

（陈妙君）

东阳街道

【概况】　东阳街道位于揭阳市榕城区西北部，东与榕城区东升街道办事处相接，西临榕江北河，西北和东北与揭东区锡场镇、埔田镇接壤，南与东兴街道办事处为邻。辖区面积11.38平方公里。2017年，户籍人口约2.70万人，常住人口4万多人，其中非农人口1614人。下辖东山、尖石、营前、砂松、山东围、蓝和、岐宁、岐山、新阳、新林、新苏、玉城和东阳社区13个社区居委会，街道机关驻山东围社区。辖区中学有东阳中学、岐山中学和东山中学共3所；小学有东山中心小学、山东围小学、玉城小学、蓝和小学和东阳小学共5所；幼儿园16所。

【经济建设】　2017年，街道拥有规模以上工业企业24家，限上商业13家，民营科技企业9家，中国高新技术企业2家，形成以塑料化工、不锈钢制品为主的支柱工业、以批发市场和物流业为主的现代流通产业。辖区有广东星鹏实业有限公司、广东省思迪嘉塑胶事业有限公司，莲华合板、华南大酒店等知名企业。

2017年，完成全社会固定资产投资98700万元；累计实现规上工业产值132009万元，限上商业销售额2464850万元。税收收入逐年增长。城乡居民医保100%完成。辖区内有中央粮库揭阳库区、揭阳火车站、岐山汽车站，交通便捷，投资环境优势显现，金融事业发展迅猛，建设银行、工商银行、揭阳市区农村商业银行等金融机构在该街道均设有分支机构。

【社会建设】

民生保障　扶助弱势群体。多次组织社区卫生服务中心开展义医义诊等活动，为街道人民群众送医、送药，并进行医保政策的宣传。社会保障工作。积极做好企业职工养老保险、城乡居民养老保险和医保扩面征收工作。建成榕城区东阳街道居家养老中心，为辖区老年人营造一个好去处；走访慰问困难儿童家庭、退休妇女干部及贫困妇女。

完善便民服务平台　成立榕城区东阳街道（社区）公共服务中心（站）领导机构，对便民服务中心进行再次完善，达到“场所统一、系统统一、内容统一、制度统一、保障统一”，中心群众满意度达到100%。协助规划村居级便民服务中心，指导村居级便民服务中心的运作，整合窗口资源，提高服务水平、办事效率、办事质量、规范运作程度。

计划生育工作　加强对“全面二孩”生育政策和网上办事服务的学习培训，掌握做好审核工作。全面开展流动人口清理清查工作，维护辖区稳定。做好征收社会抚养费工作，征收社会抚养费18万元。

社会治安综合治理　深化网格化管理。全面推行现代化网格化管理模式，打造网络化平台，将综治信访维稳、平安建设、安全生产和消防安全、社区服务等工作列为网格化管理日常工作，逐步实现管理与服务的全方位。全面推行“三级网格、五项机制”的现代化网格化管理模式，将13个社区分成24个网格，实行网格内全员、全地域、全事务管理。实现了社会管理由粗放向精细、静态到动态、分散到集中、局部到全面的转变，逐步实现管理的全覆盖与服务的全方位。深化平安建设。认真化解信访积案，深入开展矛盾纠纷排查化解工作，维护社会和谐稳定。通过深入开展信访积案化解专项活动，以“事要解决”为核心，推动“案结事了”。强化安全生产管理。加大巡查力度，完善安全生产网格化管理制度，确保不疏不漏，杜绝重特大事故。2017年，街道综治中心共受理矛盾纠纷10宗，调处10宗，全街13个社区、24个网格共受理矛盾纠纷25宗，调解成功25宗。抓好街道、社区两级档案管理，掌控人口信息，推动计生管理工作开展常态化。抓好殡葬管理工作，火化率100%，确保黄岐山不冒新坟。强化森林防火工作，落实应急措施与各社区联动机制，防患于未然。妇联、工会、青团等线条工作有序开展。

【文化建设】 东阳街道重视文化艺术发展，大力促进文化交流，注重人才培养。东山、新林、山东围社区均有潮剧、锣鼓乐队等民间文化艺术组织；新阳社区芒扫制作工艺被列入非物质遗产名录。通过增设公益广告牌、开展主题活动、发放宣传资料等多种方式向广大市民宣传普及文明知识，推进文明创建工作。抓好街道文化站、文化室和农家书屋建设，组织“欢乐进社区”文艺演出活动，丰富社区居民精神生活。岐山博览园成为市民旅游、休闲新景点。

【文明城市创建工作】 贯彻落实创建文明城市工作、人居环境整治工作和做好迎市五城同创督查工作，各社区积极配合，推进工作进度；利用网格化管理对辖区大街小巷“脏、乱、堵”现象进行集中整治，疏堵结合，清理辖区“牛皮癣”。设置便民信息公开栏，为商户、市民提供免费的公共信息发布平台。与沿街门店业主签订“门前三包”责任书，明确责任范围和任务。配合市、区执法队进行劝导与取缔并用，整治乱摆乱卖、占道经营现象，解决交通堵塞问题。2017年，共出动8000多人次，开展大型集中整治行动400多次，出动车辆560多辆次，清理卫生死角1000多处，清理垃圾3000多吨，清理池面、溪面等水面漂浮物300多吨。规范广告牌管理。对不符合标准的广告牌进行规范管理，逐步完善，使街边道路整体整洁规范。设置社会主义核心价值观等公益广告牌，在茶叶市场、火车站广场周边设置社会主义核心价值观公益广告宣传长廊。维护公共设施。加强各社区主干道、广场、公园及活动场所、公厕等公共服务设施的建设配套。完善卫生设施。结合实际情况对辖区内垃圾堆放点重新规划选址，切实做好卫生保洁工作，对个别路段和社区新增垃圾桶和果皮箱，确保生活垃圾和建筑垃圾定点堆放，日产日清。

【基层组织建设】 抓好街道纪工委规范化建设，畅通信访上访渠道，用心做好接访工作，认真落实党风廉政建设责任制。通过开展反腐倡廉主题活动，不定期督查考勤方式，狠抓机关效能作风建设，加强党员干部廉洁自律和警示教育，强化组织纪律观念。做好党建工作，规范党费管理，认真做好党费收缴工作，每月各党（总）支部按时进行党务公开。

领导干部驻点直接联系群众工作　街道社区驻点团队通过入户走访、电话联系、慰问党员群众等多种方式深入了解群众诉求，固定每周二于各社区公共服务站开展活动，主动下访，切实解决群众诉求问题。收集多方群众意见，各社区群众通过电话或者当面反映的矛盾与需求，认真做好记录，协助调处矛盾纠纷，坚持为群众办实事、办好事，圆满完成全年走访任务。

软弱涣散党组织整顿工作　扎实推进软弱涣散社区党组织整顿，提升班子综合能力，建立健全规章制度，推进人居环境优化，促进社区经济社会发展，联动帮扶为群众办实事。

党员干部学习教育工作　成立“两学一做”学习教育协调小组，修订出台“两学一做”方案、制订学习计划，组织学习习近平新时代中国特色社会主义思想，重点学习党章党规和习近平总书记系列重要讲话精神。通过中心组学习、专题学习讨论等形式集中学习研读；通过“帮学”“送学”等形式灵活学习；通过抓好专题学习，如街道领导干部讲好专题党课，并邀请专家到街道开展讲座，确保“两学一做”学习教育落到实处。充分利用网站、微信、宣传栏等宣传阵地，加大宣传报道力度推进活动深入开展。

机关作风建设　严格落实党风廉政建设责任制，推进反腐倡廉教育和廉政文化建设，贯彻落实习近平总书记提出的廉政思想，加强党风廉政建设，着力整顿机关作风。组织数次集中督查和多次不定时抽查，对查处出来的违纪行为进行批评教育，落实其整改，进一步严明工作纪律，规范工作行为。

抓好基层党组织书记队伍的选拔任用　及早为2017年上半年社区“两委”换届做好准备，加强以社区党组织书记为重点的基层干部队伍建设，在每个社区确定1名书记后备干部，加强跟踪培养、考核和管理；按照党性强、作风好、有能力、敢担当的标准加强配齐社区“两委”成员，为基层服务型党组织建设提供人才支撑。严格依法依规按程序推进第六届社区“两委”换届选举工作，共选出党（总）支部委员50名，其中书记13名，副书记7名，选出社区居委会主任13名、副主任2名、委员48名。

【2017年东阳街道党政领导班子名单】

党工委书记：黄德雄（任至8月）
　　　　　　魏智勇（8月任职）
党工委副书记：
　　　　　　林纯哲（3月任职）
　　　　　　蔡浩裕
　　　　　　陈延潮（3月任职）
党工委委员：吴洁芳（女）
　　　　　　林旭东
　　　　　　陈楚葵
办事处主任：林纯哲（3月任职）
办事处副主任：张小芬（女）

（蔡　妍）

SHEHUI JINGJI
TONGJI ZILIAO

社会经济统计资料

社会经济统计资料

地区生产总值

表3　　单位：万元

指标名称	2017年	2016年	比上年%
地区生产总值	3327504	3218612	4.6
农、林、牧、渔业	15168	21655	-5.8
工业	1647186	1686105	0.9
建筑业	132788	120171	2.9
批发和零售业	676835	664889	3.9
交通运输、仓储及邮政业	74025	58976	10.4
住宿和餐饮业	35225	32815	3.9
信息传输、软件和信息技术服务业	308343	240765	24.7
金融业	73368	68735	4.8
房地产业	108054	91927	9.6
租赁与商务服务业	8875	6505	29.8
科学研究、技术服务业	9840	9334	0.1
水利、环境和公共设施管理业	1958	1857	0.1
居民服务、修理和其他服务业	35765	26071	30.8
教育	76067	72156	4.3
卫生和社会工业	29139	27641	7.7
文化、体育和娱乐业	13034	9487	31.5
公共管理、社会保障和社会组织	81834	79523	5.4
按产业分			
第一产业	15137	21623	-5.8
第二产业	1779615	1805937	1.1
第三产业	1532752	1391052	9.2

注：1、地区生产总值增长速度按可比价格计算；

2、2014年起，地区生产总值行业分类根据《国民经济行业分类》（GBT4754－2011）和《三次产业划分规定》（国统字〔2012〕108号）划分。

2017年度行政区划基本情况

表4

	村委会数	居委会数	经联社数	村民小组数	居民小组数
合　　计	77	34	117	416	327
梅　　云	19	1	26	186	22
仙　　桥	15	1	65	67	18
榕　　东	15		17	64	101
榕　　华	1	10	4	46	101
新　　兴		8	3	32	52
西　　马		7	2	21	78
中　　山		4			56
东　　升	6	1			
东　　兴	9	1			
东　　阳	12	1			

各街道人口

表5

指标名称	计量单位	2017年	2016年	比上年%
总户数	户	128488	128123	0.3
其中：梅云	户	13845	13682	1.2
仙桥	户	25535	25317	0.9
榕华	户	18120	18003	0.65
新兴	户	13791	14434	-4.5
西马	户	9584	9685	-1.0
中山	户	7608	7671	-0.8
榕东	户	8060	7840	2.8
东兴	户	14191	14122	0.5
东阳	户	6060	6044	0.3
东升	户	11694	11325	3.3
总人口	人	548369	543385	0.9
其中：梅云	人	72980	72243	1.0
仙桥	人	127998	125612	1.9
榕华	人	66725	66825	-0.1
新兴	人	51378	51581	-0.4
西马	人	36515	36891	-1.0
中山	人	28580	28960	-1.3
榕东	人	35973	35385	1.7
东兴	人	54672	53716	1.8
东阳	人	27674	27411	1.0
东升	人	45874	44761	2.5

农村基层组织、乡镇劳动力情况

表6

指标名称	计量单位	2017年	2016年	比上年%
一、农村基层组织情况				
1. 街道个数	个	10	10	—
2. 村民委员会（含九个村改居）	个	76	76	—
二、总劳动力	人	131048	131383	-0.25
其中：男劳动力	人	77084	77315	-0.30
女劳动力	人	53964	54068	-0.19
三、土地总面积	平方公里	113	113	—

农林牧渔业总产值及增加值

表7

指标名称	计量单位	2017年	2016年	比上年%
一、农林牧渔业总产值	万元	22975.47	25384.05	-5.6
农业产值	万元	11755.18	11377.35	3.6
林业产值	万元	858.19	1578.42	-39.1
畜牧产值	万元	8097.07	10474.80	-14.2
渔业产值	万元	2190.02	1875.48	14
农林牧渔服务业产值	万元	75	78	-5.3
二、农林牧渔业增加值	万元	15167.60	16672.09	-5.8
农业增加值	万元	8606.92	8330.95	2.6
林业增加值	万元	541.47	995.97	-39.1
牧业增加值	万元	4997.08	6464.98	-14.1
渔业增加值	万元	991.19	847.99	14.2
农林牧渔服务业	万元	30.95	32.19	-5.3

注：1、农林牧渔业产值按生产价格计算，增速按可比计算。

2、2016年是普查年，数据重新修订。

农作物播种面积和产量

表8

指标名称	计量单位	2017年	2016年	比上年%
农作物总播种面积	亩	20020	19932	0.44
一、粮食作物面积	亩	13017	12851	1.29
亩　产	公斤	475	486	-2.26
总　产	吨	6180	6252	-1.15
1. 稻谷播种面积	亩	10867	11060	-1.75
亩　产	公斤	454	463	-1.94
总　产	吨	4930	5116	-3.63
2. 小麦播种面积	亩			
亩　产	公斤			
总　产	吨			
3. 旱粮播种面积	亩	93	98	-5.10
亩　产	公斤	280	286	-2.10
总　产	吨	26	28	-7.14
4. 薯类播种面积	亩	2150	1791	20.04
亩　产	公斤	581	634	-8.40
总　产	吨	1250	1136	10.04
(1) 番薯面积	亩	2150	1791	20.04
亩　产	公斤	581	634	-8.40
总　产	吨	1250	1136	10.04
(2) 马铃薯面积	亩			
亩　产	公斤			
总　产	吨			
二、大豆播种面积	亩			
亩　产	公斤			
总　产	吨			
三、经济作物总面积	亩	40	40	平
春收面积	亩			
夏收面积	亩			
秋收面积	亩	40	40	平
1. 甘蔗面积	亩	40	40	平
亩　产	公斤	3375	3375	平
总　产	吨	135	135	平
2. 油料作物面积	亩			
亩　产	公斤			
总　产	吨			
3. 木薯面积	亩			
亩　产	公斤			
总　产	吨			
4. 其它经济作物面积	亩			
四、其它作物面积	亩	6963	7041	-1.11
其中：1. 蔬菜面积	亩	6963	7041	-1.11
亩　产	公斤	2015	1776	13.46
总　产	吨	14027	12504	12.18
2. 水果总面积	亩	5684	5830	-2.50
总　产	吨	9239	9446	-2.19
其中：香（大）蕉面积	亩	4608	4740	-2.78

林业生产情况

表9

指标名称	计量单位	2017年	2016年	比上年%
当年造林面积	亩			
迹地更新面积	亩			
封山育林面积	亩			
四旁植树	万株	86	196	-56.12
育苗面积	亩	1050	1170	-10.26
幼林抚育作业面积	亩			
成林抚育面积	亩			
低产林改造面积	亩			
抚育改造出材量	立方米			

畜牧业生产情况

表10

指标名称	计量单位	2017年	2016年	比上年%
一、牲畜年末存栏情况				
（一）大牲畜年末存栏	头	116	123	-5.69
1. 役用牛	头			
2. 肉用牛	头			
3. 奶牛	头	116	123	-5.69
（二）山羊年末存栏	只	227	261	-13.03
（三）猪年末存栏	头	14981	21941	-31.72
（四）家畜全年饲养量	只	445859	479666	-7.05
二、肉类产量合计	吨	3158	3709	-14.86
1. 猪肉产量	吨	2710	3218	-15.79
2. 牛肉产量	吨			
3. 家禽肉产量	吨	447	490	-8.78

渔业生产情况

表11

指标名称	计量单位	2017年	2016年	比上年%
水产品总产量	吨	2613	2646	-1.25
其中：淡水产品产量	吨	2613	2646	-1.25
1. 鱼类产量	吨	2521	2358	6.91
其中：优质鱼	吨			
其他鱼	吨			
2. 贝类产量	吨	92	288	-68.06

规模以上工业法人企业单位数

表12

指标名称	计量单位	2017年	2016年	比上年%
合　计	个	275	270	1.9
制造业	个	272	267	1.9
农副食品加工业	个	1	1	平
食品制造业	个	0	0	-100
皮革、毛皮、羽毛（绒）及其制品和制鞋业	个			
纺织业	个	4	2	100
服装及其他纤维制品制造业	个	4	4	平
制鞋业	个	132	131	0.8
木材加工及竹、藤、棕、草制品业	个	1	1	平
家具制造业	个	4	2	100
印刷业	个	2	2	平
文教体育用品制造业	个	26	25	4.0
石油加工、炼焦和核燃料加工业	个	0	0	平
化学原料及化学制造业	个	3	3	平
医药制造业	个			
橡胶制造业和塑料制造业	个	13	13	平
非金属矿物制造业	个	2	2	平
有色金属冶炼及压延加工业	个	1	1	平
黑色金属冶炼压延加工业	个	19	20	-5
金属制品业	个	33	33	平
通用设备制造业	个	2	2	平
汽车制造业	个	1	1	平
专用设备制造业	个	3	3	平
交通运输设备制造业	个			
电气机械及器材制造业	个	16	15	6.7
通讯设备、计算机及其他电子设备	个	1	2	-50
仪器仪表文化办公用机械制造业	个			
工艺品及其他制造业	个			
弃废资源和废旧材料回收加工业	个	4	4	平
电力、燃气及水的生产供应业	个	3	3	平
电力、热力的生产和供应业	个	1	1	平
水的生产和供应业	个	2	2	平

表13

规模以上工业法人企业分行业产值

指标名称	计量单位	2017年	2016年	比上年%
合　计	万元	6130572	6544665	-6.3
制造业	万元	5057187	5477431	-7.7
农副食品加工业	万元	8812	8142	8.2
食品制造业	万元	0	0	
皮革、毛皮、羽毛（绒）及其制品和制鞋业	万元			
纺织业	万元	14501	16429	-11.7
服装及其它纤维制品制造业	万元	24087	12791	88.3
制鞋业	万元	2446564	2474810	-1.1
木材加工及竹、藤、棕、草制品业	万元	38841	35790	8.5
家具制造业	万元	46625	10374	349.4
印刷业	万元	14811	16758	-11.6
文教体育用品制造业	万元	196636	158881	23.8
石油加工、炼焦和核燃料加工业	万元	0	0	
化学原料及化学制造业	万元	128549	124091	3.6
医药制造业	万元	0	0	
橡胶制造业和塑料制造业	万元	257234	292158	-12.0
非金属矿物制造业	万元	49008	40321	21.5
有色金属冶炼及压延加工业	万元	33561	40212	-16.5
黑色金属冶炼及压延加工业	万元	894355	1188141	-24.7
金属制品业	万元	588369	730242	-19.4
通用设备制造业	万元	53245	60156	-11.5
汽车制造业	万元	15876	10672	48.8
专用设备制造业	万元	73034	87645	-16.7
交通运输设备制造业	万元	0	0	
电气机械及器材制造业	万元	119217	114155	4.4
通讯设备、计算机及其他电子设备	万元	2494	6814	-63.4
仪器仪表文化办公用机械制造业	万元	0	0	
工艺品及其他制造业	万元	0	0	
弃废资源和废旧材料回收加工业	万元	51371	48849	5.2
电力、燃气水的生产供应业	万元	1073385	1067235	0.6
电力、热力的生产和供应业	万元	1059650	1053991	0.5
水的生产和供应业	万元	13735	13244	3.7

市直、区直单位及各街道规模上产值

表 14

指标名称	计量单位	2017年	2016年	比上年%
合　　计	万元	6130572	6544665	-6.3
市　　直	万元	1089033	1094110	-0.5
区　　直	万元	131162	126118	4
梅　　云	万元	1672114	2313892	-27.7
仙　　桥	万元	2602617	2357613	10.4
榕　　东	万元	263564	231716	13.7
榕　　华	万元	36024	34077	5.7
新　　兴	万元	40372	38614	4.6
西　　马	万元	33618	37521	-10.4
东　　升	万元	55275	84015	-34.2
东　　兴	万元	67426	74306	-9.3
东　　阳	万元	139367	152683	-8.7

教育、文化、卫生事业情况

表15

指标名称	计量单位	2017年	2016年	比上年%
一、教育事业情况				
（一）全区各级学校所数	所	261	258	1.2
其中：普通中学	所	27	18	50
职业中学	所	1	1	平
小学	所	65	74	-12.2
幼儿园	所	168	165	1.8
其中：公办园	所	1	1	平
（二）全区各级学校教师数	人	5379	5519	-2.5
其中：普通中学	人	1825	1844	-1.0
职业中学	人	781	879	-11.1
小学	人	186	181	2.8
幼儿园	人	2533	2564	-1.2
其中：公办园	人	54	51	5.9
（三）在校学生数	人	121396	120747	0.5
其中：普通中学	人	32371	32948	-1.8
职业中学	人	3538	5134	-31.1
小学	人	59141	58274	1.5
幼儿园	人	26346	24391	8.0
其中：私办、集体园	人	25861	23844	8.5
二、文化事业情况				
公共图书馆	个	1	1	平
公共图书馆藏书	万册	32.15	31.65	1.6
文化馆（艺术馆）	个	1	1	平
三、卫生事业情况				
（一）医院机构数	个	11	10	10
其中公立医院	个	2	2	平
基层医疗卫生机构		289	201	43.8

注：1. 教育事业数据由教育局提供；

2. 文化事业数据由文化局提供，卫生事业数据由卫生局提供。

续表15

指标名称	计量单位	2017年	2016年	比上年%
其中社区服务中心	个	10	10	平
村卫生站		189	139	35.9
诊所		90	52	73
专科疾病防治所	个	1	1	平
妇幼保健院	个	1	1	平
（二）卫生机构床位数				
编制床位	张	1197	1123	6.6
实有床位	张	1662	1073	54.9
（三）卫生事业机构各类人员数				
合计	人	2760	1862	48.2
1. 卫生技术人员	人	2340	1532	52.7
其中：执业医师	人	721	470	53.4
执业助理	人	340	214	58.9
注册护士	人	959	543	76.6
药剂人员	人	93	89	4.5
检验人员	人	50	52	–3.8
其他卫生技术人员	人	152	137	10.9
2. 其他技术人员	人	147	50	194
3. 管理人员	人	87	99	–12.1
4. 工勤人员	人	186	181	2.8
（四）农村村级卫生组织情况				
1. 机构数	个	189	139	35.9
村办	个	152	111	36.9
私人办	个	3	4	–25
其他	个	33	23	43.5
2. 乡村医生和卫生员	人	100	96	4.2
乡村医生	人	100	96	4.2
卫生员	人	0	0	平

注：1. 教育事业数据由教育局提供；

2. 文化事业数据由文化局提供，卫生事业数据由卫生局提供。

社会从业人员情况

表15 计量单位：人

项　目	代码	2017年	2016年	比上年%
甲	乙		01	
总　计	01	224640	226866	-1.0
一、按登记注册类型分组	—			
1. 国有单位	02	26581	27712	-4.1
2. 集体单位	03	24904	24716	0.8
3. 股份合作单位	04	0	0	—
4. 联营单位	05	18	22	-18.2
5. 有限责任公司	06	18676	19124	-2.3
6. 股份有限公司	07	4400	4625	-4.9
7. 外商投资单位	08	553	1490	-62.9
8. 港澳台投资单位	09	2523	5741	-56.1
9. 私营企业	10	56792	56792	—
10. 个体经济	11	89953	86423	4.1
11. 其他经济	12	240	221	8.6
二、按国民经济行业分组	—			
1. 农、林、牧、渔业	13	20750	21112	-1.7
2. 采矿业	14	0	0	—
3. 制造业	15	101201	105850	-4.4
4. 电力、煤气及水的生产和供应业	16	2415	2469	-2.2
5. 建筑业	17	11709	11066	5.8
6. 批发和零售业	18	36618	36413	0.6
7. 交通运输、仓储和邮政业	19	4666	4638	0.6
8. 住宿和餐饮业	20	6804	4803	41.7
9. 信息传输、软件和信息技术服务业	21	4169	4043	3.1
10. 金融业	22	4258	5116	-16.8
11. 房地产业	23	2076	1519	36.7
12. 租赁和商务服务业	24	821	828	-0.8
13. 科学研究、技术服务和地质勘察业	25	880	859	2.4
14. 水利、环境和公共设施管理业	26	329	330	-0.3
15. 居民服务和其他服务业	27	4714	4649	1.4
16. 教育	28	10480	10312	1.6
17. 卫生和社会工作	29	3770	3707	1.7
18. 文化、体育和娱乐业	30	844	876	-3.7
19. 公共管理、社会保障和社会组织	31	8136	8276	-1.7
20. 国际组织	32	0	0	—

FULU

附 录

附 录

广东省第十三届人民代表大会常务委员会公告

（第6号）

《广东省地方志工作条例》已由广东省第十三届人民代表大会常务委员会第三次会议于2018年5月31日通过，现予公布，自2018年7月1日起施行。

广东省人民代表大会常务委员会

2018年5月31日

广东省地方志工作条例

（2018年5月31日广东省第十三届人民代表大会常务委员会第三次会议通过）

第一条 为了传承发展中华优秀传统文化，弘扬社会主义核心价值观，加强对地方志工作的组织、管理，发挥地方志在促进经济社会发展中的作用，根据国务院《地方志工作条例》及有关法律、法规，结合本省实际，制定本条例。

第二条 广东省行政区域内志书、年鉴及地方史的组织编纂、管理与开发利用工作，适用本条例。

本条例所称志书包括地方志书、部门志、行业志、专题志等。

本条例所称年鉴包括地方综合年鉴、部门年鉴、行业年鉴等。

第三条 地方志工作应当坚持依法治志、存真求实、确保质量的原则。

第四条 县级以上人民政府应当加强对本行政区域地方志工作的领导，将地方志工作纳入本级国民经济和社会发展规划，地方志工作所需经费列入本级财政预算。

县级以上人民政府制定本行政区域的地方志工作规划，并报上一级人民政府地方志工作机构备案。

第五条 县级以上人民政府地方志工作机构主管本行政区域的地方志工作，履行以下职责：

（一）组织、指导、检查和督促地方志工作；

（二）拟订地方志工作规划和编纂方案；

（三）组织编纂志书、年鉴、地方史和其他相关地方志文献；

（四）征集、整理、保存志书、年鉴、地方

史及其他相关地方志文献和资料，组织开展资料年报工作，组织整理旧志；

（五）组织开展地情调查研究和资源开发利用，开展地方志信息化建设，为社会提供服务；

（六）组织开展地方志业务培训、理论研究、宣传教育和对外交流；

（七）法律、法规规定的其他职责。

乡镇人民政府、街道办事处应当由专人负责地方志工作，有条件的可以指定机构负责地方志工作。

第六条 承担地方志工作任务的国家机关、社会团体、企业事业组织，应当按照所在地人民政府地方志工作规划开展地方志工作，确定机构和人员，接受地方志工作机构的业务指导和监督检查，并对其管理单位的地方志工作进行组织协调与督促检查。

第七条 县级以上人民政府地方志工作机构应当加强地方志宣传教育，增强全社会读志用志意识。

鼓励国家机关、社会团体、企业事业组织开展地方志文化活动。

第八条 县级以上人民政府地方志工作机构应当建立地方志专家库、人才库，吸收专家学者和熟悉地情的社会公众参与地方志工作。

鼓励公民、法人和其他组织参与地方志工作，所在地人民政府地方志工作机构应当给予指导。

第九条 以县级以上行政区域名称冠名的地方志书、地方综合年鉴，由本级人民政府地方志工作机构组织编纂；以乡镇、街道名称冠名的地方志书、地方综合年鉴，由所在乡镇人民政府、街道办事处组织编纂。其他组织和个人不得自行编纂。

从事村志、部门志、行业志、专题志等志书，以及部门年鉴、行业年鉴等年鉴和地方史编纂活动的，应当接受所在地人民政府地方志工作机构的指导。

第十条 编纂地方志应当加强调查研究，全面、客观地记述本行政区域自然、政治、经济、文化和社会的历史与现状，做到观点正确、资料可靠、体例严谨。

第十一条 地方志编纂人员应当恪尽职守，忠于史实，保守秘密，具备相应的专业知识。

编纂志书、年鉴、地方史应当根据需要吸收有关方面的专家、学者参加。

地方志编纂工作涉及少数民族内容的，应当吸收该少数民族人员或者从事该少数民族工作的人员参加。

第十二条 以县级以上行政区域名称冠名的地方志书每二十年左右编修一次，公开出版。

以县级以上行政区域名称冠名的地方综合年鉴实行一年一鉴，公开出版。

第十三条 由县级以上人民政府地方志工作机构或者乡镇人民政府、街道办事处组织编纂的志书、年鉴、地方史，其内容和编纂过程应当公开听取公民、法人或者其他组织的意见、建议，并及时反馈采纳情况。

第十四条 县级以上人民政府地方志工作机构应当建立志书、年鉴、地方史编纂评议制度，组织有关部门、专家、学者参与评议。

第十五条 以县级以上行政区域名称冠名、列入规划的地方志书经审查验收，方可以公开出版。

以乡镇、街道名称冠名的地方志书，以及列入地方志工作规划的其他志书和地方史的审查验收，参照前款执行。

县级以上人民政府组织的志书、地方史审查验收机构应当对志书、地方史的内容进行审查。编纂单位应当按照审查验收机构提出的关系志书、地方史重大质量问题的意见组织修改。

审查验收的主体、程序等由省人民政府另行制定。

第十六条 以县级以上行政区域名称冠名的地方综合年鉴经同级人民政府或者其确定的地方志工作机构批准，方可以公开出版。

以乡镇、街道名称冠名的地方综合年鉴的出版，参照前款执行。

第十七条 志书、地方史、年鉴通过审查验收或者经过批准后，不得擅自修改。确有差错需要修改的，应当向编纂单位提出，经审查验收机构或者批准单位批准后方可实行，修改内容应当经审查验收机构或者批准单位审定。

第十八条 以乡镇、街道以上行政区域名称冠名的地方志书、地方综合年鉴，以及列入地方志工作规划的志书、年鉴、地方史，应当在出版后三个月内，由组织编纂单位将公开出版物和电子文本分别报送同级和上一级人民政府地方志工作机构备案。

通过审查验收或者经过批准公开出版的志书、地方史、年鉴，对于在其编纂过程中收集到的文字资料、图表、照片、音像资料、实物等以及形成的文稿，本级人民政府地方志工作机构应当依法移交本级国家档案馆或者方志馆保存、管理，不得损毁，个人不得据为己有或者出租、出让、转借。

第十九条 县级以上人民政府地方志工作机构可以向国家机关、社会团体、企业事业组织以及个人征集有关地方志资料，有关单位和个人应当提供支持，但涉及国家秘密、商业秘密和个人隐私以及不符合档案开放规定的除外。地方志资料所有人或者持有人不得故意提供虚假资料。

县级以上人民政府地方志工作机构应当建立本行政区域地方志资料年报制度。承担地方志工作任务的国家机关、社会团体、企业事业组织应当按照资料年报制度报送资料，不得无故拖延。

第二十条 县级以上人民政府地方志工作机构应当组织开展本行政区域内的地情调查，摸清基础地情。

地情调查应当吸收有关专家学者和高等院校、科研机构参与，确保地情调查成果的专业性和权威性。

鼓励公民、法人和其他组织参与调查研究，挖掘、整理相关文献资料，传播地方历史文化。

第二十一条 县级以上人民政府应当将地方志信息化建设纳入本级人民政府信息化建设规划，建立地方志全文数据库，完善地方志资源公共数据共享平台，应用现代信息技术进行分析研究和开发利用，为社会提供服务。

第二十二条 省、地级以上市人民政府应当建立方志馆，县级人民政府按照国家和省的规定建立方志馆。鼓励乡镇人民政府、街道办事处建立方志馆。

鼓励通过多元化的渠道筹集资金建立方志馆。

方志馆建设坚持以人为本、立足地情、突出特色、服务社会的原则，具备收藏保护、展览展示、编纂研究、专业咨询、信息服务、开发利用、宣传教育、业务培训、文化交流等功能。各级方志馆在建设实体方志馆的同时，应当建设数字方志馆。

方志馆应当建立服务公示制度，完善服务条件，健全服务规范，免费向公众开放。

鼓励公民、法人或者其他组织向方志馆捐赠文献、音像资料、实物等。

第二十三条 县级以上人民政府地方志工作机构应当组织和推动地方志资源开发利用，为培育和践行社会主义核心价值观提供丰富、优秀的精神文化产品，服务经济社会发展。

县级以上人民政府地方志工作机构应当积极开拓社会用志途径，依法保护志书、年鉴及地方史的著作权，将已出版的志书、年鉴及地方史在政府网站公布，定期汇总、公开本行政区域的方志馆目录，并通过电视、广播、报刊等向社会推广。

县级以上人民政府地方志工作机构应当建立地方志资源开发利用项目申报制度，公民、法人和其他组织可以依照有关规定申报项目。

鼓励和支持公民、法人和其他组织以影视作品及其他文学艺术创作形式，依法对公开的地方志资源进行开发利用。

第二十四条 县级以上人民政府地方志工作机构应当加强与香港、澳门和台湾地区以及国外的高等院校、科研机构、档案馆、博物馆、图书馆等单位的学术交流与合作，增强方志文化影响力。

鼓励高等院校、科研机构与县级以上人民政府地方志工作机构合作，开展地方志实务和理论研究，鼓励高等院校开设地方志专业或者课程。

第二十五条 县级以上人民政府及其地方志工作机构应当建立和完善地方志人才引进、培训、激励等制度，可以采取聘用、购买服务、项目合作、志愿服务等方式，建设专兼职相结合的地方志人才队伍。

从事地方志工作的专业技术人员可以依照国家规定参加专业技术职称评定。

第二十六条 县级以上人民政府地方志工作机构可以依照国家有关规定，对提供有关地方志资料的公民、法人或者其他组织给予报酬。

参与志书、年鉴、地方史编纂的人员依法享有署名权，并可以依照国家有关规定获得稿酬或者报酬。

第二十七条 县级以上人民政府可以按照国家有关规定，对在地方志工作中做出突出成绩和贡献的单位和个人，给予表彰和奖励。

第二十八条 单位和个人违反本条例第九条规定，擅自编纂出版以县级以上行政区域名称冠名和以乡镇、街道名称冠名的地方志书、地方综合年鉴的，由县级以上人民政府地方志工作机构提请本级人民政府出版行政主管部门依法查处。

地方志资料所有人或者持有人违反本条例第十九条规定，故意提供虚假资料的，由县级以上人民政府地方志工作机构提请本级人民政府或者有关部门责令纠正，并视情节追究有关责任。

第二十九条 地方志工作机构、承担地方志工作任务的单位及其工作人员有下列行为之一的，对直接负责的主管人员和其他直接责任人员依法给予处分：

（一）违反本条例第十五条第三款规定，拒不按照审查验收机构提出的关系志书、地方史重大质量问题意见组织修改的；

（二）违反本条例第十七条规定，志书、地方史、年鉴经审查验收或者批准后，擅自修改其内容的；

（三）违反本条例第十八条第二款规定，未将志书、年鉴、地方史编纂过程中收集的有关资料、实物及形成的文稿依法移交的，或者损毁的，或者个人据为己有、出租、出让、转借的。

（四）违反本条例第十九条第二款规定，无故拖延地方志资料报送的。

第三十条 违反本条例规定，未经审查验收、批准将志书、年鉴、地方史文稿交付出版，或者志书、年鉴、地方史存在违反宪法、法律、法规规定内容的，由上级人民政府或本级人民政府责令采取相应措施予以纠正，并视情节追究有关单位和个人的责任；构成犯罪的，依法追究刑事责任。

第三十一条 本省行政区域内志书、年鉴、地方史数字出版物的编纂、管理与开发利用，参照本条例执行。

第三十二条 本条例自2018年7月1日起施行。

主题索引

说　明

一、本索引采用主题分析方法，款目按汉语拼音字母（同音字按声调）顺序排列。

二、文中的类目题、分目题用黑体字标明，其余用宋体字排印。表格在其款目后标注“表”。

三、索引款目后的数字表示内容所在的页码，数字后的英文字母（a、b）表示栏别（即版面的1、2栏）。

四、本索引对《特载》《大事记》《附录》等篇不作内容主题分析。

A

安保维稳工作　112b
安全生产监督管理　138a
安全生产检查　138a
安全生产月活动　139b
安全生产专项整治　138b
安全稳定　124b
安置帮教　120a

B

帮扶促进软弱涣散党组织转化　100a
编制发布旅游发展意见　167a
殡葬管理　201b

C

财税实现增收　58a
财政　141b
财政审计　131a
财政 · 税务　141b
参政议政　92b
残疾人基本服务状况和需求信息数据动态更新工作　107b
残疾人精准康复服务　106b
残疾人联合会　106b
策划承办2017揭阳国际半程马拉松赛　167a
查办和预防职务犯罪　115a
城市风险防控　139a
城市管理　154a

城市建设 152b
城市建设 152b
城市园林建设 156a
城乡环境整治 158a
城乡居村民最低生活保障制度 200a
城乡居民生活质量稳步提高 58a
惩治非法集资 140b
惩治“微腐败” 95a
出入境管理 113b
创文工作 135a；156a；173a
“创文”和精准扶贫工作深入发展 164b
创文活动 133a
创文宣传教育工作 97a
创新基层社会治理 65a
村街建设 153b

D

打造创文示范亮点 157a
打造品牌体育赛事活动 189a
大力推进基础设施建设 65b
大事记 36
代表工作 82b
党史工作 183b
党史宣传教育 184b
党史专题研究 184a
党史资料征编及党史工作专题调研 184a
党外代表人士工作 75a
党校工作 79b
党组织建设 125a
档案工作 183a
地方税务 144b
地方志工作 184b
地理位置、面积 53a
地情网站建设 185a
地税队伍建设 146a
地形地貌 53a
地质灾害防治 132b
第三次全国农业普查后续工作及各项抽样调查工作 130a
第五届工商联换届工作 76b
电子商务 164a
东升街道 231b
东兴街道 235a
东阳街道 237a
动物重大疫病防控 147a
督导推动各项整改任务落到实处 157a
对外经济贸易 165a
对外经贸活动 165b
对外贸易 165a

F

发放计生奖扶金 196b
发展和改革工作 128a
发展计划管理 128a
法官队伍建设 119a
法律援助 120b
法院 117b
法治 110
“法治榕城”建设 111a
法制宣传 119a
反腐倡廉 144a
房地产业 153b
防范互联网金融风险 141a
防空警报网络维护、建设 125b
“放管服”改革 76b
非公有制经济领域统战工作 75a
扶持企业发展上市 141a
扶贫济困工作 102b

服务企业 106a
附录 254
妇女联合会 100b

G

干部队伍建设 71a
港澳台统战工作 76a
高新企业 174a
高中与中等职业技术教育 171a
耕地保护 132a
工商队伍建设 135b
工商行政管理 133a
工商业联合会 106a
工业 149a
工业持续转型升级 57b
工业园区建设 151a
公安 111b
公安队伍建设 114a
公共体育设施建设 189a
公共图书馆建设 182a
公共卫生 185b
公民思想道德建设 63b
公证服务 120b
共青团建设 97b
共青团委员会 97b
供销合作联社 164b
古城文化游工作 167a
固定资产投资稳步增长 57b
关爱妇女儿童健康工作 102b
关爱民生 93a
贯彻十九大精神 70b
规范提升档案工作 183b
归国华侨联合会 105a
归侨侨眷帮扶 105b
国家税务 143b
国家重大政策措施落实情况跟踪审计工作 131b
国土资源管理 131b
国土专项工作 132b
国有资产监督管理 129a

H

和谐劳动关系构建 199b
“河长制”、河湖确权和小型水利工程管理体制改革工作 148b
互联网+安全生产 139b
户政管理 113b
环保督察工作 162b
环境保护 158b
环境卫生 155b
环境卫生 155b
环境污染监测与治理 158b
环境污染治理 159a
环境信访 162a
换届选举 201a
婚姻登记 201b

J

基层党建 144a
基层社建设 164b
基层医疗卫生 187a
基层组织建设 71b
基础教育 171a
机构编制 76b
机关、群团统一社会信用代码赋码工作 77b
机关事务管理 90a
及时报送创建动态 157a
加强素质教育 171b

加强同香港同乡总会、联谊会联系 105b
加强违法建设查处 155a
加强宣传培训 136b
加强政治理论学习 184a
加强宗教队伍建设 203a
家庭教育讲座进社区活动 101a
检察 115a
检察队伍建设 117a
建立城乡管理长效机制 157b
建置沿革 52a
建筑业 153b
教研教改 172a
教育 170a
教育创先工作 170a
教育督导 172a
教育·科技 170
教育培训 140a
街道建设 210a
街道社区体育工作 189a
揭阳市榕城区第六届人民代表大会第二次会议 81b
“结建”工作 125b
金融服务 140a
禁毒工作 113a
禁赌工作 113a
经济 128
经济户口清理帮扶 134b
经济建设 57a
经济运行稳中有增 57b
经济责任审计 131a
精神文明建设 63b
精准扶贫工作 102b；133a；135a
就业培训 197a
举办节庆活动 101a
举办专题培训班 79b
军事 124

K

开展各项宣传活动 157b
开展“文明旅游”倡导活动 167b
科技创新 174b
科普宣传活动 103a
科学技术 174a
科学技术协会 103a
科研合作交流 103b

L

老干部工作 72b
老龄工作 201a
理论武装工作 73b
理论学习 79b
粮食购销管理 164a
粮油管理 128b
两个“规划”监测评估工作 102a
“两学一做”学习教育常态化制度化 71a；130a
林业 146b
落实公共机构节能要求 90b
落实生育登记制度 196a
落实司法责任制改革 116b
履行党内监督专责 94a
履行监管职能 135b
履行联络接待职能 105a
履行人大职权 82a
旅游厕所建设管理 167a
旅游行业管理 167b
旅游宣传推介 167a
旅游业 166b
律师工作 120b

M

梅云街道 213a
民办教育 171a
民间组织管理 201a
民商事审判 118a
民生保障 142a
民政工作·社会事务 200a
民主监督 92a

N

内部审计 131b
内贸和消费需求活跃 58a
农村人居环境整治 154a
农村人居环境整治工作 154a
农村政策性住房保险 141a
农林水综合执法体制改革 77a
农业 146a

P

配合、参与创文活动 125b
配合经济责任异地审计工作 77b
棚户区改造 153a
批捕起诉 115a
批发零售业 163a
“平安榕城”建设 110b
平价商店建设 164b

Q

其他工作 188a
其他活动 64b
其他牵头任务工作 129b
启动创文迎检指挥和应急机制 157b
企业安全管理 139b
企业发展帮扶 134b
企业扶持 142b
气候 53a
强化法律监督职能 115b
强化机构编制管理 77b
强化监管职能 143a
强化民生保障 65b
侨务工作 192a
侨乡侨情 55a
侨政工作 193b
禽高致病禽流感H7N9的防控 147a
青少年体育工作 189b
区委常委会议 69b
区委决策和重要活动 69a
区委六届二次全会 68a
区委六届三次全会 68a
区文化馆 182b
区政府常务会议 83b
区政府工作会议 87b
区政协常委（扩大）会议 92a
区政协六届二次会议 91b
全国五一劳动奖章获得者 208a
全区概况 52a

R

人才队伍建设 71a
人防队伍建设 126a
人防宣传教育 125b
人口·计划生育 196a
人口、语言 55a
人力资源·社会保障 197a

人民防空 125a
人民调解 119b
人民武装部 124a
人事人才工作 198b
人物 208
人员培训学习及理论研讨 185a
榕城概况 52
榕城区六届人大二次会议议案和建议表（表） 81
榕城区人民代表大会 80b
榕城区人民政府 83b
榕城区行政区划一览表（表） 52
榕东街道 229b
榕华街道 216b

S

“三防”工作 148b
商贸流通服务业 162b
商事制度改革 133b
社保工作 199a
社会福利彩票 202a
社会建设 201a
社会经济统计资料 242
社会生活 196
社会体制改革 65a
社会团体 95b
社区建设 201a
社区矫正 120a
“社区康园中心项目”建设 107a
审计工作 130b
审计管理 130b
生态环境保护 161b
生态环境建设 66a；146b
生态环境综合整治 66b
生态文明建设 65b
生猪定点屠宰 164a
师资队伍建设 173b
食品药品监督管理 135b
市场秩序维护 134a
市容环境综合整治 154a
事业单位法人登记工作 77b
事中事后监管 133b
首轮常规巡察 80b
双拥工作 200b
双拥共建 125a
水产养殖 147b
水产业 147b
水利事业 147b
水资源管理 148b
税费管理 145a
税收收入 145a
税制改革 145a
司法队伍建设 121a
司法改革 118b
司法公开 118b
司法为民 115b；118b
司法行政 119a
思想宣传工作 80a
思想政治建设 124a

T

碳排放管理专项工作 129a
特色街区 163b
特载 2
提升德育水平 171b
提升干部职工综合整体素质 91a
体育 188b
体育服务质量进一步提升 189b
统计法制建设 130b

统计工作 129b
统计业务工作 129b
统战工作 74b
土地利用与地籍管理 132a
土地利用总体规划调整和全域永久基本农田规定工作 132a
推动重复信访切实有效解决 78b
推动初信初访及时就地解决 78a
推动建立健全信访工作责任 79a
推动决策部署落实落地到位 78b
推动诉访分离法定途径优先 79a
推动维护重点时期社会稳定 78b
推广良种良法 146b
推进法治建设 82b
推进工会规范化建设 96a
推进民生实事 136a
推进信息数字化建设 183b
推进优生优育全程服务 196b
退役士兵安置 201a

W

外贸进出口降幅逐步收窄 58a
外事和港澳工作 193b
外事·侨务·港澳事务 192
外事与港澳工作 193b
完成2017年全国生育状况抽样调查 196b
完善安全生产责任体系 138a
完善创文工作机制 156b
完善创文台账资料 157a
完善机关事务管理水平 90a
维护社会稳定 111a
维权维稳工作 96a
维权与宣传教育 101b
卫生 185b
文化 178a
文化惠民活动 104b
文化活动 178a
文化市场 180a
文化·卫生·体育 178
文化遗产保护 181b
文明城市创建活动 101b
文学艺术创作 179a
文学艺术联合会 104a
五保供养 200b
物价工作 129a

X

西马街道 226b
吸引外资 165b
仙桥街道 210a
消防管理 113b
小额贷款公司监管 141a
小型农田水利工程建设 148a
相关机构的设置、优化工作 77a
项目建设 128a
项目助推发展 137a
协会换届工作 105a
新馆正式启用 183a
新兴街道 221a
信访工作 78a
信息化建设 152a
信息业 152a
刑事审判 117b
行政区划、地名管理 201a
行政审判 118a
行政许可工作 135b
畜牧业 147a
畜牧业生态与健康养殖 147a

畜禽产品质量安全监管 147a

宣传工作 73b

宣传工作 106a；106a

宣传联络 192a

宣传舆论工作 74a

学前教育 170b

巡察工作 80a

巡察工作 95a

Y

严查安全生产违法行为 139a

严打整治工作 110a

业务运行情况 203b

医保工作 199a

医疗改革 187b

依法行政 60a；145b

依法行政工作 136b

依法治区 58b

依法治税 144a

营业税改增值税 143b

应急管理 88b

优待抚恤 200b

优化财政体制 142b

Z

扎实推进全面两孩政策落实 196a

招商引资 166a

招商引资 166a

招生考试 172b

侦破大案要案 112a

征管改革 143b

征管节支 141b

征文活动 80a

政法队伍建设 111b

政府门户网站 152a

政务督查 88b

政务服务 203b

政务服务体系建设 204a

政务公开 63a

政协榕城区委员会 91b

政治 68

政治文明建设 58b

支柱产业 149a

职工关爱帮扶工作 96b

执法队伍建设 137b

执法监督和信访 132b

执行工作 118a

志愿服务工程 98a

志愿者服务 64a；158a

制订指导性文件及开展相关业务培训 156b

中共榕城区纪律检查委员会 94a

中共榕城区委员会 68a

中山街道 223a

中小河流治理工程建设 148a

重点水利工程建设 147b

主题文艺活动 104a

主业主责 124b

助力青少年成长成才 99a

助贫圆梦工程 103a

专利工作 175b

专题宣传周活动 140a

专项行动 112a

专项整治行动 134b

自然村落历史人文普查工作 185b

自然资源 54b

自身建设 72a；83a；93b；95b

综合经济管理 128a

综合年鉴编纂工作 184b

综述 **110a**
宗教工作 75b
宗教事务 **202a**
宗教事务与服务管理 202a
总工会 **95b**
组织干部培训 79b
组织工作 **70b**
组织建设 100a
作风效能建设 94b
做好计生协会相关工作 196b